【新装版】現代政治の思想と行動

丸山眞男

未來社

はしがき

一、本書は著者が戦後発表した政治学ないしは現代政治の問題に関連する主要な論文を収めた。増補版発行に当り、上下両巻を合本したほか、旧版後記にのべたような編纂趣旨を規準として三論文を新たに追加し、その代り旧版上巻にあった比較的に短い二篇を落した。

一、目次にあるように、主要なテーマにしたがって三部門に整理したが、各論文のふりわけは一応の便宜以上のものではなく、内容的には他部門にまたがっている場合が少なくない。

一、各部門のなかでの論文の配列は執筆時期の先後に従い、各論文の末尾にその年だけを附記した。発表された場所、年月は追記の中に示してある。

一、追記および補註はいずれも本書への収録の際、書き加えたもので、旧版には部門ごとに附せられていたが、増補版では巻末に一括した。本文の中で原註と補註との番号を区別するために、前者は 1) 2)……として、後者は(補一)(補二)……として示した。本文中に挿入されている註の部分はすべて原註である。

一、増補版に加わった論文への追記はもちろん新たに附せられたものであるが、旧版の追記については、合本にともなう技術的変更のほかは、ほとんどそのまま生かし、これに更に追加した部分はそのむね明らかにした。これは、追記の中にも論文的な性格のものが含まれているので、今日の時点から大幅な書きかえをすることは、本書自体の資料としての意味を減殺すると考えたからである。

新装版への注記

一、本書は一九六四年に刊行された増補版を左の方針にしたがって新しく組みなおしたものである。
イ　漢字を新字体に統一した。また歴史的かな遣いは現代かな遣いに統一し、新たに若干の語句にルビを付した。
ロ　字詰、行どり、ページ構成は増補版と同じにした。これまで旧組みにしたがって本書からの引用が行なわれていることを考慮し、読者の検索の便宜を損なわないためである。
一、校正にあたっては『丸山眞男集』(岩波書店)第三刷および第三刷刊行後に発見された正誤を参照して、従来の誤植を訂正した。

新装版

現代政治の思想と行動

目次

新装版装幀――高麗隆彦

新装版

現代政治の思想と行動

長い療養生活の間　私に
あたたかい援助と激励の手をさしのべてくれた人々に
感謝の心を籠めて
この拙ない書をささげる

第一部　現代日本政治の精神状況

一　超国家主義の論理と心理

1

日本国民を永きにわたって隷従的境涯に押しつけ、また世界に対して今次の戦争に駆りたてたところのイデオロギー的要因は連合国によって超国家主義《ウルトラ・ナショナリズム》とか極端国家主義《エクストリーム・ナショナリズム》とかいう名で漠然と呼ばれているが、その実体はどのようなものであるかという事についてはまだ十分に究明されていないようである。いま主として問題になっているのはそうした超国家主義の社会的・経済的背景であって、超国家主義の思想構造乃至心理的基盤の分析は我が国でも外国でも本格的に取り上げられていないかに見える。

それは何故かといえば、この問題があまりに簡単であるからともいえるし、また逆にあまりに複雑であるからともいえる。あまりに簡単であるという意味は、それが概念的組織をもたず、「八紘為宇《はっこういう》」とか「天業恢弘《かいこう》」とかいったいわば叫喚的なスローガンの形で現われているために、真面目に取り上げるに値しないように考えられるからである。例えばナチス・ドイツがともかく「我が闘争」や「二十世紀の神話」の如き世界観的体系を持っていたのに比べて、この点はたしかに著しい対照をなしている。しかし我が超国家主義にそのような公権的な基礎づけが欠けていたということは、それがイデオロギーとして強力でないという事にはならない。それは今日まで我が国民の上に十重二十重の見えざる網を打ちかけていたし、現在なお国民はその呪縛から完全に解き放たれてはいないのである。国民の政治意識の今日見らるる如き低さを規定したものは決して単なる外部的な権力組織だけではない。そうした機構に浸透して、国民の心的傾向なり行動なりを一定の溝に流し込むところの心理的な強制力が問題なのである。それはなまじ明白な理論的構成を持たず、思想的系譜も種々雑多であるだけにその全貌の把握はなかなか困難である。是が為には「八紘為宇」的スローガンを頭からデマゴギーときめてかからずに、そうした諸々の断片的な表現やその現実の発現形態を通じて底にひそむ共通の論理を探りあてる事が必要である。これはもとより痛ましい我々の過去を物ずきにほり返す嗜虐趣味では断じてない。けだし「新らしき時代の開幕はつねに既存の現実自体が如何なるものであったかについての意識を闘い取ることの裡に存する」（ラッサール）のであり、この努力を怠っては国民精神の真の変革はついに行われぬであろう。そうして凡そ精神の革命を齎《もた》らす革命にして始めてその名に値するのである。

以下の小論はかかる意味で問題の解答よりも、むしろ問題の所在とその幅を提示せんとする一つのトルソにすぎない。

2

まずなにより、我が国の国家主義が「超《ウルトラ》」とか「極　端《エクストリーム》」とかいう形容詞を頭につけている所以はどこにあるのかという事が問題になる。近代国家は国民国家《ネーションステート》と謂われているように、ナショナリズムはむしろその本質的属性であった。こうした凡そ近代国家に共通するナショナリズムと「極端なる」それとは如何に区別されるのであろうか。

ひとは直ちに帝国主義乃至軍国主義的傾向を挙げるであろう。しかしそれだけのことなら、国民国家の形成される初期の絶対主義国家からしていずれも露骨な対外的侵略戦争を行っており、いわゆる十九世紀末の帝国主義時代を俟《ま》たずとも、武力的膨張の傾向は絶えずナショナリズムの内在的衝動をなしていたといっていい。我が国家主義は単にそうした衝動がヨリ強度であり、発現のし方がヨリ露骨であったという以上に、その対外膨張乃至対内抑圧の精神的起動力に質的な相違が見出されることによってはじめて真にウルトラ的性格を帯びるのである。

ヨーロッパ近代国家はカール・シュミットがいうように、中性国家（Ein neutraler Staat）たることに一つの大きな特色がある。換言すれば、それは真理とか道徳とかの内容的価値に関して中立的立場をとり、そうした価値の選択と判断はもっぱら他の社会的集団（例えば教会）乃至は個人の良心に委ね、国家主権の基礎をば、かかる内容的価値から捨象された純粋に形式的な法機構の上に置いているのである。近代国家は周知の如く宗教改革につづく十六、十七世紀に亘る長い間の宗教戦争の真只中から成長した。信仰と神学をめぐっての果しない闘争はやがて各宗派をして自らの信条の政治的貫徹を断念せしめ、他方王権神授説をふりかざして自己の支配の内容的正当性を独占しようとした絶対君主も熾烈な抵抗に面して漸次その支配根拠を公的秩序の保持という外面的なものに移行せしめるの止むなきに至った。かくして形式と内容、外部と内部、公的なものと私的なものという形で治者と被治者の間に妥協が行われ、思想信仰道徳の問題は「私事」としてその主観的内面性が保証され、公権力は技術的性格を持った法体系の中に吸収されたのである。

ところが日本は明治以後の近代国家の形成過程に於て嘗てこのような国家主権の技術的、中立的性格を表明しようとしなかった。その結果、日本の国家主権は内容的価値の実体たることにどこまでも自己の支配根拠を置こうとした。幕末に日本に来た外国人は殆ど一様に、この国が精神的《スピリチュアル》君主たるミカドと政治的実権者たる大君（将軍）との二重統治の下に立っていることを指摘しているが、維新以後の主権国家は、後者及びその他の封建的権力の多元的支配を前者に向って一元化し集中化する事に於て成立した。「政令の帰一」とか「政刑一途」とか呼ばれるこの過程に於て権威は権力と一体化した。そうして是に対して内面的世界の支配を主張する教会的勢力は存在しなかった。やがて自由民権運動が華々しく台頭したが、この民権論とこれに対して「陸軍及ヒ警視ノ勢威ヲ左右ニ提《ひっさ》ケ凛然トシテ下ニ臨ミ民心ヲシテ戦慄」（岩倉公実記）せしめんとした在朝者との抗争は、真理や正義の内容的価値の決定を争ったのではなく、「上君権ヲ定メ下民権ヲ限リ」といわれるように、もっぱら個人乃至国民の外部的活動の範囲と境界をめぐっての争いであった。凡そ近代的人格の前提たる道徳の内面化の問題が自由民権論者に於ていかに軽々に片づけられていたかは、かの自由党の闘将河野広中が自らの思想的革命の動機を語っている一文によく現われている。その際決定的影響を与えたのはやはりミルの自由論であるが、彼は、

「馬上ながら之を読むに及んで是れまで漢学、国学にて養はれ動《やや》もすれば攘夷をも唱へた従来の思想が一朝にして大革命を起し、忠孝の道位を除いただけで、従来有《も》つて居た思想が木葉微塵の如く打壊かるゝと同時に、人の自由、人の権利の重んず可きを知つた。」（『河野磐州伝』上巻、但し傍点丸山）

と言っている。主体的自由の確立の途上に於て真先に対決さるべき「忠孝」観念が、そこでは最初からいとも簡単に考慮から「除」かれており、しかもそのことについてなんらの問題性も意識されていないのである。このような「民権」論がやがてそれが最初から随伴した「国権」論のなかに埋没したのは必然であった。かくしてこの抗争を通じて個人自由は遂に良心に媒介されることなく、従って国家権力は自らの形式的妥当性を意識するに至らなかっ

た。そうして第一回帝国議会の召集を目前に控えて教育勅語が発布されたことは、日本国家が倫理的実体として価値内容の独占的決定者たることの公然たる宣言であったといっていい。

果して間もなく、あの明治思想界を貫流する基督教と国家教育との衝突問題がまさにこの教育勅語をめぐって囂々《ごうごう》の論争を惹起したのである。「国家主義」という言葉がこの頃から頻繁に登場し出したということは意味深い。この論争は日清・日露両役の挙国的興奮の波の中にいつしか立ち消えになったけれども、ここに潜んでいた問題は決して解決されたのではなく、それが片づいたかのように見えたのは基督教徒の側で絶えずその対決を回避したからであった。今年初頭の詔勅で天皇の神性が否定されるその日まで、日本には信仰の自由はそもそも存立の地盤がなかったのである。信仰のみの問題ではない。国家が「国体」に於て真善美の内容的価値を占有するところには、学問も芸術もそうした価値的実体への依存よりほかに存立しえないことは当然である。しかもその依存は決して外部的依存ではなく、むしろ内面的なそれなのだ。国家のための芸術、国家のための学問という主張の意味は単に芸術なり学問なりの国家的実用性の要請ばかりではない。何が国家のためかという内容的な決定をば「天皇陛下及天皇陛下ノ政府ニ対シ」(官吏服務紀律)忠勤義務を持つところの官吏が下すという点にその核心があるのである。そこでは、「内面的に自由であり、主観のうちにその定在《ダーザイン》をもっているものは法律のなかに入って来てはならない」(ヘーゲル)という主観的内面性の尊重とは反対に、国法は絶対価値たる「国体」より流出する限り、自らの妥当根拠を内容的正当性に基礎づけることによっていかなる精神領域にも自在に浸透しうるのである。

従って国家的秩序の形式的性格が自覚されない場合は凡そ国家秩序によって捕捉されない私的領域というものは本来一切存在しないこととなる。我が国では私的なものが端的に私的なものとして承認されたことが未だ嘗てないのである。この点につき「臣民の道」の著者は「日常我等が私生活と呼ぶものも、畢竟《ひっきょう》これ臣民の道の実践であり、天業を翼賛し奉る臣民の営む業として公の意義を有するものである。（中略）かくて我らは私生活の間にも天皇に帰一し、国家に奉仕するの念を忘れてはならぬ」といっているが、こうしたイデオロギーはなにも全体主義の流行と共に現われ来ったわけでなく、日本の国家構造そのものに内在していた。従って私的なものは、即ち悪であるか、もしくは悪に近いものとして、何程かのうしろめたさを絶えず伴っていた。営利とか恋愛とかの場合、特にそうである。そうして私事の私的性格が端的に認められない結果は、それに国家的意義を何とかして結びつけ、それによって後ろめたさの感じから救われようとするのである。漱石の「それから」の中に、代助と嫂とが、

「一体今日は何を叱られたのです」

「何を叱られたんだか、あんまり要領を得ない。然し御父さんの国家社会の為に尽くすには驚いた。何でも十八の年から今日迄のべつに尽くしてるんだつてね」

「それだから、あの位に御成りになつたんじやありませんか」

「国家社会の為に尽くして、金がお父さん位儲かるなら、僕も尽くしても好い」（傍点丸山）

という対話を交す所があるが、この漱石の痛烈な皮肉を浴びた代助の父は日本の資本家のサンプルではないのか。こうして、「栄え行く道」（野間清治）と国家主義とは手に手をつなぎ合って近代日本を「躍進」せしめ同時に腐敗せしめた。「私事」の論理性が自らの内部に存せずして、国家的なるものとの合一化に存するというこの論理は裏返しにすれば国家的なるものの内部へ、私的利害が無制限に侵入する結果となるのである。

3

国家主権が精神的権威と政治的権力を一元的に占有する結果は、国家活動はその内容的正当性の規準を自らのうちに（国体として）持っており、従って国家の対内及び対外活動はなんら国家を超えた一つの道義的規準には服しないということになる。こういうとひとは直ちにホッブス流の絶対主義を思い起すかも知れない。しかしそれとこれとは截然と区別される。「真理ではなくして権威が法を作る」というホッブスの命題に於ける権威とはその中に一切の規範的価値を内包せざる純粋の現実的決断である。主権者の決断によってはじめて是非善悪が定まるのであって、主権者が前以て存在している真理乃至正義を実現するのではないというのがレヴァイアサンの国家なのである。従ってそれは法の妥当根拠をひたすら主権者の命令という形式性に係わらしめる事によって却って近代的法実証主義への道を開いた。例えばフリートリヒ大王のプロシャ国家にしてもこうしたホッブス的絶対国家の嫡流であり、そこでは正統性（Legitimität）は究極に於て合法性（Legalität）のなかに解消しているのである。

ところが我が国家主権は前述したとおり決してこのような形式的妥当性に甘んじようとしない。国家活動が国家を超えた道義的規準に服しないのは、主権者が「無」よりの決断者だからではなく、主権者自らのうちに絶対的価値が体現しているからである。それが「古今東西を通じて常に真善美の極致」とされるからである（荒木貞夫『皇国の軍人精神』八頁）。従ってここでは、道義はこうした国体の精華が、中心的実体から渦紋状に世界に向って拡がって行くところにのみ成り立つのである。「大義を世界に布く」といわれる場合、大義は日本国家の活動の前に定まっているのでもなければ、その後に定まるのでもない。大義と国家活動とはつねに同時存在なのである。大義を実現するために行動するわけだが、それと共に行動することが即ち正義とされるのである。「勝つた方がええ」というイデオロギーが「正義は勝つ」というイデオロギーと微妙に交錯しているところに日本の国家主義論理の特質が露呈している。それ自体「真善美の極致」たる日本帝国は、本質的に悪を為し能わざるが故に、いかなる暴虐なる振舞も、いかなる背信的行動も許容されるのである！

こうした立場はまた倫理と権力との相互移入としても説明されよう。国家主権が倫理性と実力性の究極的源泉であり両者の即自的統一である処では、倫理の内面化が行われぬために、それは絶えず権力化への衝動を持っている。倫理は個性の奥深き底から呼びかけずして却って直ちに外的な運動として押し迫る。国民精神総動員という如きがそこでの精神運動の典型的なあり方なのである。

前述の基督教と教育勅語の問題から、神道祭天古俗説、咢堂の共和演説を経て天皇機関説問題に至るまで、一たび国体が論議されるや、それは直ちに政治問題となり、政治的対立に移行した。「国体明徴」は自己批判ではなくして、殆どつねに他を圧倒するための政治的手段の一つであった。これに対して純粋な内面的な倫理は絶えず「無力」を宣告され、しかも無力なるが故に無価値とされる。無力ということは物理的に人を動かす力がないという事であり、それは倫理なり理想なりの本質上然るのである。しかるに倫理がその内容的価値に於てでなくむしろその実力性に於て、言い換えればそれが権力的背景を持つかどうかによって評価される傾向があるのは畢竟、倫理の究極の座が国家的なるものにあるからにほかならない。こうした傾向が最もよく発現されるのは、国際関係の場合である。例えば次の一文を見よ（但し傍点丸山）。

「我が国の決意と武威とは、彼等（主要連盟国を指す――丸山）をして何等の制裁にも出《い》づること能はざらしめた。我が国が脱退するや、連盟の正体は世界に暴露せられ、ドイツも同年秋に我が跡を追ふて脱退し、後れてイタリヤもまたエチオピヤ問題に機を捉らへて脱退の通告を発し、国際連盟は全く虚名のものとなつた。かくして我が国は昭和六年の秋以来、世界維新の陣頭に巨歩を進め来たつてゐる。」（『臣民の道』）

ここでは、連盟が制裁を課する力がなかった事に対する露わな嘲笑と、反対に「機を捉らへ」たイタリーの巧妙さに対する暗々裡の賞讃とが全体の基調をなしている。連盟の「正体」なり、イタリーの行動なりは、なんらその内在的価値によってでなく、もっぱらその実力性と駆け引きの巧拙から批判されているのである。これが「教学」の総本山たる文部官僚の道義観に於ける他の側面だったのである。しかもこうして倫理が権力化されると同時に、権力もまた絶えず倫理的なるものによって中和されつつ現われる。公然たるマキァヴェリズムの宣言、小市民的道徳の大胆な蹂躙の言葉は未だ嘗てこの国の政治家の口から洩れたためしはなかった。政治的権力がその基礎を究極の倫理的実体に仰いでいる限り、政治の持つ悪魔的性格は、それとして率直に承認されえないのである。

この点でもまた東と西は鋭く分れる。政治は本質的に非道徳的なブルータルなものだという考えがドイツ人の中に潜んでいることをトーマス・マンが指摘しているが、こういうつきつめた認識は日本人には出来ない。ここには真理と正義に飽くまで忠実な理想主義的政治家が乏しいと同時に、チェザーレ・ボルジャの不敵さもまた見られない。慎ましやかな内面性もなければ、むき出しの権力性もない。すべてが騒々しいが、同時にすべてが小心翼々としている。この意味に於て、東条英機氏は日本的政治のシンボルと言い得る。そうしてかくの如き権力のいわば矮小化は政治的権力にとどまらず、凡そ国家を背景とした一切の権力的支配を特質づけている。

例えば今次戦争に於ける俘虜虐待問題を見よう（戦場に於ける残虐行為についてはやや別の問題として、後に触れる)。収容所に於ける俘虜殴打等に関する裁判報告を読んで奇妙に思うのは、被告が殆んど異口同音に、収容所の施設改善につとめた事を力説していることである。私はそれは必ずしも彼らの命乞いのための詭弁ばかりとは思わない。彼らの主観的意識に於てはたしかに待遇改善につとめたと信じているにちがいない。彼等は待遇を改善すると同時になぐったり、蹴ったりするのである。慈恵行為と残虐行為とが平気で共存しうるところに、倫理と権力との微妙な交錯現象が見られる。軍隊に於ける内務生活の経験者は這般《しゃはん》の事情を察しうるであろう。彼らに於ける権力的支配は心理的には強い自我意識に基づくのではなく、むしろ、国家権力との合一化に基づくのである。従ってそうした権威への依存性から放り出され、一箇の人間にかえった時の彼らはなんと弱々しく哀れな存在であることよ。だから戦犯裁判に於て、土屋は青ざめ、古島は泣き、そうしてゲーリングは哄笑する。後者のような傲然たるふてぶてしさを示すものが名だたる巣鴨の戦犯容疑者に幾人あるだろうか。同じ虐待でもドイツの場合のように俘虜の生命を大規模にあらゆる種類の医学的実験の材料に供するというような冷徹な「客観的」虐待は少くも我が国の虐待の「範型」ではない。彼の場合にはむろん国家を背景とした行為ではあるが、そこでの虐待者との関係はむしろ、「自由なる」主体ともの（Sache）とのそれに近い。これに反して日本の場合はどこまでも優越的地位の問題、つまり究極的価値たる天皇への相対的な近接の意識なのである。

しかもこの究極的実体への近接度ということこそが、個々の権力的支配だけでなく、全国家機構を運転せしめている精神的起動力にほかならぬ。官僚なり軍人なりの行為を制約しているのは少くも第一義的には合法性の意識ではなくして、ヨリ優越的地位に立つもの、絶対的価値体にヨリ近いものの存在である。国家秩序が自らの形式性を意識しないところでは、合法性の意識もまた乏しからざるをえない。法は抽象的一般者として治者と被治者を共に制約するとは考えられないで、むしろ天皇を長とする権威のヒエラルヒーに於ける具体的支配の手段にすぎない。だから遵法ということはもっぱら下のものへの要請である。軍隊内務令の繁雑な規則の適用は上級者へ行くほどルーズとなり、下級者ほどヨリ厳格となる。刑事訴訟法の検束、拘留、予審等々の規定がほかならぬ帝国官吏によって最も露骨に蹂躙されていることは周知の通りである。具体的支配関係の保持強化こそが眼目であり、そのためには、遵法どころか、法規の「末節」に捉われるなということが繰返し検察関係に対して訓示されたのである。従ってここでの国家的社会的地位の価値規準はその社会的職能よりも、天皇への距離にある。ニーチェは、「へだたりのパトス」（Pathos der Distanz）ということを以て一切の貴族的道徳を特質づけているが、我が国に於ては「卑しい」人民とは隔たっているという意識が、それだけ最高価値たる天皇に近いのだという意識によって更に強化されているのである。

かくして「皇室の藩屏」たることが華族の矜持であり、（天皇親率の軍隊たることに根拠づけられた）統帥権の独立が軍部の生命線となる。そうして支配層の日常的モラルを規定しているものが抽象的法意識でも内面的な罪の意識でも、民衆の公僕観念でもなく、このような具体的感覚的な天皇への親近感である結果は、そこに自己の利益を天皇のそれと同一化《アイデンティファイ》し、自己の反対者を直ちに天皇に対する侵害者と看做す傾向が自から胚胎するのは当然である。藩閥政府の民権運動に対する憎悪乃至恐怖感にはたしかにかかる意識が潜んでいた。そうしてそれはなお今日まで、一切の特権層のなかに脈々と流れているのである。

4

職務に対する矜持が、横の社会的分業意識よりも、むしろ縦の究極的価値への直属性の意識に基いているということから生ずる諸々の病理的現象は、日本の軍隊が殆んど模範的に示してくれた。軍はその一切の教育方針を挙げてこうした意味でのプライドの養成に集中したといっていい。それはまず、「軍人は国民の精華にして其の主要部を占む」（軍隊教育令）として、軍を国家の中枢部に置いた。軍人の「地方」人（！）に対する優越意識はまがいもなく、その皇軍観念に基づいている。しかも天皇への直属性ということから、単に地位的優越だけでなく一切の価値的優越が結論されるのである。

例えば荒木貞夫男爵によれば、軍隊出身者はしばしば正直過ぎるという世評を受けるが、「此等の批評の反面には、一般社会の道徳の水準が軍隊内のそれと相当の差があつて、軍隊出身者にとつて方今の社会生活に多くの困難を感ずるもののあることを物語る」（『皇国の軍人精神』五一頁、傍点丸山）のであって、従って軍人は「一般社会精神を浄化して軍隊精神との渾一に努力」（同五二頁）する事が要請される。ところが日本国民は今度の戦争で、荒木男爵とまったく逆の意味で、軍隊内の道徳水準と一般社会のそれとの間に「相当の差が」あることを見せつけられたのであった。また軍医大尉として永く召集されていた私のある友人の語るところによれば、軍医学の学問的水準は大学をふくめて一切の「地方」の医学のそれよりはるかに高いというのが、殆んど本職の軍医の間の通説だったそうである。是ももとよりこの真面目な病理学者に従えば、事実は全く反対であった。そうしてこのような自己中心的なプライドの高揚は軍対「地方」の間に存するだけでなく、軍そのものの内部にもち込まれる。例えば「作戦要務令」に、「歩兵ハ軍ノ主兵ニシテ、諸兵種協同ノ核心トナリ」云々という言葉がある。私は朝鮮に教育召集を受けたとき、殆んど毎日のようにこれを暗誦させられた。ある上等兵が、「いいか、歩兵は軍の主兵だぞ、軍で一番えらいんだ、『軍ノ主兵』とあるだろう、軍という以上、陸軍だけでなく海軍も含むんだ」といって叱咤した声が今でも耳朶に残っている。むろんこれは本人も真面目にそう考えていたわけではないが、そういう表現のうちに軍教育を貫く一つの心的傾向性といったものが抗い難く窺われるのである。かくして部隊は他の部隊に対する、中隊は他の中隊に対する、内務班は他の内務班に対する優越意識を煽られると共に、また下士官には「兵隊根性」からの離脱が、将校には「下士官気質」の超越が要求される。

戦争中、軍の悪評をこの上もなく高くしたあの始末の悪い独善意識とセクショナリズムはこうした地盤から醱酵した。ひとり軍隊だけでなく、日本の官庁機構を貫流するこのようなセクショナリズムはしばしば「封建的」と性格づけられているが、単にそれだけではない。封建的割拠性は銘々が自足的閉鎖的世界にたてこもろうとするところに胚胎するが、上のようなセクショナリズムは各分野が夫々縦に究極的権威への直結によって価値づけられている結果、自己を究極的実体に合一化しようとする衝動を絶えず内包しているために、封建的なそれより遥かに活動的かつ「侵略」的性格を帯びるのである。自らはどこまでも統帥権の城塞に拠りつつ、総力戦の名に於て国家の全領域に干与せんとした軍部の動向が何よりの証示である。

このようにして、全国家秩序が絶対的価値体たる天皇を中心として、連鎖的に構成され、上から下への支配の根拠が天皇からの距離に比例する、価値のいわば漸次的稀薄化にあるところでは、独裁観念は却って生長し難い。なぜなら本来の独裁観念は自由なる主体意識を前提としているのに、ここでは凡そそうした無規定的な個人というものは上から下まで存在しえないからである。一切の人間乃至社会集団は絶えず一方から規定されつつ他方を規定するという関係に立っている。戦時中に於ける軍部官僚の独裁とか、専横とかいう事が盛んに問題とされているが、ここで注意すべきは、事実もしくは社会的結果としてのそれと意識としてのそれとを混同してはならぬという事である。意識としての独裁は必ず責任の自覚と結びつく筈である。ところがこうした自覚は軍部にも官僚にも欠けていた。

ナチスの指導者は今次の戦争について、その起因はともあれ、開戦への決断に関する明白な意識を持っているにちがいない。然るに我が国の場合はこれだけの大戦争を起しながら、我こそ戦争を起したという意識がこれまでの所、どこにも見当らないのである。何となく何物かに押されつつ、ずるずると国を挙げて戦争の渦中に突入したというこの驚くべき事態は何を意味するか。我が国の不幸は寡頭勢力によって国政が左右されていただけでなく、寡頭勢力がまさにその事の意識なり自覚なりを持たなかったということに倍加されるのである。各々の寡頭勢力が、被規定的意識しか持たぬ個人より成り立っていると同時に、その勢力自体が、究極的権力となりえずして究極的実体への依存の下に、しかも各々それへの近接を主張しつつ併存するという事態——さるドイツ人のいわゆる併立の国（Das Land der Nebeneinander）——がそうした主体的責任意識の成立を困難ならしめたことは否定出来ない。

第八十一議会の衆議院戦時行政特例法委員会で、首相の指示権の問題について、喜多壮一郎氏から、それは独裁と解してよいかと質問されたのに対し、東条首相が、

「独裁政治といふことがよく言はれるがこれを明確にして置きたい。（中略）東条といふものは一個の草莽の臣である。あなた方と一つも変りはない。たゞ私は総理大臣といふ職責を与へられてゐる。ここで違ふ。これは陛下の御光を受けてはじめて光る。陛下の御光がなかつたら石ころにも等しいものだ。陛下の御信任があり、この位置についてゐるが故に光つてゐる。そこが全然所謂独裁者と称するヨーロッパの諸公とは趣を異にしてゐる」

（昭和一八年二月六日、朝日新聞速記、傍点丸山）

と答えているのは、それがまさに空前の権限を握った首相の言だけにきわめて暗示的といえる。そこには上に述べた究極的権威への親近性による得々たる優越意識と同時に、そうした権威の精神的重みをすぐ頭の上にひしひしと感じている一人の小心な臣下の心境が正直に吐露されているのである。

さて又、こうした自由なる主体的意識が存せず各人が行動の制約を自らの良心のうちに持たずして、より上級の者（従って究極的価値に近いもの）の存在によって規定されていることからして、独裁観念にかわって抑圧の移譲による精神的均衡の保持とでもいうべき現象が発生する。上からの圧迫感を下への恣意の発揮によって順次に移譲して行く事によって全体のバランスが維持されている体系である。これこそ近代日本が封建社会から受け継いだ最も大きな「遺産」の一つということが出来よう。福沢諭吉は「開闢の初より此国に行はるゝ人間交際の定則」たる権力の偏重という言葉で巧みにこの現象を説いている。曰く、

「上下の名分、判然として、其名分と共に権義をも異にし、一人として無理を蒙らざる者なく、一人として無理を行はざる者なし。無理に抑圧せられ、又無理に抑圧し、此に向て屈すれば、彼に向て矜《ほこ》る可し。（中略）前の恥辱は後の愉快に由て償ひ、以て其不満足を平均し、（中略）恰《あたか》も西隣へ貸したる金を東隣へ催促するが如し。」

（『文明論之概略』巻之五）

ここでも人は軍隊生活を直ちに連想するにちがいない。しかしそれは実は日本の国家秩序に隅々まで内在している運動法則が軍隊に於て集中的に表現されたまでのことなのである。近代日本は封建社会の権力の偏重をば、権威と権力の一体化によって整然と組織立てた。そうしていまや日本が世界の舞台に登場すると共に、この「圧迫の移

譲」原理は更に国際的に延長せられたのである。維新直後に燃え上った征韓論やその後の台湾派兵などは、幕末以来列強の重圧を絶えず身近かに感じていた日本が、統一国家形成を機にいち早く西欧帝国主義のささやかな模倣を試みようとしたもので、そこに「西隣へ貸したる金を東隣へ催促」せんとする心理が流れていることは否定出来ない。思えば明治以後今日までの外交交渉に於て対外硬論は必ず民間から出ていることも示唆的である。更にわれわれは、今次の戦争に於ける、中国や比律賓《フイリピン》での日本軍の暴虐な振舞についても、その責任の所在はともかく、直接の下手人は一般兵隊であったという痛ましい事実から目を蔽ってはならぬ。国内では「卑しい」人民であり、営内では二等兵でも、一たび外地に赴けば、皇軍として究極的価値と連なる事によって限りなき優越的地位に立つ。市民生活に於て、また軍隊生活に於て、圧迫を移譲すべき場所を持たない大衆が、一たび優越的地位に立つとき、己れにのしかかっていた全重圧から一挙に解放されんとする爆発的な衝動に駆り立てられたのは怪しむに足りない。彼らの蛮行はそうした乱舞の悲しい記念碑ではなかったか（勿論戦争末期の敗戦心理や復讐《ふくしゅう》観念に出た暴行は又別の問題である）。

5

ところが超国家主義にとって権威の中心的実体であり、道徳の泉源体であるところの天皇は、しからば、この上級価値への順次的依存の体系に於て唯一の主体的自由の所有者なのであろうか。近世初期のヨーロッパ絶対君主は中世自然法に基く支配的契約の制約から解放されて自らを秩序の擁護者（Defensor Pacis）からその作為者（Creator Pacis）に高めたとき、まさに近世史上最初の「自由なる」人格として現われた。しかし明治維新に於て精神的権威が政治的権力と合一した際、それはただ「神武創業の古」への復帰とされたのである。天皇はそれ自身究極的価値の実体であるという場合、天皇は前述した通り決して無よりの価値の創造者なのではなかった。天皇は万世一系の皇統を承け、皇祖皇宗の遺訓によって統治する。欽定憲法は天皇の主体的製作ではなく、まさに「統治の洪範を紹述」したものとされる。かくて天皇も亦、無限の古にさかのぼる伝統の権威を背後に負っているのである。天皇の存在はこうした祖宗の伝統と不可分であり、皇祖皇宗もろとも一体となってはじめて上に述べたような内容的価値の絶対的体現と考えられる。天皇を中心とし、それからのさまざまの距離に於て万民が翼賛するという事態を一つの同心円で表現するならば、その中心は点ではなくして実はこれを垂直に貫く一つの縦軸にほかならぬ。そうして中心からの価値の無限の流出は、縦軸の無限性（天壌無窮の皇運）によって担保されているのである。

かくていまや超国家主義の描く世界像は漸くその全貌を露わにするに至った。中心的実体からの距離が価値の規準になるという国内的論理を世界に向って拡大するとき、そこに「万邦各々其の所をえしめる」という世界政策が生れる。「万国の宗国」たる日本によって各々の国が身分的秩序のうちに位置づけられることがそこでの世界平和であり、「天皇の御稜威《みいつ》が世界万邦に光被するに至るのが世界史の意義であつて、その光被はまさしく皇国武徳の発現として達成せられるのである」（佐藤通次『皇道哲学』）。従って万国を等しく制約する国際法の如きは、この絶対的中心体の存在する世界では存立の余地なく、「御国の道に則つた、稜威のみ光りが世界を光被することになれば、国際法などはありえない」（座談会「赴難の学」「中央公論」昭和一八年一二月）ということになる。山田孝雄博士は肇国《ちょうこく》神話の現存性を説いて、

「二千六百年前の事実がこれを輪切りにすれば中心の年輪として存在してゐる。……だから神武天皇様の御代のこ

とは昔話としてでなく、現に存在してゐるのである。」（「神国日本の使命と国民の覚悟」「中央公論」昭和一八年九月）といわれた。まことに「縦軸（時間性）の延長即ち円（空間性）の拡大」という超国家主義論理の巧妙な表現というべきである。

「天壌無窮」が価値の妥当範囲の絶えざる拡大を保障し、逆に「皇国武徳」の拡大が中心価値の絶対性を強めて行く——この循環過程は、日清・日露戦争より満洲事変・支那事変を経て太平洋戦争に至るまで螺旋的に高まって行った。日本軍国主義に終止符が打たれた八・一五の日はまた同時に、超国家主義の全体系の基盤たる国体がその絶対性を喪失し今や始めて自由なる主体となった日本国民にその運命を委ねた日でもあったのである。

（一九四六年）

二　日本ファシズムの思想と運動

1　まえがき

私に与えられました題は「日本ファシズムの思想と運動」というのでありますが、私は決してこういう問題について決定的な結論を下す資格が自分にあると思っているわけではありません。何かファシズムの本質を一挙につかみうるような見取図をこれからの話から期待されるならば、必ず失望しますから前もっておことわりしておきます。こういう短い時間にとてつもない大きい問題を扱うわけでありますから、話がドグマチックになるのをさけるために問題を最初から出来るだけ限定しておきます。まずファシズムの分析の場合にメカニズムとしての、即ち国家機構としてのファシズムと、一つの運動としてのファシズムというものを一応区別することが出来るわけであります。私がこれからお話しようというのは主としてあとの方の運動としてのファシズムとその運動が担っているところの思想です。日本のファシズムを全面的に解明しようとするならば軍部や官僚の国家機構における地位、その社会的基礎、さらにそういう勢力と日本の独占資本とのからみあいがどういうふうにおこなわれているかということを具体的＝機構的に分析しなければならないわけでありますが、そういうことはとても私の負担におえないのでここではお話し出来ません。むろんその問題にも勿論関連してはきますが、主要な力点をファシズム運動の方におくことにしたわけであります。また思想と申しますのもここでファシズム運動と直接関連ある思想をとりあげるのでありまして、運動と比較的関連のないファシズム的な思想を一般的にとり上げるものではありません。したがって例えば学界やジャーナリズムにおけるファシズム的言論をいちいちとり上げるというようなことはここでは問題外です。いわゆるファシズム運動とそれに密接に関連した思想をもっぱら取り扱ってゆくわけであります。

次に問題へのアプローチの仕方として前もっておことわりしておきたいのは、日本ファシズムをいう場合、何よりファシズムとは何かということが問題となってきます。「お前はいきなり日本ファシズムというが、日本にそもそも本来の意味でのファシズムがあったか、日本にあったのは、ファシズムでなくして実は絶対主義ではないのか、お前のいうファシズムの本体は何であるか」という疑問がまず提出されると思います。これについても私は一応の解答は持っておりますが、ここで最初にそれを提示することはさけます。そういうことをお話しすると、勢いファシズム論一般になってきます。ファシズムについてはいろいろな規定がありますけれども、こういった問題をここでむしかえす暇はとてもありません。そこでここでは不明確でありますが、ひとまず常識的な観念から出発することにします。

われわれはこの十数年間の時代をファッショ時代といっておりますが、そういうわれわれの普通使っている常識的な観念と内容を前提としてその現実的な分析をやっておりますうちに漸次に日本ファシズムというものの規定がだんだん明確になって来る――或は逆にだんだんわからなくなるか、話してみないとわかりませんが――とにかくそういう方法をとりたいと思います。で、ファシズムというものについての抽象的な規定はここでは致しません。さてこういうふうにみてくると次に起る疑問として「そういうファシズム運動及び思想の研究はどちらかというと副次的ではないか、むしろ国家機構及び社会構造におけるファシズムの分析こそが一番必要ではないか」といわれるかも知れません。それは一応もっともでわれわれの最終の目標は全体構造としてのファシズムにあるわけでありますが、そのためにはいわゆる制度論だけでなく、それと共に全体構造の契機をなすファシズム運動というものを一応分析することが不可欠の前提となってくるのであります。特に国家機構としての日本ファシズムというものは一応八・一五に崩解するのでありますが、それをもって将来において我国にファシズム運動がおこってこないとはたしかに断言できない。果してそうならば運動としてのファシズムの過去における性質をばわれわれは将来の問題と比較する上にも、よくみきわめておく必要があるということになるのであります。

2　日本ファシズム運動の時代的区分

前おきが長くなりましたが、それではまずどういうふうに日本ファシズム運動の進展過程というものを考えたらよいか、大雑把な時代的な区分からいいますと、大体ファシズム運動の日本における発展は三つの段階に分つことが出来るのではないかと思います。

第一の段階は、準備期でありまして大体大正八、九年、ちょうど世界大戦の終った頃から満州事変頃に至る時期、これを「民間における右翼運動の時代」といってもいいと思います。

第二期は成熟期でありまして昭和六年の満州事変の前後から昭和十一年の有名な二・二六事件にいたる時期であります。この時期は、単に民間運動としてあった運動が具体的に軍部勢力の一部と結びついて、軍部がファシズム運動の推進力となって、漸次に国政の中核を占拠するに至った過程であります。この時期はまた、三月事件、錦旗事件等の闇に葬られた事件から血盟団事件、五・一五事件、神兵隊事件、士官学校事件、相沢事件、最後に二・二六事件等世間を震憾させたファッショのテロリズムがつぎつぎと勃発した時期でありまして、いわばこれを急進ファシズムの全盛期と呼ぶことが出来ると思います。

第三期は少し長く二・二六以後粛軍が行なわれますが、この粛軍の時代から終戦の時、いわゆる八・一五までの時代であります。この時期は「日本ファシズムの完成時代」とでもいいますか、ともかく軍部がいまや上からのファシズムの露わな担い手として、一方には官僚・重臣等の半封建的勢力と、他方には独占資本及びブルジョア政党との間に、不安ながらも連合支配体制を作りあげた時代であります。

さてこうした三段階を通じてのファシズム運動の発生と発展の事実的な経過をここで申し上げている時間はとてもありませんから、それは他の論著、たとえば木下半治氏の「日本国家主義運動史」とか、最近「中央公論」に連載されております岩淵辰雄氏の「軍閥の系譜」というようなもので御覧になっていただきたい。(補一) ただ私は日本ファシズム運動の発展を上のように区分した根拠について少し補足しておきたいと思います。

まず第一期についてですが、よく日本は満州事変を境にしてファシズム時代に入ったといわれていますが、あらゆる面からいって満州事変というものの前に相当のファシズムの準備期があるのであります。例えばいわゆる右翼団体の形成を見ましても、明治初年に出来た「玄洋社」やその流れをくむ「黒龍会」は一応別格とすれば、ファシズム運動に近い団体の発生は大正八・九年頃から急激にふえて来ています。丁度世界大戦後のデモクラシーの主張が蔓延しますと同時にそのデモクラシーの主張がロシア革命の影響をうけて急激に急進化する、と同時に大戦後の経済界の変動を契機として労働争議、小作争議が俄に高揚してくる。そういう状勢を背景としてここにいわゆる赤化に対抗する運動が大正末期に続出してくるわけであります。たとえば大正七年には「大正赤心団」「皇道義会」、同八年には「大日本国粋会」「関東国粋会」、同十一年には「赤化防止団」、同十四年には「大日本正義団」が出来た。これらはそれぞれニュアンスはあるがいずれも左翼運動に対する直接的な対抗をめざし黒龍会とか或はその流をくむ浪人会等とともに、主として頻発するストライキに対しスト破りをし、或は左翼系の労働組合、農民組合乃至は水平社に対する暴力的襲撃を行っております。ただこれらの団体は積極的な国内改造のプログラムをあまり持っていないから、ファシズム組織というより単純な反動団体といった方がいいかも知れません。そのメンバーも既成政党の院外団などが多く加わっております。面白いのはその中心人物に土建業者が多いことで、例えば大和民労会の創立者河合徳三郎、大正赤心団の森健二などいずれも土木の親方で、現在における土建業者の動向と思い合せるとなかなか暗示的です。そのかかげる綱領にも純封建的性格が濃厚で、例えば大日本国粋会は「本会は意気をもつて立ち仁俠を本領とする集団なり」といい、大日本正義団は「親分は親のごとく乾分《こぶん》は子のごとく乾分同志は一家兄弟たり、親分の命ずる処は水火も辞せず、兄弟はたがいに相親しみたがいに相扶《たす》け又礼譲を忘るべからず」と謳っております。

しかしもっと本来のファシズムに近い運動もやはりこの時期に発足しているのであります。例えば日本ファシズムの教祖ともいうべき北一輝が大川周明・満川亀太郎とともに「猶存社」を作ったのは大正八年です。後に二・二六事件の思想的背景をなした北の「日本改造法案」はこの猶存社のいわば「わが闘争」であったわけです。猶存社の綱領には、「革命日本の建設」「改造運動の連絡」「亜細亜民族の解放」等が掲げられ、ここで前のグループのごとき単なる反赤化運動にとどまらず、国内改造と国際的主張とを一本に結ぶ本来のファシズム・イデオロギーが明白に現われるようになりました。やがて間もなく大川周明と満川亀太郎は北と対立するようになって安岡正篤や西田税らと共に大正十三年、「行地社」を組織した。この「猶存社」「行地社」の系統から後の多くの右翼団体が発生してくるわけです。右翼団体の中で大きな力を占める「建国会」が赤尾敏が中心になり、津久井龍雄、渥美勝らによって組織されたのも大正十五年であります。のちに神兵隊事件の天野辰夫や前田虎雄も加って来ました。会長は上杉慎吉で、頭山満・平沼騏一郎を顧問に戴いております。建国会は綱領の中では産業の国家的統制を主張し、ある程度反資本主義的でありますが、これはこの第一期第二期における右翼団体の共通の特質でありまして、その中では建国会はむしろ反資本主義的でない方であります。実際の活動はどういうことをやったかといえば無産政党との闘争ということに主力をおいていた。当時は勿論共産党は地下にもぐっておりますが、共産党と一番すれすれの線であらわれた労農党と日本労働組合全国評議会に対する闘争に主力をそそぎ、メーデー撲滅などに活躍した。これほど有力な団体ではありませんが、例の上杉慎吉博士と高畠素之の「経綸学盟」がやはりこの頃組織されました。これは政治運動よりも多分に研究団体の色彩をもっているのでありますが、とにかく当時における指導的知識人がつくったものであることが注目されます。そのほか岩田富美夫の「大化会」（大正九年）も看過できません。こういうふうに既に大正七、八年頃から右翼団体の明瞭な生長が見られるのであります。しかもそれだけでなく満州事変後に頻発した急進ファシズムの種々の動きも事変前からすでに相当具体化していることを注意しなければならない。昭和五年に浜口首相を東京駅に殺した佐郷屋留雄は血盟団のメンバーであり、事変後の血盟団事件と一連の関連において把握されるべき事件であります。また青年将校中心のクーデターも、既に満州事変に先立つ半年前にいわゆる三月事件があり、――これは闇から闇に葬られましたが、小磯・建川・永田（鉄山）ら当時の革新将校が計画の中心となり秘密結社「桜会」に結集した陸軍急進派と大川周明など民間右翼が行動を担当して宇垣大将を擁立し軍政府を立てようという陰謀です――これは未然に終ったものの、その跡は五・一五事件、二・二六事件にずっと尾を引いております。(補二) 満州事変は日本のファシズムを決定的に促進する契機となったにちがいないのでありますが、ファシズム運動が満州事変以後卒然としておこったものでないことは、くれぐれも注意しなければならないのであります。

次に第二期――満州事変から二・二六事件までが、時代として一つのまとまりを示していることは説明するまでもないと思います。準備期において蓄積された急進ファシズムのエネルギーは、国内における恐慌と、国外における満州事変・上海事変の勃発、国際連盟の脱退等による国際的危機の切迫という両面の圧力によってこの時期に集中的に爆発するのであります。ファシズムという問題が国民の前に大きくクローズアップされたのは何といってもこの時期で、ファシズム運動を考察するわれわれの目的からいって最も重要な時代であり、われわれの取り扱う資料も自らこの時代のものが最も多いのであります。第一期においてまだ一部の物好きというような色彩を脱しなかった右翼運動は、ここに軍部とくに青年将校と結びついて急激に政治的実践力を発揮するに至ります。右翼運動史において、この意味でエポックを劃するのは、昭和六年に、――満州事変の直前ですが――結成せられた、全日本愛国者共同闘争協議会と大日本生産党の誕生であります。ここではじめて分散的な右翼運動をもっと統一的な政治力にしようという動きがはっきりした形で現われたと同時に、ファシズム運動が単に左翼運動に対する反動という消極的なものから脱却して一つの社会運動としての性格を露呈して来るのであります。前者は詳しい説明ははぶきますが、従来の猶存社系統と経綸学盟系統と古くからの玄洋社系統とを打って一丸とするところに狙いがあり、その生命は短かかったが、やがてその方向は昭和七年に出来た神武会によって受けつがれて行きました。神武会は大川周明を会頭とし、関西財界の石原広一郎の資金によって広汎な右翼分子を吸収し、軍部方面の支援も得てなかなか華かな活動をしたのは御承知の通りであります。後者の大日本生産党は黒龍会が中核となり、主として関西の右翼団体を吸収して出来た団体で、とくにその下部組織に労働組合を持っていた点で、従来の浪人的右翼運動からの前進を示しております。神兵隊事件が圧倒的に生産党系の人々によって起されたことはこの党の実践性を示したものです。第二期のファシズムが比較的に最も「下から」の要素をおびていたことは、さきの「全日本愛国者共同闘争協議会」というような名前の付け方の左翼ばりな点からも窺えますが、たとえばその綱領を見ても、「われらは産業大権の確立により資本主義の打倒を期す」とはっきり謳い、また大日本生産党も、「亡国的資本主義経済組織の根本的改廃」とか「金融機関の国家管理」とか「労働権の保障」とか「耕作権の確立」とかの項目を掲げております。むろん、こういう主張とその運動の社会的意味とはまったく別問題で、これらは恰度《ちょうど》戦闘者ファッショやナチス党の初期の段階に見られる反資本主義的綱領と同じ意味を持っているのですが、ともかく、こういったラジカルなプログラムや表現がもはや第三期になると、たとえプログラムとしても現われて来なくなるということは、逆にこの第二期におけるファシズム運動の性格を語るものではないかと思います。

それと関連して、この時期における第二の顕著な現象は無産政党の内部からのファシズム運動です。それのさきがけをなしたのは、社会民衆党の内部における赤松克麿らの国家社会主義運動で、やがて赤松一派は昭和七年四月、社民党の片山哲、松岡駒吉ら社会民主主義派と分裂して小池四郎、平野力三等と共に国家社会主義新党準備会を組織します。と同時に全国労農大衆党においても松谷与二郎らが満州事変を積極的に支持する動きを示し、やがて、安芸盛、今村等ら古い闘士が脱党して、赤松、平野らと合流し、日本国家社会党の結成を見ます。またこの運動と併行しつつ微妙に対立したのは下中弥三郎らの動きで、この方は、佐々井一晃、近藤栄蔵、天野辰夫らと共に新日本国民同盟を造り、権藤成卿、鹿子木員信らを顧問に仰ぎます。純右翼系統と社会主義系統との合流がこの顔触れに現われております。合法無産政党のうちで、こうした極端なファッショ化に反対した分子は、いわゆる三反主義(反資本主義・反ファシズム・反共産主義)を掲げて統一戦線をつくり、社会大衆党へと大同団結するのでありますが、やがてその内部にも麻生久、亀井貫一郎ら軍部と接近する動きが現われ、ファシズム運動の波は漸次、無産運動の内部に浸潤して行ったのであります。

この時期における第三の動きとして注目すべきは在郷軍人や官僚を主体とする政治勢力の結成です。これも詳しく述べる暇はありませんが、前者の動きとしては、昭和七年田中国重大将を中心に結成された明倫会が最も顕著なもので、例の美濃部博士の機関説問題のときに大いに活躍しました。また、等々力中将らが平野力三の率いる日本農民組合と結んで昭和八年結成した皇道会も、同じ意味で無視出来ぬ団体です。

後者すなわち官僚グループが中心となった動きとしては、何といっても平沼男の国本社、安岡正篤の金鶏学院及び新官僚が中心になった国維会等の名が挙げられるでしょう。こういう団体はそれ自体明確なイデオロギーを持った政治団体ということは出来ませんが、そこに軍部、官僚、財界でそれぞれ指導的地位を占める人物が集ったために、支配階級の内部における横の連繫が自から強化され、第三期における上からのファシズムの制覇を準備するのに少からぬ役割をつとめたことは否定出来ない事実であります。

さてこのように、この時期には右翼団体の華々しい台頭が見られ、その中から血盟団、神兵隊事件、五・一五事件、二・二六事件等への関係者を多数出して社会的耳目を集めたわけですが、結果において、これら右翼運動が一本の強力な線に結集されるということは遂に成功しなかった。全日本愛国者共同闘争協議会――国難打開連合協議会（昭和七年）――国体擁護連合会（同年暮）――日本国家社会主義全国協議会（昭和八年）――愛国運動一致協議会（昭和八年）等々、右翼運動を大同団結するための試みがくりかえしなされましたが、いつも長続きせず、あれほど客観的情勢に助けられながら離合集散をくりかえし最後まで相互に排撃を続けたのです。それはイデオロギー的にいうと国家社会主義的動向と純日本主義的動向との分裂ともいえますし、これを実践運動の組織論の対立として表現すれば、大衆組織論と少数選良《エリート》論との対立ということも出来ましょう。しかしより深い原因はもっとプリミチヴなところにあると思います。この問題はさらに後に触れることとします。

さて次は第三期、二・二六より太平洋戦争の終末までです。

この最後の時期を一まとめにするのはあまりに長期で漠然としすぎるとお考えになるかもしれません。たしかに国家機構としてのファシズムを問題にする場合にはこの時期が最も重要であり、日華事変、欧州戦争、日ソ条約、日独伊軍事同盟、太平洋戦争というような日本の運命を決定した国際的大事件が国内体制のファシズム化にとって一つ一つのエポックを作っておりますし、その間にいわゆる近衛新体制運動とか東条翼賛選挙とかのメルクマールとしての意義は申すまでもなくすこぶる重大です。それにも拘わらず、運動としてのファシズムを中心として考える場合は、やはり二・二六事件というものが最も大きな分水嶺になってまいります。というのは二・二六事件を契機としていわば下からの急進ファシズムの運動に終止符が打たれ日本ファシズム化の道程が独逸《ドイツ》や伊太利《イタリー》のようにファシズム革命乃至クーデターという形をとらないことがここではっきりと定まったからであります。従ってこれ以後の進展はいろいろのジッグザッグはあっても結局は既存の政治体制の内部における編成がえであり、もっぱら上からの国家統制の一方的強化の過程であるということが出来ます。ただ新体制運動はこの点ちょっと問題になりますけれども、それが国民再組織としていくらかでも下からの要素を代表するかに見えたのは成立当初の頃のいわばほんの一瞬間でありまして、忽ち旧勢力の反撃にあって翼賛会の改組となり御承知のような官製的＝形式的のものになってしまったわけです。ですから太平洋戦争以後のいわゆる東条独裁はなるほど政治的自由を殆ど零の点まで押し下げたその露骨さにおいては空前の時代でしたが、こういう風になる条件はすでにそれ以前にことごとく出揃っていたのでありまして、ファシズム化の進展という点では量的な発展にすぎず、それ以前の時期と格別質的な相異はないといっていいのではないかと思います。(補三) 東条独裁の記憶がわれわれにあまりに生々しいために、その歴史的段階としての意義を過重評価する危険に陥りやすい。そこを注意しないと終戦後、ただ東条に反対だったというだけでレッキとしたファシストが民主主義者のような顔をして現われて来たような場合、これに対する民衆の批判の眼を曇らせる結果となります。

さて、これからいよいよこうしたファシズム運動の分析に入るわけですが、まず始めには上部構造の問題、すなわち日本ファシズム運動のイデオロギー的特質から入ってゆき、それから漸次その社会的担い手へと問題をほりさげて行きたいと思います。

3　そのイデオロギーにおける特質

ファシズム運動の担うイデオロギーがイデオロギーとして特に高揚されたのは先ほど申し上げた第一及び第二段階であります。第三段階になるとファシズムは現実の国家機構と一体化したわけでありますが、そこでは運動としてのファシズムはもはや主流ではありえない。ファシズム運動がファシズム的イデオロギーをふりかざして、政治・経済・文化のあらゆる領域にわたる「革新」を要求しつつ立ち現われたのは第一期と第二期においてでありま す。日本ファシズムの代表的文献も多くこの時代に出ております。従って、以下においてもこの時代のファシズム運動の掲げていたイデオロギーが自然考察の主たる対象となって来るわけであります。ただその際においても、時間の関係上、ここでそういうファシズムのイデオロギーをいちいち網羅的にお話することは省きます。それは日本ファシズム運動も世界に共通したファシズム・イデオロギーの要素というものは当然もっているからであります。例えば個人主義的自由主義的世界観を排するとか、或いは自由主義の政治的表現であるところの議会政治に反対するとか、対外膨張の主張、軍備拡充や戦争に対する讃美的傾向、民族的神話や国粋主義の強調、全体主義に基く階級闘争の排斥、特にマルクス主義に対する闘争というようなモメント——これらはいずれも独逸や伊太利のファシズムと共通したイデオロギーでありますから、特にそういう点をいちいち論ずる必要はなかろうと思います。或いはまたそうした具体的主張の根柢に横たわる方法論的根拠についても、東西のファシズムには非常な共通点があります。たとえば、大川周明が資本主義と社会主義に対して次のような批判を加えております。

「資本主義と社会主義の戦は主義の戦ひではなく、同じ主義の上に立ちながら、唯その主義の実現の範囲に関する争ひであります。実現の範囲の争ひとは何かと言へば、一方純乎たる資本主義に於ては物質的富の所有を少数の人々、即ち資本家階級と呼ばれる少数の人々の間に限らうとして居り、他方社会主義に於ては、物質的富を多数の労働者間に分け与へたいと云ふのであつて、一方は狭い範囲に、他方は大なる範囲に彼等の最も喜ぶところのものを所有せしめやうとするのであります。かくて物質に非常なる価値を置き、経済に最大なる価値を置くが故に物質的享楽が人間の本当の幸福であり、従つて人間の目的は物を多く所有することに在りとする点に於ても、此等両者は同じ考をもつて居るのであります」（『日本及日本人の道』）。従ってまた、「物を人格より上位に置く思想を改めなければ資本主義的経済制度を倒して社会主義的経済制度に改めて見た所が何の善きことも期待することが出来ません」（同上）。大要このように批判しております。こうした批判の仕方、つまり資本主義も社会主義もともに物質主義という同一の地盤に立っているから、社会主義は現代文明の弊を真に救済しえないこと、社会主義やマルキシズムは資本主義と一つ穴のむじなであること――こういう批判の仕方はナチスや、伊太利ファシズムのイデオローグが殆ど異口同音に述べているところと酷似しております。ファシズム・イデオロギーがこのようにして物質主義に対して高唱する「理想主義」「精神主義」こそは実のところ、大衆の眼を社会機構の根本的矛盾からそらし、現実の機構的変革の代りに、人間の頭の中だけの変革、考え方の変革で間に合わそうという意味を持っているもので、ファシズムが当初若干の反資本主義的色彩をもって現われながら結局独占資本に奉仕する役割を果したことのイデオロギー的根拠はこのへんに伏在しているのでありますが、そうした点は何も日本ファシズムに特徴的なこととはいえないので、これ以上立ち入ることは避けることとします。そうして、ここではファシズムが一般的にそなえている特質は除外し、日本のファシズム・イデオロギーにおいて特に強調されているような点はどういう点かということ、これを二、三あげて見たいと思います。

まず第一には家族主義的傾向を挙げることが出来ます。――家族主義というものがとくに国家構成の原理として高唱されているということ。日本の国家構造の根本的特質が常に家族の延長体として、すなわち具体的には家長としての、国民の「総本家」としての皇室とその「赤子」によって構成された家族国家として表象されること。しかもその際例えば社会有機体説のように単に比喩としていわれているのではなくして、もっと実体的意味をもって考えられていること。単にイデーとして抽象的観念としてではなく、現実に歴史的事実として日本国家が古代の血族社会の構成をそのまま保持しているというふうにとかれていること。これがとくに日本のファシズム運動のイデオロギーにおける大きな特質であります。この家族国家という考え方、それから生ずる忠孝一致の思想は夙に明治以後の絶対国家の公権的イデオロギーであって、何もファシズム運動の独占物ではないのであります(補四)が、政治運動のスローガンとして「国体」を強調するファシズム運動において、このイデオロギーが一貫して強く前面にあらわれていることは、なんといっても独伊等のファシズムに見られない特質であり、それは日本ファシズムの社会的な在り方を規定するだけの重要なモメントであります。具体的な例としては数え切れぬほど挙げられますが、例えば日本村治派同盟の書記長、津田光造は次のように述べております。

「日本の家族主義においては、社会の基調を西洋近代の文明諸国に於いて見るが如く、個人の権利の主張に置かず、実に家族なる全体への奉仕に置くのである。家族は社会上、一個の独立した生命体或は生活体としてそれ自身一個の完全細胞である。個人はこの完全細胞の一部分或は一要素たるに外ならぬ。……此の家族主義の延長拡大が取りも直さず吾等の国家主義でなければならぬ。蓋《けだ》し吾等の国家主義は此の家族の民族的結合体に外ならぬからである。この民族結合体としての国家の元首、その家長、その中心、その総代表はすなわち天皇である」

(『日本ファッショの現勢』)

この村治派同盟は本来後に話しますような郷土的農本的色彩が強いので、その点とくに家族主義を強調する理由もあるのでありますが、しかしその他面、最も中央集権的色彩の強いかつ最もヨーロッパ的国家主義の臭いのする北一輝の「日本改造法案」においてもやはり、日本は「有機的不可分なる一大家族なり」ということをいっておりますので、その点は日本ファシズムの全部に共通しております。なるほどナチスにおいても似たような観念があります。民族共同体《フォルクス・ゲマインシャフト》の観念でありますが、これは家族原理の単なる延長とは決して考えられていません。「血と土」(Blut und Boden)といいますのも、どこまでも家族的観念ではなくて、はっきりと公的政治的観念であります。従って指導者としてのヒットラーも家長や族長ではなくやはり公の、öffentlich な指導者として考えられております。こういうふうに家族主義がとくに強調されていることは、何といっても日本のファシズム・イデオロギーの一つの特質であるといわなければなりません。日本のファシズムが「下からの」運動としては遂に成功しなかったことも、このへんに関係があるのであります。もっとこの点について立ち入りたいと思いますが、まだいろいろ申したいことが多いので省略します。

次に日本のファシズム・イデオロギーの特質として農本主義的思想が非常に優位を占めていることがあげられます。そのために本来ファシズムに内在している傾向、即ち国家権力を強化し、中央集権的な国家権力により産業文化思想等あらゆる面において強力な統制を加えてゆこうという動向が、逆に地方農村の自治に主眼をおき都市の工業的生産力の伸長を抑えようとする動きによりチェックされる結果になること、これがひとつの大きな特色であります。たとえば大川周明が北一輝と分裂して後に組織した行地社の綱領の中にも、――大川周明は右翼の中でも最も西欧的教養の濃い、いわばバタ臭い方なのですが、
「崇外病より生じた模倣の一に属する商工業本位の資本主義的経済政策を排して農本主義の産業立国策を樹つるは無論の事」といい、「中央集権より地方分権へ、議会中心より自治本位へ、都市偏重より農村振興へ」を主張しております。

一方では益々天皇を中心とした絶対主義的国家権力を強化させ、国権的なものをつよめてゆこうという動向と同時に、他方では日本という観念の中心を国家ではなく郷土的なものにおこうという傾向がつよく内在しております。この点右翼の中にも二つに分れまして、むしろ高度の工業的発展を肯定して是《これ》に国家的統制を加えようとする考え方と、これを真向から否定して農村に中心をおこうとする純農本主義の考え方をとる一派があります。そして多くの右翼にはこの両者が雑然と混在しておるのであります。その中で最も純粋に郷土的なものを代表するものは恐らく五・一五事件で一躍脚光をあびてから昭和七、八年頃の農村自救運動の思想的背景をなした権藤成卿でありましょう。彼の「自治民範」「農村自救論」にあらわれた考え方は徹底的郷土主義で、反国家主義の態度さえ示しております。

「凡そ国の統治には古来二種の方針がある。其一は生民の自治に任かせ、王者は唯だ儀範を示して之に善き感化を与ふるに留むるのである。其二は一切の事を王者自ら取り仕切つて、万機を綜理するのである。前者を自治主義と名づけ得べくんば後者は国家主義と名づけ得べきものなのである。我肇《ちょうこく》国の主旨は全く前者の主義によつたもので、東洋古代の聖賢の理想は総べて此に在つた」(『自治民範』後編第二講)。「国家主義とは如何、国家なる一集団範囲の地区を劃《くぎ》り、他の経済上乃至軍事上よりする侵害を防禦し、又は其集団地域における経済軍事の力を以て、他地域を制馭す可き目的のものである。依つて其国家なる集団の権威を飾る上には、民衆を土木となし、公費製造機械となし、其都《すべ》ての組織を統治上の便利に置き、秩序条規の下に民衆を鋳冶するの趣旨なるを以て、其支配者は絶大なる権威を握り、都ての公吏を特殊地位に置き、犠牲心を最高道徳となし、あらゆる思想の発現を塗塞するの必要が起る。具《つぶ》さにその事理を推究すれば、謂ゆる国家主義と称するものと、自治主義と称するものとは全く性質が異りて居る」(同上)。明治以来のこうした中央集権的国家主義の犠牲に供せられた農村がいま不況沈滞のどん底にあえいでいる。「是の不安危虞の現状中において、一入《ひとしお》不安危虞の深きは農村である。我国に於ける農村は国の基礎であり、成俗の根源である。現在我農民は総人口の半数を占め、且つ全国土の大部分は其手に利用され、国民の主食物は勿論、工業原料、商業物資の大数も皆農民の力に産出されてゐる」。しかるに「東京市を始め地方都市の拡張は、農村との比例を破り、大廈高楼漸く善美壮麗を尽せしも、商工業の枯衰と共に、到る処収支相当らず、多く四苦八苦の状にあるは何の兆象であらう」。「我現今に於ける地方自治の情況より政党政治の推移、文武官の風紀等に見て、細かに過去を省れば、彼のプロシャ式国家主義を基礎としたる官治制度の行詰りが此の変体現象を造り出したことが明瞭に分る」(『農村自救論』)。

少し詳しく引用して見ましたのは、ここに郷土的農本主義の立場に立っての反官的、反都市的、反大工業的傾向が最も鮮明に代表されているからであります。(補五) これに対して権藤成卿がうち立てる理想国家はプロシャ的国家主義と反対に郷土を基礎とした、下からのヒエラルヒッシュな国家構造であります。それ故に彼は「国」という観念に対して「社稷《しゃしょく》」の観念を対立させているわけです。そこには一種の「農本無政府主義」的色彩さえ感ぜられます。例えば「世界皆な日本の版図に帰せば、日本の国家という観念は不必要に帰するであらう。けれども社稷といふ観念は取除くことは出来ぬ。国家とは一つの国が他の国と共立する場合に用ゐらるる語である。世界地図の色分けである。社稷とは各人共存の必要に応じ、先づ郷邑の集団となり、郡となり都市となり、一国の構成となり、……各国悉く其の国境を撤去するも、人類にして存する限りは、社稷の観念は損減を容るすべきものでない」(『自治民範』同上)。これは最も純粋な農本主義でありますが、これほどでなくても反都会的、反工業的、反中央集権的傾向は日本のファシズムに多かれ少かれ内在しております。いなこれは明治以来の日本主義乃至国権主義運動の一貫した伝統ということが出来るのであります。すでに日本における最初の国粋主義運動であるところの明治二十年当初の三宅雪嶺、志賀重昂らの日本主義においても、全く同じような考えが現われております。例えば志賀重昂が明治二十一年彼等の機関紙「日本人」において黒田首相に所望した一文のなかで次のように言っております。「君が施政の方針に関し所望する処のものは他なし。曰く日本前述の国是を『国粋保存旨義』に撰定せられんこと是れなり。……顧ふに這般《しゃはん》は君が素より稔知《じんち》する処なるも、唯予輩が所望する者は官暇若くは公退の後、君が狩犬を伴ひて山野に遊猟せる等の事ありとせば、蓮田若くは古河の停車場より下りて、地方人民の惨況を倩視《せんし》せられんこと是なり。君が感想は是処に至りて果して如何。日本全国の財力能力は悉く東京に集合し、東京は益々繁華を極尽して地方は益々窮乏しつゝ、東京の日本にして日本の東京に非ず。……既にして去りて宇都宮福島等なる県長官衙の所在する箇所に至れば、亦た之れ一個の小東京にして、其県下若くは州内の財力能力は悉く是れに湊合するもの丶如く、……然れば日本国は実に一箇の大東京と幾十の小東京を以て僅かに成立するも這般を除却すれば復た日本に非ず。……吁嗟《ああ》東京の繁華は地方の衰頽と正比例を為すものなり。地方全般の民富んで而して国始めて富み、国富んで而して兵始めて強し。地方の民力窮乏を極尽して、而して国の富まんことを冀望し、国富まずして而して兵の強からんことを希願するが如きは、殆んど華実本末を顚倒するものと云ふべし。」

このようにいって、彼等は中央と地方の発展の不均衡を衝き、藩閥政府のプロシャ的国家主義に反対して、農村振興と民力涵養を唱えたのであります。彼等の排撃する「欧化主義」の実体的内容はまさに国家権力による上からの急激な資本主義化にあったわけで、立論が言々句々権藤の所論と照応しているところに御注意願いたいのであります。日本資本主義の発展が終始農業部門の犠牲においてなされ、又国権と結びついた特恵資本を枢軸として伸びて行ったために、工業の発展もいちじるしく跛行的となり、そのために、明治以後この急激な中央の発展にとりのこされた地方的利害を代表した思想がたえず上からの近代化に対する反撥として出てまいりますが、この伝統がファシズム思想にも流れ込んで来ているということが大事な点です。この点、ロシアにおけるナロードニキの思想と比較すると興味深いと思います。勿論こういう農本主義的傾向は右翼のなかでもいろいろニュアンスがあります。最もそうした色彩がうすく、一番中央集権的な国家統制を徹底させているのは恐らく北一輝の「日本改造法案」であります。これは純粋に中央集権的で、強大な天皇の権力を中心として政治経済機構の強力的な変革を説くのでありまして、その内容はいちいちお話しませんが、天皇大権を発動して一時憲法を停止して、議会を解散し、国家改造内閣の下でクーデターをやる、個人の私有財産の限度を百万円にして超過額を国家に没収する、土地所有も時価十万円を限度とし、資本金一千万円以上の企業を国有化し、これを銀行省、航海省、鉱業省、農業省、工業省、商業省、鉄道省等の所管として経営させるわけであります。これは最も中央集権的な国家社会主義的な色彩の強いものでありますが、こういうのは右翼思想の中ではむしろ例外といっていい。権藤成卿と共に五・一五事件の有力な思想的背景となった橘孝三郎の思想を見ても、その「日本愛国革新本義」にこういっている。「御承知の通り只今の世の中は俗に申せば何でも東京の世の中であります。その東京は私の目には世界的ロンドンの出店のやうにしか不幸にして映りません。兎に角東京のあの異状な膨大につれて、それだけ程度、農村の方はたたきつぶされて行くといふ事実はどうあつても否定出来ん事実です。そして只今位農民の無視され、農村の値打が忘れられたためしもありますまい」。そこにやはり権藤と共通した激しい反中央的・反都会的心情が流れています。橘は土と結びついた生活を次のように讃えております。「頭にうらゝかな太陽を戴き、足大地を離れざる限り人の世は永遠でありま す。人間同志同胞として相抱き合つてる限り人の世は平和です。……然らば土の勤労生活こそ人生最初の拠り所でなくて何でせうか。……事実上『土ヲ亡ボス一切ハマタ亡ブ』……実に農本にして国は始めて永遠たり得るので、日本に取つてこの一大事は特に然らざるを得ないのであります。日本は過去たると現在たると将《は》たまた将来たるを唱《と》はず、土を離れて日本たり得るものではないのであります」(『日本愛国革新本義』)。

一種のトルストイ主義に似た田園讃美を示しています。勿論橘の立場は権藤ほど徹底した反都市、反商工業主義ではなく、他方では機械的大工業を認めております。「私は決して機械的大工業又は大商業を無視せよといふのではないのであります。要はただ機械的大産業をして厚生経済原則の上に国民共同自治社会的新日本建設の大目的の為に統制し管理せよといふと同時に機械的大産業を機械的に延長拡大し、みだりにその生産能力を世界的ならしむる事によつてそれから直ちに我々の期待する如き新社会を製造し、新文化を興し、而して世界史的大回転を夢みるが如き、危険極まる錯誤の最も甚だしきものに投げ込まれるやうな事をしてはならないと主張するまでであります」（同上）。

この最後の点はマルクス主義的社会主義のことをいっているのであります。これに対し橘の主張する理想社会は、「王道的国民協同自治組織」で、どこまでも地方分権を基礎とした共同体国民組織というものによって産業をコントロールしようとするもので、いわば、北一輝型と権藤成卿型との折衷であるということが出来ます。こういう折衷的態度がファシズムに共通した点で、この点がファシズムの主張を甚しく非論理的な、と同時に、空想的なものにしておるのであります。

例えば「大日本生産党」の建設綱領を見ますとこう書いてある。「社会主義的改造方針なるものは、資本主義的中央集権的組織の否定によつて社会主義的中央集権組織を樹立せんとする。それが資本主義の上に立つか、社会主義の上に立つかの差異はあるが、その内容に於ては中央集権なる事に変りはない。此の意味に於て大日本生産党の政策を貫く建設の大方向は自治主義の徹底にあると信ずる。自治主義と言つても決して国家中央機関の全然たる無力化を意味するものではない。国家統制を重要視しつゝ然も統制のための強大なる中央集権の形態をとらないのである。自治主義の妙味（?――丸山）は実に此所にある。……更に大日本生産党が無政府主義的自由主義経済制度に対しては断固たる否認の態度を示して居る。……従つて大日本生産党は自治主義を採用する一方に於て同時にそれとは全然矛盾せざる程度の国家統制主義を採用する」（『改造戦線』第八号）。わかったようなわからぬような説明でありますが、このへんが日本ファッショの標準型だろうと思います。というのも、世界的にファシズムの通有傾向であるところの、強力な権力の集中と国家統制の強化への志向が、日本の場合には、農本イデオロギーによって屈折を受けたために、こういう複雑な相貌を呈するわけであります。しかし、こうした農本イデオロギーの日本ファシズムにおける優越的地位は決して単にファシストの観念的なロマンティシズムにとどまるものではなく、まさに切実な社会的基盤を持っていることを忘れてはならないのであります。

日本のファシズム運動が前に申しましたように、昭和五、六年ころから急速に激化した最も重要な社会的要因は、一九二九年に始った世界恐慌が、日本においては就中《なかんずく》農業恐慌として最大の猛威をふるったことにあります。日本資本主義を襲った恐慌が構造的に最も弱い農業部門の最大の重圧となって現われたことは当然であります。昭和五年には、いわゆる豊作飢饉で、十月の期米相場は十六円台まで下落し、生糸は同年六月において、六百七十円という明治三十年来の安値を現出しました。東北農民の言語に絶する窮状が日々新聞紙上をにぎわしたのは未だわれわれの記憶に生々しく残っております。ファシズム運動の急進化、昭和六年以後相ついで起った右翼テロリズムが就中こうした農村の窮乏を直接的な背景にしているのはいうまでもありません。

例えばそのさきがけをなした血盟団の小沼正も、井上蔵相暗殺直後、係官の取調に対し、「農村の窮乏を見るに忍びず、これは前蔵相のヤリ方が悪かつたからだ」と陳述しておりますし（東朝、昭和七年二月一〇日）、五・一五事件の論告中、被告の思想をのべたところにも、「支配階級に属する現在の政党、財閥及び一部特権階級を以て孰《いずれ》も腐敗堕落し相結託して私利私欲党利党略に没頭し、国防を軽視し、国政を紊《みだ》り、為に国威を失墜し、内は国民精神の頽廃、農村の疲弊、中小工商業者の窮乏を来したるものと為し」云々とあり、国内問題としてまっ先に農村の疲弊を挙げております。特にこれが陸軍のいわゆる青年将校を急進化した直接的な動機であったことは、彼らに中小地主乃至自作農の出が多いこと、また兵隊の精髄と考えられたものが、農民とくに東北農民であったことからして、容易に理解しうるのであります。五・一五事件の陸軍側被告後藤映範は公判廷で次のように述べております。「農村疲弊は心ある者の心痛の種であり、漁村然り中小商工業者然りです。……軍隊の中でも農兵は素質がよく、東北農兵は皇軍の模範である。その出征兵士が生死の際に立ちながら、その家族が飢に泣き後顧の憂ひあるは全く危険である。……財閥は巨富を擁して東北窮民を尻目にかけて私欲を逞うしてゐる。一方東北窮民のいたいけな小学子弟は朝食も食べずに学校へ行き家庭は腐つた馬鈴薯を擦つて食べてゐるといふ窮状である。之を一日捨てゝ置けば一日軍を危険に置くと考へたのである」。急進ファシズムの社会的基盤をよく示しております。まことに蘇峰がいみじくもいったように「農村は陸軍の選挙区」であったわけで、農村窮乏が、政治的進出への重要な衝動を陸軍に与えたわけであります。

ところが、日本のファシズムにおいてこのように農本イデオロギーが非常に優越しているということ――このことは他方においてファシズムの現実的な側面としての軍需生産力の拡充、軍需工業を中心とする国民経済の編成がえという現実の要請とあきらかに矛盾する。そこでファシズムが観念の世界から現実の地盤に降りて行くに従って農本イデオロギーはイリュージョンに化してゆくのであります。それが右翼勢力、なかんずく軍部のイデオロギーの悲劇的な運命であります。たとえば第六十九議会において村松久義代議士がこういう質問をしております。「広義国防ノ必要ヨリ之ヲ観察致シマシテ、農村問題ノ急ニ解決セラルベキコトハ言フ迄モナイノデアリマス。……吾等ハ非常時局ニ対応スル為ノ軍事費ノ膨脹ハ固《もと》ヨリ其必要ノ限度ニ於テ之ヲ認ムルニ吝《やぶさか》デハナイノデアリマス。且ツ私共ガ常ニ協賛ヲ与ヘ来ツタ所デアルノデアリマスルガ、問題ハ其結果ニアルノデアリマス。ト申シマスルノハ軍需品ノ性質ト致シマシテハ重工業ニ頼ルベキモノガ大デアリマスルガ為ニ、経費ハ主ニ商工業方面ニ流レ出シテ行キ、軍需工業ヲ隆昌ナラシメツツ、延《ひ》イテハ景気ヲ跛行的ナラシメテ、富及ビ資本ノ大都市、大商工業家偏在ノ原因ヲ形ヅクツテ居ルノデアリマス。将来益々国防費ノ増加ノ予想セラレテ居リマスル今日、軍需費ガ富ノ都会集中ヲ齎《もたら》スト云フ事実ヲ認識シタル上ニ、之ヲ矯正スルト云フ手段ヲ施スノデナカツタナラバ、軍事費ノ膨脹ハ益々農村ヲ疲弊セシメテ広義国防ヲ跪弱ナラシムル矛盾ニ陥ルデアラウト信ジマス。軍ハ先ヅ此点ニ関シテ軍事費ガ富及ビ資本ノ大都市、大商工業家偏在ヲ助長シテ居ルト云フ事実ヲ認識スルヤ否ヤ、若シ之ヲ認識スルナラバ如何ニ之ヲ矯正シテ広義国防ヲ達セントスルカニ付テ確信ノアル答弁ヲセラレンコトヲ希望スル者デアリマス」云々（議会速記録による、以下同様）。

これに対して寺内陸相が答弁して曰く、

「農村ノ窮乏ニ付キマシテハ、広義国防上ノ見地カラ軍ト致シマシテハ多大ノ関心ヲ持ツテ居リマス。……現在ニ於テハ軍隊ノ所在地、又軍需品ノ製造工場ノ所在地等ノ関係カラ、軍需費ノ使用ガ都会ニ集中ノ傾キニアルコトハ之ヲ認メマスガ、工業発達ノ現状ニ於キマシテハ又已ムヲ得ヌ所カトモ存ジマス。併シナガラ軍ニ於キマシテハ予算ノ運用ニ於キマシテ多少ノ不利不便ハ忍ビマシテモ、農村ノ窮乏救済、中小工業者ノ寄与ニ努メツツアリマス」（傍点、丸山）

相当苦しい答弁をしております。しかし軍部のこうした主観的希望にかかわらず、現実はますます反対の方向に進んでゆくのであります。軍需工業の発展につれてその負担がますます農村にかかってゆくこと、しかもこういう優秀な壮丁の供給地たる農村への過度な重圧は現実の問題としても軍として打ちすてておけない問題であります。この矛盾に対する蔽いがたい不安、――それがずっと東条時代まで尾をひいております。ずっと下って昭和十八年第八十一議会の「戦時行政特例法案」の委員会で羽田武嗣郎委員が「軍需工場によつて農村の労働力がなくなり皇国農村が危くなりはしないか」という質問をしたのに対し、東条首相は次のように答弁しております。

「私ハ其ノ点実ニ苦労シテ居ルノデスガ、一方ニ於テハ何トシテデモ四割ノ農村人口ヲ保障シテ行キタイ。是ハ、私ハ国ノ基礎ダト思フノデス、農業本位ニ立ツト云フコトハ。――併シ他面ニ於キマシテハ殊ニ戦争ヲ中心トシテ工業ト云フモノガ伸ビテ行ク……コノ調和ニ付テハ実ニ困ルノデスガ、困ツテモ私ハ農村人口ノ四割確保ト云フコトハ堅持シテ参リタイ。……併シナガラ生産ヲ上ゲナケレバナラヌ。此ノ調和ヲ逐次取ツテ行ク。シカモソコノ所ハ一ツ日本的ニ家族制度ヲ破壊セヌ様ニ、又両方ノ調和ヲ適切ニ取ツテ行クコトガ必要ナリト、斯ウ思ツテ居リマス。然ラバ理想通リ今行ツテ居ルカト云ヘバ行ツテハ居リマセヌ。是ハ急速ニ生産拡充ヲヤルト云フ必要ガアリマシテ、大キナ工場ヲ方々ニ造ル、随テソコニハ専門的ニ従業員ト云フモノハ片一方ノ農業カラ足ヲ洗ツテ此方ニ入レナケレバナラヌト云フ必要ガ起ツテ来テ居ル関係上、理想通リニハ行ツテ居リマセヌケレドモ、逐次日本的ニソコノ所ハ適切ニ調和ヲシテ行ク方法ガナイトハ考ヘテ居ナイ、私ハアルト思ツテ居リマス」(同上)

この苦心惨憺たる答弁のうちに、日本資本主義の構造的特質と生産力拡充の絶対要請との矛盾、日本的家族制度の地盤としての農村をこの未曾有の総力戦の怒濤のなかに守り通そうとする支配層の苦悩と焦慮が集中的に表現されております。この問題は当然に日本の農業経営様式、農業生産力の問題とからんでくるのでありますが、重要なことは、農本イデオロギーが歴史の無慈悲な進展とともに積極的な意味ではイリュージョンになり、現実とだんだん遊離してゆくとともに、他面消極的には、工業労働者への厚生施設に対する配慮を絶えずチェックするという役割を演ずるのであります。これは非常に重要なポイントでありまして、この点日本とナチス独逸《ドイツ》のファシズムとの間の決定的な違いであるとさえ思われます。むろんナチスでも「血と土」(Blut und Boden)という言葉が示すように農民を非常に重視し、世襲農地法などによって、土地に農民を固着させようとしておりますが、しかし何といってもナチスはその名の示すごとく労働者党(Arbeiterpartei)でありましてナチスが最も精力を集中したのは労働者階級をいかにして、社民党と共産党の勢力、影響からきりはなしてこれをいかにナチ化するかということにあったのであります。その意味では農民の方はいわば本来的にナチス運動の一翼を形成していたわけでありますが、労働者をナチ化させることは非常に困難であり、ナチスにおいてはこの労働者を周知のように労働戦線（Arbeitsfront）に組織していわゆる"Kraft durch Freude"というような懐柔政策によってナチズムの担い手にさせることに最も努力し、腐心したのであります。ところが日本のファシズムのイデオロギーにおいては、労働者は、終始小工業者や農民に比べて軽視されているのであります。比較的「下から」の急進ファシズム運動においてすでに然りでありますす。上に引用しました五・一五事件の論告中にも「農民の疲弊、中小商業者の窮乏」とだけあって労働者階級には言及されていません。第二期における軍部イデオロギーを典型的に表現しているパンフレット「国防の本義とその強化の提唱」(昭和九年一〇月)――例の「たゝかひは創造の父、文化の母である」という名文句で始まり、議会で大いに問題となったパンフレットですが――を見ても「国民生活に対し現下最大の問題は農山漁村の匡救である」といい、「都市と農村の対立」という図式で問題を提出しております。むろん、これらの文書の作者が故意に工業労働者に言及しなかったわけではないでしょう。国民生活の窮乏を言う際には、当然、労働者階級のことも含めて考えていたにちがいありませんが、揃いもそろって、農民と中小商工業者のことだけ取り上げているところに、彼等の意識のなかにプロレタリアートの占めている比重の低さが窺われるものであります。二・二六の指導者村中孝次の手記に「昭和維新も兵卒と農民と労働者との力を以て軍閥官僚を粉砕せざる間は招来し得ざるものと覚悟せざるべからず」(「無題録」)とあるのは、変革の主体に具体的に言及している珍らしい例ですが、そこでさえ、労働者は最下位に位しています。ファシズムの観念の世界ですでに然りです。況《いわん》や現実の政治体制においてはこうした傾向が遥に露骨に現われております。戦時中において労働者の厚生施設がたとえばナチスに比べてさえ比較にならぬほど貧弱であったことは御承知の通りです。しかも重要なことは工業労働者の評価、精神的・肉体的方面における向上の可能性ということに関して根強いペシミズムが終始日本のファッショ的指導層のなかに巣喰っていたことであります。例えば前述の戦時行政特例法案委員会(第八十一議会)で、河上丈太郎委員は「農村ガ強兵ノ源泉デアル、是モ私反対ハ致シマセヌケレドモ、工場ガ強兵ノ源泉デナイト云フコトハ、モシサウ云フ弱点ガアリマスナラバ、ソレハ改正シナケレバナラヌ。……過去ニ於テ農村ト都会ト云フモノハ対立的考ヘヲ持ツテ居リマスケレドモ、是ハヤハリ打破シテ農村モ強兵ヲ出ス、工場カラモ強兵ハ出ラレル、斯ウ云フ風ナ立テ方ヲ執ルコトガ私ハ今後必要デハナイカト考ヘルノデアリマス」とただしたのに対し、東条陸相は長い答弁をしておりますが、その中で「農村ノ強兵、工場ノ強兵、是ハ理想トシテサウデナケレバナラヌ、唯私ノ申シマスルノハ遺憾ナガラ今日マデノ現況、是ハ体格カラ何カラ言ツタツテ農村ノ子弟ニハ及バナイノデス。斯ウ云フコトヲ言フト怒ラレルカモ知レナイガ、精神状態カラ言ツテモ、是ハ何ト言ツタツテ農村ガシツカリシテ居マス。是ハ私ハ争ヘナイト思フ。日本ノ工場従業員ト云フモノハソレダケ現在ノ事態デハイケナイト思フ。……要スルニ農村モ強兵、工場モ強兵、之ヲ目標トシテ総テノ施策ヲ講ズルト云フコトハ御説ノ通リデアリマス。勿論サウ云フ風ニ進ンデ行キタイト思ヒマスガ、現状ニオイテハ遺憾ナガラ之ニ非常ナ距リガアルト云フコトモ事実ダト思ヒマス」といっております。この答弁に一貫して流れている色調は、工業労働者に対するペシミスティックな見解です。ここに農本イデオロギーが工場労働者を積極的に把握する方向にブレーキをかけていることがわかるのであります。これがひいては徴用工の取扱い方、——宿舎、給与のおどろくべき劣悪さ、しかもそのことに対する無関心となって現われているのであります。そうしてこれがやがてきめんに、徴用工の大量的不良化をもたらした。そうしてそれをカヴァーするものは観念的激励演説と厳罰主義のコンビネーションでありました。

日本のファシズムとドイツのファシズムのこの点に関するちがいは具体的には日本の「産報運動」と、ナチスの"Kraft durch Freude"の違いとしてはっきり現われています。(補六) もちろんナチスが労働者の自主性や自発性ということをその根本の考え方にもっていたわけではなく、労働者に休暇を与え一年に一度は自動車旅行をさせて喜ばせるといったことも、結局はこれらの楽しみを与えることにより現実における抑圧機構から目をそらさせるという点に意味をもっているのではありますが、それはとにかくとして労働者階級に対する配慮の行きとどきかた、福利厚生施設において両ファシズムにいかなる違いがあったかということは一寸《ちょっと》比較にならぬ位であります。むろんこれは彼我の資本蓄積の度合ということとも関係してはいますが、大事なことは、給与をよくしたいけれども、残念ながら物がないという意識が、労働者に対してはそれほど痛切ではなく、とくに徴用工の場合などはそうした劣悪な待遇がどこか当然視されているところがある。ここに農本イデオロギーの一つの反映が見られるわけであります。勿論注意しなければならないのは、農本イデオロギーのみが決して原因ではないことで、ヨリ根本には両国におけるプロレタリアートの力の差異が横たわっているという事です。ファシズム体制に先行した民主主義の強さがファシズムの内部における民主的粉飾の程度をも決定するのであって、ナチスの場合には、なんといっても、十一月革命の経験があり、すでにワイマール民主主義の洗礼を経ているということが、日本の場合との決定的な相異をもたらしたわけであります。

日本ファシズム・イデオロギーの第三の特質としては、いわゆる大亜細亜主義に基くアジア諸民族の解放という問題がありますが、これについては詳しく立ち入らぬことにします。日本ファシズムのなかには、自由民権運動時代からの課題であるアジア民族の解放、東亜をヨーロッパの圧力から解放しようとする動向が強く流れ込んでいるのですが、しかもそれが殆ど不可避的に日本がヨーロッパ帝国主義に代ってアジアのヘゲモニーをにぎろうとする思想と織り合わさってしまうのであります（東亜協同体論より東亜新秩序論への展開を見よ）。日本がともかく東洋において最初に近代国家を完成し、「ヨーロッパの東漸」をくいとめた国家であるという歴史的地位からして、日本の大陸発展のイデオロギーには終始この東亜解放的側面がまつわっております。勿論後になればなるほど、この側面は帝国主義戦争の単なる粉飾という意味を強化して行くわけですが、そうした面が完全に消滅したわけではないということは現在ビルマやインドネシアにどういうことが起っているかということを注意されれば、お分りになると思います。これは将来の問題としてよくよく考えねばならぬ点だと思います。(補七)

4　その運動形態における特質

日本のファシズムのイデオロギーは、ナチズム或はイタリー・ファシズムに比べて、一応以上のような特徴をもっていると考えられます。次に日本のファシズム運動の運動形態にどういう特質があるかということを述べて見たいと思います。すぐ気のつくことは日本のファシズムが軍部及び官僚という既存の国家機構の内部における政治力を主たる推進力として進行したこと、いわゆる民間の右翼勢力はそれ自身の力で伸びて行ったのではなく、むしろ前述の第二期に至って軍部乃至官僚勢力と結びつくに至ってはじめて日本政治の有力な因子となりえたことであります。この点、イタリーのファッショやドイツのナチスが、むろんそれぞれの国における軍部の支援は受けましたが、とにかく国家機構の外から、主として民間的な力の動員によって国家機構を占拠したのと著しくちがっております。しかしこのことはまた後に、日本ファシズムの進展の歴史的特質を述べるときにふれることにしまして、ここでは、いわゆる急進ファシズム運動——血盟団より二・二六に到る——の運動形態に見られる顕著な特質を申し述べて見たいと思います。それはこうした運動の実践的担当者が最後まで大衆的組織をもたず、また大衆を組織化することに大した熱意も示さずむしろ少数者の「志士」の運動に終始したということであります。日本のファシズム運動にまつわる一つの英雄主義《ヘロイズム》、つまり「志士」意識がその運動の大衆化をチェックしたのであります。例えば、橘孝三郎は「日本愛国革新本義」の中で次のようにのべております。「特に此際力説高調して皆様に真剣な肝銘をお願ひしたい事は、斯様な国民社会的革新はたゞ救国済民の大道を天意に従つて歩み得るの志士の一団によつてのみ開拓さるゝものであるといふ一大事であります。……かやうな大事をたゞ一死以て開拓致すなどといふ志士は申すまでもなく何時の場合でも数に於て多くを求め得るものではありません。然し天意によつて只撰ばれた天意を行ひ得るの志士は各層に散在しておることも事実であります」。「革新を叫ぶ者は先づ身を国民に捧げて立たねばなりません。救国済民の大道にたゞ死を以て捧げたる志士の一団のみよく革新の国民的大行動を率いて立ち得べく、国民大衆はまたかくの如き志士にのみ従ふ外ないのであります。……而して日本の現状に訴へて見る時、何処よりも先に皆様の如き軍人層にかやうな志士を見出す外ないのであります。そして之に応ずるものは何よりも農民です。……敢て皆様の深甚なる考慮と鉄の如き決心をお願ひせざるを得ない所以です」。このようにして橘は、さなきだに「距離のパトス」の強い軍人層の志士意識を煽り立てたのであります。

そうしてこういう考え方が基底にありましたので、自から運動は少数者の観念的理想主義の運動として展開され広汎な大衆を運動に組織化し動員するという方向をとらない。そうしてこれが同時に日本ファシズム運動の、甚しい空想性、観念性、非計画性というような特徴と結合しているのであります。志士が先端に立って破壊行動をやればあとはどうにかなるという、いわば神話的なオプティミズムがたえず急進ファシズム運動を支配している。たとえば血盟団の中心人物たる井上日召の思想を判決理由書は「旧組織制度を廃棄することは破壊即否定、新組織制度を樹立することは建設即肯定にして、然も破壊なくして建設は在り得ず、究極の否定は即真の肯定なるが故に、破壊即建設不二一体なり」と述べておりますし、日召自らも公判において「私には体系づけられた思想はないという方がよいと思います。私は理屈を超越していまして全く直感で動いています」といい、破壊後の建設についての理論を持つことを意識的に拒否しております。また五・一五事件は最初の比較的組織的な急進ファシズムの暴動でありまして、蜂起の手筈については相当緻密に計画をたてております。たとえば海軍側第一期計画を見ると、まず第一組は首相官邸及び牧野伯爵を襲撃した後東郷元帥を擁して戒厳令を布く、第二組は、工業クラブと華族会館を襲撃の後、権藤成卿を擁して首相官邸に入り国家改造の衝にあたる、第三組は政友会、民政党本部を襲撃の後血盟団員を刑務所から救出する、このように比較的詳細に手筈をきめておりますが、一体具体的にいかなる改造をするかは、権藤成卿をブレインとすること以外には全く明らかでありません。この点古賀中尉の法廷における陳述では、「我々はまづ破壊を考へた。我々は建設の役をしようとは思はなかつた。ただ破壊すれば何人かが建設の役をやつてくれるといふ見透しはあつた。従つて指導理論といふやうなものは知らぬが、まづ戒厳令を布いて軍政府を樹立することを考へた。（中略）昭和五年十二月、故藤井少佐と共に、熊本に居られた荒木中将を訪問した時、同中将は大和魂で国運を打開しなければならぬと話された。その時、荒木中将に信頼と敬服を持つた。更に昭和七年陸軍異動で、当局の枢要な場所が、即ち憲兵司令官とか警備司令官は荒木系で補充されたので、われわれが戒厳令の布かれる如き状態にもつて行けば、荒木陸相を首脳とする軍政府が樹立され、改造の段階に入るものと信じた」（昭和八年七月二六日、東朝夕刊）と言っております。やはり「われわれはたゞ破壊すればよい、あとは何とかなる、誰かが建設してくれるであらう」という考えから、軍政府樹立までの計画がせいぜいであります。

しかもこの点で海軍側被告と陸軍側被告とでは見解の喰いちがいがあり、陸軍側は、海軍側の戒厳令による軍政府樹立というところまですら考えていない。例えば石関栄候補生は、「海軍は戒厳令を予想していたというが、私共は討死するつもりであつて、海軍のような結末を予想していなかつたのであります」と述べております。観念性の程度が一層甚だしくなっています。同じような特徴が神兵隊事件にも窺われます。これは愛国勤労党の天野辰夫、前田虎雄や大日本生産党の影山正治、鈴木善一らが中心となり、陸軍から安田銕之助中佐、海軍から第二航空司令の山口三郎が加わって計画された暴動で、結局未遂に終ったのですが、その第一次計画なるものを見ると、昭和八年七月七日午前十一時を期して、三千六百名を動員し、まず空爆担当者（山口中佐）が飛行機上より、首相官邸、牧野内府邸、警視庁に爆弾を投下し、檄文を撒布し、地上部隊の警視庁襲撃を見はからって宮城前に着陸し、地上隊に合流する。地上部隊はこれを数隊に分ち、一隊は拳銃、日本刀をもって首相官邸を襲撃して閣僚中の残存者を殺害し、一隊は同様牧野内府邸を、一隊は鈴木政友会総裁及び若槻民政党総裁を、一隊は日本工業倶楽部、社会大衆党本部をそれぞれ襲い、一隊は市中の銃砲火薬店に乱入して武器弾薬を奪い、主力部隊は警視庁を襲撃の後に、日本勧業銀行を占拠し、そこに籠城してプロパガンダにつとめつつ、やがて全市の警官隊と交戦して討死するというのであります。すこぶる念の入ったプランですが、最後はやはり討死に終ってしまうので、戦闘過程についてのみ計画性が発揮されている点が目立っております。

最後に二・二六事件——これは最も大規模で最も計画的な、日本のプッチ（一揆）ではまれにみる組織性を持った急進ファシズム運動であります。この暴動は論告や判決文によると北一輝の日本改造法案のプランの実現を考えていたようですが、蹶起将校たちは口を揃えてこれを否認し、たとえば村中孝次は「丹心録」（獄中手記）のなかで、「吾人ハ維新トハ国民ノ精神革命ヲ第一義トシ、物質的改造ヲ之ニ次テ来ルベキモノナルノ精神主義ヲ堅持セント欲ス」という立場から「吾曹ノ同志豈《あ》ニ政治的野心ヲ抱キ、乃至ハ自己ノ胸中ニ描ク形而下ノ制度機構ノ実現ヲ妄想シテ此挙ヲナセルモノナランヤ」とし、「建設なき破壊は無謀ではないか」という問いに対し、「何ヲカ建設ト云ヒ何ヲカ破壊トイフカ、……破邪ハ即顕正ナリ、破邪顕正ハ常ニ不二一体ニシテ事物ノ表裏ナリ、討奸ト維新ト豈二ナランヤ」といって、前の井上日召と同じ「論理」に帰着しています。そうして「苟《いやし》クモ大義ヲ明カニシテ人心ヲ正サバ、皇道奚《なん》ゾ興起セザルヲ患《うれ》ヘン」という藤田東湖の「回天詩史」の言葉は多くの二・二六事件被告によって一様に蹶起目的として引用されました。そうして維新志士の精神との対照において、三月事件以後の軍政府樹立計画や国家改造計画、ないしは永田、東条ら統制派のヒットラー式、ドイツ式統制を口をきわめて痛罵しております。(補八)

こういう風に急進ファッショの運動形態は空想的観念的であった。これは二・二六事件において、千六百名も兵を動かしながら、結果においては数人のおじいさんの首をはねることにおわったという事に一番よくあらわれております。こういう点がまた、日本のファシズムと、ドイツのそれとの著しい違いをなしております。イデオロギー的に幕末志士的な、雲井龍雄派の中世主義《メディーヴァリズム》が強力に残存している結果、運動形態にもそれが現われて来るわけであります。日本のファシズムでは、民主主義は真向から否定されるのですが、ナチスではそうではない、ワイマール的民主主義は否定されるが、民主主義一般は否定しておりません。むしろナチスのつもりでは、ワイマール的乃至は英米的民主主義はユダヤ的金権主義で、自分の方が本当のドイツ的民主主義であると称していたのです。むろんこうした言いぐさは宮沢教授の言葉をかりれば、「独裁政理論の民主的扮装」にすぎないのですが、ともかくデモクラチックな扮装をまとわねばならなかったというところに、民主主義がドイツにおいてもすでに抜くべからざる根を国民的地盤の上におろしていたことを物語っております。ヒットラーはユンケルの一部にあった王政主義には非常に反対で、徹底的に共和主義者であります。「マイン・カンプ」の中には王朝的愛国主義と、祖国と人民とを愛する愛国主義とを峻別し、国家権力を国家権力なるが故に崇拝する傾向を犬の如き崇拝といって嘲笑しております。「国家が人間のためにあるのであって、人間が国家の為にあるのではない」と言っておりますが、こういう認識は、一応ブルジョア革命をへてこなければ当然なものとはならないのです。このことは当然にナチス運動に最初から著しい大衆的性格を賦与しました。やはり「マイン・カンプ」の中で、「従来の汎ゲルマン主義はイデオロギーとしては立派であったに拘らず大衆組織をもたなかったために失敗した」といっております。こういうふうにナチスでは大衆を組織化し、その組織のエネルギーによって政治権力を奪取したのですが、日本の「下から」のファシズム運動はついに最後まで少数の志士の運動におわり、甚しく観念的、空想的、無計画的であったこと、これが日本のファシズムの運動形態に見られる顕著な傾向であります。むろん神話的要素や選良の思想はファシズムに共通しておりますが、その程度の差に殆ど質的なものがあると思います。

5　その社会的担い手における特質

さてそれでは日本のファシズム運動の社会的な担い手という点においてどういう特質が見られるかということが次の問題になります。――軍部官僚がファシズムの推進力であったのはいうまでもないことですが、ここではそういうせまい意味ではなく、もっと広い国民的な面でいかなる社会層がファシズムの進展に積極的に共感を示したかという問題です。

ファシズムというものはどこにおいても運動としては小ブルジョア層を地盤としております。ドイツやイタリーにおいては典型的な中間層の運動でありまして、――インテリゲンチャの大部分も、むろん例外はありますが、積極的なナチズム、ファシズムの支持者でありました。日本におけるファシズム運動も大ざっぱにいえば、中間層が社会的な担い手になっているということがいえます。しかしその場合に更に立ち入った分析が必要ではないかと思います。わが国の中間階級或は小市民階級という場合に、次の二つの類型を区別しなければならないのでありま す。第一は、たとえば、小工場主、町工場の親方、土建請負業者、小売商店の店主、大工棟梁、小地主、乃至自作農上層、学校教員、殊に小学校・青年学校の教員、村役場の吏員・役員、その他一般の下級官吏、僧侶、神官、というような社会層、第二の類型としては都市におけるサラリーマン階級、いわゆる文化人乃至ジャーナリスト、その他自由知識職業者（教授とか弁護士とか）及び学生層——学生は非常に複雑でありまして第一と第二と両方に分れますが、まず皆さん方は第二類型に入るでしょう。こういったこの二つの類型をわれわれはファシズム運動をみる場合に区別しなければならない。

わが国の場合ファシズムの社会的地盤となっているのはまさに前者であります。第二のグループを本来のインテリゲンチャというならば、第一のグループは擬似インテリゲンチャ、乃至は亜インテリゲンチャとでも呼ばるべきもので、いわゆる国民の声を作るのはこの亜インテリ階級です。第二のグループは、われわれがみんなそれに属するのですが、インテリは日本においてはむろん明確に反ファッショ的態度を最後まで貫徹し、積極的に表明した者は比較的少く、多くはファシズムに適応し追随しはしましたが、他方においては決して積極的なファシズム運動の主張者乃至推進者ではなかった。むしろ気分的には全体としてファシズム運動に対して嫌悪の感情をもち、消極的抵抗をさえ行っていたのではないかと思います。（補九）これは日本のファシズムにみられる非常に顕著な特質であります。翼壮の組織もサラリーマン層をつかまえることには、ついに成功しなかった。戦時中における文化主義の流行は第二のグループのインテリ層のファシズムに対する消極的抵抗と見られます。ドイツやイタリーにおいては知識階級が積極的にファシズムの旗を掲げて立った。とくに大学生が非常に大きな役割をしたことは御承知の通りでありますが、日本には果してそういうことが見られたかどうか。もちろん右翼の運動にも学生が参加しておりますが、その学生は教養意識の点で、むしろ第一のグループに属しているものが多い（御承知のように、日本ほど、大学生と呼ばれるものの実質がピンからキリまであるところは一寸まれでしょう）。そういう意味で、インテリ的学生層は終始ファシズム運動の担い手とはならなかった。これは彼等が大正末期から昭和初頭にかけての社会運動、マルクス主義の旋風にまき込まれた程度とも比較にならない差異があります。東大にも一時学生協会というような、運動形態においてナチス学生運動と酷似したものが出来ましたが、あれほど客観情勢に助けられながら殆ど発展せず、大部分の学生は無関心乃至冷淡な態度でこれを迎えたのであります。

これは一つには、日本のインテリゲンチャが教養において本来ヨーロッパ育ちであり、ドイツの場合のように、自国の伝統的文化のなかにインテリを吸収するに足るようなものを見出しえないということに原因があります。ドイツの場合には国粋主義を唱えることは、つまりバッハ、ベートーベン、ゲーテ、シルレルの伝統を誇ることです。それは同時にインテリゲンチャの教養内容をなしていた。日本にはそういう事情がなかった。しかし日本のインテリのヨーロッパ的教養は、頭から来た知識、いわばお化粧的な教養ですから、肉体なり生活感情なりにまで根を下していない。そこでこういうインテリはファシズムに対して、敢然として内面的個性を守り抜くといった知性の勇気には欠けている。しかしながらともかくヨーロッパ的教養をもっているからファシズム運動の低調さ、文化性の低さには到底同調出来ない。こういう肉体と精神の分裂が本来のインテリのもつ分散性・孤立性とあいまって日本のインテリをどっちつかずの無力な存在に追いやった。これに対して、さきにあげた第一の範疇は実質的に国民の中堅層を形成し、はるかに実践的行動的であります。しかも彼らはそれぞれ自分の属する仕事場、或は商店、或は役場、農業会、学校等、地方的な小集団において指導的地位を占めている。日本の社会の家父長的な構成によって、こういう人達こそは、そのグループのメンバー――店員、番頭、労働者、職人、土方、傭人、小作人等一般の下僚に対して家長的な権威をもって臨み、彼ら本来の「大衆」の思想と人格とを統制している。こういう人達は全体日本の政治＝社会機構からいえば明かに被支配層に属している。生活程度もそんなに高くなく生活様式においては自分の「配下」と殆ど違わない。にもかかわらず彼らの「小宇宙」においてはまぎれもなく、小天皇的権威をもった一個の支配者である。いとも小さく可愛らしい抑圧者であります。従って一切の進歩的動向に対する――大衆が社会的政治的に発言権を持ち、そのために自らを組織化する方向に対する、最も頑強な抵抗者は、こういう層に見出されるわけであります。しかも尚重要なことは生活様式からいって彼らの隷属者と距離的に接近しておりますし、生活内容も非常に近いということから、大衆を直接に掌握しているのはこういう人達であり、従って一切の国家的統制乃至は支配層からのイデオロギー的教化は一度この層を通過し、彼らによっていわば翻訳された形態において最下部の大衆に伝達されるのであって、決して直接に民衆に及ばない。必ず第一の範疇層を媒介しなければならないのであります。他方またこれらの「親方」「主人」は町会、村会、農業会、或はもろもろの講、青年団、在郷軍人分会などの幹部をつとめ、そういった場所において醱酵する地方的世論の取次人であります。ヒュームという哲学者が、「どんな専制政治でもその基礎は人の意見である」ということをいっておりますが、たしかにどんな専制政治でも、被治者の最小限度の自発的協力がなくては存在することは出来ない。そうして軍国日本において、この被治者のミニマムの自発的協力を保証する役割を果したのはまさにこの第一の意味での中間層であるということが出来ます。実際に社会を動かすところの世論はまさにこういう所にあるのであって、決して新聞の社説や雑誌論文にあるのではないのであります。ジャーナリズムの論調が日本ではともすれば国民から遊離するのは何故であるかといえば、それがもっぱら第二範疇の中間層によって編輯され、従ってその動向を過大視するからであります。(補一〇)たとえば昭和十年初めの天皇機関説問題についてみても、――これは日本のファシズムの進展において非常に重要な意味をもち、又岡田内閣の命取りにまでなりかけたものなのですが――あの事件があれほど大きな政治社会問題になったのは、それが第一の範疇の世論になったからであります。貴族院でこれが問題となった後、大きな社会的波紋を呼んだのは、在郷軍人会が全国的にこれをとりあげて運動を起したからであります。政府はもとより、軍部でも上層部は最初はこれを単なる学説上の一見解と看做す態度をとっていた。その証拠としてこれが貴族院本会議において問題となった時、陸海相のなした答弁をみてみますと、大角海相は、「我国体の尊厳無比なるは議論するさへ畏れ多い事だと思つてゐる。しかしこれは憲法の学説に関する答弁ではなく信念として申上げるのであるから御諒承願ひたい」といい、林陸相も、「美濃部博士の学説は数年に亘つて説かれてゐる所で、この学説が軍に悪影響を与へたといふ事実はない」と断言しております。軍部も首脳部はあまり問題にしていなかったのです。あれが大きな政治問題になったのは、政友会が倒閣運動としてあの問題を利用し、蓑田胸喜などの民間ファッショと一緒に国体明徴を騒ぎ立てたからであり、社会的に波及したのは、全国の在郷軍人会の活動があずかって力があります。専門の学者や文化人の間ではもとより、官吏や司法官の間でさえ、多年怪しまれもせずに常識化していた学説が社会的には全く非常識な、ありうべからざる考え方として受け取られたこと、――この事件ほど、インテリ層と国民一般との知識的乖離を鋭く露呈したものはないと思います。

　要するに第一の範疇の中間層の演ずる役割は、丁度軍隊における下士官の演ずる役割と似ていると思います。下士官は実質的には兵に属しながら、意識としては将校的意識をもっております。この意識を利用して兵を統制したところが日本の軍隊の巧妙な点です。兵と起居をともにし兵を実際に把握しているのは彼らであって、将校は「内務」からは浮いてしまっています。だから中隊長は兵を掌握するには、どうしてもこの下士官を掌握しなければならないのであります。これと同様な現象なのでありまして、この第一の範疇の中間層を掌握するのでなければ大衆を掌握し得ない。こういった地方の「小宇宙」の主人公を誰が、いかなる政治力が捉えるかによって、日本の政治の方向はきまります。それは過去でも現在でも同じことです。しかも注意すべきは第一範疇の中間層の知識、文化水準と、第二範疇の本来のインテリの水準との甚しい隔絶であります。私は外国のことはよく知りませんが、こんなに大きな隔絶があることは日本の大きな特色ではないかと思います。イギリスでも、アメリカでも、ドイツでさえも、もっと連続しているのではないかと思われるのでありますが、——この両層の教養の違いが甚しいこと、他方第一の範疇の中間層は教養においては彼らの配下の勤労大衆との間に著しい連続性をもっていること、大衆の言葉と、感情と、倫理とを自らの肉体をもって知っていること、これがいわゆるインテリに比して彼らが心理的にヨリよく大衆をキャッチ出来るゆえんです。しかもなお彼らを私が擬似インテリとか、亜インテリとか呼ぶのは、彼ら自身ではいっぱしインテリのつもりでいること、断片的ではあるが、耳学問などによって地方の物知りであり、とくに、政治社会経済百般のことについて一応オピニオンを持っていることが単なる大衆から彼らを区別しているからです。床屋とか湯屋とか或は列車の車中で、われわれは必ず、周囲の人々にインフレについて、或は米ソ問題について一席高説を聞かせている人に出会うでしょう。あれがつまり擬似インテリで、職業をきいて見ると大抵前述した第一範疇の中間層に属しています。

これに対して日本において、第二の範疇の中間層が一般の社会層から知識的＝文化的に孤立した存在であるということは、綜合雑誌というものの存在、純文学という妙な名前があること、岩波文化といったもの、——これらがいずれもインテリの閉鎖性を地盤にして発生していることにも象徴されておると思います。たとえば「タイム」や「ニュースウィーク」には非常にポピュラーなテーマとより高級な政治経済の評論の如きものが両方同じ雑誌にのっているのでありますが、ああいった雑誌がなぜ日本に出来ないのか。岩波文化があっても、社会における「下士官層」はやはり講談社文化に属しているということ、そこに問題があります。(補一一)そこでこういう層を積極的な担い手とした日本のファッショ・イデオロギーはドイツやイタリーに比しても一層低級かつ荒唐無稽な内容をもつようになったのは当然のことであります。それがまた逆に第二範疇のインテリをしてますます消極的な態度に追いやった理由であります。ドイツなどではともかく一流の学者教授がナチの基礎づけをやったわけですか、日本ではどうでしょう。むろんファッショのお先棒をかついだ学者もありましたが、まず普通は表面はともかく、腹の中では馬鹿馬鹿しいという感じの方が強かったようであります。日本のファシズム的統制の末端がきわめてファナティクなもの或は滑稽なものになったのは、概ねこういう層を媒介としたからであります。例えば竹槍主義の現実的な担い手となったのはかかる地方的指導者であります。軍の上層部が竹槍をもって高度の武器と対抗出来るということを、いかに軍人が無知であっても真面目に信じていたはずはない。その位百も承知している。そういう竹槍イデオロギーの強調によって物力の足らない点を精神力でカヴァーしようというのですが、首脳部は無論そういう高等政策のつもりで、タクチックとして云っている。ところが、そうしたイデオロギーが下に滲透して「小宇宙」の親方を通過する時には本物になってくる。真正面から竹槍主義で指導する。防空演習においていかに馬鹿馬鹿しい指導が行われたかはわれわれの記憶に尚新たですが、それはある程度まで、こうした中間層から出た班長や組長がばかばかしくしてしまった面が少くない。日本の戦争指導における多くのナンセンスはこういうところから発生していると思われます(関東大震災のときの自警団というのがやはり同じような意味を持っています)。急進ファッショの暴動の関係者、乃至右翼団体の幹部にいかに小学校教員、僧侶、神官、小工場の親方、小地主といった層の出身者が多いかということはここにいちいち指摘致しませんが、ともかくこのことが先に申しましたファッショ的イデオロギーにおいて労働者よりも中小商工業者や農民が重視されることに関連して来るわけであります。農村における指導層のみならず都会のスモール・マスターズでも大体農村出身で、農村に何らかのつながりをもっているものが多い。だから農本主義は彼らの共通利害といっていい。また中央集権に対する「地方自治」の要求が正にこの層の要求に一致している。自治というのは、彼らがヘゲモニーを握っている地方的小宇宙に対する中央権力（官僚）の干渉排除の要求に外ならないのであります。官僚主義や巨大財閥に対する反感は、こういう中間層において最も熾烈であります。それと共に先ほど申しました日本の国際的地位、つまり日本は国際的には先進資本主義国家の圧力を絶えず頭上に感じながら東洋の社会では一かどの先進国として振舞っていたこと、一方でいじめられる立場にありながら、他方ではいじめる地位にあったということ、こういう日本の地位は、国内におけるこの層の社会的地位に酷似しております。そういう所から彼らは日本の大陸発展に内面的な共感を感じるわけです。先進資本主義の圧迫は、まさに国内における巨大資本の圧力と同じように感じられる。東亜の諸民族の日本帝国主義に対する反抗は、彼らの店や仕事場や其の他彼らの支配する集団における乾分《こぶん》や目下《めした》の反抗と同じような心理的作用を彼らのうちに起させます。こうして彼らは日華事変や太平洋戦争の最も熱烈な支持者になったのであります。

6　日本ファシズムの歴史的発展

非常に長くなりましたが、最後に日本ファシズムの歴史的進展の仕方にどういう特異性があるかという問題を一言して私の話を終りたいと思います。日本のファシズムはドイツやイタリーのようなファシズム「革命」をもっておりません。前にも一言したように、大衆的組織をもったファシズム運動が外から国家機構を占拠するというような形はついに一度も見られなかったこと、――むしろ軍部、官僚、政党等の既存の政治力が国家機構の内部から漸次ファッショ体制を成熟させて行ったということ、これが日本のファシズムの発展過程におけるもっとも大きな特色であります。それでは、いままでわれわれが述べて来たような民間右翼や急進青年将校の動きは歴史的に大きな意味がなかったかといえば、そうも一概にいえません。つまり下からのファッショ的動向――急進ファッショ運動のけいれん的な激発はその度毎に一層上からのファッショ化を促進する契機となったのであります。支配機構の内部から進行したファシズムは軍部、官僚を枢軸として、こういう急進ファッショの社会的エネルギーを跳躍台として一歩一歩自分のヘゲモニーを確立していったこと、これが重要な点であります。たとえば満州事変後まもなく十月事件がおこりますが、その前後において既成政党内部からもファッショ化――安達内相の協力内閣運動の動きが顕著になってまいります。翌七年五・一五事件が日本の政党政治の短い歴史に終止符をうち、斎藤内閣においてはじめて軍部・官僚政党の連立形態が出現したことはいうまでもありません。また昭和八年、神兵隊事件前後から軍部の政治的発言権は更に一段と前進し、八年十一月、九州で陸軍大演習があったのを機会に、後藤（文夫）農相、荒木陸相と参謀本部の中堅将校によって「農村対策連合協議会」がつくられ、軍部が積極的に農村問題をとりあげるようになります。昭和九年十一月いわゆる十一月士官学校事件より相沢中佐事件を経て昭和十一年の二・二六事件までは一連のつながりを持った青年将校の革新運動でありますが、そうした事件の起るたびに、当事者の意図如何に拘らず軍部上層部の政治的領土の一層の拡大という結果をもたらしております。就中重要な転機となったのは二・二六事件で、これは数年来相つづいたファシズムのプッチの最後の、最も大規模なものでありますが、これ以後はもはや青年将校や民間急進右翼を中心とする下からのファシズム運動は前景より退き、いわゆる粛軍の進行とともに軍内部の「皇道派」と目された勢力を「統制派」——というより反皇道派連合(補一二)が一挙に圧倒します。荒木・真崎・柳川・小畑等に代って、梅津・東条・杉山・小磯等がヘゲモニーをとります。こういう新らしく陸軍首脳部を形成した勢力は、その後軍の内部においては粛軍を徹底的に行い、急進ファシズム勢力を弾圧すると共に軍の外に対しては急進ファシズムの脅威をえさにして軍部の政治的要求を次から次へと貫徹してゆくのであります。二・二六直後寺内大将が広田内閣に入る時には、始めから条件をつけて自由主義的色彩をもつと見られた人物の入閣を拒否した。と同時に、寺内陸相は就任するとともに「庶政一新、自由主義排撃、全体主義体制へ」という露骨なファッショ的声明を出し、選挙法を改正して制限選挙制にし、立法権の行政権支配を否定して議会を骨抜きにするような政治的要求を提出しております。こうして上からのファッショ化が下からのファッショを抑圧しつつ急速に進展して行きます。北、西田や二・二六の青年将校らはまさに、「狡兎死して走狗煮らる」という運命を持ったのであります。この間の事情は五・一五と二・二六事件の処罰を比較することによってもわかります。五・一五事件の軍人側被告はいずれも軽い刑です。陸軍側は、後藤映範以下十一名は、いずれも禁錮四年であり、その後恩赦があって昭和十一年には全部出所しております。海軍側被告は指導的地位を占めた古賀清志と三上卓が最高で禁錮十五年、以下十三年一名、十年三名、二年一名、一年一名で、これまた恩赦により昭和十五年迄には全部自由の身になりました。これが白昼集団を組んで一国の宰相を暗殺し、帝都を暗黒化しようとした事件に対する処置であります。しかも五・一五事件の直後、荒木陸相は談話を発表し、その中で「これら純真なる青年がかくの如き挙措に出でたその心情に就て考へれば涙なきを得ない。名誉のためとか私欲のためとか又は売国的行為ではない、真にこれが皇国のためになると信じてやったことである。故に本件を処理する上に、単に小乗的観念を以て事務的に片づけるやうなことをしてはならない」といい、同じく大角海相も、「何が彼ら純情の青年をしてこの誤をなすに至らしめたかを考へる時、粛然として三思すべきものがある」と語っております。

いかに軍部が全体としてこの事件に同情的であったかが分ります。ところがこれに対し二・二六事件においては香田清貞以下、主謀者十七名（軍人側のみ）はずらりと死刑となったのであります。そうしてこの事件の前におこった相沢中佐の永田軍務局長殺害事件——これは全く相沢中佐の単独行動ですが——もこの事件から数ヵ月後の判決で死刑になっております。この種の事件に対する軍部の考え方の激変ぶりはほぼ推察されると思います。なお余談ですが、この種の事件の際に民間側被告がつねに軍人側被告よりも遥かに重い刑を課せられていることも注目すべきことです。例えば五・一五事件でも前述のように、軍人の最高は禁錮十五年に対し民間側の橘孝三郎は無期を宣告されています。二・二六事件で大した実際行動に関与したとも思われない北一輝と西田税が死刑になっています。それはともかくとして、二・二六事件の後の特別議会において、寺内陸相が事件について次のように演説しております。

「本事件の原因動機として彼等の蹶起趣意書並に其陳述等を綜合致しますれば、国体を顕現して彼等の所謂昭和維新の遂行を企図して居つたもののやうに述べて居りまするが、彼等を駆つて此に至らしめたる国家の現状は大いに是正刷新を要するものの多々存在することは之を認めらるゝのでありまするが、反乱行動までに至れる彼等の指導精神の根柢には我国体と絶対に相容れざる極めて矯激なる一部部外者の抱懐する国家革新的思想が横たはつてゐることを看過す能はざるは特に遺憾とする所でございます。」（傍点——丸山）

「一部部外者の抱懐する国家革新的思想」とは恐らく北一輝の思想を指しているのだと思いますが、ともかく、きわめてハッキリと反国体的行動と断じたところに、前の五・一五のときと陸軍首脳部の考え方がいかに激変しているかということがお分りになると思います。しかも二・二六以後ヘゲモニーをにぎった所謂新統制派は、嘗ては桜会時代の革新将校であったわけで、それがヘゲモニーをにぎると今度は「粛軍」を呼号し、陸軍大臣を通して以外の軍人の政治関与を排撃して急進的動向を抑圧するわけです。皇道派は大体反東条的だったところから、終戦直後脚光を浴びましたが、皇道派と統制派の争は一方が絶対的な正義派で、他方が陰謀派だというような簡単なものではなくて多分に個人的な派閥的な抗争という色彩がつよいのであります。ただ二・二六事件は新統制派が従来急進的な青年将校をバックにしていた皇道派を弾圧して自分のヘゲモニーを確立するきっかけを与えたということだけはほぼ断言出来るのではないかと思います。ですから、寺内陸相らによれば、二・二六は反国体的行動となるが、逆に青年将校からいわせると、「改造法案（北の日本改造法案を指す―丸山）の如きは実に日本国体にピッタリ一致してをります。否《いな》我国体そのものを国家組織として政経機構として表現したものが日本改造法案であるのです」（前掲青年将校の遺書）ということになる。そうして、彼らの見解では統制派の連中こそ口に国体国体といいながら、自己の政治的イデオロギーの貫徹のために天皇の権威をたえず利用しようとする。「陛下が許されねば短刀をつきつけても云ふ事をきかせるのだ」というような不敵な言辞を平気ではいている、と痛憤しております。この点はたしかに興味ある問題で、一体に皇道派系統の動きは現実の行動として発揮された所を見ると兵を動かして暴動を起すというように大変急進的ですが、その内実のイデオロギーは天皇絶対主義――承詔必謹主義で多分に観念的です。前に申しましたように、暴動を起すまでは計画的であるが、その後の事は考えないというのも、実はこの天皇絶対主義が根柢にあって、ある内容的なものを計画するのは大権をみだりにおしはかることになるという考えから来ている点も見逃してはならない。だからどうしても君側の奸をのぞく――天皇を覆っている暗雲をはらいのければあとは自から太陽が輝きわたるという神話的なオプティミズムになる。そこへ行くと、統制派といわれている人々は、よくいえばもっと合理的で悪くいえば天皇を利用して自分のプランを上から実現して行くというところがあります。(補一三)ですから、二・二六以後の過程というものは、日本のファシズムがいわば「合理化」され急進的なプッチという形でなく、支配機構そのものの中から着々と合法的に前進して行くということになるのであります。急進ファシズムの無気味な圧力をたくみに武器として上から自己の支配を強化して行く。第七十議会で、浜田国松が寺内陸相に質問して、――この質問が契機となって両者の間にいわゆる「腹切り問答」がかわされるのですが――「吾々ハ粛軍ノ進ムニツレテ粛正セラレタル軍部ノ政治推進力ガ強ク頭ヲ出スト云フ政治上ノ弊害ノ……新ニ台頭シ来リタルコトニ遺憾ヲ禁ジエナイ」といっているのは、まさに「粛軍」の持つパラドキシカルな意味を適切に衝いた言葉であります。

そうして、急進ファシズムの弾圧の後いくばくもなくして、軍部と官僚、財閥の抱合い体制が強化され、定石通りのファシズムの「完成」形態へと進んで行きます。広田内閣の馬場財政では「広義国防」ということを唱えました。当時二・二六後の不穏な社会的雰囲気の中に広義国防ということが唱えられ、予算も無理をして、失業救済費や農民救済費を計上し、軍事費の増大とあいまって、非常なインフレ財政になり財界の危惧が大きくなった。そこでそのあとを引き受け金融界の要望を背負った結城財政においてはたちまち軍事費一本やりの「狭義国防」へと逆転し、馬場財政によって計上された農村経済更生費等が悉く削られ地方財政交付金が打ち切られます。この時に結城さんが「これからは軍部とだき合つてゆきたい」という有名な言葉を吐き、抱合財政という名はここから起ったのであります。こういう情勢の一つの反映として例えば、昭和十二年三月三日日本経済連盟の常任委員会で次のような建議がなされました。「最近ニオケル内外ノ情勢ハ軍事費ヲ中心トスル国費ノ膨脹ヲ不可避ノ状態トシテ居ルガ而モ急激ナ財政膨脹ノ矛盾ガ国内生産力ノ不足トソレニ関連セル物価騰貴トナツテ現レテ来テ居ル以上、其矛盾ヲ避クル為ニハ歳出ヲ当面必要欠クベカラザルノ経費ノミニ限定スル以外ニ方法ナク、其意味ニ於テ軍事費以外ノ行政費ノ増大ハ出来得ル限リ抑制スルト共ニ、今後、二三年間ハ国防費一本槍ノ方針ノ下ニ予算編成ヲ行フベシ。」

これが当時の代表的な経済界の意見であります。このようにして財界と軍部との利害が接近し独占資本と軍部との抱合体制が完成して行くのであります。結局下からのファシズム運動は上からのファッショ化の中に吸収されてしまうわけであります。これから後、日華事変の勃発によって日本の国際的危機がいよいよ濃化して行けば、それだけ「挙国一致」が絶対的要請となって来ます。本来的に国民的な地盤をもたない官僚と、自からは革新の「推進力」と称して決して政治的責任を主体的に引き受けようとしない軍部と、それからブツブツいっているだけでもはやファッショ勢力と一戦を試みる闘志を失っている政党との三者が、挙国一致の名の下に鼎立し競合します。広田内閣から東条内閣までは、林・第一次近衛・平沼・阿部・米内・第二次近衛・第三次近衛と実にひんぴんと内閣が変ります。これは上の三者のバランス・オブ・パワーの上に内閣がのっかっているので、それが動くたびに変るのです。強力内閣ということが合言葉になればなるほど政治的中心がますますなくなって行くという奇現象が起るのであります。しかもこのことは決してファッショ化が停滞していることを意味するのではなく、昭和十二年暮から十三年初めにかけての労農派、全評、日無、教授グループの一斉検挙、同年のメーデー永久禁止命令、国家総動員法公布、昭和十四年三月、国際労働機関よりの脱退、昭和十五年社会大衆党以下各政党の解党、労働総同盟の解散、大政翼賛会、産業報国会の発足、日独伊軍事同盟の成立等々本格的なファッショ化の重要な石がこの間つぎつぎと打たれていることを忘れてはなりません。ローマは一日にしてならず、東条独裁も決して忽然として出来上ったのではないのであります。この間の過程を具体的に追って行く暇は到底ありませんが、ただとくに近衛新体制運動については一言つけ加えたいと思います。というのはこれはまさに、上に申上げたような政治力の不安定が国民的地盤の欠如から来ているという認識から出発して国民の組織化による政治力の強化をねらったものだからであります。新体制運動の動機はなかなか錯綜していて簡単に云えませんが、しかし少くも当初の意図はそこにあったわけです。ところがまさにそれが絶対主義的天皇制という岩にぶつかって国体派によって幕府的存在という嫌疑をうけ、遂に骨抜きの形式的な官僚機構になってしまうことは御承知の通りであります。いわゆる翼賛会の精動化であります。当時、上意下達、下意上通ということが言われましたが「下意」ということは我が国体の上であるべきものでないという批判が起って、下情上通と改められました。もっていかに一片の「下から」の色彩も嫌悪されたかが分ります。翌十七年一月に、翼賛会の形式化を補う意味で大日本翼賛壮年団が出来ますが、これも結局政治結社ではなく、建前は翼賛会の下部組織であるため、活発な活動は出来ません。地方によっては翼賛会と翼壮との間に種々面倒な問題が起ったりしました。十七年四月にはいわゆる翼賛選挙が行われ、その年の五月「翼賛政治会」が結成されて、これが唯一の政治結社として存立したわけであります。ところがこれにはあらゆる政治勢力が雑然と同居しており急進的ファッショ団体から既成政党系、観念右翼系、無産党系等が皆その中に網羅されており、そのため政治運動として無内容のものになってしまったのであります。

以上のような紆余曲折は、なんとかして日本の政治体制をドイツやイタリーのような国民大衆の組織化の上に置きたいという努力の過程であったが、そうした運動の落着いたところはいずれも官僚的ヒエラルヒーへの完全な吸収であった。こうして、日本のファシズムはついに一定の組織的な国民的基礎をもち得なかったのであります。翼賛運動とともに設けられた中央協力会議にしても、純然たる諮問機関、「下情上通」の機関にすぎず、ここで述べられた意見の提案は法律的にはなんら拘束力を持たない。政府が「聞き置く」だけである。当時、翼賛会が、「協力会議について」というパンフレットを出していますが、その中にこう書いてある。

「この会議に提出されるあらゆる問題は政府及び翼賛会として傾聴し、慎重に直ちに之を取捨し、政策のなかに果敢に反映して行くだけのことで、その間を家庭的な情味ある協力によつて颯々《さっさ》と処理して行かうといふにある。……要するにこの会議は融通不礙《ふげ》にして無法制・無権能なる性格を有するところに政治的価値を含蓄してゐるものの如く、その一見弱体、薄弱なる体裁を有するところにむしろ大きな妙味を湛えてゐるとも考へられる。」（傍点―丸山）

いかにもこの時代の考え方をよく示しております。そうしてやがて大東亜戦争の勃発によって東条独裁時代が来ました。もうこうなっては皇道派も統制派もなく、要するに東条の邪魔になる勢力はしらみつぶしにされ、「言論・出版・集会・結社臨時取締法」や「戦時刑事特別法」の改正によって一切の反対派を抑圧し、伝統をほこった右翼諸団体をも強制的に翼政と興亜同盟のなかに解消させてしまい、自らは陸相・軍需相・参謀総長を兼ねて首相として空前の権限をにぎったことは今更申上げるまでもありません。ヒットラーやムッソリーニに近い強力独裁政が始めてここに出現したわけです。しかしその「強力」の基礎にあるものはもっぱら全国にはりめぐらされた憲兵網だけでした。こうして日本ファシズムは独伊のような独自の国民組織をついに持つことなく、明治以来の官僚的支配様式とえせ立憲制（Scheinkonstitutionalismus）を維持したまま八・一五を迎えたのであります。それで、結局において上からのファシズム的支配の確立のためにていよく利用された形となった民間右翼勢力は皮肉にも戦争末期には東条独裁に対する激しい批判者として現われた。最後の段階において最も東条を手こずらせたのは、こういう伝統的な右翼の勢力であった。例えば昭和十八年第八十一議会の戦時刑事特別法案の委員会で、例の赤尾敏委員――建国会の古くからの指導者です――が翼賛会について次のようなことをいっております。

「今ノ翼賛会ノ思想的内容ヲ見マシテモ、現状維持的ナ自由主義者ガ居リ、国家社会主義者ガ其ノ中ニ大勢居ル。或ハ日本主義者モ居ル。或ハ急進的ナテロリズム的ナ過激ナ日本主義者モ居ル。……又便乗派モ大勢巣喰ツテ居ル。斯ウ言フ雑然タル指導精神、是デ何処ニ持ツテ行クノカ……大勢集メテ形ヤ組織ダケ造ツテ真面目ナ今マデノ実績ノアル従来ノ日本主義団体ハ皆潰シテシマツテ、サウシテ信念モ理想モ何モナイ便乗派ヤ官僚ヲ集メテ皆政府ノ金デ精神運動ヲヤラウト云フノダカラ魂ガ抜ケテ居ル。」

また同じ委員会で、中野正剛派の三田村武夫委員も次のような質疑をしております。

「今日本ノ政治ノ性格ト云フモノハ実ハ官庁中心ノ政治ナンデス。別名之ヲ官僚政治ト言ヒマス。詰リ批判ノナイ政治ナンデス。……批判ヲスレバ自由主義ダト言フ。批判ヲスレバ自由主義ダト言ハレルナラバ、私ハ其ノ自由主義トハ何ゾヤト伺ヒタイ。……批判ノナイ所ニ切磋琢磨ハナイ。切磋琢磨ノナイ所ニ進歩発展ハアリマセヌ。」

「政府ヤ役人ノ為ニ都合ノ悪イト云フコトト、国家ノ為ニ都合ノ悪イコトト一致シナイ場合ガアル。」

「茶坊主ヤオベツカバカリ殖エテ来ル世ノ中ハ、社会ト云フモノハ決シテ国家ノ為ニ好マシイ状態デハアリマセヌ。」

きわめて痛烈に東条独裁の実質を衝いております。批判のないところ切瑳琢磨なく、切瑳琢磨なきところに進歩なし、というところなどまるで正統的自由主義者の口吻そのままであります。日本ファシズムの最後の段階において議会において最も反政府的立場に立ち、最も批判的な言動に出たのは、皮肉にも、日本ファッショ化の先駆的役割をつとめた民間右翼グループだったわけであります。終戦後における皇道派勢力の復活、乃至ちゃきちゃきの右翼主義者がただ反東条だったという理由で、民主主義者として現われて来たのもここに根拠があります。いわばちょうど歴史が一循環したともいえましょう。

なぜ日本において国民の下からのファシズム――民間から起ったファシズム運動がヘゲモニーをとらなかったのか。なぜファシズム革命がなかったかということはなかなか重大な問題であります。私もこうした短い時間でこの問題をくわしく申し上げることは出来ませんが、少くとも次のことだけはたしかだと思います。即ち、ファシズムの進行過程における「下から」の要素の強さはその国における民主主義の強さによって規定される、いいかえるならば、民主主義革命を経ていないところでは、典型的なファシズム運動の下からの成長もまたありえない、ということです。[補一四] ドイツやイタリーにおいては、ともかく第一次大戦後、ブルジョア民主主義が確立し、その地盤の上に強大なプロレタリアートの組織が形成された。イタリーにおいて「ローマ進軍」の前における社会情勢は御承知のように、階級闘争が熾烈をきわめ、労働者の工場占拠と生産管理の嵐がふきまくっていた。議会では社会党が第一党であった。ドイツにおいて、ナチス革命直前における社会民主党と共産党の勢力がいかに強固なものであったかは今更説明の要もないことと思います。一九三三年三月の総選挙、――ヒットラーがすでに政権をとり、例の国会放火事件を口実として全国的に共産党の大弾圧をやって、殆ど共産党が地下に追い込まれた時の総選挙ですら、共産党は六百万票の投票を得ております。こういう強大なプロレタリアートの勢力を撲滅するためには、いかにラジカルな強力が必要であったか、従来の民主主義的政治機構のいかにラジカルな変革が必要であったかは想像に余りあります。と同時に、大衆をそうした社会民主党なり共産党なりの影響から奪いとって、ファッショ体制の下に組織がえするには、それだけ巧妙な民主主義的偽装が是非とも必要であった。ナチスが自分こそ真の「社会主義」の実践者であり、労働者の党なんだということを見せつけなくては大衆を吸引することが出来なかった――そのことはドイツにおいて、イタリーにおいてさえ、すでに下からの大衆の力がいかに強大なものであったかを物語っていると共に、そこにファシズム組織のなかにある程度の「下からの要素」を、欺瞞のためにせよ、保持せざるをえなかった理由があるのであります。ところが日本ではどうでしょう。むろん日本でも大正末期から昭和のはじめにかけて労働運動が未曾有に昂揚し、また農業恐慌により小作争議が年々激増して行きました。日本のファシズム運動が、こういう情勢を背景にして盛んになった左翼運動に対抗する意味をもって登場して来たことは上に見た通りで、その点では定石通りといえます。しかしそうした左翼運動が今日から見て果してどれほど現実に労働者農民のなかに滲透していたかといえば、ドイツやイタリーとは一寸比較にならないことだけは確かです。マルキシズムの風靡を論壇やジャーナリズムやそれを支持する一般知識階級層の間だけの現象と見ることはむろん行き過ぎた議論ですが、「赤化」の脅威ということが当時支配階級の宣伝したほど現実的なものであったかは多分に疑問です。(補一五)ドイツやイタリーでは、プロレタリア革命ということが実際に目前にさしせまった問題であった。独占資本は、ナチスか「赤化」かという切ぱつまった情勢において急遽、ヒットラーを政権に招いたわけです。日本のファシズム体制の進行が漸進的で、「ローマ進軍」とか、一九三三年一月三十日というような日を持たないということは、いいかえるならば下からの抵抗がそれだけ強くなかったということです。一戦をまじえるに足る強大なプロレタリアートの組織が存しなかったということです。これは日本の資本主義の構造そのものから容易に理解されます。(補一六)

日本のファシズム運動の急激に盛んになる満州事変直前の一九三〇年における人口構成を見ますと、五人以上の工場に働く労働者の数は二〇三万二千で、日傭労働者は一九六万三千です。これに対し商業における使用人の数は二二〇万人、また官公吏会社職員は一八〇万、小売業者は一五〇万人です。いかに本来のプロレタリアートが、中小商業者及びサラリーマン層に比して数的に少いかが分ります。また例えば一九二六年の国際連盟統計年鑑を見ますと、工業人口（家内工業も含む）は全人口の一九・四%です。これを例えば英国の三九・七%、フランスの三三・九%、ベルギーの三九・五%、オランダの三六・一%と比べ、さらにドイツの三五・八%と比べると大日本帝国の工業化が西欧資本主義国家に比していかに低度であったかは明瞭です。御承知のように日本の社会構造は最上層においては最も高度に合理化された独占資本がそびえ立っておりますが、その底辺においては封建時代と殆ど変らない生産様式を持つ零細農と、これまた殆ど家族労働に依存しているような家内工業とが目白押しに並んでいる。最高度の技術と最もプリミチヴな技術とが重畳的に産業構造の中に併存している。こういうように歴史的に段階を異にした生産様式が重なり合って、しかも相互に補強し合っている。このことが政治的には日本の民主主義的な力の生長を決定的に妨げたわけです。かくして一方では封建的絶対主義の支配、他方では資本の独占化の進展とが決して相背反しないで相互補強の関係にあるということ、それが日本のファシズム運動における上に見たように運命をも決定したといえると思います。このことは日本における下からのファシズム運動の内部的脆弱性をも示すものであります。日本の右翼には最も進んだナチス型から、ほとんど純封建的な、遠く玄洋社につらなる浪人型まで実に系譜が雑駁です。そこには「近代」の洗礼をうけたものが殆ど見当らない。ファッショ的というよりも幕末浪人的類型が支配的であります。フリーダ・アトリーの「日本の粘土の足」（Japan's Feet of Clay）という本の中に、右翼指導者を「封建時代の浪人とシカゴのギャングの Cross である」といっているのは至言です。例えば右翼運動の大御所が頭山満というような人物であったこと、そこにも右翼運動の特質が象徴されています。ヒットラーやムッソリーニの生活様式と頭山満の生活様式を比べると、前者に見られるような生活の計画性は、頭山満には恐らくないだろうと思います。例えばここに「頭山満翁の真面目」という本があります。その中にいろいろ頭山さんの談話が書いてありますが、一つ例を挙げて見ると、若い頃のことでこう書いてある。「あれは血気盛りの二十六七の頃ぢや。東京へ出て来て五六人の仲間と一戸を借りて居つた。傘も下駄も揃つて居るのは初めの中で、やがて何にもなくなる。蒲団もなくなる。併し裸生活は俺れ位のもので他の連中は裸では通せんであつた。弁当を取つて食ふ。金は払はん。そこで弁当屋の女が催促に来る。俺れは素裸で押入れの中から出るものぢやから、女中、あつと魂消《たまげ》て退却ぢや。二三日は、俺れは食はんでも何ともなかつたのぢや。」

借りた金を返さないし、こういう手段で撃退することになにか誇りを感じている。この手でやはり高利貸も撃退した話もしております。どう見たって「近代的人間類型」には属さない。ここには近代的合理性は一片もない。右翼的人間は頭山だけではなく、こういった共通性が見られるのであります。又右翼団体の内部構成を見ても多分に親分子分的組織をもっている。前に申しましたようにあれほど右翼に有利な情勢に恵まれながら右翼運動の統一戦線は一度も出来なかった。何度も統一が唱えられるのだけれども、一旦は結びついてもすぐに分裂して、互に口ぎたなく罵り合う。親分中心の結合であるからどうしても規模が小さいし、めいめい自分の神様を押し立てて拮抗する。同じことは終戦後に無数といういうほど政党が乱立した事情にも現われております。スモール・マスターを中心にして沢山のグループが出来てくる。なかにはていのよい暴力団もある。ナチスでも突撃隊などは多分に暴力団的色彩がみられますが、それにはやはり組織と訓練があり、日本のように離合集散はしないのであります。こういう前近代性は右翼団体だけでなく、これと結んで重要な役割を演じた革新将校についてもいえます。彼等の策謀の根拠地は殆どつねに待合や料理屋でした。彼らがそこで酒杯をかたむけつつ悲憤慷慨するとき、彼らの胸奥には「酔うては伏す美人の膝、さめては握る天下の権」とうたった幕末志士の映像がひそかに懐かれていたにちがいありません。要するに日本におけるブルジョア民主主義革命の欠如が、ファシズム運動におけるこういった性格を規定しているといえるでしょう。そうして以上のことを別の面からいうならば、日本の「政党政治」時代とファシズム時代との著しい連続性として表現されます。上に云ったような右翼の指導者や組織に見られる前近代性は、程度の差こそあれ日本の既成政党にひとしく見られる特質とも云えます。日本の政党が民主主義のチャンピオンではなくて、早くから絶対主義体制と妥協し吻合し、「外見的立憲制」に甘んずる存在であったればこそ、日本では下からのファシズム革命を要せずして、明治以来の絶対主義的＝寡頭的体制がそのままファシズム体制へと移行しえたのであります。ナチスは天下をとると社会主義政党はもとより、中央党その他一切の既成議会勢力を一掃した。ところが日本では、これまでヘゲモニーをとっていた勢力が一掃されて新しい勢力が登場したのではなくして、旧来の勢力は大体ずるずるべったりに、ファシズム体制の中に吸収されていった。前に述べたように既成政党は殆ど大部分翼賛政治会の中に吸収された。これが戦争終了後大量的な追放者を既成政党や官僚などの古い政治力のなかから出すこととなった原因であります。どこからファッショ時代になったかはっきりいえない。一歩一歩漸進的にファシズム体制が明治憲法の定めた国家体制の枠の内で完成して行った。日本の既成政党はファッショ化の動向と徹底的に戦う気力も意志もなく、むしろある場合には有力に、ファシズムを推進する役割を果していたのであります。

例えば既に昭和二年四月より同四年七月にわたる、田中義一大将に率いられた政友会内閣は、建て前は純然たる政党内閣であったにも拘らず、内には三・一五及び四・一六事件によって左翼運動に徹底的弾圧を加え、緊急勅令によって治安維持法を改変して言論出版集会の自由を一層制限し、外にはいわゆる田中積極外交をふりかざして済南事件を機とする対支出兵を行い、ついに所謂満州某重大事件として知られた張作霖爆死問題にひっかかって倒れるまで、その足跡はほとんどファシズム政権と見まがうばかりです。この時国内的また対外的にまかれた種が後にファシズムの制覇の上に重要な意味を持って来るのであります。政友会はこの後も、浜口内閣に対し、ロンドン軍縮条約にからむ統帥権干犯をもって激しく迫り、ずっと下って、前述した天皇機関説問題に際しても、衆議院で鈴木総裁自ら国体明徴運動の陣頭に立つなど、日本政治のファッショ化に重大な貢献をしたといっても過言ではありません。統帥権干犯問題がいかにファシズム運動を激成させたか周知の事実でありますし、また機関説問題は前にも申しましたような情勢の下で、政党政治の理論的根拠を否定する意味を持っておりましたので、政党がその音頭をとるということは、文字通り自殺行為以外の何物でもなかった。こういうところに既成政党の悲劇或は喜劇的な役割があったのであります。

田中内閣に続いた浜口及び若槻両民政党内閣は、最近の政治史の中では比較的にブルジョア自由主義的色彩をもっておりましたが、それも結局、満州事変後間もなく、安達内相一派の協力内閣運動という内部からのファッショ的動向によって崩れております。民政党そのものが政友会と反ファシズム的立場において一線を劃すほどもはっきりした差異を持つものでないことはいうまでもありません。現に田中内閣時代、不戦条約の批准の際、民政党は野党として、あの中の「人民ノ名ニ於テ」という文句をつかまえてわが国体と相容れないといって右翼団体と一緒に盛に政府を攻撃したのでありまして、政友会はいわばその仇をロンドン条約問題で討ったようなわけです。両方とも政争のためには手段を選ばず、どんな勢力とも結んで反対党の政府を倒そうとした。そのことがさなきだに強力な、議会から独立した種々の半封建的政治力の台頭を一層促す結果となったのであります。恰度ドイツやイタリーにおいて社会民主党乃至社会党の右翼が演じた役割は日本において政友会や民政党によって演じられたといえるでしょう。むろん日本でも無産運動の内部におけるファッショ化――前に申しましたように社会民衆党の赤松・亀井一派や日労系、例えば麻生らの一派による――の持つ意味も無視出来ませんが、何といっても議会勢力のヘゲモニーをとっていた政治力という点から見ると、日本は伊独よりさらに一まわりずれていたといわねばなりません。このことは日本では政党政治の没落とともに、「院外団」を構成していたような社会的分子が多く右翼団体のなかに流れ込んで行ったことと、例えばイタリーのファッショにおいて無政府主義乃至サンジカリズムからの参加者が中心となって行ったこととのちがいとしても現われております。このように見て来ますと、日本のファシズム化の漸進的な性格――前の時代との連続性が、大きな特質をなしていることがおわかりになると思います。

日本のファシズムについてはわれわれはまだつっこんでいろんな面から検討してゆかなければならないのでありまして、私がいい残したことでまだ重要なことがたくさんあります。ファシズムと独占資本との関係にせよ、また日本の農業構造との関連にせよ、もっともっと資料が出て来てみんなで解明してゆかなければならぬ問題であります、そういう問題について網羅的にお話することはとうてい私の任にはたえないことであります。そこで本日はこうしたファシズム機構論に深入りすることを避けて、ただ政治運動としてのファシズムが、敗戦までの日本の進展にいかなる影響を及ぼし、それがどういう特質をもったものであったかを解明することに、力点を置いたわけであります。長時間御静聴を感謝致します。

（一九四七年）

三　軍国支配者の精神形態

1　問題の所在

「何故にミカドと総統《フューラー》とドゥチェが、モスコー前面におけるジュダーノフの反撃が成功しつつあるまさにその時にアメリカ合衆国に対して戦端を開いたのかという問題は、現在のところまだ明確な答が出ていない。狂熱主義《ファナティズム》と誇大妄想病に罹った死物ぐるいの狂人たちがなした選択は、外交とか戦略とかいった種類の問題ではなく、むしろ精神病理学の問題とした方が説明がつき易いのである。」

アメリカにおける国際政治学の第一人者として知られるF・シューマン教授は近著[1)]のなかで真珠湾攻撃前後の国

際情勢を分析しつつ、このように述べている。われわれは是を以て単に同教授がフロイドの流れを汲むシカゴ学派に属するが故の言い廻しとして片付けてしまっていいだろうか。いな、東京裁判で巨細に照し出された、太平洋戦争勃発に至る政治的動向は、開戦の決断がいかに合理的な理解を超えた状況に於て下されたかということをまざまざと示している。対米宣戦は世界情勢と生産力其他の国内的条件の緻密な分析と考慮から生れた結論ではなく、むしろ逆にミュンヘン協定のことも強制収容所《コンツラーガー》のことも知らない[2]という驚くべく国際知識に欠けた権力者らによって「人間たまには清水の舞台から眼をつぶって飛び下りる事も必要だ」という東条の言葉[3]に端的に現われているようなデスペレートな心境の下に決行されたものであった。だから世界最高の二大国に対してあれだけの大戦争を試みる以上、定めしそこにはある程度明確な見透しに基づく組織と計画とがあったであろうという一応の予測の下に来た連合国人は実情を知れば知るほど驚き呆れたのも無理はない。「日本は一方に未だ終了せぬ対中国戦争を負担し且又対ソ攻撃を準備しながら、どうして合衆国及大英帝国に対し同時に攻撃を決し得たかと、充分な根拠を以て驚いている聡明な人々も極めて多くいますが、この疑惑は、もし我々が日本の支配者一般及び特に日本軍閥指導者達のドイツの威力とその必勝に対する盲信を見落すならば解き得ぬものでありまして、彼等は……独逸側が約束していたソ連邦の崩壊が今日明日にも到来するであろうとあてにしていたのであります」というゴルンスキー検察官の言葉は、東京裁判の検察側においてもこの「なぞ」がいかに不可解なものとして映じていたかということを暗示している。[4] だから最終論告においてもキーナン検事は、「この共同謀議の分析に関する困難の一つは、それが非常に広汎な範囲のものなるため、これが一群の人間により企図されたものとは考え難いことであります」（No. 371）と率直に謀議を捕捉する困難性を認めた。況んや米国側弁護人はこの多かれ少かれ連合国人に共通に懐かれている内心の驚きを百パーセントに弁護の根拠として利用した。ブルーエット弁護人は開戦までの陸軍航空機の毎年度製作実数を挙げて、検察側の「圧倒的軍備拡大」という主張を反駁し、「一カ年五万機以上の航空機を生産しつつあった米国から来た弁護人らにとっては、許多の公人の生死に関係するケースに以上の数字を以てする事は喜劇には非ずして真の悲劇であると思われるのであります。今日この時代に於てこの少数の航空機を以てして全世界の征服に乗り出すということはドン・キホーテに非ずんば誰か能くこれを実行し得る事でありましょうか」（最終弁論・No. 391）といっているのは、米国人として偽わらない感想であろう。ドイツと並ぶ典型的「全体主義」の国として喧伝された日本帝国の戦争体制における組織性の弱さ、指導勢力相互間の分裂と政情の不安定性もまたナチズムとの対比において彼等を驚かせた。「被告席に列する被告等の間には現代史のこの悲劇的時代を通じ他の列強の偉大なる戦争努力に匹敵し或はこれを凌駕する程の協調も、政治理念の一致も協力も存しなかった」（ブラナン弁護人・No. 255）。「日本政府そのものについての真の証拠とは何か。それは本起訴状の期間内に日本では前後十五代の内閣が成立・瓦解したという事実に外ならぬ……。日本政府を構成したこれら十数代の内閣の成立、瓦解を通じて、十三人の首相、三十人の外相、二十八人の内相、十九人の陸相、十五人の海相、二十三人の蔵相が生れた。……証拠が明かに示すところは……共同計画又は共同謀議の確証ではなくして……むしろかえって指導力の欠如……である」（同上・No. 386）。連合国とちがって日本の戦争体制をヨリ内側から眺める機会をもった「盟邦」ナチスにとっては、こうした政治力の多元性から来る対外政策の動揺は夙《つと》に悩みの種であった。一九四〇（昭和一五）年七月、リッベントロップ外相は佐藤・来栖大使及び河相公使との会談で、「自分は独逸が何を欲するやの点に付いては明かなる認識を有するも、日本の企図が奈辺にありやに関しては遺憾ながら明確なる知識を持ち兼ぬる次第にして、両国間の協力も必要ながら先ず日本が果して具体的に何を希望せらるるやを承知致し度し」と言っている。[5] これがまさに軍事同盟が締結される僅か二ヵ月前のことである！　またある駐日ドイツ武官は陸海軍の対立の深刻さに驚駭して自ら調停に乗り出しさえした。[6] われわれは満州事変を経て太平洋戦争に至る歴史過程の必然性を論証するに急なるあまり、こうした非合理的現実をあまりに合目的的に解釈することを警戒しなければならない。たしかに日本帝国主義の辿った結末は、巨視的には一貫した歴史的必然性があった。しかし微視的な観察を下せば下すほど、それは非合理的決断の厖大な堆積として現われて来る。問題はこうした日本政治の非合理性や盲目性を軽視したり抹殺したりすることではなくして、それをどこまでも生かしつつ、いかにして巨視的な、いわば歴史的理性のパースペクティヴに結合させるかということでなければならない。東京裁判において以上のような検察側の「共同謀議」の観点と弁護側の「非計画性」の観点が激しく対立した。それは法理論の上では互に相容れない主張でもあろう。だが現実の歴史的分析においては必ずしもそうではない。大東亜共栄圏を確立し八紘一宇の新秩序を建設して、皇道を世界に宣布することは疑いもなく被告らの共通の願望であった。彼等のうち誰一人として、これがドン・キホーテの夢であることを指摘したものはなかった。ただ彼等のうちの或る者はその夢を露骨に表白することに照れ臭さを感ずる程度の身嗜みを具えていたし、他のものは夢の実現を確《かた》く信じながらもその実現をもっと未来に嘱していた。彼等のうち最も狂熱的な者でもいよいよ風車に近づくとそのあまりの巨大さとわが槍とをひきくらべて思わず立ちすくんだ。[7] しかも彼等はみな、何物か見えざる力に駆り立てられ、失敗の恐しさにわななきながら目をつぶって突き進んだのである。彼等は戦争を欲したかといえば然りであり、彼等は戦争を避けようとしたかといえばこれまた然りということになる。戦争を欲したにも拘らず戦争を避けようとし、戦争を避けようとしたにも拘らず戦争の道を敢て選んだのが事の実相であった。政治権力のあらゆる非計画性と非組織性にも拘らずそれはまぎれもなく戦争へと方向づけられていた。いな、敢て逆説的表現を用いるならば、まさにそうした非計画性こそが「共同謀議」を推進せしめて行ったのである。ここに日本の「体制」の最も深い病理が存する。東京裁判の厖大な記録はわれわれにこの逆説的真理をあますところなく物語ってくれる。[補一] 法廷には所謂第一級戦争犯罪人だけでなく、検察側と弁護人側の延数百人に上る証人喚問によって、当時の政治権力を構成した宮廷、重臣、軍部、政党等の代表的人物は殆どもれなく登場してそれぞれの角度から日本政治の複雑極りない相貌を明かにした。これらの人々の提示した事実内容だけでなく、彼等の法廷における答弁の仕方そのもののなかに、日本支配層の精神と行動様式が鮮かに映し出されているのである。それを手がかりにして日本の戦争機構に内在したエトスを抽出しようというのが以下の試みにほかならない。むろん問題はあまりに厖大であり、この論稿はただその若干の側面を提示するにとどまる。しかもそこで抽出された諸原則はきわめて平凡であり、われわれにとってむしろ日常的な見聞に属するかも知れない。もしそうならばいよいよもって、われわれはそうした平凡な事柄がかくも巨大な結果を産み出したことに対してつねに新鮮な驚きと強い警戒を忘れてはならないのである。

（1）F. Schuman, *Soviet Politics at Home and Abroad*, 1946, p. 438. なお、シューマンがこの書を書いたときは、対米宣戦について予め日独伊三国の間にどの程度の諒解と協定があったかがまだ明かにされていなかったために、三国を平等にならべたのであろうが、少くも真珠湾奇襲に関する限り、いつもドイツに引きまわされていた当時の日本としてはめずらしく、イニシアティヴをとった。リッベントロップ外相はこの報を受けて「狂喜」したといわれる。

（2）キーナン検察官に対する東条証人の答。

（3）近衛文麿『失はれし政治』一三一頁。

（4）極東国際軍事裁判速記録第八五号（傍点はすべて筆者）。なお、この速記録は本論文でひんぱんに引用されるので、概ね本文のなかに割註で、号数だけ入れることにした。例えば（No. 100）とあるのは、速記録第百号の意味である。ただこの速記録は遺憾ながら誤植がかなりあるので、それは引用の際には気のついた限り正したし、また仮名遣いも不統一なので全部新仮名に統一した。本論文の主たる資料となったこの速記録は戒能通孝教授の御厚意によって利用しえたものであり、一年以上にわたって、貴重な記録を貸与された教授に対してここで深甚の謝意を表する。

（5）一九四〇・七・一〇、来栖大使より有田外相宛電報による（No. 106）。

（6）パウル・W・ヴェンネッカー大将の東京裁判での証言による（No. 256）。

（7）九月六日の御前会議で決定された、「外交交渉ニ依リ十月上旬頃ニ至ルモ尚我ガ要求ヲ貫徹シ得ル目途ナキ場合ニ於テハ直チニ対米（英蘭）開戦ヲ決意ス」という問題の期日が切迫したころ、荻外荘で開かれた近衛首相と陸（東条）海（及川）外（豊田）三相及鈴木企画院総裁との会談において示された当時の政府や軍部の態度は鈴木貞一の口供書がよく要約している。これは近衛手記その他の資料でも裏書されている。

「海軍は日米戦争は不可能であるとの判断を内心有するが之を公開の席上で言明することを希望せず、陸軍は戦争を必ずしも望むのではないけれど、中国からの撤兵には反対し、しかも外相は中国の撤兵を認めなければ日米交渉は成立しないというのでした。従って首相が戦争を回避しうる途は、海軍にその潜在的な意向を明かに表明せしめるか、或は陸軍に海軍の内心有する判断を暗黙の中に了解させ、日米交渉成立の前提条件たる中国からの撤兵に進んで同意させるかの何れかでした。」

つまり三者の立場が三すくみだったのである。東条はここで撤兵に強硬に反対して遂に内閣を瓦解させるのであるが、その際でも彼は皇族（東久邇宮内閣）の力で部内の強硬論を押える可能性にいくぶん心を動かしている。

2　ナチ指導者との比較

フロイド学派をまつまでもなく、ファシズムはどこでもアブノーマルな精神状況と結びついており、多かれ少かれヒステリー的症状を随伴するものである。この点では東西のファシズムはさして変らない。しかしその異常心理の構造や発現形態はナチス独逸と軍国日本ではかなり——というより著しくちがっている。なによりナチ指導者の出身とわが戦犯のそれとがまるで対蹠的である。ナチ最高幹部の多くは大した学歴もなく、権力を掌握するまでは殆ど地位という程の地位を占めていなかった。[1] ところが市ケ谷法廷にならんだ被告はいずれも最高学府や陸軍大学校を出た「秀才」であり、多くは卒業後ごく順調な出世街道を経て、日本帝国の最高地位を占めた顕官である。それだけではない。ナチ指導者はモルヒネ中毒患者（ゲーリング）や男色愛好者（ヒムラー）や酒乱症（ライ）など、凡そノーマルな社会意識から排斥される「異常者」の集りであり、いわば本来の無法者（Outlaws）であった。わが被告たちのなかにも大川や白鳥のように本物の精神病者もおり、松岡のように限界線《ボーダー・ライン》に位置するものも見受けられるが、全体としてみれば、いかにその政治的判断や行動が不可解かつ非常識であっても、彼等を本来の精神異常者とは考え難い。ノーマルな社会意識から排斥されるどころか、彼等の多くは若いときから末は大臣・大将を約され、或はもともときらびやかな祖先の栄光でかざられ、周囲から羨望される身上であった。人間の型としても純粋な「無法者」は彼等のなかにはいない。軍閥とくに陸軍の被告には多かれ少かれその要素はあるにはある（例えば満州事変当時の板垣・土肥原の現地での行動や、三月・十月事件の橋本など）が、彼等も半身は小心翼々たる俗吏であり、とくに地位の上昇と共にますます後者の面を強くした。「無法者」タイプはこの国のファシズムにも重要な役割を演じたが、彼等は「浪人」というその別名が示すようにまさに権力的地位に就かぬ所に特色があり、その代りに権力者のところに不断に出入りして彼等のうす気味悪い配下として彼等から不定の収入を得つつ[補二]舞台裏で動いていた。[2] あの法廷に立った被告たちはむしろ彼等が地位の上で遥かに見下していた官民大小の無法者たちに引き廻された哀れなロボットであるといってもいいすぎではない。この東西ファシズム権力の相異は看過してはならない重要性をもっている。東西指導者の対照は検察側によっても注目されるところとなった。タヴナー検察官は最終論告を次のような言葉で結んでいる。

「これらの人達は犯罪の方法を完全に鍛えられ、その犯罪以外の方法を知らない、犯罪環境の屑であるニュルンベルグ裁判に立った一部の有力者の如き破落漢（ならずもの）ではなかったのでありまして、これらの人達は国家の粋であり国家の運命が確信的に委任されていた正直にして信頼された指導者として考えられていたのです。これらの人々は善悪の別を知っていたのです。充分知悉しながら、彼等は自ら悪を選択し、その義務を無視し……自ら数百万の人類に死と傷害を齎らし……破壊と憎悪を齎した戦争への途を辿るべく選択したのであります。……この選択に対し彼等は罪を負わねばならないのであります。」(No. 416)

被告らの心理と行動がファシズム精神病理学の対象となるならばそれは彼等が国内及国際的な精神異常者に影響され感染した限りにおいてそうなのである。彼等はまさしく澎湃たるナチズムに感染した。だが彼等にとって本来的なのはナチズムそのものではなく、むしろ感染し易い素地なのである。この相異の社会的経済的基底はすでに多くの優れた学者によって解明されつつある。筆者は端的に彼我の戦争指導者の言動の比較によって問題に近づいて行こう。

日独ファシズムが世界に対してほぼ同様な破壊と混乱と窮乏の足跡を残したにも拘らず、かしこにおける観念と行動の全き一貫性に対してここにおける両者の驚くべき乖離がまず顕著な対照を示している。ヒットラーは一九三九年八月二二日、まさにポーランド侵入決行を前にして軍司令官に対して次のように述べた。「余はここに戦端開始の理由を宣伝家のために与えよう――それが尤もらしい議論であろうがなかろうが構わない。勝者は後になって我々が真実を語ったか否かについて問われはしないであろう。戦争を開始し、戦争を遂行するに当っては正義などは問題ではなく、要は勝利にあるのである」[3]。何と仮借のない断定だろう。そこにはカール・レーヴィットのいう「能動的ニヒリズム」が無気味なまでに浮き出ている。こうしたつきつめた言葉はこの国のどんなミリタリストも敢えて口にしなかった。「勝てば官軍」という考え方がどんなに内心を占めていても、それを公然と自己の決断の原則として表白する勇気はない。却ってそれをどうにかして隠蔽し道徳化しようとする[補三]。だから、日本の武力による他民族抑圧はつねに皇道の宣布であり、他民族に対する慈恵行為と考えられる。それが遂には戯画化されると、「言うまでもなく皇軍の精神は皇道を宣揚し国徳を布昭するにある。すなわち一つの弾丸にも皇道がこもっており、銃剣の先にも国徳が焼き付けられておらねばならぬ。皇道、国徳に反するものあらば、この弾丸、この銃剣で注射をする」(荒木貞夫の一九三三年における演説・No. 270) というように、個々の具体的な殺戮行為のすみずみまで「皇道」を滲透させないと気がすまない。ところが他方、ナチ親衛隊長ヒムラーによると、「一ロシア人、一チェッコ人にどういう事態が起ったかということに就いては余は寸毫の関心も持たない。……諸民族が繁栄しようと、餓死しようと、それが余の関心を惹くのは単にわれわれがその民族を、われわれの文化《クルトゥール》に対する奴隷として必要とする限りにおいてであり、それ以外にはない」[4]と。これはまたはっきりしすぎていて挨拶の仕方もない次第だ。むろん国内、国外に向って色々と美しいスローガンをまきちらす点ではナチもひけをとらない。しかしナチの指導者はそれがどこまでが単なるスローガンであり、どこまでが現実であるかというけじめを結構心得て用いているようである。これに反してわが軍国支配者たちは、自分でまきちらしたスローガンにいつしか引きこまれて、現実認識を曇らせてしまうのである。元朝鮮総督南次郎大将の次の答弁を見よ（No. 197）。

裁判長　どうしてあなたはそれを聖戦と呼ばれたのですか。
南証人　その当時の言葉が一般に「聖戦」といっておりましたのでその言葉を申したのです。
コミンズ・カー検察官　その「聖」ということ、対中国戦争のどこにその「聖」という字を使うようなことがあるのでしょう。（後略）
南証人　そう詳しく考えておったのではなくして当時これを「聖戦」と一般に云っておったものですから、ついそういう言葉を使ったのです。侵略的なというような戦ではなくして、状況上余儀なき戦争であったと思っておったのでありました。

さらに元上海派遣軍総司令官松井石根大将の場合を見よう。彼は口供書で日華事変の本質を次のように規定している。

「抑《そもそ》も日華両国の闘争は所謂『亜細亜の一家』内に於ける兄弟喧嘩にして……恰も一家内の兄が忍びに忍び抜いても猶且つ乱暴を止めざる弟を打擲するに均しく其の之を悪むが為にあらず可愛さ余っての反省を促す手段た

るべきのことは余の年来の信念にして……。」（No. 320）

これは必ずしも後でくっつけた理窟ではないらしい。上海に派遣される際、大アジア協会有志送別会の席上でも「自分は戦に行くというより兄弟をなだめるつもりで行くのだ」とあいさつしている（No. 310 下中弥三郎氏の証言）。可愛さ余っての打擲の結果は周知のような目を蔽わせる南京事件となって現われた。支配権力はこうした道徳化によって国民を欺瞞し世界を欺瞞したのみでなく、なにより自己自身を欺瞞したのであった。我国で上層部に広い交際を持ったグルー元駐日大使もこうした自己欺瞞とリアリズムの欠如に驚かされた一人である。いわく、

「私は百人中にたった一人の日本人ですら、日本が事実上ケロッグ条約や九ヵ国条約や連盟規約を破ったことを本当に信じているかどうか疑わしく思う。比較的少数の思考する人々だけが率直に事実を認めることが出来、一人の日本人は私にこういった――『そうです、日本はこれらの条約をことごとく破りました。日本は公然たる戦争をやりました。満州の自衛とか民族自決とかいう議論はでたらめです。しかし日本は満州を必要とし、話は要するにそれにつきるのです』。しかしこのような人は少数に属する。日本人の大多数は、本当に彼ら自身をだますことについて驚くべき能力を持っている。……日本人は必ずしも不真面目なのではない。このような義務（国際的な）が、日本人が自分の利益にそむくと認めることになると、彼は自分に都合のいいようにそれを解釈し、彼の見解と心理状態からすれば彼は全く正直にこんな解釈をするだけのことである。」

そうして大使はこう結論する。「このような心的状態は、如何に図々しくも自分が不当であることを知っているのよりもよほど扱い難い」[5]。つまりこれが自己の行動の意味と結果をどこまでも自覚しつつ遂行するナチ指導者と、自己の現実の行動が絶えず主観的意図を裏切って行く我が軍国指導者との対比にほかならない。どちらにも罪の意

識はない。しかし一方は罪の意識に真向から挑戦することによってそれに打ち克とうとするのに対して、他方は自己の行動に絶えず倫理の霧吹きを吹きかけることによってそれを回避しようとする。メフィストフェレスとまさに逆に「善を欲してしかもつねに悪を為」したのが日本の支配権力であった。どちらが一層始末が悪いかは容易に断じられない。ただ間違いなくいいうることは一方はヨリ強い精神であり、他方はヨリ弱い精神だということである。弱い精神が強い精神に感染するのは思えば当然であった。

だから同じくヒステリックな症状を呈し、絶望的な行動に出る場合でも日本の場合にはいわば神経衰弱が嵩じたようなもので、劣等感がつねに基調をなしている。「著しい劣等感から生れ同様に著しい優等感の衣をまとう日本人の超敏感性は、空威張と盲目的愛国心と外人嫌悪と組織された国家的宣伝をともない、ある紛争を処理する手段と方法を、紛争そのものにくらべるとまるで釣合のとれぬほど法外に意味深く重大なものにする」というのはやはりグルーの観察[6]であるが、このようにして明確な目的意識によって手段をコントロールすることが出来ず、手段としての武力行使がずるずるべったりに拡大して自己目的化して行ったところに、前に述べたような無計画性と指導力の欠如が顕著になったゆえんがある。ナチスの勃興する過程にも、ワイマール時代における下層中産階級の劣等意識が大きな役割を演じたことは事実である。しかし彼処においては、劣等意識はナチ権力者を支持した層に見られるのであって、指導者自体は逆に「権力への意思」そのものであり、ツァラトゥストラの現代版だった。ところがここでは指導的な政治力自体が表面の威容のかげに過敏で繊弱な神経を絶えず打ち震わせていたのである。

指導者におけるこうした「弱い精神」の集中的表現として誰しもすぐ思い浮べるのは近衛であろう。事実、第一次近衛内閣における日華事変の拡大や、大政翼賛運動の変質の経過、乃至《ないし》は第三次近衛内閣総辞職の経緯など、いずれをとってもそこには彼の性格の弱さが致命的に作用している。彼は木戸の証言によると、「何か起るとよくやめるということを言った男」（No. 298）であり、一九四一年十月初旬、まさに日米交渉が重大な関頭に達し、九月六日の御前会議で決定された期日が迫ったときも鈴木貞一に対し「政界を隠退して僧侶になりたい」などと洩らしていた（鈴木口供書）。彼が井上日召のような、これこそ典型的な精神異常の無法者を荻外荘にかくまって日夜接していたのもまさしく心理的な補完《コンペンセーション》にほかならない。近衛の弱さは或は単なる個人的性格の問題でもあり又いわゆる公卿の弱さの問題でもあろう。しかし弱かったのはひとり近衛のみであろうか。私がここでいう「弱い精神」とは決して近衛の場合のようないわゆる性格の弱さだけを指すのではない。別の例として東条内閣と鈴木内閣の外務大臣を勤めた東郷を挙げよう。彼は終戦時ポツダム宣言の無条件受諾を主張して軍部と抗争した立役者の一人であり、その際の態度などでは決して近衛のような弱い性格の所有者とは見られない。ところが開戦の日の十二月八日の朝、彼は外務大臣としてグルー大使を呼んで例の帝国政府の対米交渉打切りの覚え書を手渡したのだが、その際単に会談期間を通じての大使の協力を感謝すると述べたのみで、宣戦のことも真珠湾のことも一言もいわなかった。グルー大使は大使館に帰ってはじめて開戦の事実を知らされたのである。法廷で、何故会見の際に、戦争状態の存在について一言もいわなかったかということをブレークニー弁護人から訊ねられた時、彼のあげた理由がまさに問題である。第一に、グルー大使が既にその朝の放送によって開戦を知っていたと予測したこと——これはまあいいとして、第二に、内地では宣戦の詔勅はまだ出ていなかったから、これを必要のない場合に話すのは不適当と思ったこと——これは既に少々おかしい。しかし法廷をいたく驚かせたのは第三の理由だった。曰く、

「私はグルー大使とは長年の知合いでありますから、この際あまり戦争ということを口にするのを控えたいとい

う気持がありました。すなわち戦争ということを云う代りにすなわち両国の関係がこういうことになつてお別れするのを非常に遺憾とするということを申したわけであります。」(No. 342)

これはどういうことか。間が悪い、ばつが悪いといった私人の間の気がねが、それぞれの国を代表する外相と大使との公式の、しかも最も重大《クリティカル》な時期における会見の際に東郷を支配して、眼前に既に勃発している明白な事態を直截に表現するのを憚らせたということだ。更にこの東郷の態度の裏には真珠湾の不意打ちに対する内心のやましさの感情も入り交っていたかもしれない。いずれにせよ相手の気持の思いやりもここまで来ると相手に対する最大の侮辱と等しくなる。これを野村・来栖大使との最後の会見の際のハル国務長官の態度と比較せよ、まことに好箇の対照である。

ちょうどこれに似た状況が国内政治の場合にもある。米内内閣が三国同盟締結問題で陸軍と衝突して総辞職した時のことである。あの時最も微妙な立場に立ったのはいうまでもなく畑陸相である。彼が首相に突きつけた覚書が内閣崩壊の契機となったのであるが、この行動がどこまで彼自身のイニシアティヴに出たものか、それとも弁護側が法廷で主張したように、もっぱら閑院宮参謀総長や阿南次官以下軍務局内の意向に強要されたものかということは容易につきとめられない。それはともかく米内は次のような一場のエピソードを語っている(No. 391)。

「内閣総辞職の後、畑を私の室に呼び、私の記憶では次のように言いました、『貴下の立場はよく分る、苦しかったろう、然し俺は何とも思っておらぬよ。分ってる、気を楽にして心配するな』。私は彼の手を握りました。畑は淋しく笑いました。此の笑は日本人に特有なあきらめの笑でありました。彼の立場は全く気の毒なものでありました。」

まるで「リンゴの歌」のような問答であるが、ここでも支配的なのは公の原則ではなくて、プライヴェットな相互の気持の推測である。畑の陸相としての行動が上述のいずれの場合に属するにせよ、恐らく米内との会見で彼のとった態度はここに語られているものからさして距離はないであろう。それにしても、中国派遣軍総司令官、第二総軍司令官として三軍を叱咤し、元帥府に列せられた将軍もここでは何と哀れにちっぽけな姿に映し出されていることか。

日本支配層を特色づけるこのような矮小性を最も露骨に世界に示したのは戦犯者たちの異口同音の戦争責任否定であった。これは被告の態度を一々引用するまでもなく周知のことだから、キーナン検察官の最終論告によって総括して置こう(No. 371)。

「元首相、閣僚、高位の外交官、宣伝家、陸軍の将軍、元帥、海軍の提督及内大臣等より成る現存の二十五名の被告の全ての者から我々は一つの共通した答弁を聴きました。それは即ち彼等の中の唯一人としてこの戦争を惹起することを欲しなかったというのであります。これは一四ヵ年の期間に亘る熄《やす》む間もない一連の侵略行動たる満州侵略、続いて起った中国戦争及び太平洋戦争の何れにも右の事情は同様なのであります。……彼等が自己の就いていた地位の権威、権力及責任を否定出来ず、又これがため全世界が震撼する程にこれら侵略戦争を継続し拡大した政策に同意したことを否定出来なくなると、彼等は他に択ぶべき途は開かれていなかつたと、平然と主張致します。」

この点ほど東西の戦犯者の法廷における態度の相異がクッキリと現われたことはなかった。例えばゲーリングはオーストリー併合についていった。「余は百パーセント責任をとらねばならぬ……余は総統の反対さえも却下して万事を最後の発展段階にまで導いた」[7]。彼はノルウェー侵略に対しては「激怒」したが、それは前もって予告を受けなかったためで、結局攻撃に同意するに当っては「余の態度は完全に積極的であった」と自認する。ソ連に対する攻撃にも彼は反対であったが、それも結局時期の問題、即ち英国が征服される迄対ソ作戦は延期した方がいいという見地からであるとし、「余の観点は政治的及び軍事的理由によってのみ決定せられた」と確言する。何たる明快さか。これこそヨーロッパの伝統的精神に自覚的に挑戦するニヒリストの明快さであり、「悪」に敢て居坐ろうとする無法者の啖呵である。これに比べれば東京裁判の被告や多くの証人の答弁は一様にうなぎのようにぬらくらし、霞のように曖昧である。検察官や裁判長の問いに真正面から答えずにこれをそらし、或は神経質に問の真意を予測して先まわりした返答をする。米内光政証人のいつまで経っても空とぼけた返事に裁判長が業を煮やして「自分の聴いた証人のうちでこの総理大臣は一番愚鈍だ」ときめつけたことは当然新聞種になった。「それでは答にならない。妥当なる答はイエス或はノーです」という言葉が一体幾度全公判過程を通じて繰返されたろう。職業柄最も明快な答弁をしそうな軍人が実は最も曖昧組に属する。大島中将・元駐独大使のごときはその顕著なものである。例えば一九三八年、三国同盟交渉の経緯に関するタヴナー検察官との問答の一節を挙げよう（No. 322）。

検察官　私の質問に答えて下さい。私の今言ったような同盟（独英戦争勃発の場合、日本の参加を義務づけるような軍事同盟を指す――丸山）を主張いたしましたか、いたしませんか。

大島　いたしません（この前の問答で既にしばしばしかり或は否で答えるよう注意されている――丸山）……（中略）。

検察官　こういうふうな同盟を結ぶというリッベントロップの提案に対してあなたは反対したのですか。

大島　日本から反対してきております。
検察官　私の質問に答えて下さい。
大島　私は質問を避けませんけれども、かかる複雑なことはしかりとか否ではなかなか答えられない。

ここから更に検察官は、「防共協定を締結することによって日本がうる諸利益として若杉中佐の語ったことはつまり大島自身の意見ではないか」と訊き、防共協定の狙いを追及するのに対して、大島は協定の利益は数えれば種々あるが協定の目的は口供書にある通りだと逃げるので、

検察官　私のあなたに聴いておりましたことは、……先ほどの質問にありましたような若杉の見解というものはとりもなおさずまたあなたの見解であったのではないかというのであります。もしその見解にあなたが同意であるならば、そうであると言いなさい。そうでないならばそうでないと言いなさい。
大島　附帯しての利益としてはそういうことが浮んで参りましょう。

まだ他にも特徴的な答弁の例はあるが長くなるから省く。ともあれこうした曖昧な複雑なポーズが日本語――といっても特に漢語――のもつ特有のニュアンスによって一層拍車をかけられて法廷を当惑させたことは看過してならない事であろう。言霊のさきわう国だけあって「陛下を擁する」「皇室の御安泰」「内奏」「常侍輔弼」「積極論者」こういった模糊とした内容をもった言葉――とくに皇室関係に多いことに注意――がどれほど判事や検察官の理解

を困難にしたか分らない。こうした言葉の魔術によって主体的な責任意識はいよいよボカされてしまう。「大アジア主義」の語義が論争になったとき判事側が「われわれは行動というものに対して関心をもっているのであって、言葉には関心を持っていない」（No. 176）といったのは尤もな次第である。まったく弁護側のいうように八紘一宇がUniversal Brotherhoodを意味し、皇道が「デモクラシーの本質的概念と一致する」という風に変転自在の理念ではたまったものではないからである。

しかしこうした戦犯者たちは単に言葉で誤魔かしてその場を言い逃れていたとばかりはいえない。被告を含めた支配層一般が今度の戦争において主体的責任意識に稀薄だということは、恥知らずの狡猾とか浅ましい保身術とかいった個人道徳に帰すべくあまりに根深い原因をもっている。それはいわば個人の堕落の問題ではなくて後に見るように「体制」そのもののデカダンスの象徴なのである。それを探るためには、まず被告らが過去の自己の行動を総じていかなる根拠からジャスティファイしようとしたかということを見ることがなにより手がかりになる。そこに被告らが生きていた生活環境に内在するエトスが最もよく反映しているからである。

（1）ハイデルベルグ大学の哲学博士（Ph. D）の肩書をもつゲッベルスはこの点「異色」のインテリだった。むしろナチ指導者の多くはそうした地位や学歴のないことを誇りとし、それを以て大衆のなかに親近感を起させようとし、また事実それに成功した。権力獲得後まもなく、ヒットラーはベルリンのある工場で次のように演説している。

「ドイツの同胞諸兄ならびに諸姉よ、わがドイツ労働者諸君！　今日余が諸君ならびに諸君以外の数百万の労働者に語りかけるに際して、余は他の何人よりも正当な権利を持っている。余自身まさしく諸君の階級の出身である。……余は自己の所属せる諸君らの階級に今日呼びかけているのである……余はわが勇敢にして勤勉なる労働者ならびに我が勤労人民、数百万の大衆のための闘争をひきいている……余はなんらの肩書を必要としない。余が自力でえた余の名がすなわち余の肩書なのだ」（F. Schuman, *Nazi Dictatorship*, 1936, p. 259）。こういう演説を東条はたとえやりたくともやれない。

（2）だから同じ「無法者」でもナチとは類型がちがう。参照、本書第一部第二章「日本ファシズムの思想と運動」。我がファシズム運動で活躍した無法者のタイプを最も生々と示しているものとしてたとえば「日召自伝」がある（後に「一人一殺」と改題増補された）。

（3）・（4）ニュルンベルグ軍事裁判判決録中の引用に拠る。なお、同判決録英語版の閲覧については、外務省条約局法規課吉野事務官より便宜を得た。

（5）ジョセフ・グルー『滞日十年』石川欣一訳、上巻、一一四頁（但し若干訳文を改めた）。

（6）同上、一九五―六頁。

（7）（3）に同じ。

3　日本ファシズムの矮小性――その一

被告の千差万別の自己弁解をえり分けて行くとそこに二つの大きな論理的鉱脈に行きつくのである。それは何かといえば、一つは、既成事実への屈服であり他の一つは権限への逃避である。以下まず第一のものから論を進めることにしよう。

既成事実への屈服とは何か。既に現実が形成せられたということがそれを結局において是認する根拠となることである。殆どすべての被告の答弁に共通していることは、既にきまった政策には従わざるをえなかった、或は既に開始された戦争は支持せざるをえなかった云々という論拠である。例えば白鳥は巣鴨で訊問の際「あなたは一九三一年から終戦に至るまで満州及び支那において侵略的であったところの軍閥に対して好感を持ち、その友達となっていたのではないか」という問に対して、「私は彼らの友達ではない。……彼らに左袒するというわけではないが、しかしながら彼らのすでにしたことに対しては表面上もっともらしくし……なければならなかったのであります」といい、また、「あなたはいわゆる中日事変に賛成でありましたか反対でありましたか」というサダンスキー検察官の問に対して「私はその事変を早く解決したいという考えでありまして、反対とか賛成とかいうことは起ってしまったことでありますから、適切にあてはまる表現でないように思いますが……」と答えている（No. 332）。大島も三国同盟に賛成していたかと問われて、「それが国策としてきまりましたし大衆も支持しておりますから私ももちろんそれを支持しておりました」と弁明する（No. 297）。大事なことはこの弁明が実質的に成り立つかどうかということではない。周知のように大島のごときは三国同盟でも最もイニシアティヴをとった一人である。ここで問題なのは、自ら現実を作り出すのに寄与しながら、現実が作り出されると、今度は逆に周囲や大衆の世論によりかかろうとする態度自体なのである。

次に木戸を取ろう。これも三国同盟である（No. 297）。

検察官　次の問題に対しては、しかりか否かで簡単に答えることが出来ると思います。私の質問は平沼内閣の存続中あなたはずっとドイツの軍事同盟に反対するところの立場を取続けていったかどうかということであります。

木戸　私個人としては、この同盟には反対でありました。しかしながら五相会議で非常に問題の研究が続けられまして、私がこの問題を総理から聴いたのは三月ごろでありました。そこで現実の問題としてはこれを絶対に拒否することは困難だと思います。

同じように東郷も三国同盟について東条内閣外相に就任したとき賛成だったか反対だったかを問われて（彼も口供書ではドイツとの関係強化に反対するため全力を傾倒したと述べている）「私の個人的意見は反対でありましたが、すべて物事にはなり行きがあります。……すなわち前にきまった政策が一旦既成事実になった以上は、これを変えることは甚だ簡単ではありません、云々」と答え、また第八十一議会で三国同盟礼讃の演説をした事を突っ込まれると、「この際個人的な感情を公の演説に含ませ得る余地はなかったわけであります……私は当時の日本の外務大臣としてこういうことを言うべく、言わなくちゃならぬ地位にあったということを申し上げた方が最も正確だと思います」といっている（No. 340）。ここでも果して木戸や東郷がどの程度まで真剣に三国同盟に反対であり又反対行動をとったかという疑問はしばらく別として、重大国策に関して自己の信ずるオピニオンに忠実であることではなくして、むしろそれを「私情」として殺して周囲に従う方を選び又それをモラルとするような「精神」こそが問題なのである。

満州事変以来引続いて起った政治的事件や国際協定に殆ど反対であった旨を述べている被告らの口供書を読むとまるでこの一連の歴史的過程は人間の能力を超えた天災地変のような感を与える。フィクセル検察官が小磯被告の口供書についてのべた次のような言葉はこうした弁明のカリカチュアを痛烈に衝いてあますところがない（No. 307）。

「……あなたは一九三一年昭和六年の三月事件に反対し、あなたはまた満州事件の勃発を阻止しようとし、またさらにあなたは中国における日本の冒険に反対し、さらにあなたは三国同盟にも反対し、またあなたは米国に対する戦争に突入せることに反対を表し、さらにあなたが首相であったときにシナ事件の解決に努めた。けれども……すべてにおいてあなたの努力は見事に粉砕されて、かつあなたの思想及びあなたの希望が実現されることをはばまれてしまったということを述べておりますけれども、もしもあなたがほんとうに良心的にこれらの事件、これらの政策というものに不同意であり、そして実際にこれらに対して反対をしておったならば、なぜにあなたは次から次へと政府部内において重要な地位を占めることをあなた自身が受け入れ、そうして……自分では一生懸命に反対したと言っておられるところの、これらの非常に重要な事項の指導者の一人とみずからなってしまったのでしょうか。」

そうしてこれに対する小磯の答はこれまた例のごとく「われわれ日本人の行き方として、自分の意見は意見、議論は議論といたしまして、国策がいやしくも決定せられました以上、われわれはその国策に従って努力するというのがわれわれに課せられた従来の慣習であり、また尊重せらるる行き方であります」というのであった。

右のような事例を通じて結論されることは、ここで「現実」というものは常に作り出されつつあるもの或は作り出され行くものと考えられないで、作り出されてしまったこと、いな、さらにはっきりいえばどこからか起って来たものと考えられていることである。「現実的」に行動するということは、だから、過去への繫縛のなかに生きているということになる。従ってまた現実はつねに未来への主体的形成としてでなく過去から流れて来た盲目的な必然性として捉えられる。この意味で、一九四〇年七月二六日、グルー大使と松岡外相との最初の会談の際、両者の間に交された会話はきわめて暗示に富んでいる。[1)]

「松岡氏はそこで、歴史は急激に動く世界にあっては必ずしも制御することが出来ない盲目的な勢力の作用に基づくことが大きいといった。私（グルー）はこの盲力が歴史上作用したことは認めるが、外交と政治の主な義務の一つはかかる力を健全な水路に導き入れることであり、近い将来、彼と私が日米関係の現状を、二人が正しい精神でそれに接近するという確信をもって探求するならば、彼が考えている盲力に有用な指揮を与えることに大いに貢献出来ると思うといった。」

ここに主体性を喪失して盲目的な外力にひきまわされる日本軍国主義の「精神」と、目的―手段のバランスを不断に考慮するプラグマティックな「精神」とが見事な対照を以て語られていないだろうか。[2] ではこの点ナチズムではどうだろう。ヒットラーは一九三九年五月二三日に既にポーランド問題に関して次のように言っていた。[3]

「本問題の解決は勇気を必要とする。既成の情勢に自己を適応せしめることによって問題の解決を避けようとする如き原則は許されない。寧ろ情勢をして自己に適応せしむべきである。この事は外国に侵入するか又は外国の領地を攻撃する以外には可能でない。」

これはまたグルーのいうのとはちがった意味での、いわばマキアヴェリズム的な主体性であり、ここにも政治的指導性の明確な表現が窺われる。ポーランド侵入は、こうしてナチ指導者の十分な戦略的検討とイニシアティヴの下に進んで選んだところの方法であった。もとよりこのときのナチの情勢判断は必ずしも正しくなかったし、とくに欧州戦の後半期になればなる程、冷徹な打算はデスペレートな決断に席を譲って行った事は事実である。しかし、それにしても、終始「客観的情勢」にひきずられ、行きがかりに捉われてずるずるべったりに深みにはまって行った軍国日本の指導者とは到底同一に論じられない。この点では後にも触れるように、むしろ第一次大戦におけるドイツ帝国やツァール露西亜の場合が比較さるべきであろう。

前にのべたように、日本の最高権力の掌握者たちが実は彼等の下僚のロボットであり、その下僚はまた出先の軍部やこれと結んだ右翼浪人やゴロツキにひきまわされて、こうした匿名の勢力の作った「既成事実」に喘ぎ喘ぎ追随して行かざるをえなかったゆえんの心理的根拠もかくて自から明らかであろう。戦前戦時中を通じて、御前会議、大本営政府連絡会議、最高戦争指導会議、と名前ばかりは厳めしい会議が国策の最高方針を決定するために幾度か開かれたが、その記録を読む者は、討議の空疎さに今更のように驚かされる。[4] 実はといえば、そこでの討議内容は、あらかじめこうした会議の幹事——単に書記ないし連絡員にすぎないと武藤らによって主張されているところの——たる陸海両軍務局長や参謀本部・軍令部次長によって用意されており、更にいえば幹事の下には軍務局員や参謀本部課員が幹事補佐として付いて実質的な案を決定していたことである。そうして軍務局には右翼のそれこそシューマンのいう狂熱主義者や誇大妄想患者が出入りして、半身は官僚であり半身は無法者である佐官級課員と共に気焔を上げていた。しかも彼らでさえ関東軍や中国派遣軍を必ずしもコントロール出来なかった。況んや内閣や重臣はあれよあれよと事態の発展を見送り、ブツブツこぼしながらその「必然性」に随順するだけである。こうして柳条溝〔湖〕や蘆溝橋の一発はとめどなく拡大して行き、「無法者」の陰謀は次々とヒエラルヒーの上級者によって既成事実として追認されて最高国策にまで上昇して行ったのである。(補四)

軍部を中核とする反民主主義的権威主義的イデオロギーの総進軍がはじまるのとまさに平行して軍内部に「下剋上」と呼ばれる逆説的な現象が激化して行ったことも周知の通りである。三月事件と十月事件が殆ど処罰らしい処罰なしに終ったということがその後のテロリズムの続発を促進した事実は到底否定出来ない。十月事件のごときは、近歩一、近歩三の兵を動員し、霞ヶ浦から海軍爆撃機を出動させ、首相官邸閣議の席を襲って、閣僚を全部斃し、参謀本部と陸軍省を包囲して上司を強要して軍命令を出させるという大規模なテロによるクーデター計画であるが、このときもはや南陸相、杉山次官らは暴徒を統制する力なく、この計画で首相に擬せられていた荒木に鎮撫をたのむ有様であった。だから首謀者を保護検束しても到底厳罰など出来ず、結局うやむやになってしまった。[5] 翌年三月、永田軍務局長が木戸・近衛らから事件の始末を聞かれて、「本来ハ陸軍刑法ニヨリ処断セラレルモノナルモ其ノ動機精神ニ鑑ミ且ツ国軍ノ威信等ヲ考慮シ行政処分ニテ済セタルモノナリ」と答えている（木戸日記）。ギャングの処罰によってでなく、逆にこれとの妥協によって不法な既成事実を承認せざるを得ない迄に「威信」を失っている軍の実情がここに暴露されている。[補五]

しかもこのような軍の縦の指導性の喪失が逆に横の関係においては自己の主張を貫く手段として利用された。陸軍大臣が閣議や御前会議などである処置に反対し、あるいはある処置の採用を迫る根拠はいつもきまって「それでは部内がおさまらないから」とか「それでは軍の統制を保証しえないから」ということであった。例えば、一九四〇（昭和一五）年はじめ阿部内閣が辞職したとき、軍部は近衛を押して、宇垣（一成）も池田（成彬）も不可なりと強く主張した。近衛は「宇垣は不可《いか》んということはこれまでの経緯もあり一応肯かれるが池田までもいかんというのではどうかと思われる。陸相が押えられたらどうか」と畑にいうと、畑は「微力で到底押えられぬ。強いて出したら二・二六のようなことでも起りはせぬかと憂慮している」と答えて近衛を驚かせている。[6] このエピソードは二・二六後の「粛軍」なるものの実体を示している意味でも興味がある。そうしてこのような論理は前述のヒエラルヒーに漸次転嫁されて下降する。軍務局長がおさまらないから――軍務課員がおさまらないから――出先軍部がおさまらないから、(補六)という風に。そうして最後は国民がおさまらないからということになる。「国民」というのは先に触れたような、軍務課あたりに出入りする右翼の連中であり、更に背景となっている在郷軍人その他の地方的指導層である。軍部はしばしば右翼や報道機関を使ってこうした層に排外主義や狂熱的天皇主義をあおりながら、かくして燃えひろがった「世論」によって逆に拘束され、事態をずるずると危機にまで押し進めて行かざるをえなかった。三国同盟から日米交渉の決裂に至る過程にはとくにそれが甚だしい。一九四一（昭和一六）年の十月頃にはもはや軍部自体が「国民」に対してひっこみのつかぬ境地に追い込まれていたのである。日米交渉において最も難関だった問題が中国からの撤兵問題であったということは既成事実の重圧がいかに大であったかを語っている。東条は来栖大使の米国派遣の際にも、この条項だけは絶対譲歩出来ぬことを繰返し強調し、もしこの点譲歩するならば「靖国神社の方を向いて寝られない」と述べた（来栖三郎『泡沫の三十五年』七二頁）。松井石根もまた「大亜細亜主義」誌上で、「今にして英米と妥協しアングロサクソンとの協力によって事後処理に当ろうなどという考えを起して、どうして十万の英霊に顔向けを出来ようか。蓋し十万の英霊の名に於て吾人は絶対に対米妥協に反対である」（「事変処理と対米問題」同誌、昭和二八年七月号）と気勢を挙げている。国民がおさまらないという論理はさらに飛躍して「英霊」がおさまらぬというところまで来てしまった。過去への繫縛はここに至って極まったわけである。

ところでここに一つの問題がある。筆者はかつて日本の社会体制に内在する精神構造の一つとして「抑圧委譲の原理」ということを指摘した。[7] それは日常生活における上位者からの抑圧を下位者に順次委譲して行くことによって全体の精神的なバランスが保持されているような体系を意味する。この原理は一体、上にのべたような日本ファシズムの体制の「下剋上」的現象とどう関連するのだろうか。両者は矛盾するのだろうか。そうではない。「下剋上」は抑圧委譲の楯の半面であり、抑圧委譲の病理現象である。下剋上とは畢竟匿名の無責任な力の非合理的爆発であり、それは下からの力が公然と組織化されない社会においてのみ起る。それはいわば倒錯的なデモクラシーである。本当にデモクラチックな権力は公然と制度的に下から選出されているというプライドを持ちうる限りにおいて、かえって強力な政治的指導性を発揮する。これに対してもっぱら上からの権威によって統治されている社会は統治者が矮小化した場合には、むしろ兢々として部下の、あるいはその他被治層の動向に神経をつかい、下位者のうちの無法者あるいは無責任な街頭人の意向に実質的にひきずられる結果となるのである。抑圧委譲原理の行われている世界ではヒエラルヒーの最下位に位置する民衆の不満はもはや委譲すべき場所がないから必然に外に向けられる。非民主主義国の民衆が狂熱的な排外主義のとりこになり易いゆえんである。日常の生活的な不満までが挙げて排外主義と戦争待望の気分のなかに注ぎ込まれる。かくして支配層は不満の逆流を防止するために自らそうした傾向を煽りながら、却って危機的段階において、そうした無責任な「世論」に屈従して政策決定の自主性を失ってしまうのである。[8] 日本において軍内部の「下剋上」的傾向、これと結びついた無法者の跳梁が軍縮問題と満州問題という国際的な契機から激化して行ったことは偶然ではないのである。F・マイネッケはかつて、機械文明の生み出した大衆の登場と軍事技術の発達によって、本来政治の手段であるべき軍備機構がデモーニッシュな力として自己運動を開始するようになったこと、他方大衆の動向を政治家がコントロール出来なくなったこと、を指摘し、一九世紀後半から明晰な「国家の必要」(Staatsnotwendigkeit) が模糊とした「国民の必要」(Volksnotwendigkeit) に取って代られた旨を論じて、これを国家理性《シュターツレーゾン》の「危機」と呼んだ。[9] ここでは彼は第一次大戦におけるドイツの例を念頭においているのであるが、果して彼の断定はそのように一般化出来るだろうか。少くも軍事機構のそうした政治をはなれての自己運動、乃至は国民の間の無責任な強硬論など、第一次戦争直前のドイツと今度の日本との間に見出される著しい類似性は、両帝国が国家および社会体制においてともに権威的＝階層《ヒエラルヒッシュ》的な構成を持ち、しかもそこでの政治的指導者が揃って矮小であったという事実と切り離しえないように思われるのである。

（1）グルー、前掲書、下巻、四九頁。

（2）なお、松岡は、一九四〇（昭和一五）年三国同盟に関する枢密院会議でも「日米戦争は宿命的なり」と述べ（No. 76）、翌四一年五月、日ソ中立条約と三国同盟との関係につき、オット駐日ドイツ大使と会談した際にも「ドイツがソ連邦と衝突する場合、日本の如何なる総理大臣も外務大臣も日本を中立に保つ事は決して出来ないであろう。この場合日本は自然必然性を以て独逸側についてロシアを攻撃するように追込まれるであろう」（オットより独外相への電報・No. 107）と、やたらに宿命的必然論を振り廻している。

（3）ニュルンベルグ判決録より引用。

（4）こうした最高会議の空疎さは一つには、各自がスローガン的言辞で心にもない強がりをいう上述の「弱い精神」に由来する。この傾向は、会議の内容が軍当局の出席者を通じてすぐ下の「無法者」たちに洩れる可能性いな現実性によって一層促進された。一九四五（昭和二〇）年四月五日の後継内閣推薦に関する重臣会議での各メンバーの発言の仕方などはその意味で実に「含蓄」がある。いわゆる重臣層の間でもいかに意思の疎通が欠け、腹のさぐり合いが行われていたかを示すものとして、木戸口供書に述べられている一例を挙げておこう。——終戦の年の六月一三日、木戸が鈴木（首相）と戦争終結について話した際、米内海相は「首相がまだ中々強気のようだ」と言っていたと伝えると、鈴木は笑って、「米内がまだ中々強いと思っておりましたがそうですか」と笑った。これで木戸は、「図らずも此両者の考えの一致していることが判った」——というのである。米内と鈴木の間ですらこの有様である。

（5）この事件に躍った橋本欣五郎や長勇らは、満州事変勃発の翌日から殆ど連日連夜、東京各地の待合に起居し、時々尉官級の将校を集め「士気を鼓舞する目的を以て宴会を開」いていた（田中清少佐手記・岩淵辰雄『軍閥の系譜』六七頁）。長勇などという将校は何かというとすぐ刀を抜く狂熱的な無法者だったが、この事件の計画では政権奪取後、警視総監（！）になる予定だった。もしこれが成功したら、まず日本にもナチ型のファシズムに近いものが出来たかも知れない。

（6）近衛手記『平和への努力』一三七―八頁。

（7）本書第一部「超国家主義の論理と心理」参照。

（8）グルー元大使は一九四一（昭和一六）年十一月三日付で、国務省宛次のような報告を送っている。

「日本の政治思想は中世紀的なものから、自由主義的思想にまでひろがり従って世論は不定性を持っている。日本国外の出来ごとと情勢の衝撃は、ある時期に思想のどの派が優勢になるかを決定することがある。」

そうしてグルーはこの後に註して曰く、

「民主主義国家では外交政策に影響しそれを指揮する一群の原則が同種同質であることにより、また意見の相違を惹起するものがむしろ方法なので世論は別の方法で構成される」と。

ここに外交政策がかえって民主主義国家において比較的に安定的で一元化されているゆえんが簡潔に示されている。（補七）

（9）**F. Meinecke, *Die Idee der Staatsräson in der neueren Geschichte*, 1924, S. 527-529.**

4　日本ファシズムの矮小性――その二

さて、東京裁判の戦犯たちがほぼ共通に自己の無責任を主張する第二の論拠は、訴追されている事項が官制上の形式的権限の範囲には属さないということであった。弁護側の申し立てはこの点で実に見事に歩調を揃えていた。

賀屋や星野のような官僚中の官僚が「単に行政官たりし事実」「生涯一個の官吏」たることを根拠としたのはもとよりその他例えば大島の弁護人は「被告大島に関し告訴せられている行為は独立国の代表として彼の合法的な職務の行使に関して為されたものであること」「単に外交事務機構を通じて伝達及び暗号翻訳の任に当ったのみ」（カニンガム弁護人の公訴却下申立No. 161）といい、岡（元海軍省軍務局長）の弁護人も「被告に関し提出されている一切の証拠は、彼の地位が常に秘書官又は連絡官的のものであって彼が未だ嘗て政策決定線上に坐するに至らなかった事を示しております。彼に依って伝達され、又は彼又は彼の下僚に依って立案されたる諸通牒には彼の上官の色々の決定が含まれていました」（ローレン弁護人No. 161）と申し立て、武藤（元陸軍省軍務局長）についても、「彼は軍人としての経歴の大部分を通じて、従属的地位に在ったということが明白に立証されています。……即ち政策を決定するのは彼の上官であり彼の任務は世界の如何なる所にも承認された軍の概念が示すごとく、上官の命令を実践に移すことであった」（No. 161）と弁護されている。これらの弁護はそれぞれ被告自身のイデオロギーの反映にほかならない。例えば武藤章の訊問調書から引いて見るならば、彼はそこで日本軍の南京・マニラにおける残虐事件について訊ねられて、そのような不祥行為の発生がシベリア出兵頃からはじまったこと、軍の素質を高めるための教育方法が将校の間で討議されたこと、自分が永く教育総監部にいたので、真の軍隊教育に深い関心を持っていたこと、などを述べた後に、訊問に対して次のように答える（No. 159）。

問　一九一八年シベリア出兵後現われて来たのを貴方が気付かれたというこれらの欠陥を匡正するために、これから陸軍に入ろうとしていた青年の訓育及教育にどのような改革を加えましたか。

答　日本軍がシベリアに派遣された当時は私が単なる一少尉でしたから、たといそのことを知ったとしても何ともする事が出来ませんでした。
問　しかし貴方が軍の訓練を担当する高級副官の役に伴う力を持った際、ずっと昔の一九一八年に気付かれたあの弱点を改善するためにどのようなことをなさったのですか。
答　陸軍中将になった後といえども、私は師団長でなかったから何ともすることが出来ませんでした。如何なることを実行するにしましても師団長とならなければなりません。
問　軍務局長となった時は如何でしたか。
答　軍務局長は単に陸軍大臣の一下僚に過ぎません。そしてかかる問題に付て命令を発する権能はありません。
問　もしも貴方が師団長であったと仮定しあるいは学校における教育なり訓育なりを担当したとすれば、貴方は一九一五年以降承知しておられたこの弱点を改善強化するために学校に対し命令を発せられたことでしょう。
答　はい。（証人笑う）

最後の問を肯定しつつ武藤が笑ったのは恐らく照れ臭かったのだろう。しかし被告らの単に中央の役所における行動だけでなく、第一線の司令官としての行動についてもまた「法規」と「権能」が防塞とされるのである。これまた南京残虐事件についてのノーラン検察官と松井石根元大将との問答を、やや長いが掲げて見よう（No. 320）。
検察官　ちょっと前に、あなたは軍紀、風紀はあなたの部下の司令官の責任であるというようなことを言いましたね。

松井　師団長の責任です。

検察官　あなたは中支方面軍の司令官であったのではありませんか。

松井　方面軍の司令官でありました。

検察官　そういたしますと、あなたはそれではその中支方面軍司令官の職というものは、あなたの麾下の部隊の軍紀、風紀の維持に対するところの権限をも含んでいなかったということを言わんとしているのですか。

松井　私は方面軍司令官として部下の各軍の作戦指揮権を与えられておりますけれども、その各軍の内部の軍隊の軍紀、風紀を直接監督する責任はもっておりませんでした。

検察官　しかしあなたの麾下の部隊において、軍紀、風紀が維持されるように監督するという権限はあったのですね。

松井　権限というよりも、むしろ義務というた方が正しいと思います。（後略）

検察官　というのは、あなたの指揮する軍隊の中に軍司令官もあったからというのですね。そうしてあなたはこれらの軍司令官を通じて軍紀、風紀に関するところの諸施策を行ったのですね。懲罰を行ったわけですね。

松井　私自身に、これを懲罰もしくは裁判する権利はないのであります。それは、軍司令官、師団長にあるのであります。

検察官　しかしあなたは、軍あるいは師団において軍法会議を開催することを命令することは、できたのですね。

松井　命令すべき法規上の権利はありません。

検察官　それでは、あなたが南京において行われた暴行に対して厳罰をもって報ゆるということを欲した、このために非常に努力したということを、どういうふうに説明しますか。(後略)

松井　全般の指揮官として、部下の軍司令官、師団長にそれを希望するよりほかに、権限はありません。(!)

検察官　しかし軍を指揮するところの将官が、部下にその希望を表明する場合には、命令の形式をもって行うものと私は考えますが……

証人　その点は法規上かなり困難な問題であります。

この問答をよく読むと、まるで検察官の属する国よりも、松井の祖国の方がヨリ近代的な「法の支配《ルール・オブ・ロウ》」が行われていたかのような錯覚が起って来る。あの「上官の命は即ち朕が命なりと心得よ」という勅諭を**ultima ratio**とした「皇軍」の現地総司令官が、ここでは苟も法規を犯さざらんと兢々とし、直接権限外のことは部下に対しても希望を表明するにとどまる小心な属吏に変貌しているのである。

これらの被告の態度も決して単にその場の思い付きの責任逃れではない。被告の大部分は実際帝国官吏なのであり、彼等がどんなに政治的に振舞っても、その魂の底にはいつもM・ウェーバーのいう「官僚精神」(**Beamtengeist**)が潜んでいる。だから自己にとって不利な状況のときには何時でも法規で規定された厳密な職務権限に従って行動する専門官吏(**Fachbeamte**)になりすますことが出来るのである。なかんずくこの「からくり」のために百パーセントに利用されたのが、旧憲法の規定する統帥大権と編制大権の区別であり、更には国務大臣の単独輔弼制度及び国務・行政大臣の重複制であった。軍の政治関与が軍務局という統帥と国務の触れ合う窓口を通して広汎に行われたことは更めて述べるまでもなかろう。その意味で武藤が軍務局の役割を述べた次の言葉は実に含蓄に富んでいる。「陸軍大臣は閣議で決定した事項を実行せねばなりません。これがためには政治的事務機関が必要であります。軍務局は正しく此の政治的事務を担当する機関であります。軍務局の為すのは、この政治的事務でありまして政治自体ではないのです」（口供書No. 313）。これが武藤の軍務局長としてのめざましい政治的活躍の正当化の根拠である。彼の仕事は政治的事務なるが故に政治に容喙しうるのであり、政治的事務なるが故に政治的責任を解除されたのであった。軍政系統の陸（海）軍大臣―次官―軍務局という系列と、作戦用兵を司る参謀総長（軍令部総長）―次長―参謀本部（軍令部）各課という系列との間にも所管事項について当然幾多交錯する面があったが、東京裁判では両者が互に他に責任をなすり合う場面がしばしば見られた（例えば俘虜待遇規定のごとき）。とくに国防計画の決定や現地での戦争拡大に関する責任が時の陸（海）軍大臣に対して追及されると、きまって統帥大権に容喙しえないという理由がもち出された。ところが統帥部側にいわせれば、「一国の作戦計画というものはその国の国策に基いて作られるものである。しかして陸軍省に於てこの国防政策ということを担当していることになっております。また国防の大綱に関することも陸軍省の主管する所であります。しかして参謀総長の担任する所は国防用兵に関することである……作戦計画なるものが国策や国防政策から全然不羈独立に決定されるということは理論上ありうべからざることであるのみならず、事実においてそういうことはないのです」（田中新一証人の証言 No. 159）ということで、結局責任主体が宙に浮いてしまうのである。（補八）

我が旧内閣制がいかに政治力の一元化を妨げたか、戦争遂行の必要上それを克服し合理化しようという企てがいかに試みられいかに成功しなかったかということは、この共同研究の中の辻教授の論稿[1)]によって明らかにされる筈である。ここにはただそうした政治力の強化の目的で作られたインナー・キャビネット的な組織も、ついに国務大臣の「精神」を変革しえなかった事をタヴナー検察官の論告に総括された被告の主張によって示すにとどめよう(No. 416)。

「広田、平沼、板垣、賀屋等のごとき有力な四相会議及び五相会議のメンバーの主張する所では、彼等は他の閣僚の諒承ないし承認なくしては無力であった。しかも他の閣僚の承認を得られなければ何一つとして重要な事はなし得られなかったというのであります。他方、荒木及木戸のごとき右会議のメンバーでなかった閣僚はこれらの事項がその実施に当り彼等に報告されなかったという理由で、あるいは又仮りに報告されたとしても、彼等は単に右会議出席者の専門的見解に基づいてこれを承認した迄だという理由で、自分等は責を問わるべきでないと主張しているのであります。かくしてこの共同計画の実施中に執られた最重要な行動のあるものに対して、内閣の中に誰一人として責任をもつものがないということになる。」

要するにこのような「官僚精神」をいくら積み重ねてもそこからは言葉の本来の意味での政治的統合（political integration）は出て来ない。それに代って文書や通牒の山が築かれ、法令が頻発され、官制が新設される。この点において一九四〇年、勅令第六四八号の官制で出来た総力戦研究所の創設に関して法廷で行われた論争はきわめて興味がある。この研究所は、「総力戦研究所ハ内閣総理大臣ノ管理ニ属シ国家総力戦ニ関スル基本的調査研究及官吏其ノ他ノ者ノ国家総力戦ニ関スル教育訓練ヲ掌ル」（第一条）という堂々たる目的を掲げて陸大や各省ないしは実業界からの代表者を学生として華々しく開校した。そこでは日米戦勃発の想定の下に、純軍事的な作戦から国内の政治・経済・教育・文化の総動員体制に至るまでの計画樹立が研究され学生に課せられたりしたのだから、検察側がこれを重視したのは当然である。ところがその実態はどうだったろう。当時の学生であった堀場証人の言によれば（No. 100）、

「この研究所の官制は成程総理の管轄ということになっておりますが、大体顔を出されるのは入校式と卒業式という程度であり、何等の指示も指導もありませぬ。私等は現に一年間研究所にいたのでありますが、もう少し面倒を見て貰いたいという希望は持っておりましたが、大体この研究所の性質は生み放しの状態が事実でございます。そこで研究所としましては先ず店は開いたが何をするのだろう、何とか恰好を付けねばならぬだろうというのでその職員に命ぜられた者が先ずその場限りの事柄から始めたのが発足であります。……職員は集ったものの……何を一体教えたらよろしいかということに没頭して到底調査研究の方には手が延びなかったのであります。この間政府からは何等の指示も指導もありませぬ。」

この表現にはあるいは誇張があるかもしれない。しかしいわゆる「お役所仕事」という言葉を知っているわれわれ日本人には直感的にそこに含まれている真実性を感得しないだろうか。これに対して、ランバート検察官が「一九四〇年九月、日本は単なる学究的討論学校に於て、時間と精力を浪費したと信ぜられるでありましょうか……あの時期に於てかかる重要なる人物（関東軍参謀長から研究所所長に任ぜられた飯村中将のこと―丸山）を、何等実際上の目的を持たぬ重要ならざる仕事に、その時間を空費せしめるため、東京に招致したと真面目に考え得られるでしょうか」（No. 379）と反駁しているのは、無理もない疑問であるが、民主主義国の物差では到底理解出来ないような非合理性がこの世界では立派に通用するのである。なおこれに関して、星野や鈴木・木村等がこの研究所の「参与」となった責任を問われているのに対して、清瀬弁護人が行った反対訊問の結びの言葉とこれにたいする堀場証人の

答も注目されてよいであろう（No. 100）。

清瀬　最後に一つだけ、あなたは二十五年間も官吏生活をしておられますが、我が国では参与とか顧問とかいったような有名無実のものが時々現われる経験をお持ちですか。

堀場　特別な例外を除けば、大体顧問とか参与というものは有名無実のお飾り物の代名詞になっております。……有名無実の存在の方が私は多いと思っております。

さてまた、「権限への逃避」はそれぞれ縦に天皇の権威と連なることによって、各自の「権限」の絶対化に転化し、ここに権限相互の間に果しのない葛藤が繰り広げられる。官僚には一貫した立場やイデオロギーはないし、また専門官吏として持つことを許されない。迫水久常氏はあるとき、「官僚は計画的オポチュニストでなければならぬ」という名言を吐いた。一見あるイデオロギーを持っているようでもそれは彼の「人格」と結びついたものではなくしてむしろ彼の「地位」と結びついたものである。軍部ファシズムの勃興がロンドン軍縮条約の兵力量決定をめぐる海軍部内の軍政派と軍令派の相剋から口火を切られたことは周知の通りだが、あの対立について水野広徳が次のように言っているのは問題の核心を衝いている。「軍政系と言ひ軍令系と言ふもそれは人の問題ではなくして椅子の問題である。末次が海軍次官で山梨が軍令部次長であったなら、売国の非難は或は末次が負はされたかも知れない」（「新台湾総督小林躋造」「中央公論」昭和一一年、一〇号）。これは多かれ少かれ、軍部官僚内部の種々の「イデオロギー的」対立に妥当する。しかしそのことは内部的な抗争対立が激しくないということを少しも意味しない。むしろ逆である。挙国一致と一億一心が狂熱的に怒号されるに比例して、舞台裏での支配権力間の横の分裂は激化して行った。しかもそれが事務官意識に発する限りにおいてそれは無限にアトム化する。文官と武官が対立するかと思うとその下で陸海軍が対立し、陸軍は陸軍でまた、陸軍省と参謀本部、更に陸軍省内部で軍務局と兵務局というごとく。……企画院官僚、満州官僚、内務官僚相互の抗争もよく知られている。そうしてこのような政治力の多元性を最後的に統合すべき地位に立っている天皇は、擬似立憲制が末期的様相を呈するほど立憲君主の「権限」を固くまもって、終戦の土壇場まで殆ど主体的に「聖断」を下さなかった。かくして日本帝国は崩壊のその日まで内部的暗闘に悩み抜く運命をもった。それにはむろん一つには天皇の弱い性格の故もあるし、また敗戦よりも革命を恐れ、階級闘争よりも対外戦争を選んだ側近重臣[2](補九)の輔弼も与って力があろう。だがむしろそこには絶対君主制とくに頽廃期のそれに共通した運動法則があることを看逃してはならない。M・ウェーバーは官僚制の政治的機能を述べつつこういっている。[3]

「職務上の秘密という概念は官僚制の特殊の発明であり、まさにこの態度ほど官僚制によって狂熱的に擁護されるものはない。それは特にそれが許されている領域以外では決して純粋に即物的《ザハリヒ》な動機から出た態度ではないのである。官僚制が議会に対立する場合には、官僚制は議会が自己特有の手段（例えばいわゆる調査権《アンケーテンレヒト》）で当事者から専門知識を得ようとする一切の企画に対して確実な権力本能でもってたたかう。だからあまり事情に通ぜず従って無力な議会は、官僚制にとって自からヨリ望ましいものとなる……絶対君主でさえも、いなある意味ではまさに絶対君主こそ官僚の優越せる専門知識に対して最も無力なのである……立憲君主は社会的に重要な一部の被治層と意見を同じくしている限り……インフォーメーションを全く官僚制のみに頼っている絶対君主に比してヨリ重大な影響を行政面に及ぼしうる場合が極めて多いのである。帝政ロシアの皇帝《ツァール》は彼の官僚の賛成しないこと、官僚の権力利害と衝突することを引続き実現することはまず殆ど出来なかった。絶対支配者としてのツァールに直属した大臣たちは……相互にあらゆる個人的陰謀の網を張りめぐらせて暗闘し、特に山なす『奏議』を次々と提出して攻撃し合ったが、これに対して皇帝は素人《ディレッタント》として全くなすすべを知らなかったのである。」

一般に君主制の下で政治的統合を確立し、上述したような君主に直属する官僚の責任なき支配とそこから生れる統治の原子的分裂を防遏する可能性は二つ、或はせいぜい三つの場合しかない。一つは君主が真にいわゆるカリスマ的資質をもった巨大な人格である場合（或は、君主に直属する官僚がそうである場合、つまり彼がもはや単なる官僚でない場合）であり、もう一つの場合は民主主義国におけると変らないような実質的に強力な議会が存在していること、このいずれかである。ところが前の場合はいうまでもなくきわめて稀であるし、後の場合も、よほど特殊の歴史的条件（例えばイギリス）がない限り、君主の周囲に結集した貴族層がそうした民主的立法府の勃興を本能的な権力利害からして抑制するために、近代の君主制は表面の荘厳な統一の裏に無責任な匿名の力の乱舞を許すいわば内在的な傾向をもっているのである。帝政ロシアの場合は既に右に見た如くである。ドイツ帝国においても、ヴィルヘルム一世とビスマルクのコンビが失われた後はやはり相似た経過を辿った。「外交の巨匠としてのビスマルクが内治の遺産として残したものは、いかなる政治的教養もいかなる政治的意思もなく、ひたすら、偉大な政治家が己のために万事配慮してくれる期待によりかかっているような国民であった。彼は強力な諸政党を打壊した。彼は自主的な政治的性格の持主を許容しなかった。彼の強大な威容の消極的な産物は恐しく水準の低い卑屈で無力な議会だった。そうしてその結果はどうなったか──官僚制の無制限な支配すなわちこれである。[4]」

絶対主義国家としての日本帝国の行程も畢竟こうした法則に規定されていたのである。明治藩閥政府が自由民権運動をあらゆる手段によって抑圧し、絶対主義のいちじくの葉としての明治憲法をプロシアに倣って作り上げた時に既に今日の破綻の素因は築かれてはいた。「官員様」の支配とその内部的腐敗、文武官僚の暗闘、軍部の策動による内閣の倒壊等々は決して昭和時代に忽然と現われた現象ではなかった(例えば明治二五年、第一次松方内閣改造に際しての大山・仁礼・川上ら軍首脳部のボイコット、或は大正元年の二個師団増設問題における上原陸相の単独帷幄上奏などは、後年の軍部の政治的常套手段の見事なモデルを示している)。他方、帝国議会は周知の通り一貫して政治的統合が最終的に行われる場ではありえなかった。それどころか議会開設後の政党はそもそも「打壊す」のにビスマルク的鉄腕を必要とするほどの闘志と実力を持たなかったのである。政治力の多元的併存はかくて近代日本の「原罪」として運命づけられていた。にも拘らずそこで破綻が危機的な状況を現出せず、むしろ最近の時代とは比較にならぬほどの政治的指導と統合が行われていたのは、明治天皇の持つカリスマとこれを輔佐する藩閥官僚の特殊な人的結合と比較的豊かな「政治家」的資質に負うところが少くない。伊藤博文がビスマルクを気取ったのは滑稽ではあるが、しかし彼にしても其他の藩閥権力者にしても、一応は革命のしぶきを浴びつつ己れ自らの力で権力を確立した経験を持っていた。彼らは官僚である以前に「政治家」であった。彼らは凡そ民主主義的というカテゴリーから遠かったが、それなりに寡頭権力としての自信と責任意識を持っていた。樺山資紀の第二議会での「我が国の今日あるは薩長の力ではないか」云々という有名な放言はこの内心の自負の爆発にほかならない。そうした矜持が失われるや、権力は一路矮小化の道をたどる。政治家上りの官僚はやがて官僚上りの政治家となり、ついに官僚のままの政治家（実は政治家ではない）が氾濫する。独裁的責任意識が後退するのに、民主主義的責任意識は興らない。尾崎咢堂は「三代目」という表現で戦時中不敬罪に問われたが、三代目なのは天皇だけではなかった。そうして絶対君主と立憲君主とのヤヌスの頭をもった天皇は矮小化と併行して神格化されて行ったので、ますますもってその下には小心翼々たる「臣下」意識が蔓延した。イソップ物語のなかにこういう話がある。——ごましお頭の男が二人の愛人を持っていたが、一人の愛人は男より若く一人は年寄りだった。若い女は年寄りの恋人を持つことを嫌って、通うごとに男の白髪をだんだん抜いて行き、年増の方は年下の男を持っていることを匿そうとして逆に男の黒い毛を抜きとって行った。それでとうとう男は禿頭になってしまった——というのである。日本の「重臣」其他上層部の「自由主義者」たちは天皇及び彼ら自身に政治的責任が帰するのを恐れて、つとめて天皇の絶対主義的側面を抜きとり、反対に軍部や右翼勢力は天皇の権威を「擁し」て自己の恣意を貫こうとして、盛に神権説をふりまわした。こうして天皇は一方で絶対君主としてのカリスマを喪失するとともに、他方立憲君主としての国民的親近性をも稀薄にして行った。天皇制を禿頭にしたのはほかならぬその忠臣たちであった。

（1）辻清明「割拠に悩む統治機構」（「潮流」昭和二四年五月、後に「日本官僚制の研究」所収）。
（2）いわゆる重臣イデオロギーの分析はそれだけとり出して論ずる価値と重要性をもっているが、本稿ではそうした重臣とか軍部とかいった政治力のそれぞれのイデオロギー内容を論ずるのが趣旨でないので立ち入らないで置く。
（3）*Wirtschaft und Gesellschaft*, Kap. VI, S. 672.
（4）Marianne Weber, *Max Weber: Ein Lebensbild*, 1926, S. 596.

5　むすび

ほぼ以上のごときが日本ファシズム支配の厖大なる「無責任の体系」の素描である。いま一度ふりかえってそのなかに躍った政治的人間像を抽出してみるならば、そこにはほぼ三つの基本的類型が見出される。一は「神輿《みこし》」であり二は「役人」であり三は「無法者」（或は「浪人」）である。神輿は「権威」を、役人は「権力」を、浪人は「暴力」をそれぞれ代表する。国家秩序における地位と合法的権力からいえば「神輿」は最上に位し、「無法者」は最下位に位置する。しかしこの体系の行動の端緒は最下位の「無法者」から発して漸次上昇する。「神輿」はしばしば単なるロボットであり、「無為にして化する」。「神輿」を直接「擁」して実権をふるうのは文武の役人であり、彼等は「神輿」から下降する正統性を権力の基礎として無力な人民を支配するが、他方無法者に対してはどこか尻尾をつかまえられていて引きまわされる。（補一〇）しかし無法者もべつに本気で「権力への意思」を持っているのではない。彼はただ下にいて無責任に暴れて世間を驚かせ快哉を叫べば満足するのである。だから彼の政治的熱情はたやすく待合的享楽のなかに溶け込んでしまう。むろんこの三つの類型は固定的なものでないし、具体的には一人の人間のなかにこのうちの二つ乃至三つが混在している場合が多い。だから嘗ての無法者も「出世」すればヨリ小役人的にしたがってヨリ「穏健」になり、更に出世すれば神輿的存在として逆に担がれるようになる。しかもある人間は上に対しては無法者としてふるまうが下に対しては「役人」として臨み、他の人間は下からは「神輿」として担がれているが上に対してはまた忠実小心な役人として仕えるという風に、いわばアリストテレスの質料と形相のような相関関係を示して全体のヒエラルヒーを構成している。ただここで大事なことは、神輿—役人—無法者という形式的価値序列そのものはきわめて強固であり、従って、無法者は自らをヨリ「役人」的に、乃至は「神輿」的に変容することなくしては決して上位に昇進出来ないということであって、そこに無法者が無法者として国家権力を掌握したハーケンクロイツの王国との顕著な対照が存するのである。(補一一)

これは昔々ある国に起ったお伽話ではない。

（一九四九年）

四　ある自由主義者への手紙

1

K君、先日は長いお手紙をいただき、非常にうれしく拝見した。ひさしぶりに君の諤々《がくがく》の論に接して、読んでいくうちに、昔高等学校の寮で蠟燭の火を前にして南京豆をかじりながら夜を徹して議論をたたかわした日のことが、こみ上げるような懐しさで思い出されて来た。君とは戦争中はまだ時折あう機会があったのに、却って戦後はお互いに滅茶苦茶に忙しい身体になって、ほとんどくつろいで話をする余裕がなくなってしまった。その事を時々フッと思うと何ともいえない淋しい気持に捉えられる。それだけに先日、分厚い封書を手にとって、例の特徴ある右下りの字が眼にとまったとたん、僕は反射的に「オウ」とさけび声をあげて側にいた女房をびっくりさせたようなわけだ。

僕が君の手紙をよんで何よりうれしかったことは、君の昔にかわらない率直な物のいい方だ。いくら昔の親しい友達でも長く交渉が途絶えていると、突然会ったり手紙を書いたりする場合に、かつて共通のアトモスフェアのなかで物をいっていた時のような調子がなかなか出にくいものだが、その点、君は朝から晩まで鼻をつき合せていた学校時代と少しも変らぬヅケヅケした口をきいている。実際、僕はあの中での僕に対する痛烈な批判を満身に滝を浴びるような壮快さで読み通した。これは負け惜しみじゃないよ、みえすいたおべんちゃらとか、切捨御免の罵倒にはどこへいってもぶつかるが、自分の思想や学問的立場に対するあのように真面目な、しかも全面的な批判というものはなかなか求めても得られるものじゃない。本来、そういうものの活潑であるべき学界などというところは存外みな紳士的で——もっともそれだけ陰での悪口は盛んだが——正面きってお互いに批判しあうようなことは滅多にないし、他方ジャーナリズムの論争はまたこの世界特有の法則に支配されて、すぐハッタリに転化してしまう。だから結局お互いに絶対に信頼しあっていて何でも口のきけるような少数の人々の中でしか本当の相互批判は行われないのが、悲しいかなこの国の現状だ。そんな風だからインテリの間でも、猜疑とか嫉妬とかが深刻に根を張っていて、お互いの底意《アリエール・パンセ》の探りあいみたいな光景が、到る処に展開される事にもなる。知識人同志がインテリジェンスの次元での共通のルールを守りながら率直に口をききあうことができないようで、どうして思想の自由を守れるか。

　これまで僕は、広い意味での政治学を勉強していながら、当面の政治や社会の問題についての多少ともまとまった考えを殆んど新聞や雑誌に書かなかった。なぜかということはここでは述べないが、ともかく、それには僕なりの理屈があったし、いまでも原則としてはその理屈は間違っていないと思っている。しかし去年（一九四九年）の秋あたりから最近にかけての日本をめぐる内外情勢の推移や新聞の論調などをじっと見ていると、何かしら僕はこれ以上、そうした問題について沈黙しているのに耐えられなくなって来た。といっても何も大いにここで警世の言を吐こうなどという気負った意味でいうのではなく、ただ僕一個の気持として黙っていることに心理的な、いや、殆んど肉体的な苦痛を覚え出したのだ。ちょうどそういう風に心が動いていたときに、僕は君からあの手紙を受け取ったわけだ。そこで僕はこの機会に君への返事をかねて、現在の日本と世界の政治的状況を判断する際の僕の態度なり考えなりを思いつくままに書きつづって、ともかくこの胸のなかのモヤモヤしたものをいくらかでも吐き出そうと「決意」した。僕はどんな場合でも、悲壮感にとらわれることに対してはできるだけ警戒したいと思っている。僕は“Let's go whistling under any circumstance”というアメリカの誰だかの言葉が大好きだ。戦争中に出征する後輩や学生から例の日の丸の旗への署名をもとめられたとき、よく僕はこの文句を——むろん日本語でだが——書き贈ったが、それは多分にあの時代状況のなかで自分自身にいいきかせる気持からだった。この手紙でもそういった悲壮感や感傷主義の露呈を抑制して、M・ウェーバーのいわゆる「醒めた《ニュヒテルン》」魂を見失なわないように心掛けるつもりだ。しかしこれは僕の経験でも実に難しいことだ。困難な状況になるほど、本人は口笛を吹いているつもりの顔がすぐさま醜くゆがんでくる。もしこの手紙にそういったチグハグが窺われたら、どうか僕を責めると同時に、敗戦後、数年ならずして再び僕に、いや僕だけでなく決して数少なくない僕の信頼し尊敬する人々にあの時代の気持と表情を甦えらせようとしているものは果して何か、ということも考えてくれ給え。

2

君の僕に対する批判はいろいろ多岐にわたっているが、要するに結論としては君や僕のようなリベラルな知識人はこのますます激化する政治的思想的対立のなかでは、単に抽象的に思想や学問の自由の念仏を唱えているのでは無意味で、もっと積極的に思想の自由を否定する暴力に対して左右いずれを問わず積極的に闘うことが必要だということ、そのためには僕らがファッショに対してと同様、左の全体主義たる共産主義に対しても画然たる一線をひいて自己の主体的立場を堅持しなければならぬ、ということにあるようだ。そうして君は僕みたいな、学問的立場もマルクス主義者でなく、性格的にはむしろコチコチの「個人主義者」が現代の典型的な全体主義たる共産主義に対してもっと決然と闘わない事に対して不満を吐露している。

　君の提出したような疑問がかなり広く僕乃至は僕と似た立場の人に対して向けられている事をむろん僕は知っている。殊に最近の滔々たる内外反共思潮にのって政治家や新聞ジャーナリズムはさかんに民主主義と共産主義が水と油のように相容れないことを書きたて、つい先だってまで自由主義や民主主義は共産主義の温床であり一つ穴のむじなだと叫んでいたその御当人たちが、検察官のような態度でいわゆる「進歩的」知識人を叱りつけ、是に対して共産主義という「踏絵」を踏ませようとしている。反共の旗幟を高く掲げない自由主義者は、すべてこれヌエ的な日和見主義者であるか、または巧みに隠れ蓑をきた悪質の共産主義者のように扱われる。まるで既成政治家やジャーナリズムはかつて一度も日和見的でなかったかのように！　まるで反共の旗幟を掲げさえすれば、それが民主主義者の証しであるかのように！（もしそうならヒットラー、ムッソリーニ、フランコ、東条乃至その亜流は最大の民主主義者だ。）

　とくに最近の学生運動が世間の耳目を聳ててから僕らのような大学の教師に対しては更に輪をかけてあらゆる悪罵が浴びせられた。就中多いのが心事をあれこれと御殿女中的に忖度したような種類の、例えば、教師がせいぜい「進歩的」といわれたいので学生に媚びているといった――批判だ。日本人の批判がなぜすぐこういう動機の批判として現われるかという事はまさに学問的対象としても興味津々たる問題だが、それは別問題としても、もし大学教師の世渡りからいえば、終戦直後の頃ならともかく、現在の情勢下で、全学連を牛耳っているような一部学生に

「進歩的」と思われることの御利益と、大学の内外から「アカ」の嫌疑をかけられることの有形無形の甚大な不利と不快とをひき比べて、前者をとるのはまずよほど打算能力の欠如した人間だと思うが、どうだろう。

しかしこういう種類のとるに足らない悪口のほかに、君のように善意で真面目な自由主義者が抱いている先の疑問に対しては僕らもまた真正面から答える義務を感ずる。僕もまた君と同じく、現在知識人は好むと否とに拘らずそれぞれの根本的な思想的立場を明らかにすることを迫られていると思う。権力をバックにして自分は絶対安全の地位に坐り、さあお前はどっちだとつめ寄る「糾問者」に対して答えよというのではない。真に自由の伸長と平和の確保とを願う人々の間に出来るだけ広汎かつ堅固な連帯意識を打ちたてる前提としていうのだ。もはや平和や自由というそれ自体誰も文句のつけようのない「言葉」の下に、それぞれ「下心」を秘めた人々を結集させて表面つじつまをあわせるのが「共同戦線」を意味した時期は過ぎた。それぞれの思想の人々が自分の考えをふせたり避けたりしないで、ギリギリのところまで見解を語り――僕は「発表」とまではいわない、それにはますます多くの制約が課せられているから――合ってこそ始めて、どういう人間乃至グループとはどの点で一致し、どの点で分れるかということが各自にハッキリする。こうしてつぎつぎと直面する現実の政治的問題に対してどのひろがりとどの深さで連帯が可能かという事が可測的になる。ところが少くも僕ら知識人の間では、レッテルの極めてハッキリしている少数の人を除いては、この可測性がないから、同じ言葉を語りながら漠然たる不安と猜疑がどうしても消えないのだ。それが僕らをますます孤立的、ますます隠遁的にしている。つまり僕のいわんとするところは、自由人をもって任ずる無党派的な知識人もその主体性を失わないためには無党派的知識人の立場からの現実政治に対する根本態度の決定とそれに基く戦略戦術を自覚しなければならない段階が来ているということだ。戦略戦術というと物騒にひびくが、なにもストラテギーやタクティックは共産党の専売にする必要はなかろう。ひとは誰だって狭いサークルの行動においては意識すると否とをとわずそれを用いている。それをもっと広い舞台で、もっと公的な問題に対して駆使せよというまでのことだ。それでないと、例えば共産党がいい出したというだけで、きわめて事理明白な事柄に対してもただ尻込みするだけに終ったり、或は逆に共産党のいうことなすこと何でも「先天的」に弁護する文字通りの「同伴者」になったりして、いずれにしても知識人の生命である自由な批判的精神を喪失するような結果になってしまう。

自由主義者が共産主義勢力に対して一線をひくべしという君の主張は果して僕がいま言ったような意味で、君の政治的現実に対するパースペクティヴとそれから出て来る戦略戦術論としていわれているのか、それとも単に原則的抽象的な心構えの問題なのかは必ずしもはっきりしない。しかし僕は僕なりに一つ、日本の政治問題に対するアプローチの仕方と現状分析を少し通常の政治論文とはちがった角度から述べてみよう。それによって僕の「戦略戦術」論の根拠を読みとってくれればありがたい仕合せだ。

3

まず最初に僕が強調したいことは、およそ我々の社会とか政治とかの問題を論ずる場合に、抽象的なイデオロギーや図式から天降り的に現実を考察して行くということの危険性だ。失礼ながら君もこの傾向から免れていない。現在問題になっているようなイデオロギー——例えば自由主義とか共産主義とか社会民主主義とかいうような——は思想としてはいずれも舶来であり、日本人が自ら生活体験のなかから生み出して行ったものではない。民主主義がアメリカ人にとって、所謂 "way of life" となっているのとはちがって、日本人の日常生活様式と、こういういろいろのイデオロギーとは実はまだほとんど無媒介に併存しているにとどまる。こういうことはしょっちゅう言われながら日本のインテリ乃至擬似インテリはいざ当面の情勢を判断する段になるとしばしばこの基本的事実を忘れてしまうか、或は故意に目をふさいで、あたかもアメリカ的民主主義とソ連的共産主義の闘争というような図式で日本の政治的現実を割りきって行こうとする。しかし僕にいわせれば現実の社会関係はつねに具体的な人間と人間との関係であり、その具体的な人間を現実に動かしている行動原理は、その人間の全生活環境――家庭・職場・会議・旅行先・娯楽場等々――における全行動様式からの経験的考察によって見出されるべきもので、必ずしも彼が意識的に遵奉しているつもりの「主義」から演繹されるものではない。ところが日本のようなところでは不幸にして主観的なイデオロギーと客観的な行動原理とのギャップは実に深刻なのだ。ひとがアメリカ的民主主義とソ連的共産主義との闘争という言葉で観念しているものは、実は、(アメリカ的)民主主義者だと自分で思っている人間(乃至人間集団)と(ソ連的)共産主義者だと自分で思っている人間(乃至人間集団)との闘争以上のものではない。しかも事実はその上に、イギリス的民主社会主義者だと自分で思っている人間、或は修正資本主義者だと自分で思っている人間等々さまざまのヴァラィエティがからみ合っている。そうして、このような多かれ少かれ自己欺瞞をもった政治的「自覚」分子のほかに、非政治的な私的環境(例えば家庭)なり職場其他の生活領域のなかに閉じこもって、主要な関心が自分と家庭の生活のための配慮とか、家事のルーティンとか、ボロい金儲けの方法とか、来週の映画、スポーツの行事とか、強姦殺人事件の成行とかに向けられていて、政治的状況に対しては、投票とか組合総会とかで呼びかけられた場合にだけパッシィブな反応を示すにとどまり、重大な政治的事件に対して一見積極的な関心や興味をもつ場合でも、結局それを競馬やスリラーに対すると同じ次元で受けとめているような圧倒的多数の、政治的意味での「非自覚」的な人々がいるわけだ。後者はなるほど「意識が低い」かもしれないが、それだけ前の「自覚」分子やインテリ乃至擬似インテリに比して主観的イデオロギー――というほどのものかどうかは別として――と客観的な行動様式とのギャップは少い。しかもまさにこの「非政治的」大衆が現実の政治的状況の形成にネグリジブルな要素ではなくして、むしろ直接には非政治的な領域で営まれる彼等の無数の日常的な行動が複雑な屈折を経て表面の政治的舞台に反映し、逆にそうした政治的舞台で示された一つ一つの決定がこれまた複雑な屈折を経ながら、日常生活領域へと下降していく。この二つの方向の無数の交錯から現実の政治的ダイナミックスが生れてくるのだ。まさにここに現実分析の異常な困難さがある。政治の方向を目につきやすいハデな「政治」現象――国会の討論とか街頭のアジ演説やデモとか学生運動とか署名運動とか――だけから判断したり、狭いインテリのサークルだけに現われた傾向をさも支配的な動向のように思い込んだりすると、現実からとんでもないしっぺ返しを食うことになる。概念的なイデオロギー図式の危険性はまさにここにある。日本の左翼運動の指導者は過去において大抵インテリ出身だったし、今でもそうなので、リアリストのように見えて実は存外おめでたい自己欺瞞に冒され易い（これは一つには日本のマルクス主義が絶対主義の唯一の直接的対立者として啓蒙的合理主義と重なり合って発展して来たからだと僕は思う）。だからこそ彼等はしょっちゅう、大衆の「革命的高揚」を過大評価して失敗して来たわけだ。しかし公式主義や図式主義は決してマルクス主義陣営の独占物ではない。アメリカ的民主主義であれイギリス的民主社会主義であれ、その他主義と名のつくものは日本に入って来るとたんにみんな公式に凝化するのだ。

僕をしていわせれば、共産主義者の「公式」を排撃する反共論者の現状観察はしばしばその敵手に輪をかけて概念的であり驚くほど自己欺瞞に陥っている。彼らもまた人の耳目をすぐ動かすようなハデな政治現象に気をとられて、その底に複雑に交錯している配線の構造を見ようとしない。その結果、「日本的」共産主義者の認識と符節を合して、デモやストを見てはたちまち革命情勢の高揚におののき、インテリ読者だけの書籍雑誌の傾向を見て、恰《あたか》も日本の出版界が左翼勢力に独占されているかのように錯覚し、それらのサーキュレーションが、講談本やエロ・グロ・スポーツ・映画・雑誌類のそれに比してはほとんど物の数でもない事実を看過する。大衆の左翼的労働運動への参加は「雷同」ときめ込み、それよりはるかに根強い伝統的なアカ嫌いが果して理性的な判断の結果かどうかというような問題はあまり意識にのぼらない。こうした自己欺瞞の結果、そういう善意からの反共自由主義者の言論は、恐らく彼らの意図に反して日本の強靱な旧社会関係とその上に蟠踞する反動勢力の強化に奉仕することになる。

西欧的民主主義の根本的な原則なりカテゴリーなりが、きらびやかな表面の政治的セットの裏の配線の中においてはいかに本来の姿から歪曲されるか。このことのリアルな認識なくしては僕は日本における政治的状況の真の判断は出来ないと思う。例えば（自由）民主主義の基本原理の一つとしての自由討議《フリーディスカッション》による決定という事をとって見よう。或はこれを説明し説得される関係といいかえてもいい。ひとはこれを暴力或は権力的強制による決定と対比させる。いうまでもなく前者は民主的方法であり、後者は非民主的方法である。事は明々白々に見える。しかしひとたびこうした一応の抽象的規準を具体的な社会関係に適用するとなると、忽ち容易ならぬ困難が発生し、両者の弁別には極めて多角的な考察が必要になってくる。イギリスの著名な政治学者であるE・バーカーは説得の原理を次のような三カ条に要約した（「世界」一九四九年一一月号「政治における説得」参照）。㈠説得は多種多様でなければならぬ。換言すれば独占的な説得は説得でなくして強制である。㈡それは理性的でなければならぬ。㈢それは拒否しうるものでなければならぬ。したがって権力を後楯とした説得は説得でない。また相手に恐怖心を起させるような威嚇とか、或は賄賂その他の直接的利権で釣るような説得はやはりその本質を失ったものである。——これだけを見ても、説得による決定ということがしばしば簡単に考えられているよりもはるかに容易ならぬ前提条件をともなうものであることが知られよう。そうしてこの標識をもって、われわれの政治的ないし非政治的な社会関係をリアルに観察するならば、今の日本において純粋の説得による決定ということがほとんど絶望的なまでにとぼしいことを見出すに難くないはずである。いわゆる「話合い」できめたと称する場合の何パーセントがこの規準に合致するだろうか。形だけは民主的な討議のように見えて、その構成員の具体的な人間関係と行動様式を見るならば、およそ自由な相互説得たることから遠いような「会議」が日本中のあらゆる種類の団体において日々何百回となく開かれて、そこでの決定が「民主的」な決定として通用しているのが現実ではないか。とくに構成員の間に身分上・地位上の上下関係がある場合、上級者に絶大な自己抑制力と洞察眼がない限り、さまざまな論理外的強制の作用によって自由討議は忽ち戯画化する。

およそ君も知っている通り、自由討議ないし説得による決定という考え方は、当然に、そこで定められたルールが一様かつ平等に構成員を拘束するという、いわゆる「法の支配」の観念と論理的に牽連している。そうして更にその背後には、そのルールの執行を委託されている人間ないし機関は、その団体の一般構成員に対してなんら実体的な優越性をもつものでなく、また真理とか正義とかの価値を独占するものでないという重大な前提が置かれている。彼に執行のための強制力が与えられている場合も、その強制力の妥当性はそれが一定の合法的な手続によって与えられたという点にあるのであって、その強制力が必ずしもそれ自体として正義を内包しているということに基くのではない。何が実質的に正当かという判断を各人の内面的良心に委ねているからこそ、自由討議による決定ということが意味をもつのだ。バーカーが、前掲の論文で政府は自ら説得の主体たるべきでなく、説得は個人ないし自由な団体など、要するに国民相互の横の関係としてのみ行われねばならないという意味のことを強調しているのは、まさにこうした近代社会の当然の常識を表白しているにすぎない。しかし不幸にしてこの国ではそれが如何に「常識」から遠いことか。ここでは最もしばしば強制力を把持する上級者が実質的な価値の体現者ないし決定者として現われることによって「自由討議」の原則だけでなく「法の支配」そのものを空虚化する。つまり彼はメンバーに対して「権限」ではなくて「権威」を以て臨む。だからこそ、彼の行動や主張に対する批判は容易に「反逆」という烙印を押されるのだ。「御上を恐れざる段不届至極」というのが徳川時代の刑の宣告のきまり文句だったが、一体現在の我国の大小あらゆる社会集団の「上司」ないし「幹部」のうち、この感覚を自己の無意識の世界からも完全に駆逐していると断言できるものが何人いるだろうか。この点でも、その「上司」がインテリであればあるほどますます偽善ないし、自己欺瞞の危険性が強い。彼はなまじ自由討議とか民主主義とかの「概念」について頭で理解しているだけに、一層彼のイデオロギーと現実の行動との分裂に対して盲目になり易い。そうした複雑な現実のニュアンスを、説得と暴力、自由と強制というような彼の脳裏に描いた図式で割り切っていこうとするから、しばしば具体的の結果としては、自由討議の戯画化に対しては存外鈍感な反面、彼の下僚ないし被指導者の集団的な行動に対してはまた恐ろしく敏感に「暴力」の臭いをかぎつけるのである。

こういう自己欺瞞はむろん日本のインテリだけのことではない。R・ニーバーは、通常モラリストが、隠れた強制力を露わな強制力に対してそれ自体道徳的に優越したもののように考えることによって、結局社会の現状維持に奉仕している点を鋭く衝いている（*Moral Man and Immoral Society*, 1932, p. 233）。支配階級は経済力、伝統、コミュニケーションなどの「上品な」強制力を自由に駆使できるから、大衆に実質的な不正義を押しつけながら、比較的容易にその社会の道徳的支持を得がちだというのだ。しかしとくに日本の場合には、このニーバーの警告は二重の意味においてアクセントをつける必要があるだろう。第一には上に述べたように、本来自由民主主義は日本人の体から出たものでなく頭から入ってきただけに一層、意識と無意識とのギャップが大きいという意味において。第二に日本の圧倒的に強大な前近代的人間関係のなかでは、上位者の権威の無言の圧力、「にらみ」の実質的な暴力性が隠蔽され、それへの内面的な畏怖からの服従が容易に近代的な同意《コンセント》の擬装をとりうるという意味において。

僕が常々日本社会の民主化にとっては誰の眼にも顕著な独裁者型の指導者よりもボス型のそれにヨリ多く警戒の眼を光らせる必要をやかましくいうのもこうした理由からなのだ。独裁者は民主主義を、いわば外から公然と破壊し、ボスはそれを内部から隠然と腐蝕させる。顔役、親方、旦那、理事、先生など、どんな名で呼ばれるにせよ、ボスは家族関係の擬制とか成員の心理的惰性を利用して支配するから、露骨な権力的強制は伝家の宝刀として背後に秘めておくことができる。またボス的支配は社会の日常的伝統的な価値意識や習慣的な思考様式に支えられているから、特に「宣伝」や「アジ」をする必要がない。部下や被支配者が意のままに動かない場合、独裁者は仮借なく直接的抑圧を加えるが、ボスは小出しにいびり或はしばしば「江戸の仇を長崎でとる」。この場合、抑圧は時間的に延長されることによって、当然、集約性を減ずるから即時の直接的抑圧の場合のように、下位者に急激な反感を起させない。こういう風に考えて来ると、ボス的支配が、人民の自由な批判力の成長を強靱にはばんでいながら、その腐蝕性がいかに看過され易く、その権力に対する下からの有効なコントロールがいかに困難であるかは思いなかばに過ぎるものがあろう。

こういうと或はいろいろの社会での上位者と下位者、指導者と服従者間の「和気靄々」たる自由討議を阻むものはむしろ後者の教養の低さから来る粗暴な言動じゃないかという批判が出るかもしれない。現象的にはたしかにそうもいえよう。しかし更に立ち入って見れば、まさにそうした言動こそ、日常的に公然たる自己主張を押えられている憤懣の非合理的な爆発なのではないだろうか。先日、僕は旅行先のある宿屋で食事の際、女中からその宿屋の使用人の酷使ぶりを長々と訴えられた（君も知っているように、日本式の宿屋ではたいてい労働基準法は空文になっている）。それで僕が、使用人はそういう色々の不平不満をみな我慢しているのかときくと、女中の答は、「平常はだまって溜めて置いて何かの時に一度にいうことにしてますの。その方がいつもまずい思いをするよりいいですから……」というのだった。君はこれを一宿屋のなかだけのことと思えるか。この言葉から推測される具体的な人間関係は日本的家族を原型として、官庁、会社、組合、学校、役場などあらゆる社会にまがいもなく実在する関係ではないか。しかも僕が右の女中の話で笑えなかったのは、稀にそんな風な「爆発」の空気が察しられると主人やマダムはとたんに態度が変って愛想がよくなり、アイスクリームなどを使用人一同にふるまったりする。すると馬鹿馬鹿しいとは思いながら奇妙に皆の腹の虫がおさまって、翌日からまた酷使のルーティンがはじまる、ということだった。僕は日本社会の表面のあわただしい転移の底に泥沼のように沈澱しているものに手を触れた思いで、みるみる暗い気持に落ち込んでいった。

4

「これまで存在したあらゆる社会の歴史は階級闘争の歴史である」とは誰でも知っている共産党宣言の中の文句だ。日本の「マルクス主義」歴史家たちはこの命題を日本史の上で実証すべく血眼になって被支配階級の反抗と闘争の史実をあさりまわった。その結果抑圧に対する人民の勇敢なる闘争がつねに歴史を推進させて来たという事を「実証」した歴史書も現われた。しかし残念ながらこうした試みはあまり成功したとはいえないようだ。シニカルにひびくかも知れないが僕にいわせれば、ヨーロッパやアメリカはいざ知らず日本の歴史は階級闘争の歴史よりもむしろはるかに多く、被抑圧者が、蔭でブツブツいいながらも結局諦めて泣寝入りして来た歴史である。論より証拠、日本は古来、尚武の国として戦争は盛にやりながら、本当の下からの革命はいまだ嘗て経験したことがない。その限りで、家族主義に基く「和」の精神が日本的統治の美わしい伝統だという例の国体史観も、歴史的現実のある面を映し出していると思う。ただその「和」というのが平等者間の「友愛」でなく、どこまでも縦の権威関係を不動の前提とした「和」であり、従って、苟もこの権威に不敵にも挑戦し、もしくは挑戦の恐れありと権威者によって認定されたものに対しては、忽ち「恩しらず」として恐るべき迫害に転化する、というメダルの裏を意識的無意識的に見逃している点にまさにこの史観のイデオロギー的性格があるのだ。こうして「和」と「恩」の精神は大は国家から小は家族まであらゆる社会集団にちりばめられて福沢のいう「権力偏重関係」を合理化することによって、それぞれの社会における支配者・上長を果しのない偽善ないしは自己欺瞞に陥らせた。支配層は常に「和」の精神の権化であり、その性質上、「先天的に」紛争の原因とはなりえない、紛争は常に服従者が邪悪なる分子に煽動された結果である、だからこの無智低級な者共に早まって「権利」を与えると何を仕出かすか分らない、若《し》かず、親心によって大衆を徐々に育成し、その成長を俟って徐ろに権利を与えんには――これが維新以後今日まで、支配層ないしそのイデオローグが民主主義の拡充に反対する際に用いる驚くほど共通した論理だった。かくして「凡ソ人民知識未タ開ケスシテ先ツ自由ノ権ヲ得ル時ハ、之ヲ施行スルノ正道ヲ知ラスシテ、之カ為ニ却テ自暴自棄ニ陥リ遂ニ国家ノ治安ヲ傷害スルノ恐レアリ、豈《あに》懼レサルヘケンヤ」（「民撰議院ヲ設立スルノ疑問」、日新真事誌、明治七年二月三日）という加藤弘之の議会開設尚早論はそのまま現代における政治的自由の伸長に反対する根拠として通用しているし、昭和五年内務省社会局の立案にかかり、当時の無産政党の最右翼たる社会民衆党さえ極めて微温的と評した労働組合法案に対して、「労資相互の情誼を基礎とし家族制度の延長とも見做し得べき我国固有の雇傭関係」を無視して「徒に労働者に階級闘争の意識を誘発」し「所謂幼児に与ふるに名刀を以てする（！）の類にして危険之より大なるはなく毫も益する所なし」（以上、日本工業倶楽部調査課編「労働組合法案に関する実業団体の意見」より）といって遂に之を揉みつぶしたわがブルジョアジーの光輝ある伝統はなお脈々として彼等の後継者の胸奥に宿っている。大衆の自発的能動性の解放が執拗に阻まれて、その結果として生じたレヴェルの低さとか自暴自棄とかがまた逆に解放尚早の根拠づけにされるという恐るべき悪循環は今日依然として断ち切られていない。この悪循環に止めを刺すのは、いかなる形にせよ外からの、あるいは上からの恩恵的解放ではなく、言葉の真実の意味での内部からのトータルな革命以外には恐らくないだろう。

　以上、僕は日本の諸社会関係の民主化をひきとめ伝統的な配線構造を固定化している力がどんなに強靱なものかを、主として具体的な人間関係と行動様式を中心にして述べた。日本の天皇制・官僚機構・地方自治など広義の統治機構と、それの物質的・社会的地盤を真正面から取り上げてその前近代的要素の広汎な残存を指摘するということは、すでに色々の専門学者によってなされているし、そういう問題の取り上げ方をすると、君はああもう分ったと頭で理解して片附けられる危険もあるので、なるべく君の皮膚感覚に訴えようとしたわけだ。いやそういう行動様式論も分っているというなら、英米的民主主義対ソ連的共産主義の闘争という図式によって、少くも国内の政治的＝社会的問題を理解し、前者を後者に対して防衛しなければならぬなどということが、具体的に何を意味するかということについて、既に君は感覚的に理解できるはずではないか。日本社会のどこに「防衛」するに足るほど生長した民主主義が存在するのか。知識人の自由にとっても、広く国民大衆の政治的・経済的権利の拡充にとっても、当面の問題は既存の民主主義の防衛ではなく、漸く根の付いたばかりの民主主義をこれから発展伸長させてゆくことなのだ。それは何も「ソ連型民主主義」のことをいうのじゃなく、まさに西欧の市民的民主主義の意味でいうのだ。この意味の民主主義もわれわれにとって未だ課題であって現実ではない。民主主義的な憲法や法律が整備されれば、その途端に実体的な社会関係までも民主的になったかのように考えるウルトラ形式主義者か、或は、大日本帝国憲法下の「自由」——労働法はなくてもよく、その代りに（！）治安警察法・治安維持法を是非必要としたところの「自由」——で十分満足しえた重臣・既成政党・資本家の流れを汲む「立憲主義」者か、さもなければ巧みに擬装をこらした正真正銘のファシストにとってのみ、「民主主義」は新たなる「全体主義」に対して防衛さるべき既存の現実なのだ。そうした八・一五以前に直接連なる諸勢力は、まさに「民主主義の防衛」の名のもとに、一たび憲法及法律で保障された勤労大衆の組織的行動を数年ならずして、次から次へと制限している。僕が前にのべた日本政治のダイナミックスに基く政治的電流の伝達作用によって、一定の組織——例えば全官公労——の活動に対する一定の法的制限は忽ち全装置に影響を及ぼして、実質的には不特定多数の組織に対する範囲不明の制限になって現われる。五・三〇事件後の政治的集会禁止の指令が大学内の落語会や音楽会の禁止にまで至ったことは最近のティピカルな実例だ。こうして、我国の権力構造や人間関係における、およそ「英米的」民主主義の原理と相反する前近代的諸要素がまさに、「英米的」民主主義の防衛の名において復活強化されて行く。君はこのいたましいパラドックスの進行に対して晏如たりうるか。

もちろん、こういったからとて僕は現在の労働運動・農民運動其他、一般に組織化された大衆運動自体のなかにもまた、僕がいままでのべたような日本社会が歴史的に背負っている前近代的な諸条件と人間相互関係が内在している事実に寸毫も眼を覆うものではない。そこにはまた、そこなりに親方的＝権威的支配も和の精神も討議の戯画化も悉く出揃っている事はあまりに明白だ。しかしだからといって、なあにみんな同じ事ですべては灰色さというような見方は、認識としては歴史の具体的な動態を無視し、他の図式化に陥った見方であり、実践としては、社会・政治の問題がいつも最善《ベスト》と最悪《ウォースト》の間の選択ではなく、ヨリまし《ベター》なものの選択であることを忘れた態度だと思う。一般に旧社会構造の固定性が強固なところでは労働運動とか社会運動とかおよそ既存の秩序なり支配なりに対するチャレンジは、同時にその支配秩序に内在している価値体系なり精神構造なりをきりくずして行かなければ到底有効に進展しないという本質的な性格をもっている。中国革命はその事を巨大な規模において実証した。よし一時的にはむしろ古い意識や人間関係を利用することが手っとり早く見えても、間もなくそれは運動にとって——とくに反動期に入ると共に——手痛い復讐となってハネ返って来る。なぜなら人間の意識や行動における惰性の力は、まさにそこに大衆支配の心理的地盤をもっている保守反動勢力によって、急進勢力によってよりもはるかに容易に動員されるからである。社会党及その勢力下の諸団体が戦後の急速な勢力膨脹の際に自治体のボス的分子を少からずかかえ込んだことが、その後いかに大きなマイナスとして同党に作用したか。共産党の最近における惨憺たる後退と内部分裂にしても、むろん国際的条件と相つぐ警察的弾圧によるが、同時にやはり同党乃至その影響下の大衆組織が、過去五年間の運動方法において、少し客観的情勢が有利になると忽ち強引な戦術で押しきったり、形式的・外面的な「結集」の成功に陶酔したりして、内部の着実な培養を留守にした傾向が今になって響いていないか。しかし例えば、共産党というものが専らそういう封建的・非近代的要素を利用して発展するものだというような見解がいかに滑稽かは、もしそれが本当なら日本の社会構造なり政治意識なりの遅れたところほど共産党が進出する筈で、従って都市より農村、農村でも東北地方というようなところほど勢力がのびる筈なのに事実は全く逆だという事だけからも明白だ。一般的にいうならば、官庁や経営体の労働組合が強固なところほど、そこでの職員や傭人の態度や表情がヨリ明朗快活で活潑に自分の意見をいい、それが弱いところほど、また弱くなればなるほど、あの特有の卑屈な表情と猜疑・嫉妬・エゴイズム等々が濃くなるということは到底否定出来ない（むしろこんな当然のことを君にいうのは気はずかしい位だが、残念ながら日本の現実はそういう当り前のことを強調しなければならない）。日本社会の近代化という課題は近代的学理を暗記することによってではなく、歴史的具体的な状況において近代化を実質的に押しすすめて行く力は諸階級、諸勢力、諸社会集団のなかのどこに相対的に最も多く見出されるかという事をリアルに認識し、その力を少しでも弱めるような方向に反対し、強めるような方向に賛成するということによってのみ果されるというのが僕の根本的な考え方なのだ。

5

大体、現実の日本の政治的状況に対する僕の判断の仕方は君に分って戴けたと思う。僕は少くも政治的判断の世界においては高度のプラグマティストでありたい。だからいかなる政治的イデオロギーにせよ、政治的＝社会的諸勢力にせよ、内在的先天的に絶対真理を容認せず、その具体的な政治的状況における具体的な役割によって是非の判断を下すのだ。僕はいかなるイデオロギーにせよそのドグマ化の傾向に対しては、ほとんど体質的にプロテストする。僕が左右いかなる狂熱主義にも本能的に反撥するのは君もよく知っている通りだ。君はその僕が、左翼絶対主義のチャンピオンであり、狂熱的革命主義者を擁しているといわれている——それは僕にいわせればなかば真実でなかば誤謬、少くも不正確だが——共産党に対して不当に寛容であるのはおかしいといったね。形式論理的にはそうかもしれない。しかし僕は日本のような社会の、現在の情況において共産党が社会党と並んで、民主化——しかり西欧的意味での民主化に果す役割を認めるから、これを権力で弾圧し、弱化する方向こそ実質的に全体主義化の危険を包蔵することを強く指摘したいのだ。僕はまさに政治的プラグマティズムの立場に立てばこそ、一方、下からの集団的暴力の危険性と、他方支配層が偽善乃至自己欺瞞から似而非《えせ》民主主義による実質的抑圧機構を強化する危険性とを比べ、また、一方大衆の民主的解放が「過剰になって氾濫する」危険性と、他方それが月足らずで流産する危険性とを比べ、前者よりも後者を重しとする判断を下すわけだ。僕はむろん秩序を尊重し無秩序を排する。しかし同時に僕は「秩序は一つの目的ではあるが、それだけ孤立して存在は出来ない。なぜかというと、ただ秩序だけではそれは隷属を意味するかもしれないし、牢獄あるいは強制収容所を意味するかもしれない。更に秩序は少数者が多数者を、強者が弱者を秩序正しく搾取することを意味するかもしれない。秩序は力の崇拝であり正義の侮辱でもありうる。秩序が社会共同の福祉の道具となるときにのみ、それは尊敬され服従される」というメリアムの言葉（C. E. Merriam, *Systematic Politics*, 1945, p. 45）に共鳴する。セオドア・ローズヴェルトがある時メリアムに「秩序《オーダー》と正義《ジャスティス》のどっちかを選ばねばならなくなったら、私はいつも秩序の側に立つだろう、あなたはどうですか」ときいたときに、メリアムは「恐らく私は反対です、私は〝アメリカ革命の息子たち〟に属しています」と答えた（op. cit., p. 64）。人類がその歴史において一度ならずこの二者択一の前に立たされたということはいたましい悲劇だ。われわれはあらゆる努力をしてこうした状況の到来を防がねばならない。しかしもし万一不幸にしてこの選択の前に否応なく立たされる時があったならば、その時は――僕はやはりメリアムに与する。しかしそれは僕の祖国がメリアムとちがって、革命の伝統を持たず、却って集会条例・新聞紙条例からはじまって治安維持法・戦時言論集会結社取締法等々の警察国家の伝統を持っているからなのだ。

　しかし――と最後に君は反問するかもしれない。――今日、日本の政治的状況は世界のそれと密接不可分につながっており、むしろ後者が前者を根本的に規定しているのじゃないか。「英米民主主義対ソ連全体主義」という対立にしても、なるほど日本だけ見ればお前のいう通りだが、世界的規模での対立の中の一環としての要素の方が強いんじゃないか、と。僕は日本の問題は、究極的には日本人によってしか解決されないし、また外部からの規定性も内部からの反応の仕方との関係においてある程度変って来るという意見だから国内の問題を何でもかでも世界情勢の方にもって行ってあなたまかせにするようなこのごろの風潮は甚だ感心しないと思っているが、一般論としては確かに日本政治を世界情勢から孤立させてあれこれ言って見ても仕方がない事は確かで、実は国際関係の諸契機はまたあとでまとめて取り上げようと思ってここは意識的に問題にしなかったわけだ。しかしあまりこの手紙も長くなったので一応このへんで打ち切り、その問題はまた次便で書き送りたい。暑いところをこんなダラダラしたものを読まされてさぞ閉口したろう。勘弁してくれ給え。

（一九五〇年）

五　日本におけるナショナリズム

——その思想的背景と展望——

1

日本におけるナショナリズムの考察は特殊の困難性を包蔵している。それは日本のナショナリズムの発展の型態《パターン》がきわめてユニークであるところからきている。さらにそのことを突詰めていえば、結局日本の近代国家としての発展自体の特異性に帰せられるであろう。その世界史的な位置づけがいかに困難であるかは、今日、過去から将来にわたる日本の政治的・社会的進化の方向と型についてのハッキリした認識が、実際政治家の間でも、専門学者の間でも未だ殆ど確立せられていないということをもってしても明らかである。これは決して日本におけるイデオロギー的対立の幅がきわめて広いという問題にだけは解消し切れない。その証拠には、最も明確な世界観と理論に基づいて戦略戦術を打樹てている筈の共産党内部においてさえも、日本の天皇制ないし帝国主義の歴史的規定や農村における階級関係といった根本問題について重大な見解の相異が見られるではないか。例のコミンフォルム批判以来の紛争でなにより重要なことは、ほかならぬ日本共産党において、日本革命のパターンについての一致した把握が欠如していることが今更のように暴露されたという問題である。そこには決して共産党だけの事柄として済まされない深刻な問題が伏在している。上に触れたような、わが国におけるイデオロギー的分岐の多様性もむしろ世界史の上で日本の占める地位が未だに混沌としていることの結果にほかならない。日本のナショナリズムという問題の複雑さも結局そこに由来しているのである。

日本のナショナリズムを把握するに当って直面する困難性はさしあたり、その構成内容とその時間的な波動の特性という二点に帰することができよう（むろんこの両者も相関関係にあるが）。第一の構成内容という点では、なによりも日本のナショナリズムがそこでの社会構成・政治構造ないしは文化形態に規定されることによって、一方において、ヨーロッパの古典的ナショナリズムと区別された意味でのアジア型ナショナリズムに共通する要素をもつと同時に、他方において、中国、インド、東南アジア等に見られるナショナリズムとも截然と異なる特性をもち、むしろその点ではヨーロッパ・ナショナリズムの一変種形態とも見られる面をも具えているということからくる複雑性を挙げねばならない。第二の時間的な波動の特性とは何かといえば、それが、一九四五年八月一五日という顕著なピークを持ち、その前後の舞台と背景の転換があまりにはなはだしいために、問題の一貫した考察をきわめて厄介なものにしていることである。そこからまた日本のナショナリズムの今後の性格と他の極東諸国のそれとの間のデリケートな関連性が生れてくる。今日アジアのナショナリズムの動向は、とくに朝鮮事件以来世界の最大の注視の的となっているといってもいい過ぎではない。朝鮮でも中国でもインドでも、東南アジアでも、いまや民族運動は巨大な革命的な力として立ち現われている。そこには切迫した戦争と平和の選択が賭けられているだけでなく、そのいずれの方向がとられるにせよ、今世紀後半を通じて、世界政治は恐らくこのアジア・ナショナリズムの勃興を基軸として旋回するであろう。その際日本のナショナリズムがどういう内容と方向をとるかということはきわめて重大な意味をもっている。八月一五日のピークを境として、ある意味では、日本のナショナリズムには従来植民地乃至半植民地であった他の極東地域におけるそれと多分に共通する課題が課せられた。「民族の独立」ということが少くも表面的には自由党より共産党に至るすべての政党の共通のスローガンに掲げられているのは、ともかくこの新しい事態が多少とも政治的自覚をもつ国民の本能的な直覚になっていることの反映にほかならない。しかし、世界の他の諸国はもとより、日本の内部でも、日本の今後のナショナリズムと他の極東諸地域のそれとを単純に一括して論ずることに対する躊躇が見られるのは何故か。いうまでもなく、日本がまさに八・一五以前において、「ウルトラ」という形容詞付きで呼ばれている最高度のナショナリズムとその惨憺たる結末とを一度経験しているからである。アジア諸国のうちで日本はナショナリズムについて処女性をすでに失った唯一の国である。他の極東諸地域ではナショナリズムは若々しいエネルギーに満ち青年期の偉大な混沌を内にはらんでいるのに対し、ひとり日本はその勃興―爛熟―没落のサイクルを一応完結した。歴史において完全な断絶ということがありえない以上、このかつてのナショナリズムと全く無関係に、今後のそれが発展するということは考えられない。新しいナショナリズムは、旧いそれに対する反撥として起るにせよ、それとの妥協において、ないしはそれの再興として発展するにせよ、自らの過去によって刻印されざるをえないであろう。しかもそのいずれの形態をとるかによって、大にしては世界の、小にしては極東の情勢は著しくその相貌を変ずる。このようにウルトラ・ナショナリズムという既知数と今後のアジア・ナショナリズムに共通する未知数との結びつき方には実に多様な可能性がある以上、現在のところまだ到底その透明な見透しは困難といわねばならない。

そこで私は以下において問題を限定して、まず素材を維新以後、日本ナショナリズムの辿った足跡にとって、主としてその精神構造の側面から戦前と戦後との関連性をつきとめるのに重要と思われるいくつかの特性に注目しつつ、今後の発展形態の考察への手がかりとしたい。もとよりきわめて粗雑な概観以上に出るものではない。

2

近代日本のナショナリズムはその発生を、いうまでもなく幕末におけるヨーロッパ勢力の衝撃に負うている。この事情は極東諸地域に概ね共通している。そしてすでにこのような発生状況のうちに西欧ナショナリズムと異なるさまざまの特質が胚胎しているだけでなく、この衝撃に対する反応の仕方の相異が、日本のナショナリズムに他の極東諸国、なかんずく、中国のそれと著しくちがった歴史的課題を課することとなったのである。

ヨーロッパは近世民族国家が生成する前にすでに一つの普遍主義《ユニヴァーサリズム》をもっていた。ローマ帝国がまずその礎をきずき、それはやがてローマ・カトリック（普遍）教会と神聖ローマ帝国に象徴されるヨーロッパ共同体の理念——corpus christianum——に受けつがれて行った。ルネッサンスと宗教改革にはじまる近世民族国家の発展は、この本来一なる世界の内部における多元的分裂にほかならなかった。従ってナショナリティの意識の勃興は初めから国際（inter-national）社会の意識によって裏付けられていた。主権国家間の闘争はこの国際社会の独立の構成員間の闘争であるということは自明の前提であり、さればこそ、グロチゥス以来、戦争は国際法の中に重要な体系的地位を占めてきたのである。「ヨーロッパの諸国は、それら相互の間で一つの見えない国家を形造っている」というルソー、ないし「隣国として、商業関係を結んでいるすべての国家は一つの大きな団体、一種の共同体を形成している。例えばクリスト教によって、共通の利益と恐怖と用心をもつところの一種の普遍的共和国が形作られている」というフェヌロン（以上H. Morgenthau, *Politics among Nations*, 1949, p. 160-161より引用）の言葉はヨーロッパが主権国家に分裂して後にも普遍主義の伝統が脈々と流れていたことを物語っている。ところがいわゆるアジア世界はどうか。「東洋」は存在するかという周知の論争にどう結末をつけるにせよ、そこには、歴史と伝統においてそれぞれきわめて高度の自足性をもったインド・中国・日本といった文化圏が並行しており、その間にさまざまの交渉関係はあったにせよ、それがヨーロッパ的意味での共同体ないしは国際社会を構成していなかったことは明白である。むしろこれらの多かれ少かれ閉鎖的な世界に対して「国際社会」は一体として「開国」を迫った。いいかえれば、東洋諸国は国際社会のなかで自らを自覚したのでなく、むしろ「国際社会」に武力もしくは武力の威嚇によって――強制的に引き入れられたのである。そこで東洋諸国での素朴な民族感情はどこでもまず最初にこのように外から迫るヨーロッパ勢力の圧力に対するリアクションという形で起った。それを最も敏感に意識したのは、例えば中国でも日本でも旧国家における特権的支配層であった。彼等の「民族意識」はなにより伝統的な政治＝社会体制をヨーロッパのクリスト教と産業主義の浸潤から防衛するという意味をもっていた（これはヨーロッパにおいて旧支配階級としての貴族がむしろ世界主義的で、これに対して新興ブルジョアジーがナショナリズム運動の担い手となったのと対照をなしている）。この第一段階におけるナショナリズムをかりに近代的ナショナリズムと区別して「前期的」ナショナリズムと呼ぶならば、その典型的表現がすなわち「攘夷」思想であった。この攘夷思想にはどういう特徴があるかということを清朝末期や幕末におけるそれについて検討すると、とりわけ次のような共通性が浮び上ってくる。第一には、それが支配階級によって彼等の身分的特権の維持の欲求と不可分に結びついて現われたところから、そこには国民的な連帯意識というものが希薄で、むしろ国民の大多数を占める庶民の疎外、いな敵視を伴っていることである。幕末水戸学などの文献には「姦民狡夷」という言葉がよく出てくる。つまり、人民が敵に内通することに対する猜疑と恐怖を表現した言葉で、「姦民」が「狡夷」と同じ次元で問題にされていることが重要である。第二に、そこでは国際関係における対等性の意識がなく、むしろ国内的な階層的支配（ヒエラルヒー）の眼で国際関係を見るから、こちらが相手を征服ないし併呑するか、相手にやられるか、問題ははじめから二者択一である。このように国際関係を律するヨリ高次の規範意識の稀薄な場合には、力関係によって昨日までの消極的防衛の意識はたちまち明日には無制限の膨脹主義に変化する。そこにはまったく未知なるものに対する原始的心情としての恐怖と尊大との特殊なコンプレックスが当然に支配する。もとより上のことはごく一般化した云い方で、個別的には種々のニュアンスがあるし、またそれらは多かれ少かれおよそナショナリズムの非合理的源泉をなすエスノセントリズムに共通した要素でもある。しかし最初から一つの共通した規範意識から出発したヨーロッパ・ナショナリズムに比して、東洋諸国のそれがナショナリズムの合理化、とくに国際主義との一応の均衡に到達する上に多大の困難を経験しなければならなかったのには、このような発生事情の相異が少からず作用していることは否定できない。

　ところで、前期的ナショナリズムの担い手としての旧特権層は実際にヨーロッパ世界の圧倒的に優越した産業・技術・軍備に直面して見ると、古い世界を新しい世界に対して防衛するという彼等の目的を達成するためにも、自らを「敵」の文明で武装せねばならぬということを否応なく意識させられた。ところがそこには異常に困難な問題が伏在していた。なぜならば、ヨーロッパ文明を取り入れないでは、もはや支配層は古い世界自体を維持できないにもかかわらず、それをまた全面的に取り入れることは旧い体制の根本的な変革を結果し、従って彼等自身の権力の没落を招来するからである。このパラドックスから脱出する方法は、ただ一つしかなかった。すなわち、ヨーロッパ文明の採用を産業・技術・軍備等いわゆる「物質文明」に限定して、クリスト教とか個人主義・自由民主主義といった思想的政治的諸原理の浸潤を最小限度に防遏することがこれである。この使い分けは橋本左内の「器械芸術彼に取り、仁義忠孝我に存す」、或は佐久間象山の「東洋道徳、西洋芸術」（芸術とはむろん技術の意である）というような言葉に古典的に表現されている。しかもこの使い分けにすら容易ならぬ問題が存することは見易い理である。なぜなら、いわゆる物質文明がしかく簡単にそれをはぐくんだ近代精神と分離できないだけでなく、できたとしても物質的生活環境の近代化が思想や意識に逆作用するのを喰いとめるということは極めて困難だからである。中国と日本との歴史的運命の岐路、従ってまた両国のナショナリズムの発展形態の巨大な差異は、まさにこの歴史的試煉に対する両国の旧支配階級の反応の仕方に胚胎しているのである。

中国でも日本でも支配階級の比較的進歩的分子のなかからこの「使い分け」のための必死の試みが「富国強兵」のスローガンの下に興った。そうして、日本は周知のように明治維新による上からの革命に成功してともかく東洋最初の中央集権的民族国家を樹立し、ヨーロッパ勢力の浸潤を押しかえしたばかりか、世界を驚倒させるスピードでもって、列強に伍する帝国主義国家にまで成長した。ところが中国では、曾国藩らの「洋務」運動から康有為の「変法維新」運動に至る一連の上からの近代化の努力も結局、清朝内部の強大な保守勢力の前に屈伏し、その結果は一九世紀後半の列強帝国主義の集中的蚕食を蒙って、半植民地、いな孫文のいわゆる「次植民地」の悲境におちた。むろんこのような中国と日本の運命のひらきには、両国の地理的位置とか、「開国」の時期のずれとか、旧社会の解体過程の相異とか、支配階級の歴史的性格とか、いろいろの要因が挙げられるであろう。しかしここではそうした原因論が問題なのではなく、むしろ、こうした出発点の相異が結局両国のナショナリズムに殆ど対蹠的な刻印を与え、それが今日の事態にも致命的に影響しているという点が重大なのである。

すなわち、中国は支配層が内部的な編成替えによって近代化を遂行することに失敗したために、日本を含めた列強帝国主義によって長期にわたって奥深く浸潤されたが、そのことがかえって帝国主義支配に反対するナショナリズム運動に否応なしに、旧社会＝政治体制を根本的に変革する任務を課した。旧社会の支配層は生き残らんがためには多かれ少かれ外国帝国主義と結び、いわゆる「買弁化」せざるをえなかったので、彼等の間から徹底した反帝国主義と民族的独立の運動は起りえなかった。一方における旧支配構造と帝国主義の癒合が、他方におけるナショナリズムと社会革命の結合を不可避的に呼び起したのである。孫文から蔣介石を経て毛沢東に至るこの一貫した過程をあとづけることはここで必要はなかろう。ただこうしたナショナリズムとレヴォリューションとの一貫した内面的結合は、今日中国において最も典型的に見られるけれども、実はインド・仏印・マレー・インドネシア・朝鮮等、日本を除くアジア・ナショナリズムに多かれ少かれ共通した歴史的特質をなしていることを一言するにとどめる。

ただひとり日出ずる極東帝国はこれと対蹠的な途を歩んだ。ここで徳川レジームを打倒して統一国家の権力を掌握した「維新」政権はそれ自体旧支配階級の構成分子であり、彼等はただ「万国に対峙」し「海外諸国と併列」する地位に日本を高めようという欲求にひたすら駆り立てられて急速に国内の多元的封建勢力を解消してこれを天皇の権威の下に統合し、まさに上述の「使い分け」を巧妙きわまる仕方で遂行しつつ、「富国強兵」政策を遂行した。この上からの近代化の成功はまことにめざましかった。かくて日本はその独立を全うしつつ「国際社会」に仲間入りしただけでなく、開国後半世紀にしてすでに「列強」の地位にのし上ったのである。しかし同時に、近代化が

「富国強兵」の至上目的に従属し、しかもそれが驚くべきスピードで遂行されたということからまさに周知のような日本社会のあらゆる領域でのひずみ或いは不均衡が生れた。そうして、日本のナショナリズムの思想乃至運動はその初期においてはこのゆがみを是正しようという動向を若干示しはしたが、やがてその試みを放棄し、いろいろニュアンスはあるにせよ、根本的にはこの日本帝国の発展の方向を正当化するという意味をもって展開して行ったのである。従ってそれは社会革命と内面的に結合するどころか、玄洋社―黒龍会―大日本生産党の発展系列が典型的に示しているように革命に対して――というより革命の潜在的な可能性に対して、ある場合にはその直接的な抑圧力として作用し、他の場合にはそのエネルギーの切換装置たる役割を一貫して演じてきた。しかも他方それは西欧の古典的ナショナリズムのような人民主権ないし一般にブルジョア・デモクラシーの諸原則との幸福な結婚の歴史をもほとんどろくに知らなかった。むしろそれは上述のような「前期的」ナショナリズムの諸特性を濃厚に残存せしめたまま、これを近代ナショナリズムの末期的変質としての帝国主義に癒着させたのである。かくして日本のナショナリズムは早期から、国民的解放の原理と訣別し、逆にそれを国家的統一の名においてチェックした。そのことがまたこの国の「民主主義」運動ないし労働運動において「民族意識」とか「愛国心」とかいう問題の真剣な検討を長く懈怠させ、むしろ挑戦的に世界主義的傾向へと追いやった。そうして、それはまたナショナリズムの諸シンボルを支配層ないし反動分子の独占たらしめるという悪循環を生んだのである。

　日本のナショナリズムが国民的解放の課題を早くから放棄し、国民主義を国家主義に、さらに超国家主義にまで昇華させたということは、しかし単に狭義の民主主義運動や労働運動のあり方を規定したというだけのことではなかった。それは深く国民の精神構造にかかわる問題であった。つまり日本の近代化過程が上述のように「使い分け」の見事な成功によって急激になされたということは、一般に国民大衆の生活地盤の近代化を、そのテンポにおいても、その程度においてもいちじるしく立ち遅れさせたことは周知のとおりであるが、それはまたナショナリズムの思想構造ないし意識内容に決定的な刻印を押したのである。頂点はつねに世界の最尖端を競い、底辺には伝統的様式が強靱に根を張るという日本社会の不均衡性の構造法則はナショナリズムのイデオロギー自体のなかにも貫徹した。そうしてあたかも日本帝国の驚くべき躍進がその内部に容易ならぬ矛盾を包蔵することによって同様に驚くべき急速な没落を準備したこととまさに併行して、世界に喧伝された日本のナショナリズムはそれが民主化との結合を放棄したことによって表面的には強靱さを発揮したように見えながら、結局そのことが最後まで克服しがたい脆弱点をなした。あれほど世界に喧伝された日本人の愛国意識が戦後において急速に表面から消えうせ、近隣の東亜諸民族があふれるような民族的情熱を奔騰させつつあるとき日本国民は逆にその無気力なパンパン根性やむきだしのエゴイズムの追求によって急進陣営と道学的保守主義者の双方を落胆させた事態の秘密はすでに戦前のナショナリズムの構造のうちに根ざしていたのである。次にその主要なモメントを概観して見よう。

まず第一に指摘されねばならないことは、日本のナショナリズムの精神構造において、国家は自我がその中に埋没しているような第一次的グループ（家族や部落）の直接的延長として表象される傾向が強く、祖国愛はすぐれて環境愛としての郷土愛として発現するということである。これはもとよりあらゆるナショナリズムの起源としてのトライバリズムに共通する要素であるが、近代ナショナリズム、とくに「フランス革命の児」（G・P・グーチ）としてのそれは決して単なる環境への情緒的依存ではなく、むしろ他面において、「国民の存在は日々の一般投票である」という有名なE・ルナンの言葉に表徴されるような高度の自発性と主体性を伴っている。これこそナショナリズムが人民主権の原理と結びついたことによって得た最も貴重な歴史的収穫であった（だから日本でも明治初期の自由民権運動の担ったナショナリズムには不徹底ながらこの側面が現われている）。日本は維新のあのような変革様式のために、明治政府の指導者たちは民衆の間からの自発的能動的な国民的連帯意識の成長に依存しえず、しかも彼等の不断の対外的危機感からして、急速な愛国心の喚起に迫られて、国家教育によってそれを上から作り出さねばならなかった。それが組織的に行われたのは例の森有礼文部大臣以後のことであり、その時既に日本の「近代化」は自由民権運動の陰惨な弾圧の上に押しすすめられていたのである。従って国家意識の注入はひたすら第一次的グループに対する非合理的な愛着と、なかんずく伝統的な封建的乃至家父長的忠誠を大々的に動員しこれを国家的統一の具象化としての天皇に集中することによって行われた。ここで「忠君愛国」（忠君の愛国に対する先行性）の観念や皇室を国民の総本家とする家族国家観等についてくだくだしく述べることはなかろう。こうしたイデオロギー教育について、明治時代を親しく経験した知識人の中には、むしろ今日ではその効果が過大視されていることを指摘し、そうした「国体」教育の徹底は最近のウルトラ・ナショナリズム段階だけの現象で、明治時代はもっとはるかにリベラルで「啓蒙」的であったというような論をなす者が少くない。しかしその際論者はさきの頂点と底辺の間の不均衡性の問題を逆に過小視する傾向がありはしないか。論者自身の属する知識層の間ではたしかに国体イデオロギーの浸透度はそれほど徹底しなかったであろう。ちょうど帝政ロシア時代のインテリと同じく、彼等の教養は圧倒的に西欧的なそれだった。しかし暗くよどんだ社会的底辺に息づく庶民大衆——「全人民の脳中に国の思想を抱かしめる」ことを生涯の課題とする決意を福沢に固めさせたほど、「国家観念」に無縁であった大衆——はまさにこの「義務」国体教育によって、国家的忠誠の精神と、最小限度に必要な産業＝軍事技術的知識とを、F・ハルスのいわゆる「魔術的実践と科学的実践」とを、兼ね備えた帝国臣民にまで成長したのである。そうしてこのようにして能率的に創り出された国家意識は相つぐ対外戦勝と帝国的膨脹によっていよいよ強化された。自我の感情的投射としての日本帝国の膨脹はそのまま自我の拡大として熱狂的に支持せられ、市民的自由の狭隘さと、経済生活の窮迫からくる失意は国家の対外発展のうちに心理的代償を見出した。不断に対外的危機感を鼓吹しつつ――そうして十九世紀末からの帝国主義時代はその恰好の地盤を提供した――支配層は史上稀に見る巧妙な国家術数によってこの国民感情の動員に成功し、社会的分裂の一切の兆を未然に防遏しえた。「日本国民の精神的団結」は外国のほとんどあらゆる日本研究書の第一頁に特筆されるに至った。

しかしわれわれはこの場合もメダルの裏を見ることを忘れてはならない。なにより、国家意識が伝統的社会意識の克服でなく、その組織的動員によって注入された結果は、しばしば指摘されるように、政治的責任の主体的な担い手としての近代的公民《シトワイヤン》のかわりに、万事を「お上」にあずけて、選択の方向をひたすら権威の決断にすがる忠実だが卑屈な従僕を大量的に生産する結果となった。また、家族＝郷党意識がすなおに国家意識に延長されないでかえって国民的連帯性を破壊する縄張根性を蔓延させ、家族的エゴイズムが「国策遂行」の桎梏をなす場合も少なくなかった。徴兵制施行後かなり長い間、家族制度を尊重して長男を兵隊にとらない方針が行われていたが、これを逆用し、次男以下の息子を他家の養嗣子にして徴兵を忌避する傾向があったことはよく知られている。「君死に給ふこと勿《なか》れ」という晶子の歌は、言葉の厳密な意味での反戦歌というよりも、第一次的集団への愛着感情の素朴な表現であり、むしろ国民感情の「公然の秘密」を大胆に表明したからこそショッキングだったのである。さらに「わが国民の愛国心は一旦緩急的の愛国心にして行住坐臥的の物にあらず」（『大正の青年と帝国の前途』）という蘇峰の指摘も別にめずらしくないが、これまた国家意識が市民生活のなかにでなく、その外部に、自我のエモーショナルな投射ないしは補償として発露されることの当然の結果といえよう。日本ナショナリズムの「前期的」性格からくるこうしたマイナス面は、最近の場合のように戦争がいわゆる総力戦的段階に進化し、国民生活の全面的組織化を必須とするにおよんで叫喚的スローガンと逆比例して暴露されて行った。ひとはただ強制疎開計画の実施や労働力の徴用配置や工業生産力の拡充がほかならぬ家族主義や「農本」思想や「郷土愛」によっていかに根強い心理的抵抗を受けたかを想起すれば足りる。大政翼賛会が例の東条翼賛選挙の際、各地で演じた紙芝居のなかには、「縁故や情実による投票の悪弊を断乎廃して国家公共の見地から候補者を選択せよ」という、皮肉にも近代的選挙の精神に通ずる趣旨が繰返し説かれていた。これらはいずれも日本帝国の支配層がナショナリズムの合理化を怠り、むしろその非合理的起源の利用に熱中したことによってやがて支払わねばならぬ代償であった。彼等は国家総動員の段階に至って初めてその法外の高価に気づいたが時はすでに遅かった。

3

一たびは中国の半ばと東南アジアおよび西南太平洋をほとんど完全に制圧した大日本帝国は敗戦によってたちまち維新当初の渺たる島国に収縮した。「国体」は国内国外の根底的な批判にさらされつつ変革せられ、それに附随した諸々のシンボル（神社・日の丸・君が代等）の価値は急激に下落した。そうして、こうした帝国的シンボルに向って集中していたナショナリズム意識はその中心的支柱を失って同じく急激に退潮したのである。敗戦はむしろしばしばナショナリズムの焔をかきたてるにもかかわらず（ナポレオン征服後のプロシャ、普仏戦争後のフランス、日清戦争後の清国、第一次大戦後のドイツ等)、日本の場合には前述のように外人を驚かすほどの沈滞、むしろ虚脱感が相当長い間支配した。この事態にはむろんいろいろの要素が原因になっている。しかし上に述べたような日本ナショナリズムの成長過程、とくに大衆の国家意識の構造を考えただけでも、それは決して突然変異ではないことが知られる。およそ発展的なナショナリズムはかならず一定の国民的使命感(mission idea)を伴っている。皇道宣布とか大義を宇内に布くとか八紘一宇とかいうのはいずれもそうした使命感の表現であり、それが知識人にはいかに荒唐な響きを持とうとも、その底に流れる非論理的論理は過去の日本において強靱な神秘的支配力を国民大衆の間にふるってきた。その精神構造については嘗《かつ》て述べたことがある(「超国家主義の論理と心理」本書第一部の一)ので再説を避けるが、要するにそれは、天皇を中心とする国内のヒエラルヒー構造の観念を横に国際関係に延長したものである。ところでこの皇国観念が中国の中華意識の世界像と似ているようで決定的に異なる点は、後者が文化的優越を中心観念としているのに対し、前者がどこまでも武力的優越を、後述のように唯一のではないが不可欠の契機にしていたことである。だから中華意識の場合には夷狄に武力的に征服されても別に本質的な打撃を蒙らないが「金甌無欠」という観念は皇軍必勝と神州の領土を嘗て侵されたことがないという「歴史的事実」(!)に裏づけられていたから、この点からも敗戦は皇国のシンボルの決定的な価値低落をもたらしたのであった。しかも更に注意すべきはさきの橋本左内の図式と使命感との関係である。R・ミヘルスは使命感を全体的使命概念(Integralmissionsbegriff)と部分的使命概念(Teilmissionsbegriff)——例えば芸術とか政治とか産業とかいったなんらか特殊的な領域における自国の使命を強調するもの——とに分けているが(*Der Patriotismus, S.* 38-9)、まさにこの点で日本は維新後、東洋の「精神文明」と西洋の「技術・物質文明」を綜合し、これに日本固有の「尚武」文化を加えることによって実に典型的な全体的使命感を発展させて行った。「国体」はそうしたすべての価値の統合体にほかならなかった。もし部分的使命感なら、それが心理的な挫折や坐礁を経験してもまた他の領域での使命感に転換して出直すことが可能である。しかし日本の使命感は全体的《インテグラル》であっただけ、それだけその崩壊がもたらす精神的真空は大きい。戦後、新憲法の制定とともに「平和文化国家」という使命観念が新装を凝らせて登場し、さまざまの「理論づけ」がほどこされたにもかかわらず、国民に対する牽引力をほとんど持たず、敗けたから止むをえずのスローガンだというような印象を払拭しきれないのは、逆説的にではあるが、旧日本帝国の使命感の全体性をなによりよく説明している。国民の多数は今なお、資源は乏しく人口過剰で軍備もない日本が今後の世界のなかで一体どのようなレーゾン・デートルを持つかについてほとんど答えを持っていない。今後新しいナショナリズムがどのような形をとるにせよ、この疑問に対して旧帝国のそれに匹敵するだけの吸引力を持った新鮮な使命感を鼓吹することに成功しないかぎり、それは独自の力としての発展を望みえないであろう。

この点でもう一つ注目すべき現象は従来のナショナリズム意識の社会的分散ということである。地方的郷党感情や家父長的忠誠などの伝統的道徳ないしはモーレスの組織的動員によって形成された国民の国家意識は、中央への集中力が弛緩すれば直ちに自動的に分解して、その古巣へ、つまり社会構造の底辺をなす家族・村落・地方的小集団のなかに還流するのは当然である。このいわば国家意識の動員解除もきわめて急速に起った。例えば戦争直後の社会的・経済的混乱のなかから到るところ「テキヤ」や闇商人の集団が生れ、また地方には何々組、何々一家等の半暴力団体が広汎に輩出或いは復活して、それらが新宿の尾津組や新橋の松田組の例に見るように、地域的に警察機能を代行するような現象を呈したこと周知のごとくであるが、そうした集団には多くの復員兵が吸収されて行った。そうしたいわゆる「反社会集団」は概ね親分子分の忠誠関係と軍隊に類似した組織的訓練をもっているから、それだけに中心的なシンボルの崩壊から生じた大衆の心理空白を充たすにはきわめて適合しており、その階層的秩序と集団的統制に服従することによって社会的混乱からくる孤立感と無力感を癒すことができた。また戦後の怪しげな小政党の驚くべき多数の輩出もこの還流現象と関係があろう。そこには嘗ての右翼団体の直接的継続ないしは擬装と認められるものも少くなかった。これらは天皇及び皇国への忠誠心の「転位」が多少ともアブノーマルな形で行われた例であるが、元来、日本の社会的底辺はどこでも多かれ少かれ同族団的な構成を持っているので、もっと「真面目」な職場なり社会集団なりにおいて、目に見えないがそれだけに大規模な国民の精神的復員が行われたわけである。右翼団体のメンバーや旧将校が食糧増産運動や開拓運動に転換し、或いは地方金融機関、引揚者団体、神社清掃奉仕団などに入り込んで行ったのは前二者の中間形態と見ることができる。さらに微視的な観察を下すならば、今日大衆の間で流行をきわめている競馬、競輪その他スポーツ娯楽のなかで、広範囲に軍国的な勝敗観念が「自瀆」を行っている。オーティス・ケーリ氏はシールス軍との日米野球を見に行って最初は日本に勝たせたいと思ったが、観衆と選手の態度を見てむしろシールスが勝ったことを喜んだといい、さらに古橋遠征の場合のラジオや新聞、いな日本中の沸きかえり方をながめて、「このままでいいのだろうかと真剣に考えた。平和の道具で〝敵前上陸〟した気合である」（『日本の若い者』二八三頁）と率直にある危惧を訴えている。つまり過去のナショナリズムの精神構造は消滅したり、質的に変化したというより、量的に分子化《アトマイズ》され、底辺にちりばめられて政治的表面から姿を没したという方がヨリ正確であろう。

　ところでこのような伝統的ナショナリズム感情の分散的潜在は今後の日本ナショナリズムに対してどのような衝

撃をもつであろうか。第一にそれはそのままの形では決して民主革命と結合した新しいナショナリズムの支柱とはなりえないことは明白である。なぜなら、まさにその醱酵地である強靱な同族団的な社会構成とそのイデオロギーの破壊を通じてのみ、日本社会の根底からの民主化が可能になるからである。もし進歩的陣営がかりにもその断片的な発現形態に眩惑されて、これを将来の民族意識の萌芽と見誤ったり、或いはその前期的性格を知りつつこれを目前の政治目的に動員しようという誘惑にかられるならば、それはやがて必ず手ひどい反作用となって己れに返ってくるであろう。上のような伝統的ナショナリズムが非政治的な日常現象のなかに微分化されて棲息しうるということ自体、戦後日本の民主化が高々、国家機構の制度的＝法的な変革にとどまっていて、社会構造や国民の生活様式にまで浸透せず、いわんや国民の精神構造の内面的変革には到っていないことをなにより証明している。「デモクラシー」が高尚な理論や有難い説教である間は、それは依然として舶来品であり、ナショナリズムとの内面的結合は望むべくもない。それが達成されるためには、やや奇嬌な表現ではあるが、ナショナリズムの合理化と比例してデモクラシーの非合理化が行われねばならぬ。

では第二に、社会的底辺に還流した旧ナショナリズム感情は、再び政治的表面に姿を現わして古い帝国的シンボルに向って再動員されるであろうか。もしそれが政治的に動員されることがあるならば、それはその構造原理からして溝を流れる水のように嘗ての反動的な方向を辿るであろう。この意味で最近日の丸掲揚や君が代復活、さらに神社参拝というような傾向、とくに国民教育における旧シンボルの再台頭が喧しい論議の的となっているのは当然である。ある人々はこうした個々の現象のうちにすぐさまウルトラ・ナショナリズム或いはファシズムの再興の兆を読みとる神経質を笑っている。たしかにシールス野球や日米水上競技の観衆の熱狂を一直線に軍国主義精神の台頭に結びつけたら、それは滑稽というほかない、そこでは前述のとおり問題は明白に非政治的、私的領域でのことだからである。ケーリ氏もそれほど直接的な意味で「危惧」したわけではなかろう。しかし政治の力学はまさにそうした一見政治とはかかわりのない日常的行動様式が蓄積されてある瞬間に突如巨大な政治的エネルギーに転換することをしばしば教えている。それが政治的世界に姿を現わす地平線はきわめてデリケートである。日の丸や君が代の復活も一つ一つ切りはなして見れば、それほど大した事件ではないが、それが警察予備隊の設置とか海上保安隊の増強とか、日本再武装の問題とかの文脈《コンテクスト》のなかで考えられる場合には、そこにある政治的動向の萌芽を認めても、あながち杞憂とばかりはいえないのである。

しかしこの政治的動向は簡単に戦前のナショナリズムそのままの復活とも目しえない、複雑な相貌をもっている。なにより、経済的にも、軍事的にも日本が嘗ての植民地帝国時代に持っていたような、実力と威信を国際社会において復活しうるということは殆ど考えられないからである。イデオロギー的にいっても、今後天皇や君が代や日の丸のシンボル価値がどんなに回復しようと、もはや戦前のような、「万国に冠たる国体」として現われることは不可能であろう。とすれば伝統的シンボルをかつぎ出して、現在まだ無定形のままで分散している国民心情をこれに向って再び集中させる努力が今後組織的に行われることがあっても、そこで動員されるナショナリズムはそれ自体独立の政治力にはなりえず、むしろヨリ上位の政治力――恐らく国際的なそれ――と結びつき、後者の一定の政治目的――たとえば冷戦の世界戦略――の手段として利用性をもつ限りにおいて存立を許されるのではないかと思われる。日本の旧ナショナリズムの最もめざましい役割はさきにのべたように、一切の社会的対立を隠蔽もしくは抑圧し、大衆の自主的組織の成長をおしとどめ、その不満を一定の国内国外の贖罪山羊《スケープゴーツ》に対する憎悪に転換することにあった。もし今後において、国民の愛国心がふたたびこうした外からの政治目的のために動員されるならば、それは国民的独立というおよそあらゆるナショナリズムにとっての至上命題を放棄して、反革命との結合という過去の最も醜悪な遺産のみを継承するものにほかならない。それをもなおナショナリズムと呼ぶかどうかは各人の自由としよう。ただその際いずれにせよ確かなことが一つある。この方向を歩めば、日本は決定的に他のアジア・ナショナリズムの動向に背を向ける運命にあること、これである。

（一九五一年）

六 「現実」主義の陥穽
――ある編輯者へ――

重ねてお手紙拝見しました。ああした重大な問題に対してどうせ新らしく書くなら私としてはただ結論をいうだけではなく、私と反対の考え方と十分対決しながら論じたいのですが、現在はまだそれほど健康に自信が持てないので前便でお断りしたような次第ですが、今度は一つ選挙で一票を投ずる気持でというお言葉には、そうしたなにげない表現のうちに貴方の激しい危機意識がピンと感じとられるだけに、正直のところ困ってしまいました。むろん現在、再軍備問題について票を投ぜよといわれたら、私としては「否」というほかありません。それは現在の政府の意図しているいわゆる「抜き足さし足」の再軍備であろうと、また改進党其他の方面で主張されている憲法改正を前提とした大っぴらの再軍備であろうと同じことです。私は平和問題談話会の度々の発表や声明に署名した者の一人として、そこで示された考え方を貫けば当然現在唱えられている再軍備には原則的に反対しなければならないと思います。そうして現在の国内・国際の情勢を眺めまた世上喧《かまびす》しい論議を読んでも、格別その考え方を変えなければならない根拠を見出すことが出来ません。それにつけても私は、講和論から再軍備論に至るめまぐるしい世論の動きと、これに対する人々の反応の仕方などを見詰めているとある種の感慨を禁ずることが出来ないのです。そこで今日は、再軍備論の実質的な検討に入る前に、どうしても私の心にひっかかっている二、三の問題をとりあげて見たいと思います。それは再軍備是非論の具体的内容それ自体よりもそうした論議の底に流れる人々の思惟方法なり態度なりの問題です。今度は一つそれについて率直な感想を述べて責をふさぐ事にします。ただし疲れたら尻切れトンボでもペンを措きますから、その点あらかじめ御諒承下さい。

1

講和論議の際も今度の再軍備問題のときも平和問題談話会のような考え方に対していちばん頻繁に向けられる非難は、「現実的でない」という言葉です。私はどうしてもこの際、私達日本人が通常に現実とか非現実とかいう場合の「現実」というのはどういう構造をもっているかということをよくつきとめて置く必要があると思うのです。私の考えではそこにはほぼ三つの特徴が指摘出来るのではないかと思います。

第一には、現実の所与性ということです。現実とは本来一面において与えられたものであると同時に、他面で日々造られて行くものなのですが、普通「現実」というときはもっぱら前の契機だけが前面に出て現実のプラスティックな面は無視されます。いいかえれば現実とはこの国では端的に既成事実と等置されます。現実的たれということは、既成事実に屈伏せよということにほかなりません。現実が所与性と過去性においてだけ捉えられるとき、それは容易に諦観に転化します。「現実だから仕方がない」というふうに、現実はいつも、「仕方のない」過去なのです。私はかつてこうした思考様式がいかに広く戦前戦時の指導者層に喰入り、それがいよいよ日本の「現実」をのっぴきならない泥沼に追い込んだかを分析したことがありますが（前掲「軍国支配者の精神形態」参照）、他方においてファシズムに対する抵抗力を内側から崩して行ったのもまさにこうした「現実」観ではなかったでしょうか。「国体」という現実、軍部という現実、統帥権という現実、満州国という現実、国際連盟脱退という現実、日華事変という現実、日独伊軍事同盟という現実、大政翼賛会という現実――そうして最後には太平洋戦争という現実、それらが一つ一つ動きのとれない所与性として私達の観念にのしかかり、私達の自由なイマジネーションと行動を圧殺して行ったのはついこの間のことです。いな、そういえば戦後の民主化自体が「敗戦の現実」の上にのみ止《や》むなく肯定されたにすぎません。戦後まもなく「ニューズウィーク」に、日本人にとって民主主義とは **“It can’t be helped” democracy** だという皮肉な記事が載っていたことを覚えています。「仕方なしデモクラシー」なればこそ、その仕方なくさせている圧力が減れば、いわば「自動」的に逆コースに向うのでしょう。そうして仕方なし戦争放棄から今度は仕方なし再軍備へ――ああ一体どこまで行ったら既成事実への屈伏という私達の無窮動《ペルペトゥーム・モビーレ》は終止符に来るのでしょうか。

さて、日本人の「現実」観を構成する第二の特徴は現実の一次元性とでもいいましょうか。いうまでもなく社会的現実はきわめて錯雑し矛盾したさまざまの動向によって立体的に構成されていますが、そうした現実の多元的構造はいわゆる「現実を直視せよ」とか「現実的地盤に立て」とかいって叱咤する場合にはたいてい簡単に無視されて、現実の一つの側面だけが強調されるのです。再び前の例に戻れば、当時、自由主義や民主主義を唱え、英米との協調を説き、労働組合の産報化に反対し、反戦運動を起す、等々の動向は一様に「非現実的」の烙印を押され、ついで反国家的と断ぜられました。いいかえればファッショ化に沿う方向だけが「現実的」と見られ、苟《いやしく》もそれに逆らう方向は非現実的と考えられたわけです。しかしいうまでもなく当時の世界はいたるところにおいてファッショ化の方向と民主主義の動向とが相抗争していました。それは枢軸国対民主主義国といった国際関係についてだけでなく、各々の国内においても程度の差こそあれ、そうした矛盾した動向があったわけです。ファッショ化への動きだけが「現実」で、然らざるものは「非現実」という根拠は毫もないのであって、もしそうでなければ一九四五年の世界史的転換も、あの天気晴朗なる日に忽然「枢軸」的現実が消え去って「民主主義」的現実がポッカリ浮び出たというふうな奇妙な説明に陥らざるをえません。また事実、戦時中のように新聞・ラジオなどのマス・コミュニケーションの機関が多面的な現実のなかから一つの面だけを唯一の「現実」であるかのように報道しつづけている場合には、国民は目隠しされた馬車馬のように一すじの「現実」しか視界に入って来ませんから、そうした局面の露わな転換が全くの「突然変異」に映ずるのも無理はないでしょう。戦後にしても、中共の勝利やマッカーサーの罷免など、いずれも私達日本国民にとっては寝耳に水だったわけですが、実はそうした事件に導く「現実」は前々から徐々に形成されていたのであって、ただ日本の新聞やラジオが故意か怠慢かでそれを十分に報道しなかっただけのことです。戦後、米ソの対立が日を追うて激化して来たことは、むろん子供にも分る「現実」にちがいありませんが、同時に他の諸国はもとより当の米ソの責任ある当局者が何とかして破局を回避しようとさまざまの努力をしているのも「現実」ですし、更に世界の到るところで反戦平和の運動が――その中にさまざまの動向を含みながら――ますます高まって来ていることも否定出来ない「現実」ではありませんか。「現実的たれ」というのはこうした矛盾錯雑した現実のどれを指していうのでしょうか。実はそういうとき、ひとはすでに現実のうちのある面を望ましいと考え、他の面を望ましくないと考える価値判断に立って「現実」の一面を選択しているのです。講和問題にしろ、再軍備問題にしろ、それは決して現実論と非現実論の争ではなく、実はそうした選択をめぐる争にほかなりません。それにも拘らず、片面講和論や向米一遍倒論や（公式非公式含めての）再軍備論の立場の側からだけしきりに「現実論」が放送され、世間の人も、またうっかりすると反対論者までつりこまれて「現実はその通りだが理想はあくまで云々」などと同じ考え方に退却してしまうのはどういうわけでしょうか。

そう考えてくると自から我が国民の「現実」観を形成する第三の契機に行き当らざるをえません。すなわち、その時々の支配権力が選択する方向が、すぐれて「現実的」と考えられ、これに対する反対派の選択する方向は容易に「観念的」「非現実的」というレッテルを貼られがちだということです。さきに挙げた戦前戦後の例をまた繰り返すまでもなくこのことは明らかでしょう。われわれの間に根強く巣喰っている事大主義と権威主義がここに遺憾なく露呈されています。むろんこうした考え方も第二の場合と同様、それを成り立たせる実質的な地盤があるわけで、権力に対する民衆のコントロールの程度が弱ければ当然、権力者はその望む方向に――少くもある時点までは――どんどん国家を引っ張って行けるので、実際問題としても支配者の選択が他の動向を圧倒して唯一の「現実」にまで自らを高めうる可能性が大きいといわねばなりません。古典的な民主政の変質は世界的に政治権力に対する民衆の統制力を弱化する傾向を示しているので、上のような考え方もそれだけ普遍的となっているともいえますが、何といっても昔から長いものに巻かれて来た私達の国のような場合には、とくに支配層的現実即ち現実一般と看做され易い素地が多いといえましょう。この点も私達の判断をできるだけ綜合的にするために忘れてはならない事と思います。

例えば西欧再軍備の問題にしても、日本の新聞だけ見ていると、いわゆる「力による平和《ピース・スルー・ストレングス》」という考え方そのものは西欧諸国ではすでに自明の原理とされ、ただ問題は再軍備の具体的＝技術的な方法だけにあるような印象を受けますが、これなども各国の政府の動向だけが主として報道されることによるもので、民衆の動きはまたちがった「現実」を示しているようです。西独の民衆の圧倒的多数が再軍備に反対していることは流石《さすが》にちょいちょい大新聞にも報道されていますが、フランスでも大体、国民の五〇パーセント以上が政府の政策とくに再軍備政策に反対し、二五パーセントは不満を持っているがどうしていいか分らずに混迷しており、残りの二五パーセントだけが明白にアメリカに加担しているという報告があります（「マンスリー・レヴュー」一九五一年一一月号）。イギリスでも労働党内の再軍備反対派の巨頭ベヴァンの声望がいよいよ増して来ていることは御承知の通りです。ベヴァン派のクロスマンがスカーボロウの労働党大会で多くの代議員と話した印象では、彼らはロシアの侵略的意図についての宣伝に疑問をもち、英国の再軍備は「モスコーとの間の問題よりむしろワシントンとの間の問題ではないか」と考え、「アメリカ人が、彼ら自身の生活水準は依然上昇を続けているのに我が国のそれをもっと切り下げるよう要求している事実」を遺憾としている、ということです。しかも「こうしたアメリカの政策に対する嫌悪は労働党の左派だけではなく、保守労働両党を含めてチャーチルとイーデンより左に位置する人々の間に滲透しはじめている」とニューヨーク・タイムズ特派員は伝えています（同上）。ところが右のような西欧情勢が、支配層的現実＝現実一般という上にのべた考え方の現像液に浸されると、西欧世界が滔々として再軍備に向っているという「現実」のみが焼き付けられ、我が国もバスに乗り遅れるなという空気をいよいよ高めて行くことになってしまうのです。むろん西欧でさきの報道が伝えるように、「政府と国民との間のギャップが拡がりつつある」ことが事実としても、果してそうした下からの動向がどこまで各国政府の再軍備計画を当面チェックしうるかという点には疑問があるでしょう。アメリカの現在の世界政策がますます直接的に対ソ戦略的見地に支配されるようになった必然の結果として、民心の向背を顧みる暇なく到るところプロ・アメリカ的政府を強引にバックにして、もっぱら政府を通じて手っ取り早く「封じ込め政策《コンテインメント・ポリシー》」を遂行しようとしているので、一層そうした「上からの」動向は有力に見えます。だからといって私達はそれを「現実」のすべてと勘違いすると何時の日か手ひどく現実自体によって復讐されるでしょう。民衆の間の動向は権力者の側ほど組織化されていず、また必ずしもマス・コミュニケーションの軌道に乗りませんから、いつでも表面的にはそれほど派手に見えませんが、少し長い目で見れば、むしろ現実を動かしている最終の力がそこにあることは歴史の常識です。ここでも問題は「太く短かい」現実と「細く長い」現実といずれを相対的に重視するかという選択に帰着するわけです。

私達の言論界に横行している「現実」観も、一寸《ちょっと》吟味して見ればこのようにきわめて特殊の意味と色彩をもったものであることが分ります。こうした現実観の構造が無批判的に維持されている限り、それは過去においてと同じく将来においても私達国民の自発的な思考と行動の前に立ちふさがり、それを押しつぶす契機としてしか作用しないでしょう。そうしてあのアンデルセンの童話の少女のように「現実」という赤い靴をはかされた国民は自分で自分を制御出来ないままに死への舞踏を続けるほかなくなります。私達は観念論という非難にたじろがず、なによりもこうした特殊の「現実」観に真向から挑戦しようではありませんか。そうして既成事実へのこれ以上の屈伏を拒絶しようではありませんか。そうした「拒絶」がたとえ一つ一つはどんなにささやかでも、それだけ私達の選択する現実をヨリ推進し、ヨリ有力にするのです。これを信じない者は人間の歴史を信じない者です。

2

もちろんそれにも拘らず、事態の急激な進行が昨日までの選択の問題を今日はすでに既成事実に代え、今日はまだ相対抗していた動向の一つが、明日は決定的に支配的になるということがあるでしょう。いな講和論から中国選択問題を経て再軍備論に至るこの一年あまりの我が国の歩みは現に私達の当面の選択のイッシューをあっという間に次々と移動させて行ったことは残念ながら否定出来ません。そうした場合に私達は具体的にどう処したらいいかということはかなり難しい問題です。昨日までの選択の問題に何時までも拘泥しているために、現在或いは将来のまだいくつかの可能性をはらんだ問題への発言力を却って弱めるような結果になることは、極力警戒しなければなりません。とくに政治家の場合はそうです。しかし、さればといって次々と新らしい問題の解答に気を奪われて私達の基本的な立場をいつの間にかどんどん移動させてしまうということはヨリ以上に危険なことです。それは結局、問題提出のイニシァティヴをいつも支配権力の側に握られて、私達はただ鼻づらをひきまわされるだけという結果に陥ってしまいます。講和論議はもう片づいた問題だからそんな問題をいつまでも蒸し返していては駄目だという考え方を一方的に押し進めればどういうことになるでしょう。安保条約は講和条約と不可分の一体をなすものですし、行政協定はまた安保条約に根拠づけられています。時間的または論理的には、講和条約―安保条約―行政協定という順序ですが、むしろアメリカ政府の狙いからいえば、行政協定あってこその安保条約であり講和条約なので、そのことは岡崎・ラスク会談による行政協定締結の見透しを俟《ま》ってはじめてアメリカ上院が講和条約の批准をとり上げていることからも明瞭です。大新聞があのとき独立だ独立だと騒いでおいて、今になってこんな筈じゃなかったような顔をするのは、ごまかしでなければ恐ろしく見透しのきかない話で、これこそ「非現実的」の最たるものでしょう。再軍備の問題だって、日本が防衛力漸増の義務を負うことはサンフランシスコ会議劈頭のトルーマン大統領の演説のなかで、すでにハッキリ言われていたことです。ですから問題はやはりああした片面講和自体の性格のなかにあるわけで、もしこれをすでに済んだ事柄だというならば、再軍備の是非自体ももはや論議を超えた問題といわざるをえないことになります。ある事柄が片づいた問題であるかどうかは性急なジャーナリストや底意をもった政治家がいうほどはっきりけじめをつけられるものでありません。全面講和か単独講和かという問題を競馬の賭けみたいに考えればなるほど勝負は一応きまったといえるでしょうが、あの際に全面講和を主張した人々の憂えた問題自体は消えるどころか、まさにいよいよこれから表面化して行くでしょう。ですから私達にとって大事なことは、以前の争点を忘れたり捨て去ったりすることでなく、むしろそれを新らしい局面のなかで不断に具体化することでなければなりません。その基本的態度を誤ると、結局いつしか足をさらわれて気がついた時は自分の本来の立場からずっと離れた地点に立っているということになります。これこそ満州事変以後、何千人何万人の善意の知識人が結果においてファシズムに一役買うようになった悲劇への途ではありませんか。

　これに関連して私はとくに知識人特有の弱点に言及しないわけに行きません。それは何かといえば、知識人の場合はなまじ理論をもっているだけに、しばしば自己の意図に副《そ》わない「現実」の進展に対しても、いつの間にかこれを合理化し正当化する理窟をこしらえあげて良心を満足させてしまうということです。既成事実への屈伏が屈伏として意識されている間はまだいいのです。その限りで自分の立場と既成事実との間の緊張関係は存続しています。ところが本来気の弱い知識人はやがてこの緊張に堪えきれずに、そのギャップを、自分の側からの歩み寄りによって埋めて行こうとします。そこにお手のものの思想や学問が動員されてくるのです。しかも人間の果しない自己欺瞞の力によって、この実質的な屈伏はもはや決して屈伏として受け取られず、自分の本来の立場の「発展」と考えられることで、スムーズに昨日の自己と接続されるわけです。嘗ての自由主義的ないし進歩的知識人の少なからずはこうして日華事変を、新体制運動を、翼賛会を、大東亜共栄圏を、太平洋戦争を合理化して行きました。一たびは悲劇といえましょう。しかし再度知識人がこの過ちを冒したらそれはもはや茶番でしかありません。

私達の眼前にある再軍備問題においても、善意からにせよ悪意からにせよ、右のような先手を打つ式の危険な考え方が早くも現われています。例えば、問題はすでに現在の予備隊が憲法第九条の「戦力」に該当するかどうかというような「スコラ的」論議の段階ではなく、来るべき再軍備においていかにして旧帝国軍隊の再現を防止するか、或いはいかにして文官優越制《シヴィリアン・シュープリマシー》の原則を確立するかにある――などという所論がすでにあちこちに見受けられますが、これなどその主張者の意図如何にかかわりなく実質的には、上から造られようとしている方向、しかしまだ必ずしも支配的とならない動向に対して大幅に陣地を明け渡す結果しか齎《もたら》しません。文官優越制の問題自体はここに論ずる限りではありませんが、ただ一言したいことは、それは統帥権の独立や軍部大臣武官制に悩まされた日本でこそ目新らしく映りますが、実はすでに第一次大戦における帝政ドイツ崩壊後は世界の文明国家でどこでも確立している原則だということです。むろんそれが確立したのは自由主義の要請にもよりますが、同時に現代戦争において最も有効な戦争指導体制として歴史的に実証されて来たからであって、文官優越制になったからとて戦争の危険が著しく減少すると思ったら、それは現代戦争の動因に対する完全な認識不足といっても過言ではないでしょう。むしろ、現代の全体戦争的性格は形式的制度の上で文官武官どちらが優越しているかにかかわりなく、政治家と軍人（或いは政略と戦略）の融合一体化の傾向を示しています。例えば、マッカーサー元帥の罷免はアメリカにおける文官優越制の最も顕著な事例として、日本などでは感嘆と驚異の眼で見られましたが、それはアメリカの政治・経済機構全般の軍事体制化を毫も妨げるものではありません。むしろあの事件はマッカーサーに対するマーシャル・ブラッドレー派の勝利であって、それによって国防省首脳部の政治的発言権はかえって実質的に強化されたという有力な見方もある位です。ともかく現在における再軍備の問題の所在を文官優越制にあるかのようにいう事は客観的には、真の争点から国民の眼をそらせる役割を営むものというほかありません。私達は問題意識においてあくまで冷静かつ執拗であるべきで、かりにも事態の急テンポに眩惑されて思想的な「先物買い」に陥ってはならないと思います。

それからもう一つ、学者や政治家の間には、再軍備の是非は結局国民自身が決めるべき問題であるという――それ自体まことに尤《もっと》もな――議論を煙幕として自分の態度表明を韜晦《とうかい》しようという兆しがはやくも見えております。もっともそこにもまたいろいろニュアンスがあって、実際は自分の内心の立場はきまっているのだが、現在それを表明するのは具合が悪いので、もう少し「世論」がそちらの方に動いて来るのを待とう――或いはもっと積極的には「世論」をその方へ操作誘導して行ってから後にしよう、という戦術派もあれば、また形勢を観望して大勢のきまる方に就こうという文字通りの日和見派もあるでしょう。それはともかくとして、再軍備問題は次の総選挙において最大のイッシューの一つになるでしょうから、その結果によって、またいずれ来るべき憲法第九条の改正をめぐる国民投票において最後の審判が下されるべき問題であることは当然の事理です。しかしながら、いうまでもなく国民がこの問題に対して公平な裁断を下しうるためには最少限度次のような条件が充たされていなければなりません。第一は通信・報道のソースが片よらないこと、第二に異った意見が国民の前に――一部インテリの前にだけでなく――公平に紹介されること、第三に以上の条件の成立を阻みもしくは阻むおそれのある法令の存在しないこと、以上です。ですから再軍備問題を国民の判断に委ねよと主張する人が、いやしくも真摯な動機からそれをいうのなら、彼は必ずや同時に右のような条件を国内に最大限に成り立たせる事を声を大にして要求すべき道徳的義務を感ずる筈です。もし彼がそうした条件の有無や程度については看過し、もしくは無関心のまま、手放しに国民の判断を云々するなら――もし現在のように新聞・ラジオのニュース・ソースが甚だしく一方的であり（必ずしもうそをついているとはいえませんが）、また異なる意見が決して紙面や解説で公平な取り扱いを受けず、ソ連や中共の悪口はいい放題であるのに対して、アメリカの批判や軍事基地の問題は政令三二五号等々の取締法規のためにおっかなびっくりでしか述べられないという状況――一言にしていえば言論のフェア・プレーによる争いを阻んでいる諸条件――に対して何ら闘うことなしに、ただ世論や国民の判断をかつぎ出して来るならば、私達はそういう人達の議論に誠実さを認めることは出来ません。それらの人は何千万の国民の生死に関係する問題に対しても一段高い所に立って傍観者的姿勢をくずさず、むしろそうしたとりすましたジェスチュアのうちに叡智を誇ろうとする偽賢人か、さもなければ、現在のマス・コミュニケーションにおいて上のようなフェア・プレーの地盤が欠如していることを百も承知で、逆にそれを利用して目的を達成しようという底意を持った政治屋か、恐らくそのどちらかでしょう。

3

まことに政治家にしろ、学者にしろ、評論家にしろ、昨日の言動を今日翻して平然たる風景が我が国ほど甚だしく見受けられるところがあるでしょうか。私は思想検事みたいに、お前は何日何時こういったじゃないかなどというような穿鑿をする趣味はおよそ持ち合せないのですが、それでも近頃の各界有力者の動向を見ていますと、せめて戦後だけでもいいから、個人別の発言の詳細なリストを作りたい衝動を禁ずることが出来ません。すべての問題について不可能なら、新憲法に関することに限定してもいいでしょう。国会で、式典で、憲法普及会などの全国各地の講演会で、新聞で、雑誌で、ラジオで、新憲法発布当時誰がどういうことをいったか、ひとつ皆で記憶を呼び起し、協力して調査しようではありませんか。そうしてその御当人が現在何をいっているか、或はこれから何をいうだろうかをよくひき比べて見たいものです。その位のことをしなければ日本では自分の言論に責任をもつ習慣はいつまでも出来ないと思います。もちろん変説改論がそれ自体悪いというのではありません。吉田首相のいい草ではないが「馬鹿の一つ覚え」は感心すべきことではないでしょう(私にいわせれば流行の「真空説」など馬鹿の一つ覚えの最たるものです)。しかし、変説改論にはそれだけの内面的な必然性がなければならず、また本人からそれについてハッキリした説明があるべきです。ズルズルベッタリの転向や三百代言は一番卑劣です。例えば新憲法の精神を百パーセント讃え宣伝した学者が今頃になってあれは占領下に押しつけられたもので、そんなに有難がる必要はない、などと急にいい出したり、戦争放棄を進んで支持した政治家が、二、三年のうちにあの条項を陰に陽に厄介視したりするのを見たら、誰だって首をかしげたくなります。況《いわ》んや国際情勢などにあまり関心も知識もない人ならともかく、少くとも人並以上そうしたことに通じている筈の政治家や学者・評論家などが、「あの時分はまだ米ソがそれほど対立していなかった」という理由から戦争放棄条項を説明し、そのことを「事情変更の原則」による憲法改正の伏線にしようというような口ぶりを聞くと唖然たらざるをえません。民主主義と並んで憲法の根幹を示すあの条項が、僅か数年先の見透しもなくて軽率に定められたとでもいうのでしょうか。それならそういう軽率な条項を挿入した当局者およびそれを無条件で礼讃した学者・評論家はまず自己の不明を天下に謝すべきです。そもそも「冷い戦争」が果してそんなに新らしい現象でしょうか。しばらく年代を繰って見ましょう。冷戦の根がどのようにしてすでに第二次大戦中に張られていたかということはこの際しばらく別として、一九四五年八月一八日といえば、日本降伏の歴史的な日の僅か三日後ですが、この日にアメリカ国務長官バーンズは、「現在のブルガリア臨時政府が民主的世論の重要な要素を十分代表していない」ことに不満を表する旨の声明を発しました。そのまた二日後イギリスのベヴィン外相は下院での初演説で、「われわれは一つの形の全体主義に代えるに他の形の全体主義を以てすることを防止しなければならぬ」といって、ブルガリア、ルーマニア、ハンガリー、ポーランドの動向に警告を発しています。すなわち殆んど第二次大戦の終了と同時に冷戦の火蓋は切られていたわけです。翌四六年一月の第一回の安保理事会にはソ連とイランの紛争が持ち込まれ、更にソ連代表がギリシャ、インドネシアにおける英国の軍事行動を猛烈に非難し、最初の拒否権を行使しました。三月のニューヨークで開かれた理事会ではスペインのフランコ政権問題をめぐってソ連が二回拒否権を行使し、早くも理事会の運営の前途を疑問視する声が出ています。チャーチルが「バルチック海のステッティンからアドリア海のトリエストに到るまで、大陸を縦断する鉄のカーテンが降りている」という有名なフルトン演説をやって、共産主義の脅威に対する英米軍事同盟を提唱したのは四六年三月五日のことです。四六年の九月にはウォレス商務長官が相互不干渉の原則に立つ対ソ協調論を唱えてバーンズ国務長官と対立、ついに辞職しました（同日、全アメリカ在郷軍人会長ジョン・ステルは、「われわれは、モスコーめがけて一発原子爆弾をお見舞すべきだ」とニュー・オーリンズで演説しています）。そうして四七年の三月には、ギリシャ・トルコに対する援助に関連して「全体主義と闘う世界中の自由な国民を支援する」という歴史的なトルーマン・ドクトリンが宣明されたわけです。ところで念のためにいえば新憲法草案要綱が内閣から発表されたのは一九四六年三月六日、衆議院に上程されたのは六月二五日であり、その夏いっぱいを費して審議修正の結果、八月二四日、衆議院を通過、貴族院では世人の記憶に残る学者グループと政府当局者との論戦の後、一〇月七日貴族院本会議を通過、同日衆議院が再修正に同意し、かくて一一月三日公布、翌四七年五月華々しい祭典裡に施行されました。憲法普及のための種々の催し・講演会・解説書などが日本中に氾濫したのはそれから後のことです。これのきわめて簡単なクロニクルを対比しただけで、「あの当時は米ソの対立が予想されなかった」とか「国際関係はまだ平穏だった」とかいった弁明を、いやしくも責任ある政治家や学者がいえる筋合のものでないことはあまりにも明らかではないでしょうか。私達日本国民が「平和を愛する諸国民の公正と信義に信頼してわれらの安全と生存を保持しようと決意」して、一切の武力を放棄し、「国家の名誉にかけ、全力をあげてこの崇高な理想と目的を達成することを誓」(憲法前文)ったのは、決して四海波静かなるユートピアの世界においてではなく、米ソの抗争がむろん今日ほど激烈でないにしても、少くもそれが世界的規模において繰り拡げられることが十分予見される情勢の下においてだったのです。こうした情勢にも拘らず敢て非武装国家として新しいスタートを切ったところにこそ新憲法の劃期的意味があったと少くも私は記憶し理解しています。しかしどうやら近頃は、昔のことを早く忘れた者ほど大きな口をきいているようですから、右のようなことをいっても、そんな考証は後世の歴史家に任せておけばいいと一喝を喰うのがオチかも知れません。

いつの間にか予定していた枚数を越えてしまいました。以上申したようなことは、いずれも少し物を考える人にとっては、格別目新らしい考えではなく、むしろごく平凡なことです。しかし現在は、何か気のきいたことを一ついうよりは、当り前のことを百ぺんも繰り返し強調しなければならないような時代ではないかと思って、敢て申し述べました次第です。言辞の過ぎた点がありましたら、病人にとかくありがちのこととして御見逃し下さるよう御願いします。御自愛を祈り上げます。

（一九五二年）

七　戦前における日本の右翼運動

——モリス博士の著書への序文——

私はこの序文を、一ヵ月ほど前に私自身が目撃した一つの小さな「事件」をかたることからはじめようと思う。それは最近結成され、私も参加している「憲法問題研究会」という学者グループが、その第一回の会合を東京の学士会館で開いたときのことである。このグループは大学の学長・前学長・教授・前最高裁判事など五〇名足らずのメンバーから成り、定期的に会合して現在の憲法改正問題にたいする学問的検討と自由な意見交換を行うことを目的とした一民間団体であって、むろんどの政党とのつながりもなかった。ただそのメンバーには戦争前からリベラルとして知られていた人々が少なくなく、またその中には、さきに政府によって設立された「憲法調査会」に勧誘されながら、それが設立の動機や経緯において、あまりに強く保守党系の憲法改正論に傾斜しているという理由で参加を拒絶した有力な法律学教授たちが含まれていたために、新聞や放送で大きく取り上げられ、この研究会の色彩や今後の方向についてさまざまの推測が行われていた。開会の直前に、学士会館の入口は突然、「のぼり」や太鼓を手に手に持った十数人の男によってふさがれた。「のぼり」には、大きな字で「アメリカ製憲法を即時廃棄せよ！」「曲学阿世の容共学者を葬れ！」などと書かれていた。そのうち彼等は会館の管理者の制止を排して中に入り、会場に予定されていた二階の広間に陣取って盛んに太鼓を連打したり、ビラをまいたりした。その中の首領株らしい、頭の禿げあがった、しかし鋭い目つきをした六〇がらみの男は、研究会の代表者に面会を強要して、駆け付けた警官と押し問答をした。その声は破れ鐘のように会館のなかにこだました。この騒ぎのため、われわれの会合は部屋を変えて、三十分あまりも遅れてようやく開かれた。この招かれざる客をひきつれた首領こそ誰あろう――モリス博士の研究のなかにもしばしば登場する立役者の一人である――赤尾敏という古い経歴をもった右翼人であった。

こういう話だけきくと、外国の読者はあるいは三〇年代から四〇年にかけての日本を包んでいたあの陰鬱で無気味な雰囲気が、今日の日本にも依然として底流をなしているかのように想像するかもしれない。むろんそういう想定は現実とは甚だしくかけはなれている。たしかにその場の光景は一瞬私の脳裏にあの頃の騒然とした世相を憶い出させた。押しかけて来た連中の性格的特徴も、携帯する道具も、怒号する口調も、彼等の「黄金時代」とほとんど変っていない。けれども彼等をとりまく環境も、彼等をながめる周囲の眼も二〇年前とはまるでちがっていた。こうした現在の状況と精神的気候のなかに置かれると、彼等の物々しいのぼりも太鼓も粗暴なふるまいも、あまりに周囲と不調和に浮き上って見えるので、それは見る人を恐怖させたり、威嚇したりするよりも、むしろ滑稽で馬鹿馬鹿しい感じを与えるのである。その日集ったメンバーたちも、この妨害を苦々しくは思っても、今後こうした連中の「脅威」によって会の継続が困難になりはしないかというような事を心配する者は一人もなかった。その席には多くの報道関係者がつめかけていたので、私はその中の顔見知りの二、三人に「この〝事件〟は明日のニュースになりますか」ときいて見た。ともかく警官が来て検束者まで出る騒ぎになったのだから、一応は新聞種になっても不自然ではない筈である。ところが記者は交々《こもごも》次のように答えた——

「いや記事にはなりませんね。というより私達はわざと記事にしません。彼等のやり口はもう分っているんです。ああいう乱暴なことをするのも、報道してもらいたいからなのです。たとえどんなに彼等に不利に書かれようが、報道されれば彼等の広告になるので一向構わないんです。その上、彼等がおこした騒ぎが新聞に出ると、雑兵たちは『親分』から金一封をもらえます。それでなおさら派手に行動するわけです。国会や羽田飛行場などにも度々今日のような調子で来ます。翌日の新聞が何も彼等のことを書かないと、今度は新聞社に、なぜわれわれが昨日やった事を新聞に載せないのかと文句をつけに来ることもあります。それでかえって彼等がさわぐ動機が分るのです。ああいう連中にたいしては黙殺するのが一番いいのであって、彼等のために宣伝してやるのは馬鹿馬鹿しい限りですよ」——。

　これらの記者たちがいったとおり、翌日の有力な新聞は「憲法問題研究会」の最初の会合についてかなり大きく報道したにもかかわらず、この思いがけぬラプソディーの伴奏については、二、三の新聞が「某右翼団体が妨害の示威をした」と短い記事をのせただけで、赤尾敏とか建国会とかいう名称やビラの内容については何も触れていなかった。ともかくこの事実は戦前からの「光輝ある伝統」を誇る右翼団体が今日の代表的なマス・メディアからどの程度の関心と評価をもって迎えられているかを象徴的に示している。

　こういう手近かな例を挙げることによって、私は現在の日本がもはや「右」の全体主義の危険から全く自由になったとか、戦後日本の「右翼」の研究はもはやアカデミックなテーマとしてしか意味を持たなくなったというような主張をしようというのではない。そのような簡単な結論は、さきに言及した、戦前状況からの連続面だけを見る判断と同様に性急のそしりを免れないだろう。ただ少なくも現在の時点に関する限り、戦前型の右翼分子は何とかして自分たちを「売り込む」ために躍起とならねばならないほど、影のうすい社会的存在だということ、さらに、彼等はまだ戦後の国内的・国際的な状況に十分適合できるような新たな組織形態や象徴を考案するまでには到っていないこと——この程度のことは右の小さなエピソードから推測しても大して不当ではないように思われる。

何がこうした「伝統的」右翼の新たな事態への適応を阻んでいるのか。その答えはモリス博士の綿密入念な研究の全体が暗示している筈である。

この序文で私が受け持つ役目は、戦前の日本の政治的社会的構造のなかで、「右翼」運動が占めた地位と役割について短い概括を試み、モリス博士の研究が主たる対象とした戦後時代への橋渡しをすることである。

右とか左とかいう用語自体がもともと相対的な意味しか持たぬ以上、何が右翼かということを具体的な政治状況の下で見きわめることは、どんな場合でも必ずしも容易なことではない。けれども、とくに日本の戦前までの政治体制のもとでは、右翼的な国家主義の実質的な推進力がどこにあったかの確定を困難にするいろいろな事情があった。「黒竜会」という名前が昔から、むしろ日本国内でよりも外国で有名になり——これには周知のように Black Dragon Society という誤訳の与えた煽情的な効果が大きな作用をしている——あたかも黒竜会が近代日本の政治過程を背後から自由自在に操って来た全能な秘密結社であるかのような想定が、かつてはかなり広く西欧で流布されて来たが、こうした誤解も結局西欧人の日本観が単純すぎたためというだけでなしに、むしろ戦前の日本の政治的決定過程が合理的な理解力の範囲を超えているほど複雑怪奇だったところから起ったと見るべきであろう。

ここで現代世界の右翼的な国家主義にほぼ共通するイデオロギーあるいは精神的傾向としてどのようなものが挙げられるか、試みに羅列して見よう。(i)他のあらゆる忠誠にたいする国家的忠誠の優先、(ii)平等と国際的連帯を強調する思想や宗教への憎悪、(iii)反戦平和運動にたいする反情と「武徳」の讃美、(iv)国家的「使命」の謳歌、(v)国民的伝統・文化を外部からの邪悪な影響から守れというアピール、(vi)一般に権利よりも義務、自由よりも秩序の強調、(vii)社会的結合の基本的紐帯としての家族と郷土の重視、(viii)あらゆる人間関係を権威主義的に編成しようという傾向、(ix)「正統的」な国民宗教または道徳の確立、(x)知識人あるいは自由職業人に対して、彼等が破壊的な思想傾向の普及者になりやすいという理由から、警戒と猜疑の念をいだく傾向。

もしこうした一般的な特徴づけがそれほど真実から遠くないとするならば、それを明治初めから今次戦争までの日本の精神的状況にあてはめてみるがよい。誰が一体右翼か。ごく少数の異端者をのぞくすべてである！　右にあげた主張や傾向は、政界・実業界・教育界など種々な領域の党派や団体にひろく蔓延し、とくにそれらの指導者たちの間で信奉されていた。いわゆる国粋＝または「右翼」団体及びその運動はこうしたイデオロギーを相対的にもっとも顕著な形で代表していたにすぎない。それも当然であった。なぜなら、これらの項目の一つ一つは、明治以来、日本帝国のパワー・エリートが国民に組織的に課して来た忠君愛国教育のなかに本来包含されているか、あるいは少なくもそこから派生する蓋然性の多いものだからである。日本のいわゆる「右翼」運動の特殊な利点と同時に弱点はまさにここにあった。まず有利な点。国際的国内的な緊張の増大が、彼等「右翼」勢力に進出の絶好の機会を与えたとき、彼等は自己のイデオロギーを事新らしく国民に宣伝し、なじませ、滲透させるために苦労する必要はほとんどなかった。彼等はただ「個人主義的」享楽にふけったり、「社会主義的」楽園のイメージに酔っている人々の「夢」をさまして「正気」に戻すために、目覚時計のようにベルを鳴らしつづけさえすればよかったのである。彼等が「国体」という錦の御旗を掲げるとき、一にぎりの宗教家・アナーキスト・コンミュニストを除くほとんどあらゆる党派や集団はそれに真正面から反対し対抗する思想的根拠を自分の側に持ちえなかった。「右翼」の攻撃に対して、クリスチャンも「自由主義者」も「民主主義者」もまずなにより、自分たちの思想と行動が決して「国体」と矛盾しないといって弁明することから出発しなければならなかったから、論争はどうしても受け身になりがちであった。こうした事情を考慮に入れることなくしては、たとえば一九三五年に疾風のように日本をふきまくった「天皇機関説」事件などは、到底理解しがたい問題であろう。

その憲法についての学説が何十年の間、東京帝国大学で講義され、その著書が高等文官試験の受験者にとって必読の文献とされて来た美濃部達吉が、一たび右翼勢力の集中的な攻撃にさらされるや、忽ち著書は発禁となり、美濃部をはじめ、彼と同じ学派とみられた枢密院議長一木喜徳郎や法制局長官金森徳次郎などは「学匪」とか「国賊」とかの汚名を浴びて一切の公職から引退しなければならぬ破目に陥った。この時アカデミックサークルや自由主義を信条とするジャーナリズムはほとんどすべて沈黙を守っただけでない。被害者たちは政界・官界・財界の上層部と浅からぬつながりをもち、友人後輩も少なくなかったにもかかわらず、彼等を擁護し支持するための公然たる動きは一つも現われなかった。しかも衆議院の第一党たる政友会の総裁はこの立憲主義を基礎づけた学説を弾劾する決議案上程の先頭に立ったのである。

しかし他方において、「国体」がまさに日本帝国の信条体系であったという事情は、「右翼団体」によるそのイデオロギー的独占を不可能にしただけでなく、二重の仕方で彼等の政治運動に重要な制約を課する契機として作用した。第一に「国体」は単なる天皇崇拝の観念でなくて一定の統治構造としての側面をもっていた（いわゆる天皇制）。あらゆる国家機関は天皇の機関であり、あらゆる官吏の権限は天皇から神聖性を分与されていた。その限りにおいて、「国体」の擁護を名とする下からの政治運動という概念にはそもそも大きな矛盾が含まれていた。したがって、右翼勢力による国家改造の主張は一定の段階に達すると、必然に一つのディレンマ――右のような「国体」の側面をどこまでも尊重することによって、統治機構にたいする真向からの挑戦を断念し、せいぜい上層部を「激励」する役割に甘んずるか、それとも自主的な大衆運動としての性格を貫くことによって、「赤」と見分けがつかなくなる危険を冒すかというディレンマ――に直面せざるをえなかった。北一輝や二・二六事件の青年将校たちの悲劇はこのディレンマを象徴的に表現している。そうして大多数の「右翼」運動が歩んだ途はむろん前者であった。

さらに「右翼団体」の運動としての急進性は日本の「国体」のもう一つの伝統的側面によってチェックされた。一般に政治的イデオロギーはつねに具体的な「敵」または「対立者」を前提としてはじめて成立する。したがって運動がそうした政治的イデオロギーによって指導されるとき、それは全体状況のなかで自己の位置を限定するという意味をもつ。ところが日本の「国体」観念は昔から、あらゆる政治的対立の彼岸にある「和」の共同体という神話的表象と固く結びついて来た。それはすべての対立を超絶しているゆえに「絶対無限」なものと考えられたのである。日本国家は大文字で書いた家族＝あるいは部落共同体であり、逆に後者は小文字で書いた「国体」である。この神話は対外的な危機の場合に人民が自我と国家との情緒的同一化を行うことを容易にさせる効果があったが、その反面、「国体」をイデオロギー的に非政治化（*entpolitisieren*）したことによって、ナチ的な「劃一整序《グライヒシャルトゥング》」を徹底的に実行しようとする急進右翼の一切の企図を挫折させる結果となった。「新体制」の名の下に掛声いさましく発足した日本の「全体主義」が国内的な編成に関する限り、既成の勢力や集団をほとんどそのまま包含する「抱擁主義」に終ってしまった秘密はここにひそんでいる。

このように考察して来るならば、日本の「右翼」運動に伝統的に権力への寄生的性格が強いことはなんら不思議ではない。むろん大抵の国の大衆的右翼運動にしても完全に自立的ではなく、国家機構や実業界の上層部にスポンサーや「シンパ」を持っている。しかし我が国の場合は民間の「右翼団体」と、統治機構の内部でヨリ正式に「皇道」を代表している勢力との比重が著しく後者に傾いており、全体として前者は後者の下請け機関であったといっても言いすぎではない。これら民間右翼の運動資金の大半は第一に軍部の機密費と、第二に、宮廷の重臣や実業の指導者たちが自分たちの安全を確保する必要悪の投資として、また情報蒐集に利用する目的もあって、内心気はすまぬながら彼等に時折手渡す小遣銭とによってまかなわれていた。しかも支配層の内部には伝統的に複雑な派閥関係があり、それらの間の抗争や取引は公然たる権力闘争の形で表現されることを許されないだけに、ますます陰謀的色彩を帯びた。そこでこうしたヒモつきの民間右翼は自分たちの存在理由をこれらのエリートに再認識させる機会に少なからず恵まれていたわけである。けれどもまさに同じ事情が、それぞれヒモを異にする右翼グループ間の団結と統一を実現するのを著しく困難にさせた。「和」の帝国日本の右翼運動史は一般の政治＝社会運動史にもまして、果てしない内部的分裂と抗争で綴られているが、それがほとんど基本理念や政策の対立というより、親分子分の人的関係をめぐる抗争であったのも当然といえよう。そうして一方で「左」からの脅威がなくなり、他方で中国大陸における戦争のとめどない拡大がますます人的物的な資源の総動員を余儀なくさせるにつれ、権力層はもはや民間右翼を飼っておくだけの余裕もまた必要も持たなくなった。こうして日本の国内体制の「ファッショ化」

が頂点に達し、太平洋戦争を迎えた時は皮肉にも伝統的な右翼運動はこれまでにない悪条件に直面した時でもあった。悪名高い東条の翼賛選挙（一九四二年）において、赤尾敏をはじめ当時の右翼運動のヴェテランが揃って推薦候補者のリストから外されてしまったことは記憶に値するであろう。

それでは一体、明治以来日本の国家主義運動に繰り返し出現したラディカリズムや反政府的要素はどういう社会的原因から醗酵し、どういうルートで上昇して行ったのであろうか。この問題は状況的な側面とその主要な行動者という側面と、二つの面からアプローチする必要がある。まず客観的な条件としては、日本の維新以後の急激な発展が周知のように国家権力による資本蓄積の強行と、財政支出の極度に重点的な撒布を通じて行われたので、その結果は早くから国内に中央と地方、工業と農業、大都市と中小都市、巨大資本と零細企業、との間の著しい不均衡――これら両者の間の技術・文化・生活水準の甚だしい落差――となって現われたことを挙げねばならない。とくに農村は近代日本の「驚くべき躍進」からとり残されたばかりか、その代償を一手に引受けたために、低い農業生産力と劣悪な労働条件によって絶えず潜在的に再生産される厖大な産業予備軍の貯水池となった。近代化のエージェントである中央政府官僚や巨大財閥、いな進んで俸給生活者一般にたいする、地方の農民ないしは小企業者・小店主の伝統的な反感と憤懣は、自主的な、また日常的な表現手段あるいは組織を欠いているために内部に鬱積し、非合理的で間歇的な爆発の機会を持つこととなる。最も早くこうした憤懣を取り次ぎ代弁した第一の行動者がすなわち「壮士」と呼ばれるグループであった。彼等の出身は多く維新によって俸禄を奪われ、新状況への適応に失敗した失業士族であり、右翼団体の原型たる玄洋社はまさにこうした境遇にあって明治政府に怨恨をいだく不平士族の結社として出発したのである。ところでこの明治政権は驚くべく巧妙な統治術を発揮して、一方では政治体制の民主化を求める動きを抑圧しながらも、他方では、教育資格と社会的昇進にたいする伝統的な貴族的障壁を大胆に破壊し、家柄や富にかかわらず全国から優秀な子弟を寡頭政治の内部へ吸い上げるためのさまざまな装置をいち早くつくり上げた。これによって可能となった垂直型の社会的流動性はたしかに近代日本の体制的安定の大きな要因をなした。しかしながら、それはまた反面に、激烈な試験を経て帝国大学や陸海軍学校を卒業し、社会的階梯を順調に登って行く「秀才」あるいは「できる子」と、そのような立身出世のコースでつまずき、もしくは最初から断念した「鈍才」あるいは「できない子」との間の著しいコントラストを地方の津々浦々に出現させる結果ともなった。後者の多くは自分の運命を諦め、停滞的な地方生活の平凡なルーティンに埋もれて行ったが、ヨリ行動的で野心的な少数者はそのまま従順な帝国臣民としての生涯を送ることに満足せず、それぞれの地方共同体において「田園の侠勇《カヴァレリア・ルスチカーナ》」を気取るか、または驚天動地の冒険を求めて「大陸浪人」への途を歩んだのである。いずれにしても彼等の反逆的精神は漸次彼等を一種のアウト・ロウにきたえ上げ、こうした分子がまた日本の国家主義運動の第二の母体となった。つまりここでは「中央」と「官僚制」にたいする反感は、そこに巣喰う「秀才」にたいする「鈍才」のコンプレックスと重なり合っており、これが右翼運動にラディカルな傾斜を与える一つの契機をなしている。

日本の右翼運動の「前衛」分子の第三の類型はいわゆる青年将校である。彼等について多言を費す必要はなかろう。彼等は通常ならば未来のエリートとしての地位を約束されている階層である。けれども昭和初頭の状況においては彼等もまた既成秩序にたいして怨恨をいだくようになるいくつかの理由をもっていた。第一に彼等は圧倒的に多くが農村出身であり、また中小隊長の地位にあって直接下士官や兵と接触する機会が多く、自からこれらを通じて部下の兵たちが郷土に残した家族の、とくに恐慌による言語に絶する窮乏に心を動かされた。第二に政党内閣による軍縮の着々たる実行は彼等の地位の前途に暗影をなげかけ、これが軍人にありがちな国防にたいする過度の憂慮を亢進させた。第三に軍部内部にもいわゆる天保銭組（陸軍大学校卒業者の称。参謀の職は彼等に独占されていた）の秀才きどりと特権的地位にたいする一般将校の伝統的反感があったが、これが若干の部隊付青年将校においては、若人らしい潔癖さから来る個人的栄達への蔑視と結びついて、軍幕僚にたいする批判的態度を強化させた。けれどもこうした青年将校のラディカリズムが「左」ではなくて「右」の方向をとったのは彼等の職業がたまたま軍人だったという理由に基くところが多く、もし彼等が普通の大学や専門学校に進んでいたならば、おそらく当時の雰囲気の下では左翼化した蓋然性の方が大きい。

右翼の前衛分子の最後の類型はインテリである。といっても右に言及したように、はじめから「右」の運動に参加したインテリあるいは大学生は左翼運動に比して著しく少なく、しかもそうした人々の圧倒的多数は社会主義あるいは共産主義からの転向者であった。彼等はマルクス主義的教養からその世界観や究極のゴールについての理念を切りすてたが、「革命」の煽動的戦術的側面や攻撃的発想をそのまま「右」の陣営にもちこんだために、国家主義運動の内部でもラディカルな傾向を代表したのは当然である。しかも彼等は仲間からも、また「当局」からもその転向が擬装ではないかという疑いをたえず受けていたので、精神的な不安と懊悩からしてイデオロギー的には二百パーセント「国体」主義者になり、それと共にいよいよ「親英米派」や自由主義者にたいする狂熱的な攻撃者として立ち現われた。しかし前述したように、日本の右翼運動は下から大衆を動員して行く方向にははじめから一定の限界があったので、（中国での合作社運動のような特殊なケースを別とすれば）彼等転向者が、その「左翼的」経歴を新らしい運動の組織化のなかで生かす余地はさほど大きかったとはいえない。

結論的にいえば、右翼運動のなかには、このようにラディカリズムを醗酵させる諸条件はいつも伏在していたけれども、それが寄生的側面を圧倒して国家主義運動を支配するほど強力になったことは一度もなかった。それはたかだか支配機構の上層部に「ショック」を与えて上からの全体主義化を押しすすめる役割を演じたにとどまった。過激分子が必死となって道を「清め」たあとを静々と車に乗って進んで来るのは、いつも大礼服に身をかため勲章を一ぱいに胸にぶらさげた紳士高官たちであった。

戦前における日本の政治過程の急激な右旋回を促した契機としてはむろん国内の政治的経済的要因を無視することはできないが、それとともに、国際関係の状況変化——とくにヨーロッパにおけるファシズム的勢力の勃興、及び彼等の露骨な国際的権力政治の一時的成功——が決定的な作用を及ぼしたことを忘れてはならないだろう。このことは戦後の考察と展望にとっても重要な意味をもっている。嘗て明治時代に日本研究者として知られたシドニイ・ギューリックは日本人の国民的性格の一つとして「環境に対する感じ易さ」(sensitiveness to environment)ということを挙げていた。こうした傾向がわれわれ日本人の本質的属性かどうかについては疑問があるとしても、維新以来、ヨーロッパ列強のアジアにたいするとめどない侵出に直面し、不断に張りつめた緊張感と危機意識をもって、ひたすら「先進国」をモデルとして「富国強兵」の途を進んで来た近代日本が、国際政治の気候の変化にたいして異常に敏感な神経を発達させたとしても怪しむに足りない。ところで国際政治的な状況から来る衝撃によって国内政治過程が影響される度合は、どの国でも戦後増大したが、嘗ての「列強」の地位から顚落した日本ではとくに戦前と比べて非常に大きくなった。こうした条件の下で、かつて日本の極端国家主義を屈伏させ、国際民主主義と他国の主権の尊重を教えた筈の「先進」西欧諸国が、「国防の生命線」とか「赤色脅威の排除」とか「在留自国民の生命・権益の保護」というような、満州事変以来の日本で聞きなれて陳腐になったロジックでもってさまざまな形の植民地主義の正当化を競い、それがどしどし既成事実をつくって行くような事態が万一今後発展してゆくとすれば、「環境にたいする敏感さ」はどういう形で現われるだろうか――そうした場合、現在こそまだ戦争直後に受けた打撃から十分回復していない「右」の極端分子や、民主主義の衣の下に依然日本帝国主義の「精神」をいだきつづけている反動的政治家たちは、にやりと笑いながらやおら腰をあげ、当惑の表情で情勢を見守っている国民の耳に向って、「それごらん、どいつもこいつも同じじゃないか。ああいう点じゃわれわれの方が先進国ですよ。そう過去を後悔することはないですよ。ただちょっとばかりやり方が下手だっただけのことさ」とメフィストのようにささやきはじめないとは限らないのである。

（一九五八年）

第二部　イデオロギーの政治学

一　西欧文化と共産主義の対決

――ラスキ「信仰・理性及び文明」について――

1

「ファシストは今日、安らぎなき勝利の悦楽に耽っている。しかも、彼の空しい栄光のうちに、迫り来る命数に対する恐怖の意識が読みとられる」とラスキが書いて、進歩的知識人と大衆に「新しき暗黒時代」に対する鉄の覚悟を促したのは、一九三七年のことであった（cf. *Liberty in the Modern State*, "Introduction to the Pelican Edition", p. 47）。そうして、それから七年の後、このロンドン大学政治学教授にして、かつ、英国労働党の自他共に許す理論的指導者は、「枢軸国が既に決定的かつ不可抗的な敗北への道を辿りつつある」（本書、一〇頁）情勢を眼前に眺めながら、現代世界政治の直面する根本問題に立ち向おうとする。全二〇三頁という比較的小さなエッセイのうちに盛られたテーマの巨大さは、たしかにラスキが序文にいう通り、「学問的労作のほかに、なお、現下の戦争に於いて一市民であるという事実に基いて自分に課せられた色々の義務を承認し、かつ履行せんと勉めるところの多忙な教師が割きうる余暇」をもってしては到底十分に論じ尽せぬ程のものである。だから彼も本書はエッセイ以上のものではないと断っている。しかしラスキはもともと、体系的な著作よりもこうしたエッセイに於て最も本来の面目を発揮するように思う。彼の体系的著作を代表する ***Grammar of Politics*** のごときも、水も洩らさぬ理論的構成といった点ではなく、むしろ、豊富な具体的事例のなかに、突き刺すような鋭利な直観力を交えて行く手際が人をひきつけるのである。その意味で、本書にはラスキの最上の側面が遺憾なく現われている。しかも *Democracy in Crisis*（1933）に於てマルクス主義への著しい接近を示して以来の彼の著作が、全世界に汎る反動勢力の澎湃たる高揚を反映して、政治的現実の仮借なき分析に主力が置かれた所から、そこに何かしら悲愴なペシミズムがただよっていたのに比べると、この新著には、依然として峻厳な批判的態度の背後に、ほのぼのとさしはじめた自由の曙光に対する、つつみきれぬ希望と歓喜の情が窺われるのである。ラスキが嘗て、*Grammar* に示した、理想主義的熱情は、いまふたたび燃え上ろうとするかの如くである。

2

本書の主たる内容を構成しているテーマは二つに大別される。第一は、第一次大戦より第二次大戦までの所謂 **inter-war years** に於ける政治・経済・思想・学問・芸術の各文化領域にわたる綜合的な批判であり、第二はクリスト教とボルシェヴィズムとの歴史的な類比と対照である。そうしてこの二つの主題は恰もソナタ形式のテーマのようにからみ合いながら展開して行き、読者を一つの統一的な展望へと誘うのである。すなわち、著者によれば現代はちょうどローマ帝国の末期と同じように、一切の古き文明の価値体系が頽廃し、没落しつつある時代である。そこでは政治は特権階級の利己的恣意に委ねられ、富は集中し、官吏は腐敗し、支配者にも被支配者にも内的確信が失われ、文化は末梢的にまで洗練され、大衆は希望も光明もなく、むなしくデカダンスのなかに沈淪している。こうした時代の甦生は新たなる価値体系の再建によってのみ可能である。一つの新しき信仰によって人間が絶望より甦り、再び生活への張りを見出し、社会と文化の新たなる建設に憧憬と抱負を持って立ち向う。かくして人類の歴史に於ける新しきエポックがつくられる。クリスト教は古代文明の没落の真只中から徐々に、三世紀に渉る苦難にみちた闘争の過程を経て、遂にかかる意味での人間の再形成（remaking of man）と人間精神の甦生（revitalisation of the mind）に成功した。そうして、いまや同様に崩れ行く現代文明の頽廃の中から、ソヴィエト原理が「新しき信仰」として誕生し、嘗てのクリスト教の果した役割を成し遂げようとしている。――これがラスキの提示する大まかな展望である。この基本的展望の正当性を基礎づけるために、著者は一方に於てクリスト教の勃興当時の情勢、社会心理等を分析して、そこにボルシェヴィズムをめぐる現代の諸問題との著しい類似性を指摘しつつ、他方に於て、クリスト教を含む現代の主要なイデオロギーを検討して、新しき信仰の要件を満すものがソヴィエト原理以外には見出されないことを縷説するのである。

以下、本書の内容をこうした基本的展望の線に沿って要約して見よう。本書は、十六のある程度独立したエッセイより成っており、その所論は前後かなり重複しているので、必ずしも原文の順序を追わず、出来るだけ著者のロジックを浮き立たせるように整理した事を最初に断っておく。

3

「世界中到る処で、現代の青年は死の戸口に立っている。数百万にのぼるこれら青年は自由のためにいまだ春秋に富む生命を捧げつつある。すでに数百万の者がその夢のために死んで行った。戦いが終ったときは、或は盲い、或は聴力を失い、或は不具の身となって人生の与える至高の美から断ち切られながら余生を送る者の数はなおこの上、数百万にのぼるであろう。」

まずこうした書き出しを以てラスキは世界の青年が二度にわたる大戦で払った莫大な犠牲をのべ、後に残された者の彼らに対する責務の並々ならぬことを強調する。その責務とは何か。それは単に勝利を獲得する事だけではない。枢軸国の敗北をして、同時にそれが擁護しようとする反革命の敗北たらしめることこそ問題なのである。けだし連合国の勝利が直ちに自由と解放を意味しないことは第一次大戦の深刻な経験によって明白である。単に一九三九年に復帰するということは、恐ろしく不衛生でチブスが流行するポーランドを再現し、殆ど字も読めず、衣食に事欠く移民労働者が四百万にものぼるアメリカを再現することにほかならぬ。我々は政治家のレトリックに欺かれてはならぬ。単なる平和主義や国際主義の願望がいかに空しいものかは、inter-war years が世界史上嘗てない程、そうした思想の基調の上に立った会議、条約、調査が氾濫した時代であったことを以ても知られる。ミュンヘン会議の頃ヨーロッパのいかなる首都にも戦争を叫ぶ喊声一つ聞えなかった。戦争が避けられたという救いの気持のみが満ちあふれていた。しかも僅か一年の後に不可避的に戦争は起ったのである。特に現在こうしたことを強調する理由として、ラスキは、連合国の協力の性格が消極的で、愛情で結びついた同志というより、憎悪を共有しているに過ぎず、「勝利の後にチャーチル氏が描く世界が果してスターリン元帥にアピールしそうな世界であるかどうか」（二九〇頁）疑問だからであるといい、大西洋憲章やいわゆる「四つの自由」の雄弁な約束が安心ならない所以を、ウィルソンの Fourteen Points の遭遇した運命からして、警告するのである。そして前大戦の後に於て、戦争の結末を更に積極的な目標に向って押し進める事を怠った各国政治家の懶惰、怠慢、無気力を鋭く剔抉する。例えば、アメリカでは、ハーディング、クーリッヂ、フーヴァー時代に、白亜館がウォール街の建て増しにすぎなくなり、剰《あまつさ》え世界恐慌に於て、アメリカが land of promise たることを止めてその地盤が旧世界のそれとなんら異ならぬ事が暴露された。また英国では保守党は依然として頑迷であり、これに対する労働党は全く無気力だった。労働党は二回にわたる内閣に於て、社会主義社会の実現などという事は夢にも考えず、また野にあるときは、「ほかならぬ社会主義の敗北に決定的な利益を持つ所の国民層の間に、労働党に対する安全感と健全感を植えつけるのに汲々としていた」（三二頁）。ドイツに於ける社会主義運動と組織はソ連を除いて世界中最も強力だったに拘らず、反革命の攻勢の前に驚くべき脆さで崩壊した。「一九一九年には少くもリープクネヒトとローザ・ルクセンブルグがいた。一九三三年にもドイツの大衆はその指導者の合図を今か今かと待ちかまえたが、遂にそれは来らずじまいとなった」（三三頁）。フランスの民主制の活力《ヴァイタリティ》は、一九四〇年の軍事的敗北の遥か以前、自由よりも財産を貴重とする政治家によって崩されていた。一八七〇年の敗北後に於てはコンミューンが出現し、七十年後の敗北に於てはヴィシー政府が出現したこと、この対照こそ、該期間中に於ける国民的精神の変化をなによりよく示している。ヴィシーのフランスは、一八四八年の六月反動、ルイ・ナポレオンのクーデター、ブーランジスム、ドレフュス事件、一九三四年二月六日、と由来する所深いフランス・ブルジョアジーの頽廃性の論理的帰結である。かくて、「一九一四年の戦争で互に戦った主要列強のうちに、この戦争の包含する意義を学び取ったと真にいいうる国はただロシアのみであった。世界が第二次大戦に発揮されたロシアの成長を驚嘆を以て発見するに及んで、漸く現代の政治家たちはロシア革命の意義を一般に理解するようになったのである」（二一五頁）として、ラスキはソ連の観念を従来ひたすら憎悪していた人々が渋々ながらロシア革命の意義に対する評価を変じて行く過程をば、コンスタンチン帝時代のローマ市民が、クリスト教の基本観念をば徐々に自分の思考の型に組み入れて行く過程に類比させている。

政治の領域に見られるかくの如き「中間期」の頽廃性――ムッソリーニやヒットラーによる「権力政治」の再登場はその最も露骨な表現にすぎない――はまた思想、文化の面に於ても覆わるべくもない。この二十年間には新しき創造の準備をなすような思想家や作家は一人も現われていない。ホワイトヘッドとか、ベルグソンとかカッシラーとか、サンタヤナの如き卓越した哲学者はいた。しかし彼らが話しかけたのは大衆ではなくて、専門家であった。彼等は英国のカーライル、ミル、ラスキン、フランスのミシュレーやルナン、米国のエマースンやマーク・トゥエンのようにそれぞれの国の民衆的精神の持主に呼びかけたのではなかった。なにより問題なのは、この時期の知識人が大衆から遊離し、時代の最高の社会的闘争の外に超然としながら、むしろ逆にそうした孤高性に矜持を抱いている事である。こうした代表的知識人としてラスキが特に詳細に批判の対象としているのは、英米詩壇で圧倒的な権威を持するT・S・エリオットである。彼の比類なき才能、学識、造句力を疑うものはない。しかし大事なことは、彼が庶民を恐怖し、大衆との接触を避け、凡そデモクラティックなものは何であれ本質的に下卑ていて、醜悪で野蛮だときめてかかっている点にある。こうしてエリオットは民衆を放置することによって、これを社会に於ける暗黒な力の囚人たらしめているのだ。しかもエリオットがしきりにそれへの復帰をとなえるクリスト教の本来的理念はむしろそれと対蹠的に、驚くべき質朴さを以て、貧しきもの、賤しきもの、侮蔑されたものへ呼びかけたのではなかったか。かくてラスキはエリオットの主観的真摯さにも拘らず、敢てこれを知的裏切りの一形態と断ずるのである。更に著者は小説家陣より、ジェームス・ジョイスとオルダス・ハックスリーを拉し来って、そこに現代文明の精神的破産の歴然たる徴候を見出している。そうした文学に共通するものは、新しき信仰と勇気の欠如であり、現代世界の終末と頽廃を認識しながら、決然として新しき秩序の形成に赴こうとせず、知られざる未来の世界の前に尻込みする臆病さである。

ラスキの骨を刺す批判は転じて学界に及ぶ。彼は「歴史とたわむれる事は不可能である」というトロツキーの言葉を引用し、この二十年間の学界をもって、まさに歴史とのたわむれとして弾劾する。そこには旧態依然たる範疇の使用と叡智の欠乏が特徴であった。その原因として、ラスキは、学問の過度の専門化と学者の不偏不党の崇拝（cult of impartiality）を挙げている。十七世紀に於ては、デカルト、ホッブス、スピノザ、ロックのような哲学者、ガリレオ、ニュートン、ライプニッツのような科学者は、彼等の学問のうちに時代の精神的雰囲気を最高度に具象化した。十八世紀末ではルソー、ヴォルテール、十九世紀ではペイン、ゴドゥイン、ベンサム、サン・シモン、ラプラス、カント、ヘーゲル、ニーブール、サヴィニイ等の学者はそれぞれの分野に於て一時代を劃し、世界に対する高度の指導性を持った。ところが、最近の五十年間、とくにこの二十年間に於て、学問と生活との乖離は著しくなった。学者はもっぱら他の学者に向って説いた。学者は専門化を極度に押し進めた結果、学者の著作は普通の知識を持った人間には無意味となった。また学者が大きなテーマと取り組んだ力作を書けば必ず根本的な論争の渦中に跳び込むことになるので、彼はなるべく自分の社会観を決定しなければならないようなテーマを回避し、権力者の御機嫌を損じないような、いなむしろ彼等のお褒めに与かるような事を書いて、安定した地位を維持しようとした。こうした傾向がとくに顕著に見られるのは歴史学界である――として、ラスキは、英米歴史学界に於て代表的と看做される著作乃至著者が十九世紀末期から後にいかに変遷したか、その変遷の裏にいかなる価値観の推移が窺われるかを興味深く辿るのである。

要するに、十九世紀の傑出した知識人は、バイロンであれ、ディッケンズであれ、スコットであれ、バルザックであれ、みな大衆の生活の切実な課題と取り組み、同時代の人々の思想と感情に決定的な影響を与えた。さればこそ、大衆はバイロンの死に人格的損失を感じ、ディッケンズのうちに星とたわむれる巨人の姿を謙虚に承認したのである。それはまさにデモクラシーの勃興期に於ける知識人と大衆との美わしき結合であった。ところが、最近の知識人は、社会的闘争から逃避し「チェルシーの洗練された優雅なアトリエで、或はオックスフォード大学の金色に輝く淀み（backwater）の只中で、大衆の生活などというものは醜悪なもので、彼自ら当然その一人であると確信しているエリートのみが美を知覚しうるなどという理念に浸っていたのである」（一三五頁）。

大衆の生活に内在する醜さ、貧弱な家屋、半飢餓、絶えざる失業の不安、低賃銀、長時間労働――こういったすべての環境が、芸術についての一般公衆の趣味を低劣な水準に押しさげて来た。従ってこうした大衆がベートーヴェンよりもジャズを好み、セザンヌの自画像よりもW・P・フリイスの「競馬日」を好み、「アンナ・カレーニナ」よりも「風と共に去りぬ」を好むようになるのは不可避だと、インテリはお互いに語り合ったのである。そうして、この不可避性を前提として、インテリは大衆に呼びかける事を止め、社会的革新への関心も打ち捨て、次第に支配階級の添え物（appendage）に成り下ったのである。それは知識人の最高の任務を裏切ることであり、この任務を怠ったことが、ドイツの、イタリーの、またフランスの悲劇を招来したのである。そうしてラスキによれば英米に於ては事情がちがうなどというのは自己欺瞞にすぎぬ。むろん、かくいえばとて、著者は「偉大な作家乃至偉大な学者は、まず以て須《すべか》らく自分の党の委員会室で封筒の上書きから、学問芸術の見習修業をはじむべしなどというつもりはない」（一三七頁）のである。彼が力説するのは、もっと地味な（less dramatic）議論であって、即ち、知識人は私人であると共に一市民であること、もし、知識人が時代の直面する重大問題に、大衆にとって生死を意味する問題に背を向けるようなことがあれば、その時代の一切の文学は決して時代を救い得ないし、又偉大な文学にもなり得ない、という事なのである。

二つの戦争の中間期に於けるこのような内面的文化の一般的頽廃に代って出現したのが、スポーツ、舞踊、映画等に見られる「快楽の組織されたる外面化」(organized externalisation of pleasures)の傾向である。ヴェルサイユ条約以後成長したジェネレーションは、前世代の人々の育った知識的環境の少からぬ部分を喪失している。彼らはジェーン・オースティンやディッケンズという名前を、ホリウッドがその作品を映画化した事で知っているので、もともとから知っているものはきわめて稀である。彼等の世界は、激烈で懐疑的で、定めなき世界であり、そこでは何一つ確かなものはなく、走馬燈のように転変する歓楽をすばやく捕えないのは間抜けだと思われている。ヴェルサイユ条約から第二次大戦までの二十年間は、理性とか規準とか、計画し予測する能力とかが、ともかく通用していた世界から、不合理、暴力、価値の絶えざる逆転、未来の不可測性と浮動性の支配する世界への急速な堕落の時代であった。こうしたデカダンスの一例として「ベルリンでは一九三三年以後は、モスコーこそあらゆる邪悪の根源なりと教えられた。一九三九年の夏から一九四一年の夏までの間は、嘗てのあらゆる邪悪の根源はいまや恒久的な交友となった。ところが一九四一年六月二二日に、この友交の源は三転して、またもや邪悪の根源となった」(四三頁)とめまぐるしい独ソ関係の変転に伴う価値の転倒が痛烈な皮肉を浴びている。そうして、これら一切を回顧しつつ、ラスキはウイリアム・モリスの次のような大胆な宣告に共感を寄せるのである。「私が現に知っているような文明は必ずや滅亡の運命にある。ああ、そのことを想えば何たる喜びであるか!」(二四頁、傍点はイタリ

ック）

4

このような文明の崩壊を前にして人々は再び、嘗てローマ帝国の末期に於てと同じように、人類を敗北意識より救い、モラルを再建し、未来に積極的に直面する気力を吹き込むところの新しき価値体系をあえぎ求めている。それならばかかる新しき信仰の源泉はどこに見出さるべきであるか。かかるものとしては、まずナショナリズムがある。それは現在なお人間のパッションに強い吸収力を持っているが、それが今日科学技術上の進歩と矛盾しない領域は精々文化的領域だけで（ラスキは国民的文化の多様性を承認する）、ナショナリズムが鼓吹する愛国的感情は外には戦争への脅威をもたらし、内には個人の人格を圧殺する危険を伴うからこれは適当でない。次は歴史的宗教である。歴史的宗教が過去に於て人間精神を甦生せしめ、野蛮より文明への指導力となったことは疑い得ないが、果して今日の科学的要請に適合し、かつ個人の魂の救済ではなく、現代文明の集団的要求を満足させることが、超自然的な信仰の再生によって可能であろうかと、ラスキは疑うのである。この点に於て最も問題となるのは当然クリスト教である。とくに、クリスト教はラスキによってもひとたび「人間精神の再生」の役割を営んだことが承認されているだけに、クリスト教かコミュニズムかという現代最大の対決はここで微細にわたって論じられている。ラスキによれば、ローマ末期のきびしい貧富の階級的対立のさなかに勃興したクリスト教は、貧しきもの賤しきものに対し、現世に対する来世の優位を説き、しかも富者が容易に得られない来世の救済を貧者に約束することによって、その経済的世界に於ける苦悩を和げると共に、富者に対しては救済への道として慈善をすすめつつ、能うかぎり社会的対立を調和しようとした。そうした態度は決して責めらるべきでなく、むしろ文明の経過すべき必然の条件であった。けだしそれは、未だ自然に対する人間のコントロールが低位で、大衆にとっての貧困が不可避だった時代に於て必要な社会的機能を営んだのである。しかしやがて、宗教改革以後、生産力が飛躍的に増大し、新しい生産方法が拡大するに及んで、事情が一変し、人々の関心と努力は救済の問題を去って世俗化し、新たなる富の獲得に集中した。教会はやがて勃興した民族国家と同盟を結ぶことによって、次第にその防具と化し、とくにフランス革命以後、社会問題の急激な台頭、近代科学の発展による神学上の前提の動揺等の諸事情は無産大衆をして益々教会から離れさせた。むろん、教会はこの新しい情勢に適応すべく、その「社会理論」を説きはじめたが、何といってもクリスト教の主たる関心は彼岸に於ける霊魂の救済にあるので、社会問題を本格的に取り扱い「我々が確信を以て語りうる唯一の生活――即ち現世――に於ける個人的自我の実現」（五二頁）をめざす社会主義の勃興に席を譲らざるを得なかった。――大略このようにラスキはクリスト教の社会的意義の推移を説いている。そうして、この主張を裏付けるために、ローマン・カソリック、英国国教会、非国教派、種々なるクリスト教社会主義、アメリカ宗教界等のそれぞれの動向を順次に検討するのである。とくに、近代価値の崩壊を宗教改革に求め、カトリック自然法のなかに時代再建の指針を見出すクリストファー・ドーソンの見解を詳細に反駁している所は興味深く、ラスキのヴァチカンに対する見解はすこぶる手厳しい。

さて、かくの如く、文明を再建すべき価値体系がボルシェヴィズム以外の処に求められない事が明らかとなった。然らば、次の問題は当然に、ボルシェヴィズムの基本原理が積極的に、新しき信仰としての要件を満たすものであり得るかということでなければならぬ。ここに於てラスキはロシア革命の歴史的意義を随所に力説するのである。

それは色々の側面から説かれているが、これには別に斬新な見解は見られず、概ね常識的なものである。例えば、利潤獲得の動機の普遍性・不動性をはじめて覆したこと、肉体労働に対する蔑視をはじめて完全に廃棄したこと、人間による人間の搾取が進歩の原動力なる事を否定したこと、大衆とエリートとの結合を組織化したこと、個人利益が同時に社会福祉であるような体制をはじめて創造したこと、窮乏の組織化による個人利益の追求を不可能にしたこと、等々である。かくてソヴィエト体制は他のいかなる体制よりも広く深い範囲に於て一般庶民の人格的解放に成功した。しかもラスキがとくに重視するのは、そうした制度的改変それ自体よりも、ロシア革命のエトスがその国民に与えた精神的更生である。「ロシア革命のインスピレーションは老いも若きも、男も女も、ただに政治的権力者のみならず、名もなき民も百貨店の事務員も街の清掃夫も、いなボルシェヴィキの偉大な実験が示しているように、刑務所の囚人にも、あまねく浸透した。彼等はそれぞれがいかに小さな部署に於てなりも、偉大な世界的使命に貢献しつつあるという歓びと確信のうちに生活したのである」（五〇頁）。このようなエトスこそ、嘗てのクリスト教の如く人類的救済への新しい希望を与え、文明の神経中枢を蘇生せしめ、現代文化の頽廃と崩壊を更新する。

そうして、クリスト教とボルシェヴィズムに於けるエトスの果す歴史的役割の共通性からして、この両者をめぐる社会心理の驚くべき類似が生ずるのである。「頽れ行く異教文化の教養を受けた貴族が、クリスト教の新しい信仰の熱烈な主張者から、初期クリスト教義の荒けずりな説明を聞かされた時の感じは、恰度《ちょうど》、オックスフォードやハーヴァード出身の老猾な学長が、自分の生涯を充実させ、優雅ならしめているあらゆる物の生みの親である文明世界の諸原則に対して、コミュニストが加える熱烈な攻撃を本で読むときの感じと似ていたにちがいない」（四五頁）。「イエスの教えと共産党宣言の理論の両方とも、利潤獲得社会に於て、家族が男女を結ぶ絆となるかわりに、逆にその障害をなす危険性を強調している点で一致しているのは決して偶然ではないと思う。けだし、ユダヤ人とギリシャ人の別なく、奴隷と自由人の別なしという事が、福音書と社会主義に共通した中核的信仰だからである」（九七頁）。「革命への信仰は、その信徒に対してあたかもクリスト教がその最初の信者に及ぼしたと同様な一種の魔術的な掌握力を持っている」（五六頁）。「その鼓吹者たちは、初期のクリスト教徒が恰度そうであったように、自分らの見解の正しさに同意出来ぬ人々に対して焦立たせるような根深い道徳的優越意識を持っている。……彼らはしばしば、自分ら同志の間のモラルと、自分らと信仰を共にしえない人々に対するモラルとを、レヴェルをちがえて使い分けるように見えるために、敵手の憤怒を招く。……彼らが反対意見をば罪の、しかも危険な形態として取り扱う際の激情ぶりは、初期のクリスト教文学に現われているのと似た所がある」（五五頁）。

そうしてこのような共通性はプラスの面だけでなく、指導者の残忍性とか教義の一方的誇張とか、あくどさとかいったような、マイナスの面に於ても見出される。ラスキはロシア革命に於て冒された過誤・愚行を十分に認める。また、レーニンの夢みた構想とソ連の実際の結果との間にギャップがあることも承認する。しかし、――とラスキは反問するのである――それはロシア革命に内在するエトスの正しさをすこしも害うものではない。クリスト教を信仰している者は、クリスト教の歴史に於ける数々の汚点――宗教的迫害や教会の私利権勢の追求――を以て、教義そのものの誤謬の証拠とは見ないではないか。福音書の信仰と教会の実際の事業との間にもやはりギャップがあったにも拘らず、異教よりクリスト教への移行が文明の更生を意味したことは否定されないではないか。

ラスキはロシア革命乃至ソ連の現実に対して凡そ予想される殆どあらゆる批判を取り上げて、これに弁駁を加えている。例えばソ連の文化的業績は精々、映画と演劇の部門位のもので、永遠的価値のあるものは一つも産み出していないではないかとか、ロシアの実験のブルータルな無慈悲さとか、ファシズムとボルシェヴィズムは一党独裁、言論思想の自由の否定に於て、本質的に異ならぬとかいうどこにも転がっているありふれた——しかしそれだけに根強い——批判に対する、彼独特の豊富な歴史的知識を縦横に駆使して、そうした議論の前提を一つ一つ覆して行くのである。その説得力は喰い入るような強烈さを持っている。とくに所謂プロレタリア独裁についてのアポロジーには、西欧的リベラリズムが骨髄まで浸み渡っている英国人を相手として、sweeping な断定を極力さけ、周到な配慮の下に議論を進める態度が窺われる。

さて、著者はかくの如く、ソヴィエト原理に対する燃えるような傾倒を表明するのであるが、その世界的承認への道が安易なものであろうとは決して信じない。「新思想の承認ほど人間が執拗に拒むものはない。ましてやその思想が明々白々に彼等の社会的仕来りの drastic な変更を包含している場合は尚更である」（六九頁）。ギリシャ・ローマ文明社会は長い間、クリスト教の要請が、何人にも自明の優越性を持った古代価値を埋没させるものと思い込んでいた。ギボンの如きを以てして、その勝利を、「バーバリズムと宗教の制覇」と誌しているのである。英国の政治家が自由なるアメリカ合衆国、自由なるアイルランド、或は自由なる印度という観念に慣れる迄には、実に遅々とした苦悩の過程を経ねばならなかった。まだ生れて四分の一世紀にしかならぬ「ロシア的観念」が冷静な客観的討議の対象とならずに、激情と憤怒を呼び起すのは怪しむに足りないのである。さればこそ、十月革命が片づくか片づかぬうちに、全世界の反動勢力は反革命を組織した。ドイツ・イタリー・スペイン・ポーランド・ルーマニア・ユーゴースラヴィア・ギリシャ、何処に於ても、支配的特権層は西欧民主主義国家から一言のプロテストを受けることなく反動的独裁体制の樹立に成功した。誰か英米に於てその危険なしとする。是等の国に於て自由民主政が維持されているのは批判する自由（freedom to criticize）が変革する自由（freedom to change）にまで発展することを何人も予期していないからにすぎぬ。「この危険が水平線上に現われる気配なりとも見えたが最後、驚くべき迅速さを以て、ムッソリーニ、ヒットラー、フランコの同類が出現して、そうした自由に止めを刺すのである」（一七二頁）。英国或は、フランスで社会主義者が大臣になっているというだけで、べつに何等社会主義的立法が期待されるわけでもないのに、世界の株引取引所に恐慌を起すに充分ではないか。ローズヴェルト大統領が、西欧民主主義国家では殆ど常識になっている程度の立法を議会を通じて推進しつつあったときに、ニューヨークのパーク大通りの驚駭たるや、大統領をモスコーのスターリンによって操られている謀略の手先と見かねまじき勢であった。こうした旧勢力が、ロシア革命を瀆神と隠謀のこね合せのように見ている態度は、ネロからディオクレチアヌスに至る迄のローマ帝国がクリスト教会を遇した態度と酷似している。かくてラスキは断言する、「敢て真実を語るならば、我々の支配者はこれまでレーニンやスターリンのような人々よりは、フランコ乃至サラザールの徒とむしろ馬が合っていたのである」（七七頁）。その証拠としてラスキは戦時宰相として今をときめくチャーチル氏を槍玉に上げている。一九一七年チャーチル氏は大蔵大臣のとき、ムッソリーニの「物静かなかざりけのない態度」を賞讃し、「もし私がイタリー人だったとしたら、私はレーニン主義の獣的な欲望と激情に対する貴殿の輝かしい勝利の闘争に於て終始一貫、満腔の熱情をもって協力したにちがいない」といったというのである。ラスキによれば、チャーチル氏がかくも讃辞を連ねた当時のムッソリーニは既に今日のムッソリーニの要素を悉く具えていた。チャーチル氏が後にムッソリーニを嫌うようになったのは、彼の反動性のためではなく単にムッソリーニのエネルギーが英国の利益と反する方向を辿ったからにすぎぬ。他方、「ソ連が英国にとって戦略的に利用価値があるようになったまさにその瞬間から、チャーチル氏はソ連との協調を必要かつ望ましきものと考えることが出来た。……"レーニン主義の獣的欲望と激情"はいわば一夜にして消え失せたのである」(一五八頁)。著者は一方では今次大戦に於けるチャーチル氏の偉大な功績を承認し、チェンバレン氏に代るチャーチル氏の首相就任と共に英国に一種の精神的ルネッサンスが来た、とまで言っている(一七頁)が、この大英帝国の番人のなかに潜む反革命心情についてどこまでも追及の手をゆるめないのである。さきごろ世界を騒がせたチャーチル氏の反ソ英米同盟の提唱に接して、ラスキ教授はそれ見たことかということであろう。

かくして、著者は社会主義の前進途上に横たわる異常なる困難を十分に認識しつつも、恰もクリスト教があらゆる迫害と世を挙げての侮蔑の只中から、一歩一歩成長を遂げて、三世紀の後に遂に世界と人類の甦生を成就したと同様の役割を固く是に期待するのである。何故というに、その方向を措いて、戦後の世界が直面する問題を打開する道は見出されぬからである(この点ラスキが戦後に於ける米英ソ関係の展望を分析している個所——一七八頁以下——は現在の情勢と照し合わせて頗《すこぶ》る興味がある)。そうして、断乎として、如何なる障害をも排して、この目標に押し進むことこそ、戦後生き残るものに課せられた峻厳な課題でなければならぬ。「我々の世代は約束された王国に入ることを恐らく敢て期待しえぬであろう。我々はせめて我々の幼き者らの足をその国へ通ずる道の上に置くように努める事を以て足れりとせねばならぬ。けだし、あの自由の日の来臨を到るところ可能にする努力によってのみ、我々は一世代の間に二度も全世界の青年を死の危険へと招集する資格を自らに許容することが出来る。我々の後に来るもののために、我々の成し就げる事が、彼らに払わせた犠牲に対して、本当に釣り合うよう努力してこそはじめて、我々は歴史の法廷に於て無罪の宣告を受けるのである」。ラスキは、かかる暗示多き言葉をもって、冒頭に述べた「青年の運命」と照応させながら、この野心的なエッセイを結んでいるのである。

5

本書を通読して明白に感ぜられることは、ラスキ教授が、これまでより更に一歩「左」に動いたということである。三〇年代のファシズムの世界的な台頭が、あの教授の三部作（***Democracy in Crisis, The State in Theory and Practice, The Rise of European Liberalism***）に於ける多元的国家論からマルクス主義への急角度の転回を齎《もたら》したとすれば、今次大戦に於てソ連の演じた巨大な役割が本書執筆の心理的背景をなしていることは否定出来ない。そのことは、スターリングラードの「英雄的叙事詩」を語り、或は「ドニエプルの大ダムを犠牲に供した昂然たる決意」を語る際の感激的な筆調からも窺うことが出来る。あの三部作の時代には、未だロシア革命に対して相当批判的であり、第三インターの態度に対して時折攻撃の矢を放っているが、ここでは、ラスキは徹頭徹尾といっていい程ボルシェヴィズムの弁護人として現われている。例えば ***The State in Theory and Practice*** に於ては、ドイツに於けるファシズムの制覇を許した事情の裡にヴァイマール革命の不徹底と並んで、ドイツ共産党の社会民主主義に対する激烈な攻撃を主要な因子として数えているが（三〇〇頁以下参照）、本書に於ては、もっぱらドイツ社会民主党の煮え切らぬ態度を弾劾している。また本書に於ける英国労働党の批判も峻烈をきわめ、その「何とか切り抜けて行く」政策（**“muddling-through” policy**）の戦後に於ける必然的破綻を説き、労働党にして純乎たる哲学の上に立たざる限り、一九一八年以後の自由党の運命を辿るであろうとして、その分裂の可能性をすら予想しているのである。現下世界情勢に於ける英ソの厳しい対立関係を前にして、このほかならぬ労働党の中央執行会議議長は果して如何なる感慨を以て、自党出身の外相ベヴィンとソ連モロトフ外相との激しい応酬を見守っているのであろうか。我らの関心を唆ること切なるものがある。

しかしここで忘れてはならぬことは、ラスキがコミュニズムをどこまでも、一つの「信仰」として、これを「エトス」の面から捉えている事である。ここには人間の意志から独立した物質的過程の「鉄の如き必然性」というような言葉は一語も語られていない。そこに熱烈に主張されるのは、もっぱら「価値体系の再建」であり、「精神的救済への渇望」であり、「個人的自我の実現」であり、「人間の裡なる至高なるものへのアピール」である。

大衆の物質的福祉の保証はただ彼等の人格的内面性の実現の前提としてのみ意義づけられているのである。従ってそこでの社会主義は終始一貫、目的論的であり、生産力の側面よりもヨリ多く、「消費」と「需要」の側面から説かれている。これはラスキが依然として英国の思想的伝統の強力な支配の下に立っている事を物語るものではないか。だから多元論よりマルクス主義への発展は、彼の政治的立場や、現実の理論的分析の仕方の変化を示すものであっても、ラスキの心情を規定している「エトス」は殆ど変化していないのである。彼が「出来うる限り広い範囲に於て需要を満足させるのが即ち善である。そうして不断に増大する需要の満足に絶えず追い付いて行くような制度的基礎の上に立った社会が善き社会である」（本書、一五〇頁）というとき、それは、「社会的善とは我々の諸々の衝動の働きが、充たされた活動として現われることによって、我々の本性が統一を達成するという点に存する」（*Grammar of Politics*, 3rd ed., p. 24）という嘗ての定義とどれほどの開きがあるだろうか。また「グラマー」に於て「何物にも吸収されざる内面的人格性」と「自主的な判断」こそ人間が死を賭しても守り通すべきものとのべた、あの根深い「個人主義」にしても、この新著に於て、「我々には集団に対する義務の外に、我々の内面的自我に対する義務がある。その義務の遵守を他人に任せてしまうことは、我々の人間としての尊厳性に忠実であることを止めるに等しい」（三五頁）として依然保持されている。ラスキは労働党がフェイビアン哲学を蟬脱出来ない不徹底さを難じているが、彼自らは果してこの非難を完全に免れる事が出来るだろうか。本書は、問題へのマルクス主義者のアプローチを示すものだと、著者は序文に断っているにも拘らず、読者はそこに、少くも正統マルクス主義の論理では尽しえない幾多の夾雑物を見出さぬわけには行かぬのである。私は本書を読んではしなくも、アンドレ・ジイドのコミュニズム観を思い起した。ジイドをしてコミュニズムへ傾倒せしめたものは、やはりコミュニズムに内在するエトスであった。そうして、その媒介をなしたのがほかならぬクリスト教であったのである。ジイドは一九三三年六月の日記に「私をコミュニズムに導くものはマルクスではなく、福音書である」と書いた。また、一九三七年夏――その時既に彼はソヴィエト紀行をものしていたのだが――の日記には、「諸君の説によれば価値ある唯一のコミュニズムはただ理論によってしか到達されないというのだ。……たしかに理論は有益ではある。だが熱情も愛もない理論は、理論が救おうと思っている人々をも傷つけてしまう。……愛によって、愛の大いなる要求によってコミュニズムにやって来た人々のみを私は兄弟と感じている」と誌してある。ジイドもまた、ラスキと同様に、イエスの歴史的地位のうちにロシア革命とのアナロジーを見た。「コミュニストの同志からクリストを擁護する、擁護しなければならぬと考えるだけでも全く馬鹿げたことに思える。私は司祭や僧侶といった人達からこそクリストを擁護したいと思っているのである。……コミュニストの諸君よ、諸君はクリストの神性を認めないからこそ、クリストを人間として批判しなくてはならぬ。そうすれば、クリストが紛れもなく諸君の最悪の敵である人々によって、諸君が闘っている権力者によって、富と……ローマ帝国主義との代表者達によって告発され、処刑されるに十分な資格を持っていたことを諸君は確かめ、認めるにちがいない。従って、クリストは諸君の味方であるということも」（一九三三年七月四日日記）。私はここに、西欧の最も良心的な知識人のコミュニズムに対する接近の仕方に一つの定型といったものを感ぜずにはいられない。

彼らをコミュニズムへ導くのは、まがいもなく、クリスト教の普遍的な人類愛、地上に神の国を打ち建てんとする苦痛なまでの内面的要求である。しかも彼らをコミュニズムに単純に走らせぬ所のものも、またクリスト教の教えた個性的人格の究極性に対する信念である。「私はどんな宣言文であろうと、自分で書いたのではないものに署名することはことさらに拒むのである。……勿論こうした場合には常にグループをつくるということ……が大事である位は解る。だが、これまでこうした種類の宣言文にして、私が全的にそのテクストに同意出来るような、又或る点に於て私の考えていることに悖《もと》らないようなものには、ただの一つとして出会わなかったような気がする」（一九三三年六月六日日記）というジイドの「恐るべき」個人主義は遂に、一時あれほど傾倒したソ連の現実のうちに到る処「劃一主義」への危険を嗅ぎ付けねば止まなかった。この点、「新しき信仰」の集団的性格を最初から承認してかかるラスキとの間には、やはり政治学者と芸術家のちがいはあろう。しかし、「よく理解されたコミュニズムとよく理解された個人主義は本質的に融和しえないものとは思わない」というジイドのいくぶん不安げな希望的観測はそのままラスキのそれではないだろうか。本書におけるボルシェヴィズムに対する委曲を尽した弁護は、或る意味では、ラスキのなかに潜む「個人主義」との血みどろの格闘といえないこともない。これを単にプチ・ブルジョアの根性との闘争と片付けてしまう事もむろん可能であろう。だが少くもそうした「プチ・ブルジョア性」こそは、西欧世界に於ける一切の貴重なる精神的遺産の中核を形成して来た事は否定すべくもない。そこに含まれた問題は今まさに世界的現実に於てその解決を迫られている。よそ事ではないのである。

後記　文中引用したジイドの日記は、主として、新庄嘉章氏の訳による（新潮社版『アンドレ・ジイドの日記』第六巻）。

（一九四六年）

二　ラスキのロシア革命観とその推移

まえがき

ハロルド・ラスキの名は我国できわめてポピュラーである。世界の第一線に立つ政治学者のうちでも群を抜いて有名である。この名声が果してラスキの政治学者としての客観的評価に基いたものであるかどうかには若干疑問が投げられるかもしれない。ラスキ以外の政治学者が知られている程度とあまりに懸隔があるという事実は、その疑問を一層濃化する。むしろ彼がロンドン大学の政治学講座を担当する傍ら、労働党の一方のブレインとして華々しい活動をしていることが我国のジャーナリズムの上に彼の名を一きわ浮び上らせた所以であろう。英米の政治学界では、彼の最近の著作があまりに啓蒙的な時論に傾いて本格的な研究に乏しいという非難もあるようである。しかし一方でラスキをまるで世界一の政治学者のようにかつぎ上げる——現に彼の著書は古本屋で法外の高値を呼んでいる!——ことが滑稽であるのと同様に、他方最近のラスキの態度に対して、ただちに、通俗著作家になりさがったというたぐいの判断を下すのも早急な偏見たるを免れない。ラスキが一九四四年の著「信仰・理性および文明」(*Faith, Reason and Civilization*, 1944) の中で、いわゆる inter-war years において、学問の専門的分化が過度にすすみ、学者が大衆と絶縁して、大多数の人間にとって理解出来ず、また現代の切実な課題に全くかかわるところない研究に耽っていたことが、結局において大衆を暗黒の力に引き渡す役割をいとなんだゆえんを痛烈に指摘しているところを見れば、彼の最近の著作活動がこうした基本的認識の上に意識的に方向づけられていることは明白である。

私は右に挙げた「信仰・理性および文明」については一昨年「思想の科学」第二号誌上で紹介論評した（参照、本書第二部の一）が、最近、これとならぶ戦時中の労作たる「現代の革命に関する考察」（***Reflections on the Revolution of Our Time*, 1943**）を閲読する機会を得た。刊行の順序からいうとこの書（以下便宜上「現代革命論」と略称する）の方が、前者（以下便宜上「文明論」と略称する）よりも一年早く、序文によると、欧州戦勃発後二箇月目に起稿したとある。この書の題名は直ちに連想されるように、あのエドマンド・バークの「フランス革命に関する考察」（***Reflections on the Revolution in France*, 1790**）にちなんでつけられたものである。現代はちょうどフランス革命の時代と同じく、世界的な動乱と変革の時代であり、まさにフランス革命によって確立された社会体制とその価値体系が全く新たな文明と理念に取って代られようとしている。ラスキはちょうどバークが百五十年前、ドーヴァー海峡の彼方から大陸にふきすさぶ嵐を観察した同じ地点において、しかしバークと全く異なる立場から、現代世界における自由民主政とファシズムとボルシェヴィズムの三つ巴の相剋に立ちむかおうとするのである。

私は最初、この書についてさきの「文明論」の紹介にならって一応内容の全体的要約を試みようとも思ったが、「文明論」とちがって、この書は大戦初期の英国政治情勢を直接背景として叙述されている部分が多く、当面の国際的また国内的な戦争遂行の方策に多くの頁がさかれているので、そうした点は今日となっては稍々《やや》時機遅れの感がある。そこで私は、本書の第二章「ロシア革命」が彼の最近のボルシェヴィズム観を最も集約的に表現しているのを幸い、これを中心として紹介し、それとの関連においてラスキの今日までの思想的発展の跡を辿って見ることとした。けだし、ロシア革命の内包する問題こそは現代世界の最高の課題であると同時に、ラスキにとっても、一九二一年 ***Karl Marx: An Essay*** を書いて以来、彼の思想と学問が不断に対決して来た問題だからである。

＊ ラスキの叙述は例によって反覆が多く、論点が飛び火するので、以下の紹介においては必ずしも彼の叙述の順序を追わず適当に整理した。しかし出来るだけ彼の言葉の忠実な再現につとめ、私自身の見解の介入を避けた。なお、前掲の「文明論」の紹介と極力ダブらないようにしたから、本論文の読者はどうか「文明論」の紹介と併せ読まれんことをお願いする。さもないと、ここで省略された論点の比重が原文と異なって来るからである。

1

ラスキのこの書におけるロシア革命へのアプローチの仕方は次の短い言葉のなかに集約的に表現されているといっていい。「どう見てもそれ（ロシア革命）は重要な収穫を齎《もたら》した。しかし同時にそれは、莫大な収穫を得るに、莫大な代償を払ったことを否定しても無益である」（六六頁）。この莫大な収穫（**immense gains**）と莫大な代償（**immense price**）とを正確なバランスにおいて測定することは、きわめて困難であり、そのために、現代ロシア革命の捉われない認識と位置づけの試みが殆ど行われない。或る人々にとっては、ロシア革命の達成した業績があまりに巨大であるために、その犠牲《コスト》ということを考えて見ることすら出来ない。これに反し、他の人々にとっては、そのコストの醜さに圧倒されてしまって、革命の齎した利益とか業績とかの観念《ノーション》自体が凡そありうべからざるものとして斥けられてしまう（四一頁）。しかもこうした両極端の見方は単に歴史的過去の認識のちがいから発生するのではなく、ロシア革命の誘発した生々しい心理感情と結びついている。すなわち、ロシア革命が現存秩序に対するあまりに唐突な、また鋭い挑戦であったために、それは到るところ過度の希望と過度の恐怖の心理をまきちらしてしまった。過度の希望とは何か。ボルシェヴィキが比較的容易に権力獲得に成功したために、世界中の極端派（extremists）は、彼らがボルシェヴィキと同様の手法をとった場合遭遇する抵抗の力と、更に権力を固める問題の複雑さとを過小評価しがちとなる。一般に革命的オプティミズムは、人々の間に深く根を下した生活習慣（habits）を変えることの容易さをつねに誇張する結果、人々の心理を無視した強引な戦術に走り易い。他方、過度の恐怖とは何か。ロシア革命の感染によって既存の利益を脅かされる人々は、ロシア革命からして、いよいよ切ぱ詰らない間に適当な改革をする方がいいという教訓を引き出すよりも、むしろ、なによりまず感染の危険性から自己を防衛する切実な必要性に駆り立てられる。こうして、過度の希望と過度の恐怖が激突するところ、そこには寛容と説得は姿を潜める。かかる状況の下にあっては、ロシア革命の問題は嘗てフランス革命がそうであったように、冷静な思索と観察の対象となるよりもまず帰依と憎悪の対象となる。一から十までべた讃美する者と、反対に一から十までべたくさしする者と二通りしかない。「ロシア革命の最も緊急な問題は、それをほめたりけなしたりする前に、それを理解する必要がある。しかも世にこれほど稀なものはない」（七八頁）。

だからラスキがここで、もっぱら力を注いだのは、ロシア革命の過程が何故ああした巨大な犠牲を伴わねばならなかったかの認識である。彼によれば、ロシア革命の過誤、いな罪悪さえもが巨大であったということは、まさにその最高の建築師であったレーニンが何人よりも自由に承認したところであった。しかもそうした過誤、乃至《ないし》は、そこにまつわる醜悪さと残忍さにも拘らず、ロシア革命が宗教改革以来史上最大の事件であり、西欧文明の社会原理が根本的に変革される第一段階をなすという事実から目を蔽うことは出来ない。この基本的認識なくしては、ロシア革命の性質は到底把握されないのである（四二頁）。

ロシア革命の「コスト」を論ずる場合になにより忘れてならないのは「時間」の要素である。英国において宗教的寛容という観念が風土化するには、百五十年を要した。革命後三十年も経たないソ連の歴史を判断するのに、我々が長い間かかって到達した政治的成熟の状態から抽出した標準をもち出して来るのは間違っている。人々がソ連に言論の自由がないとか寛容や法治主義がないとか論ずる際には、しばしばそうした時間的要素を無視しがちである。しかもその際、革命以来、自分たちの国の政府がどんな態度でボルシェヴィキ政権を遇して来たかということについては忘れているのである。ラスキによればロシアの指導者の冒した過失や罪悪の多くは、実は資本主義国家の採り来った政策の産物であるということは「痛ましいほど明白な事実」なのである。

ロシア革命について最も多く喧《かまびす》しい議論の対象となるのは、第一にそれが、暴力革命、すなわち民衆の武装蜂起による革命という形態をとったことと、第二にその過程からプロレタリアート独裁という形態が出現したことである。従ってラスキの「理解」の焦点がこの過程に集中せられるのは当然である。第一の問題、すなわち暴力革命に対するラスキの態度は、どこまでもロシアのユニークな条件を強調することに尽きる。つまりツァール・ロシアの体制の下ではああした形態以外の革命は不可能であったということ、しかもまたああした方法による革命が成功する稀有の条件が一九一七年のロシアに具《そなわ》っていたということ――この消極、積極二つの命題を提示することによって、ラスキは一方において、革命に対して歴史的環境を無視した道徳的非難を放つ誤謬と、他方においてロシア革命の経験に直ちに普遍妥当性を与えようとする誤謬と、この二つの陥り易い誤謬を戒めるのである。これはすでにラスキが以前の著書でしばしば繰り返して来たテーマなので「現代革命論」ではあまり多く触れていない。だからこの問題に関してラスキは一九二六年、すなわち彼がまだ多元的国家論者としてマルクス主義に対して全面的に批判的であった時代の著書 *Communism*, 1927 (Home University Library) において示した見方でその後ずっと一貫しているということを指摘するにとどめておこう。「現代革命論」において、またその後の「文明論」においてとくに力をこめて論ぜられているのは第二の、共産党独裁という問題である。最近のラスキの立場の推移はまさにこの問題に最もよく現われているといえる。この問題を理解するためには、十月革命後、革命政権が一応その基礎を確立するまでの時期において何故極度の権力集中と反対勢力の苛酷な抑圧が行われたかという問題と、それ以後、とくにスターリン政権において独裁からデモクラシーへの進化が何故遅々として行われぬかという問題とを分けて考察する必要がある。ラスキの態度を結論的にいうならば、前期の独裁に対しては概ね是として肯定し、後期のそれに対してはかなり批判的であるということが出来よう。まず彼によれば、革命直後の、苛烈・無慈悲な独裁は、革命の成果を確保し、国内国外の反革命勢力から新政権を防衛するために止むをえない、いなむしろ必要不可欠な措置であった。「革命の基本目的を破壊する要素に対して、古典的な政治的自由を与えることは、革命を敵手に委ねるに等しい。そのことはワイマール体制の歴史が何より証明している」（六六頁）。

ロシア革命の成功とドイツ十一月革命の失敗との対照はすでに彼の *The State in Theory and Practice*, 1935 において試みられたところであった。そこではあらまし次のように説かれている。軍事的敗北が政治的崩壊を齎らした点においてはロシアもドイツも同じ条件に置かれていた。ところがロシア・ボルシェヴィキは権力を獲得するや、まずツァール国家の法機構を根柢から覆した。彼等は信頼のおけぬ官吏を悉く罷免し、行政機構を全く新たに編成し、一切の反革命組織を鎮圧した。彼等は、革命は遊び事でないというマルクスの緊要な教訓を学びとっていた。これに反してドイツの場合、権力を獲得した社会民主党は全く革命を遂行する準備が出来ていなかった。新政権は、経済力を握っていた巨大な財閥に手をつけず、公務員の中立性という原則を尊敬するあまり、帝政時代の官僚機構を温存した。軍隊の将校は依然として、ユンケルによって占められ、ドイツにおける反動の牙城たる教会も一指も触れられなかった。こうした反動勢力はワイマール憲法の与えた政治的自由を百パーセントに反革命の目的に利用した。「ドイツ民主主義は一九三三年にヒットラーによって敗れたのではない。それは既にその一五年前にその作り手によって破壊されていたのだ」(*The State*, p. 292)。この二つの事例はなにより明白に、革命勢力が権力を掌握した後にまず何をしなければならないか、何をしてはならないかを教えている。だからラスキは、この点についてのレーニンの天才的な洞察力と意思力に対して繰り返し歎賞の言葉を惜しまないのである。ただ彼はレーニンがその際世界革命政策のためコミンテルンを創設したことに対しては、第二インターの腐敗と資本主義国家の武力干渉というアポロギーをいかに考慮に入れても、なおかつこれがために世界の労働者階級の力を分裂させた点において致命的な失敗であることを強調する。ラスキによればここからほぼ次のごとき害悪が生れたというのである。第一に、各国の共産党が、ロシアのユニークな経験をば、全くちがった歴史を持った他の国民にとっての「型《パターン》」と考えるに至り、その結果、戦術に窮屈な正統主義(rigid orthodoxy)が支配し、同時にその方向が陰謀的色彩をおびた。第二に、ソ連以外の国における共産党の活動のテンポが自己の直面する状況によってでなく、もっぱらソ連の対外政策上の要求によって決定される結果となった。したがって第三に、ファシズム勢力に対して、愛国と秩序の代表者たることを僭称する口実を与えた。第四に、共産党の組織がロシアのモデルに従って強固な中央集権主義《セントラリズム》をとったため、党員の間に一般の人々に対するある種の蔑視感を生んだ。「彼等は疑いもなく、抽象的プロレタリアートの未来のために働いたが、人間性の実相《リアリティズ》にはほとんど通じていなかった」（七九頁）。

ともあれ、革命政権が国内で、権力を固める過程においてとられた鉄の如き峻厳な処置は十分理解出来るのであり、もしロシア革命の建築師たちがもっと気の弱い《テンダ・マインデッド》人間だったなら、それはとっくに国内国外の敵によって押しつぶされていたに違いない（参照 **_Faith_, p. 62**）。しかし、その後ひきつづき独裁が緩和されず、スターリン政権にいたってある意味では却って強化された――とラスキは考える――ゆえんはまた別個の根拠から究明されねばならぬ。この問題をラスキはいくつかの観点からとりあげている。彼がまず第一に重視するのはソ連が永く国際的孤立を強いられたためにほとんど独力で基本的な経済建設を行わねばならなかった事情である。人口の圧倒的多数が文盲の農民によって占められているところで、外国資本に依存しないで工業化を遂行するためには、消費部門の生産を切り下げねばならず、さらにそれは農業経営の協同化にまで進まざるをえなかった。この苛烈な犠牲を強行する必要が独裁を不可避にしたのである。アメリカ合衆国においてさえ、こうした工業化は、外国資本の大規模な投資を受けつつ、なおかつ一世紀半を要したのである。その過程をわずか三〇年かそこらにきりちぢめようという、歴史上未曾有の実験が独裁以外の方法で達成出来るとは到底思われない（五六頁）。ここからしてレヴェルの低い大衆に、ソ連の遂行しつつある巨大な課題をのみこませるための集約的《インテンシヴ》な努力も、理解されるのである。「一切のものは極度に単純化され、極度に芝居気をおびることとなる。指導者は皆、英雄でなければ悪党かどっちかにきめられてしまう」（六一頁）。工業化が政治のエッセンスである以上、あらゆる経済問題はつねに政治問題である。五箇年計画の至上命令は、スターリン一党をして、あらゆる問題を政治問題化し、あらゆる批判を敵とみなすに至らしめた。サボタージュはただちに反革命を意味した。こうしたことがいかに西欧デモクラシー国に嫌悪感を催させようとも、その罪の一半は、ソ連を国際的孤立に追いこんだそれら西欧諸国の政治家がおわねばならぬ、いな、資本主義国家は単にソ連を孤立させただけでなく、機会あるごとに、ソ連国内の反革命勢力と結んで、革命政権の顚覆を陰に陽に試みた。十月革命からミュンヘン会議にいたる間、欧米の指導者がムッソリーニ、ヒットラー、フランコなどの反動勢力に対していかに寛容であり、これに対してソ連をいかに憎悪したか、——その対照をラスキは「現代革命論」においても「文明論」においても痛烈に描きだしている。つまり、あらゆる政策批判に対して、外国と結びついた反革命の嫌疑をかけるあのソ連指導者の深刻な猜疑心は、こうした根強い西欧諸国の対ソ感情とのバランスにおいて批判されねばならぬ、というわけである。

しかしラスキによれば、こうした一切の事情を勘定に入れてもなおかつソ連の独裁制には弁護の余地なき事実がある。それは一九二四年、とくに二七年以降顕著となった共産党の官僚化傾向である（六八頁以下）。レーニン死後、党の独裁は急速に党の官僚機構の独裁へと発展した。この点についてラスキはレーニンの下における共産党の雰囲気とスターリン指導下のそれとのいちじるしい相異を指摘する。レーニンはむろん反対派を黙過しなかった。しかしともかく彼の時代には、彼の見解に対する根本的な批判が提出され、それに基く激しい討議がなされた。批判者は追放もされず処刑もされなかった。ところがスターリンが敵手から指導権を奪って以後は、党の気分が一変した。スターリンと見解を異にする者の存在は一切許容されなくなった。三六年の憲法にもかかわらず選挙が茶番にすぎないことは誰でも知っている。"party line" にそわぬ者の立候補は不可能である。移転の自由は厳重に制限せられ、外国人との接触は疑惑の眼をもって眺められる。長期の投獄、いな処刑すら裁判なしで行われる。人質のシステムが用いられ、子が親を告発することが奨励される、等々。こうして党の官僚化はかの「スターリン崇拝」において絶頂に達する。それは人間よりも神にちかい崇拝である。もしスターリンを法王とすれば「政治局」は枢機卿《カーディナル》であり、秘密警察はボルシェヴィキ法王のための宗教裁判官《インクィジター》である。教義からの偏向は戦闘的宗教の常として、投獄あるいは死刑をもって罰せられる。ウェッブ夫妻のいわゆる正統病（disease of orthodoxy）が社会のいたるところに蔓延するにいたったのである。

むろんラスキは、スターリン政権にここまで深刻な猜疑心と恐怖心――独裁はつねにこの二者に根ざしている――を植えつけたについては、前述の通り、資本主義国家群にも大きな責任があり、従ってこの独裁が緩和される可能性は第一には国際的条件、すなわちソ連の国際的安全に依存している、と見るのであるが、しかし同時に、「ロシア共産党の機構と習慣になんらかのラジカルな変革がなければ」果して第一の条件だけでデモクラシーへの復帰が短日月になされるかを疑うのである。けだしスターリン一派のように、無制限の権力を行使する習慣がついてしまった者は、よほどせっぱつまった場合でなければ、容易にその習慣から抜けだせないからである。その上、巨大な官僚機構の構成員が、こうした習慣に追従的サーヴィスをすることによって特権的地位にのぼりえた現在となっては、この官僚機構をぶちこわすということは至難である。――かくてラスキは次のような含蓄ある言葉でこの問題を要約する。「動と反動は、自然界でのように、政治の力学で相等しい。ソ連が集産主義《コレクティヴィズム》経済から政治的民主主義へと歩む途が、その創設者たちが予想したよりもはるかに険しく難儀であったことは、ソ連の実験のスケールの大きさのためと、しかもそれが困難な環境のなかで急テンポで遂行されたために、支払わねばならぬ代償である。しかしそれは同時に、いかに最大の目的のためとはいえ、それを仮借なき手段でコストにかまわず追求する者がいつでも払わねばならぬ代償なのである」（八四頁）。

ラスキの分析はすすんで、ソ連を支配するこうした強烈な集中主義（centralism）の精神史的解明にむけられる。それが元来、ロシア革命が直面した無政府的混乱に対する不可避的な対症策として発生したことは上述の通りであるが、その思想的系譜はレーニンをはるかに遡ってルソーに発する。ルソーは「民約論」で「立法者」というアイディアを提示した。ルソーのいわゆる「自由への強制」という論理がフランス革命におけるバブーフ派によって利用され、これがブオナロッティを経てマルクスに伝わってプロレタリア独裁の理論となった。しかもラスキによれば、この考えがヘーゲル弁証法のdubiousな形而上学と結合した結果、それは共産党全体というより、むしろ党の官僚機構をば歴史のオーセンティックな解釈者の地位に引き上げた。彼等が説くところは、プロレタリアが事実表明している意思ではなくして、プロレタリアートの「真の意思《リアル・ウィル》」（ルソー！）が、もし何が己れに最善であるかを知りえたならば必ずや要求するであろうところのもの——と考えられた。だからプロレタリアートが表面欲していることが、彼等がプロレタリアートのためにいいと考えたことと衝突する場合には、いつも後者がプロレタリアートの「真の意思」として優先した。弁証法論理によって、彼等の目的を歴史的に決定されたコースとして措定しえたからして、彼等は全コースを自分と共に歩むことをためらう人々を軽蔑した。この軽蔑感からして彼等は、彼等のコントロールの及ばない一切の社会主義勢力を破壊することが勝利の前提だという信念に容易に導かれて行った。彼等はこの目的のために彼等の不倶戴天の敵とすら同盟する用意を持っていた。ドイツ共産党は一時ナチスと一緒になってまで社会民主党の政府とワイマール共和国を攻撃したのである。

これに関連して、ボルシェヴィキ指導者たちの西欧デモクラシーに対する深い先入見を前提せずしては、共産党の集中主義は理解されぬとラスキは考える。レーニン、トロツキー、スターリンの育った環境は、非国教教会《ノンコンフォーミスト・チャーチ》も協同組合も、地方自治も労働組合も全く存しない世界で、およそデモクラシーとは縁の遠い陰謀的伝統《コンスピラショナル・トラディション》のなかで彼等はきたえられる。彼等はデモクラシーというものをもっぱら外側から眺め、とくにレーニンの場合明らかなように、マルクス・エンゲルスが切迫した革命の期待が毎度裏切られたために感じた深刻な失望の眼を通じて、デモクラシーを判断した。二度とパリ・コンミューンの誤謬を繰り返すなという決意が彼等の一切の見方を規定している。彼等はマルクスの時代以後の民主主義の生命力《ヴァイタリティー》を見ようとしない。しかし**inter-war years**において、ボルシェヴィズムが西欧デモクラシーの恥部のみを強調したのは無理もない根拠がある。第一、西欧とくにドイツ社会民主党指導者たちが一九一八年末において革命の機会をむざむざとり逃がしたことは確かに大きな失敗だった。これは西欧マルクシストが骨の髄まで腐っており、ソ連は腐った西欧世界から隔離しなければ駄目だという不抜の確信を与える結果となった。しかもその後の歴史において、西欧民主主義はファシズムの台頭を許容したことによって一層その弱点を暴露した。西欧政治家はヒットラーの鋒先がソ連にむいたら何時でも彼と手を握る用意をしていたのではないか。西欧民主主義のこうした点での自己反省なくしては、ソ連の「西欧」に対する不信を責めることは出来ないことをラスキは強調するのである。

2

ボルシェヴィキの組織と行動とを出来るだけ内側から理解しようというラスキの態度は、一方では上のように、集中主義の理念史的背景をさぐると同時に、他方では、ボルシェヴィキの人間類型の心理的構造を捉えようという努力となって現われる。そうしてまさにこの後者が、ラスキをば最も得意とする歴史的アナロジーへと導いて行くのである。彼の「文明論」が、ボルシェヴィズムと原始クリスト教との対比を主要テーマにしていること、さきに私が紹介したごとくであるが、この「現代革命論」では、特にピューリタニズムとの比較が詳細に試みられている。ピューリタンとボルシェヴィキの構造の共通性はほぼ次のように図式化される。

一、選ばれたものの意識、人間性の日常的習慣への蔑視。歴史的に決定されている勝利に対する確信、そのために地上のあらゆる迫害に耐える抵抗力。

二、自己の中心的真理を否定する者は、すべて悪魔の業であり、可及的速かに絶滅しなくてはならぬという確信（レーニンのカウツキーに対する態度とピレンヌのロード司祭に対する弾劾との相似）。

三、ボルシェヴィキのブルジョア的教養の蔑視と、ピューリタンの世俗的学問への疑惑。

四、ボルシェヴィキがマルクス、レーニン、スターリンのテキストを万能視する仕方と、ピューリタンが聖書からの引用に頼る態度。

五、個人的危険の蔑視と殉教への誇り。一九三四年ドイツ国会放火事件におけるディミトロフの陳述は、ジョン・バニヤンの証言をきくの思いがする。両者とも福音に忠実なものは必ず救われるとの確信に貫かれている。

六、自己に対する不寛容をもっともはげしく攻撃しながら、自分が権力を獲得すると、反対者に対する寛容を峻烈に拒否する点でも両者は同じ。終局的真理の所有を確信しているから、それを強制的に賦課するのがむしろ義務と感じられる。唯一の罪は弱気（weakness）である。異説に対する寛容は行動の混乱をもたらすのみと考えられる。

七、「中庸」の主張者に対するいらだたしい軽蔑感。そこにあるのは「全てか然らずんば無」の意識であり、公然たる敵よりも中途半端の味方を一層容赦しない傾向がある。

八、救済から除かれるかも知れないという恐怖が阿附偽善の徒を生む点でも類似する。

ボルシェヴィズムを歴史的宗教に比論することはラスキがつとに旧著 ***Communism*** のなかで試みたことであった。そこではコミンテルン組織がローマ・カトリック教会に比せられ、その命をうけて全世界に散らばって行くボルシェヴィキは、ちょうどジェスイットの宣教師の役割を与えられていた。一体ラスキは何のためにしばしばこうしたアナロジーを用いるのか。むろん単なる物好きや思いつきからではない筈である。思うに、これは一般のイギリス人が共産主義とソ連の実践に対して抱いている距離感を前提としてはじめて納得される。自由と寛容と個性的独立の生活態度が骨肉にまで浸透している英国人にとって、ソ連に行われているようにみえる教義《ドグマ》の公定、正統主義、鉄の規律、英雄主義、血の粛清、しかもこれらのすべてに唯々諾々としてしたがう大衆——こうした現象は殆どノーマルな理解の範囲をこえた、何か次元をことにする世界の出来事のように映ずるであろう。ここでは、嫌悪するとか同情するとかいう前に、何か不可解な神秘的なものに対する感じが先立つ。だからラスキはまずこうした距離感をなくするために、原始的クリスト教徒やジェスイット、さらに、ルッテル、クロムウェル、ピレンヌ、バニヤンら西欧国民の精神的祖先を拉しきたり、西欧人の歴史的体験に訴えかけることによって、ボルシェヴィズムの精神的雰囲気を幾分でも身近に感じとらせようというのである。しかも我々にとってとくに注目すべきことは、こうした比較を試みながら、漸次ラスキの価値重点が移動して来たことである。つまり最初はそうした比較はもっぱら共産主義の内面的心理を没価値的に理解するという立場からなされており、むしろ、あらゆる戦闘的宗教的信徒に共通に見られる偏執と独善と狂熱に対するラスキの反感が露わに示されているが、最近においては、偉大な文明の変革期において、古い価値体系の根本的転換を遂行する「新しき信仰」の役割に対していちじるしい傾倒を表明するにいたったのである。「共産主義はそのリアリズムによってでなく、そのアイディアリズムによって、その唯物的見透しによってでなく、その精神的約束《プロミス》によって、進展した」(*Communism*, p. 245)。「そこで起った一切の事件をこえて（ロシア革命によって）大衆の間に希望とエネルギーの新たな衝動が生れたように思われる。……そうしてその希望は西欧のプロレタリアートに向上心の火花を点火した」(op. cit., p. 51)。――つとに一九二七年の著にこうした言葉が見出されるが、彼の共産主義観のこうしたモメントがいまや新たな装いの下に急激に前面に押し出された。「現代革命論」につづく労作「文明論」にいたって、この傾向は遂にフォルティシモとなって爆発したのである。「ロシア革命の思想が根を下したところ、その主張者の裡にいたるところ、精神的救済への渇望をはぐくんだ。」(*Faith*, p. 52)。

「我々がいまその権力への進軍を目撃しつつある新しい原理はまさに一つの信仰である。その信仰はもとより新しい信仰に常に付随する誘惑や困難をも生み出しているが、しかもそれを抱懐する男にも女にも、いかなる歴史上の信仰にもおとらぬほど深く、かつそれよりはるかに広い希望と精神の高揚を育くみ、真の意味において彼らを生れ変らせた。」(op. cit., p. 201)

「希望こそ信仰の源泉であり、また信仰こそ社会の成員に人生の偉大な目的の共有を可能ならしめる価値を賦与する。」(op. cit., p. 163)「革命の信仰は……人間における至高なものへのアピールである。」(op. cit., p. 57)

かくてラスキは現代文明の底知れぬデカダンスと腐敗、その下における民衆の失意と絶望と孤独感を根柢から一掃して「人間精神の更生」「価値体系の再建」「精神的高揚」をもたらす歴史的役割をボルシェヴィズムに強く期待するにいたったのである（なお詳細は、前掲、第二部の一参照）。むろんその際でも彼は、他方において「新しき信仰」にまつわる危険性——たとえば、同志間のモラルと反対意見に対するモラルとの使い分けとか、不純な味方（insincere supporter）を尊敬すべき反対者（honourable opponent）より歓迎する傾向とか——に鋭い警告を放つことを忘れていない。しかしアクセントは明らかにそのプラス面におかれている。そうしてこうした宗教への類比の試みにおけるラスキの価値重点の著しい移動が、実に「文明論」の全体を貫くトーンを「現代革命論」を含めてのそれ以前の著書からかなりハッキリと異らしめているのである。例えば「革命論」では、まだ相当強調されていたスターリン政権に対する西欧民主主義の立場からの批判は「文明論」においてはむしろ背後に退き、むしろ「独裁」のアポロギーに終始している感がある。前述したソ連の選挙が「茶番」にすぎぬというような問題にしても、ここでは、次のように弁明されている。——社会主義的な考え方の否認がまだ蔓延しているような雰囲気のなかでは、ソ連の共産党は、その信仰の中心観念を到底選挙人の偶然な決定に委ねるわけには行かないのだ。西欧民主主義で批判の自由が許容されているのは、批判の自由が変更の自由（freedom to change）にまで発展しないという安心感があるためで、この安心感が一朝揺ぐと、たちまちにして露骨な国家権力の発動が支配層から要請されることは幾多の実例で証明されている。ソ連の実験は究極において「人間の造りかえ」（remaking of man）であり、それは利潤獲得原理の上に立った全世界への挑戦である。今日では殆ど学者の興味すらひかぬような神学上の些々たる意見の相異のために、かつては人々が互に殺戮し合ったことを思うならば、ソ連の実験がいかに大きな挑戦であり、いかに大きな憤激を旧世界の人々にまき起したかは想像に余りがある。一方の憤激は他方の憤激を呼ぶ。憤激と恐怖の心理が拡っている条件の下では、新しい原理を同意と説得による政治に基礎づけることが可能な段階にはまだ達していないのだ。「ソ連の官僚主義、政治的発言の自由への妨害、大規模のテロ、党の無誤謬性に関する醜いビザンチン主義――こうしたことに対する一切の抗議が出揃った後においても、ソ連では十月革命以後、世界のどこよりも多く自我を実現する（**self-realization**）チャンスを持っているという厳粛な真理は否定すべくもないのである」（*Faith*, p. 62）――これが、一切のプラスマイナスを計算した上でラスキがロシア革命に与えた勘定書なのである。

3

ラスキのこのような到達点を、たとえば彼の一九一二年の著 ***Karl Marx: An Essay*** と読み比べるならば、何人もその間の距離に驚かぬ者はなかろう。この距離は二〇年代から四〇年代までの間に、彼が同時代の人々と共にくぐって来た巨大な歴史的経験を考慮することなくしては理解出来ない。河上肇博士の表現をかりるならば、ラスキもまたこうした歴史的経験に鍛えられながら、彼なりに「山河を越えては越えて」今日の地点に辿りついたのである。周知のようにラスキは多元的国家論の提唱者としてその学問的スタートを切った。政治学の古典的地位をすでに占めているラスキの諸著は殆ど皆、多元論者時代の成果であるといっても過言ではない。その実践的立場はもちろんイギリス社会主義であり、西欧民主主義に対する揺ぎない信頼に貫かれていた。

そのラスキをして、多元的国家論から急角度に階級国家論に転回させ、自らマルクス主義者と名乗るに至らしめた契機は何であったか。彼の思想的転回に外から衝撃を与えたものとして、少くも次の三つの歴史的事象は看過しえないであろう。第一は一九三一年イギリスを襲った金融恐慌とこれに対処するマクドナルド挙国一致内閣の成立であった。第一次労働党内閣は組織以来自由党の支持の上にのみ下院の多数を制しえたために、その政策を絶えずチェックされ、社会化立法には全く手がつけられなかったが、金融恐慌に際して財政危機を社会政策費の削減によって乗り切ろうとする資本陣営の要求に押されてマクドナルド一派の「裏切り」となってあえなく瓦解し、つづく総選挙では労働党は未曾有の惨敗を喫した。これを契機にして支配階級の攻勢が露骨となり、上院の権限拡張とか、王の拒否権復活によって将来の社会主義立法を防遏しようというような動きが保守党内に高まって行った。反面、労働党は一段と左翼化し、とくにI・L・Pの一部は非合法的革命手段さえ主張するに至った。こうして階級対立の激化の過程をつぶさに見て、ラスキは議会主義による社会的変革の可能性に対して深刻な疑惑を抱くに至った。彼のこの点でのペシミズムはやがて *Democracy in Crisis*, 1933 の著となって結実した。第二の事象はアメリカにおいてローズヴェルト大統領が就任早々から着手したニュー・ディールの経過である。もともとアメリカ資本主義の恐慌脱出策以外の何物でもないニュー・ディール諸立法に対してウォール街が示した敵意と憎悪のはげしさはラスキを驚かせた。とくに一九三四年七月サンフランシスコに勃発したゼネ・ストの成行は国家の本質に関するラスキの見解の転回に少なからぬ契機となったようである。本来「ニラ」法によって合法的かつ民主的に成立した交通労働組合を船会社が承認を拒んだ事から発生した総罷業が、軍隊の出動で僅か四日にして惨敗したことは、国家権力が決して一般に考えられているように中立的なものでなく、階級関係のスタビリティが危くなると判断すると直ちに国家は法と秩序の名においてそれの維持のために権力を発動する、ということを露呈した典型的な実例と考えられた（cf. *The State in Theory and Practice*, p. 135f.）。第三にラスキの階級国家観を決定的に確立する契機をなしたのはファシズムの世界的勃興、とくに一九三三年ナチスの政権掌握であった。ファシズムこそは、民主主義機構を破壊し、赤裸のテロルによって階級支配を維持せんとする試みであり、国家権力が労働者階級の抑圧に百パーセント利用される最も露骨な例証であった。*Grammar of Politics* の三七年新版にラスキは「国家理論における危機」と題する長文の序を付しているが、そこで彼は最近のファシスト国家の出現は多元的国家論では説明出来ず、マルクス主義の分析によってのみ解明されること、多元的国家論の意図した国家主権の絶対性の打破は国家権力が本来階級関係の維持のための不可欠の手段である以上、まずこの最高の強制力を占拠して、それを通じて生産手段の共有を遂行するという過程によって先行されねばならないことを説いているのは、彼の転向の動機を最もよく示している。そうして、このような国家の基礎理論の推移と併行して、彼のロシア革命とソ連体制に対する親近感が強化されて行ったのである。*Liberty in the Modern State* の一九三七年ペリカン版への序文には、既に「ソ連邦は今日、文明の最先端に立っている」といい、現下の暗黒時代を打破して自由の諸原理を再生せしめるものは必ずや「ロシア体制のロジック」であろうと断ずるに至った。

このようなラスキの立場の推移は最近の世界史上の大きな変動によって裏打ちされている。その意味でラスキはドクトリネアとは反対に、新たな経験から絶えず自己の理論を修正して行く型の学者に属する。継続する事件に対する彼の感受性はきわめて強い。「革命論」と「信仰」の両著の刊行がほとんど時間的に連続しているにもかかわらず、この両著におけるロシア革命乃至ソ連体制に対する評価には、かなりアクセントの移動があることは前にも触れたが、これなどは、一方ナチに妥協したソ連、フィンランド攻撃を行ったソ連に対する印象と、他方、ドイツ軍の怒濤のような殺到に対して赤軍とソ連民衆の発揮した驚くべき団結のエネルギー、モスコー・レニングラード・スターリングラード防衛における英雄的抵抗によって受けた深刻な感銘と、この二つの印象の相違を背景としてはじめて理解されるのである。

しかしこうした周囲の事象に対する敏感な触角だけがラスキの本領であり、そうした外的刺戟がもっぱら彼の時々の立場を決定しているとしたならば、それは高々よきジャーナリストとしての資格を証明するものではあっても、決して一個の思想家としてのラスキの地位を保証することにはならないであろう。いうまでもなく思想家も彼の立場を絶えず新たな事実と経験によって吟味し修正しつつ発展して行く。不変性は思想家の名誉ではないし、転向は必ずしも彼の不名誉ではない。問題はまさにその立場の転回なり変化なりがいかなる内的必然性をもって行われたかということにあるのである。その意味では、一個の思想家の生涯には、必らず彼の変化を規定しているある不変なものが見出される筈だ。もちろん、例えば宗教的回心のような場合には、ある特殊な「非合理的」なショックによって突如全く別途の方向に転ずるということがあろう。その場合には彼のそれまでの思想と人格は一度「死」んで、新たな人格として生れ変るのである。ラスキの思想的な推移の跡をたどるならば、そこにはこうした「突然変異」といったものは、到底認められない。かえって彼の著書を時代順に詳細に検討する努力を惜しまない者は、彼の思想のあらゆるヴァリエーションの基底に同一の主旋律が一本の太い線のように流れているのを容易に見出すであろう。この主旋律を手がかりとしてラスキの多彩な叙述をたぐって行くと、さきに彼の二〇年代の著書と四〇年代の著書との間の距離に驚いた者は今度はむしろその間の連続性に驚かされるのである。

それならば、ラスキの思想における「変化を規定する不変なもの」は何であろうか。既に予定の紙数を遥かに超えているので、もはやこの問題に詳しく立ち入る余裕がない。私はそれを最も単純な公式で表現しよう。それは人格的自我の実現を最高の価値とする立場である。そうしてそのコロラリーをなすものは、「すべての権力は腐敗の傾向をもつ」というあのアクトン卿の著名なテーゼである。この個人の内的価値に対するアイディアリズムと政治権力に対するリアリズムとが一貫して彼の判断の規準となっている。「権力がそれを行使する者にとって毒性を有することは歴史の常識である。共産主義の独裁者はこの点では他の人とちがうだろうと仮定すべきなんらの理由はない」とは一九二一年の著 ***Karl Marx*** の中の言葉であるが、この基本的な考え方は今日まで少しも変っていないのである。我々はいかに煩わしいほどこの命題に出会うことか。「権力はその本性上、その行使者にとって危険である。権力伸張の必要な根拠は何であれ、それは同時に、権力乱用の保障を作る必要の根拠でもあるのである」(***Grammar of Politics***, 1925, pp. 38-9)。「社会において権力を行使する者は誰であれ、権力を乱用する誘惑にかられる」(***Liberty in the Modern State***, 1930, Pelican Ed., p. 65) 等々。彼の多元論よりマルクス主義への発展も、なんらこの考え方の廃棄を意味するものではない。一九三七年において、ソ連の指導者が「その持つ力のヴォリュームによって毒せられ、峻厳な統制の必要が去った後までも絶対権力にしがみつく」危険性に対して放った警告(op. cit., "Introduction", Pelican Ed., p. 45) は四三年の「現代革命論」において「自己以外の意見を顧慮する必要から免疫になった状況に置かれると、そこから必ずや重大な誤謬が生れる。その状況の存する国家がどんな性格のものであろうとそのことは同じだ。それは無誤謬性という致命的な幻想をつくり出す。しかもこの無誤謬性という神話ほど危険なものはない。……この幻想にとりつかれると、自分らを平凡な人間と見ることを止め、なお悪いことに、自分らに服従する人々を目的と見ないで、道具と看做すようになる」(p. 81) として厳として堅持されているのである。ラスキがボルシェヴィズムの「新しい信仰」に最も情熱的に傾倒した時においてさえ、彼は「新たな人間関係と制度を俟ってはじめて効果を発揮出来るような根本的変革は、つねに権力の行使に内在する危険を冒さねばならぬ」（*Faith*, p. 156）と付加するのを忘れなかった。彼がソ連の実験に絶大な関心を寄せるのは、まさに資本主義世界において日々狭まりつつある「個性実現」の機会が、そこで解放される希望を見出したからであり、その限りにおいてである。「私は国家を判断するには、……それがどんな方法で私に最高の自我（my best self）を実現する権利の実質を確保してくれるかということで定める」という「グラマー」の言葉はなお彼の現実政治批判の基準として生きているのである。

その意味において、ラスキの政治に対する立場はすぐれてプラグマティックであるということが出来よう。彼の議論の進め方は常に現実の立体的な構造に着目し、その一つの側面をどんなに強調するときでも、決してその反対の側面の存在根拠を頭から否定してかかるようなことはしない。コンミュニズムやロシア革命に関する彼の論評には一貫してこうしたプルーラルな見方が流れている。だからそれは「正統の」ボルシェヴィストから見れば、何かはがゆい感じがするのが当然であろう。旧著 *Communism* において、彼は「疑いもなく、共産主義の誤謬はこの世の中は複雑なものだ（This is a complex world）という事実に直面することを拒む点にある」という、聞きようによっては極めて乱暴な批判をしているが、彼の現在のマルクス主義的立場のなかにも実はこの“This is a complex world”という考え方がちょいちょい頭をもたげて、彼の「信仰」に水をさしているのである。それこそ彼の思想的不徹底というより、むしろ彼の思想の主導動機の徹底さを語るものにほかならない。

こうしたラスキの思想的基調に対してはいろいろな立場からいろいろの評価が加えられるであろう。本稿の課題はそうした評価にあるのではなく、ちょうどラスキがロシア革命について言ったように、ラスキの思想を「ほめたり、けなしたりする前に、まずそれを理解しよう」というのがここでさし当って目的としたところなのである。

（一九四七年）

三　ファシズムの諸問題

――その政治的動学についての考察――

はじめに

いま私の机の上にはアメリカの有名な自由主義的週刊誌『ネーション』が二冊置かれている。一つは古く一つは新しい。古い方は一九四〇年二月一〇日号で、ちょうどその年はこの雑誌が一八六五年、南北戦争の直後に誕生してから七五周年に当るので、その記念号である。この号が出たころ、ヨーロッパはもはや動乱の渦中にあり、ヒットラーの精鋭な国防軍はマジノ・ラインを一挙に圧倒すべく満を持して待機していたし、東亜では日華両国の間に既に二年半にわたって何時果てるともしれぬ死闘がくりひろげられていた。西からと東からと国際ファシズムの凶暴な勢力は残る唯一の「平和」な大陸アメリカを無気味に威圧していたのである。ローズヴェルト大統領はとくにこの記念号にメッセージを送って、『ネーション』がその長い歴史においてしばしば孤立の地位に立たされながらも、断乎として少数意見――しかも「恐ろしく不評判な少数意見」を代表して来たことに敬意を捧げ、「私はあなたのいうことに賛成はしないが、あなたがそれをいう権利は死んでも擁護しよう」というヴォルテールの言葉を以て祝福した。そうして、『ネーション』の主筆フリーダ・カーチウェイはこれに呼応するかのように、その号の社説で現下の民主主義の危機における問題の所在を明らかにした後に、「われわれが少数意見……の表明をかくも衷心から支持する人を大統領として持つことは幸福である。しかし大統領自身がいまや、議会《コングレス》や地方に強力な拠点をおいてこうした民主的変革の昔からの武器（もろもろの自由権を指す—丸山）を廃止しようと決意しているグループの攻撃にさらされている。こうした勢力に対し『ネーション』は、これまで多年にわたって行って来たように、己れのすべての力と注意を集中して闘うであろう」と結んでいるのである。私はその頃愛読した『ネーション』の一々の記事内容は大抵忘れてしまったが、この記念号を手にして大統領と主筆との間の美しいエールの交歓をはじめて読んだとき、背筋に電流のように熱い感覚が走った記憶は今でも鮮かに思い出すことが出来る。

カーチウェイは空虚な壮言を吐いたのではなかった。『ネーション』はたしかに当時、外に対しては日独伊を前衛とする国際ファシズム勢力を痛烈に弾劾すると同時に、国内では「ニュー・ディール」の骨抜きに躍起となって大実業《ビッグ・ビズネス》およびこれと結ぶ反動勢力に対する闘争においてアメリカ言論界の一方の雄であったといえよう。ラスキなどもしばしばこの雑誌にブリリアントな論稿を寄せていた。しかしやがて日米関係の急速な悪化によって、その颯爽たる筆鋒に接する機会は私達日本の読者から強制的に遠ざけられてしまった。検閲で無残に引き裂かれた頁を恨めしく眺めるうちはまだよかったが、間もなく配達はバッタリ途絶えた。私がふたたび懐しい思いで『ネーション』を手にしたとき、すでに第二次大戦は終っていた。大戦の夥しい犠牲によって枢軸国は打倒された。しかしそれは必ずしもファシズム勢力の終焉を意味しなかった。カーチウェイはさきの社説の中で、「ファシズムは戦争に敗北しても平和に勝つかもしれない。ファシズムを勝利させないためには、ヨーロッパの単なる国境線の再修正だけではなく、根柢的な社会変革が必要であろう」と述べたが、不幸にして彼女の懸念は現実となった。『ネーションョン』などの闘って来た課題は依然として切実さを失わぬばかりか、枢軸国の敗北によって、いまや反動勢力の本陣はカーチウェイらの母国に移ることとなった。そのことはいうまでもなく、『ネーション』だけでなく一般にアメリカ自由主義の伝統を守る勢力が甚だしく困難な立場に置かれるに至ったことを意味する。ヴォルテールの言葉を信条とした大統領はすでに世を去り、彼を攻撃し続けて来た、「議会及び地方を拠点として民主的変革の武器を廃止しようとしている」グループは急速にその支配網をアメリカ全土にはりめぐらしている。こうした情勢に面して『ネーション』はなおよくその光輝ある伝統を守って「恐ろしく不評判な少数意見」を代表する闘いを続けうるだろうか。私の眼前にあるもう一つの号——今年（一九五二年）の六月二八日号——がまさにその問いに答えている。これは市民的自由の特集号で、全頁を挙げて、官界をはじめ法曹・労働・科学・教育・出版・映画・演劇等あらゆる分野に襲いかかるマッカーシーイズムの脅威の実態が克明に報告されている。そうして例の如くカーチウェイは巻頭に「いかにして自由は自由であるか」と題する論説を掲げて、アメリカが二度の大戦の深刻な教訓にもなお学ぶところなく、崩れゆく旧世界の維持に汲々として革命の主導権をロシアに引き渡していることを鋭く難じ、魔女狩りと強制的劃一化に抵抗する自由主義者の奮起を促しているのである。『ネーション』はその主筆とともに依然として健在である。しかしこの特集号は同時に、いまや「自由の国」の自由がいかに恐るべき速度と規模で圧殺されようとしているか、『ネーション』が代表するような、明白に共産主義と一線を劃している立場までが、七五周年を祝った当時と比べていかに圧倒的に不利な環境に取り囲まれているかを、まざまざと告げている。そこにきわめて実証的に、しかも生き生きと述べられている公的私的なスパイ組織の活動、ダニのように執拗な反共団体の攻勢、しかもこれに対する一般市民の抵抗の驚くべき微弱さ——これを読んでアメリカ遂にここに至るかの嘆を禁じえなかったのは私ひとりであろうか。——私はあらためて二冊の『ネーション』を見較べてみた。さきの記念号の表紙には、ナッパ服を着たアメリカの血気盛んな労働者が腰に手をあて、じっと前方を凝視している姿が描かれている。そのポーズは自信に満ち、その表情はいかにも楽天的である。これに対して新しい方の表紙はこの特集号にふさわしく自由の女神の像で、顔部と高くさしあげた右手の一部が紙面一ぱいに拡がっているが、思いなしか、この女神は内心の深い憤りを押し包んだような沈痛な面持を湛えている。顔全体が薄墨色で塗りつぶされているのも何か不吉なものを感じさせる。この表紙の対照はそのまま二つの『ネーション』誌の内容を貫くトーンの差異であり、両者を隔てる一二年の歳月の間にアメリカが、ひいては西欧民主主義が「山河を越えては越えて」歩み来った道程がそこに典型的に象徴されているかのごとくである。

1

ファシズムは二十世紀における反革命《カウンター・レヴォリューション》の最も尖鋭な最も戦闘的な形態である。ちょうどジェスイット主義が十六世紀における反宗教改革《カウンター・リフォーメーション》の前衛であり、メッテルニヒ支配が十九世紀初頭における反革命を集中的に表現していたように。反革命はいうまでもなく革命を前提し予想する。そうして十六世紀における宗教改革、十八世紀末におけるフランス革命の地位を二十世紀において占めるのはロシア革命であることもまた疑いを容れない。しかしそのことは必ずしもロシア革命が二十世紀における革命の唯一の型《パターン》であることを意味しないし、ボルシェヴィズムが今世紀の革命の唯一のイデオロギーだということにもならない。二十世紀の革命は近代社会と近代文明の最も奥深い地殻の変革であり、むしろロシア革命自体がその変革の一定の歴史的状況における発現なのである。このことの認識はファシストないし其他の保守反動勢力――ファシズムは必ず反動であるが保守反動は必ずしもファシズムではない――によって過去も現在もばらまかれているデマゴギーの解毒のために何度でも強調される必要があるように思われる。現在アジアとヨーロッパに亘る澎湃《ほうはい》とした革命的な力の高揚を以てひとえにボルシェヴィキ革命とその発祥国の誘惑ないし外部的な煽動に責を帰するような見解がそれである。ある外国評論家の巧妙な比喩を用いれば、そうした見方は、競馬でトップを切っている馬を指して、あいつがいるから他の馬もゴールに向って走るのだと叫ぶに等しい。むろん先頭に立っている馬によって他の馬が激励され鼓舞されることはあろう。しかしそれぞれの馬はそれぞれのコースによって走っているのであって、べつに先頭の馬が綱を着けてひっぱっているわけではない。二十世紀の革命においてロシアはたしかに先頭をきった。しかし他の国、他の地域において革命がどのような形態をとり、どのような道程を歩むかは、きわめて錯雑した国際的状況、歴史的地理的諸条件、文化様式などによって規定されるのである。従って反革命の集中的表現としてのファシズムは革命的状況に対応するものであって必ずしも共産主義に対応するものではない。ファシズムにとって共産主義および共産党がなにより第一の敵であるのはこれまでの各国の歴史の示す限り、概ね共産党が革命的状況の最も精力的な最も戦闘的な組織者――必ずしも現実的な組織者でなくとも可能的な組織者――として立ち現われていたからであって、もし社会民主主義政党が一定の状況において社会革命の最前衛となるならば、時を移さずファシズムの攻撃はそこに集中されるであろう。ファシストが社会民主主義者や自由主義者の存在にどこまで「寛容」であるかはなんらイデオロギー的原理的問題ではなくて革命の限界状況の問題なのである。社会民主主義や自由主義が「革命の温床」と判断される限りにおいてそれは排除され、ないしは均斉化《グライヒシャルテン》されるし、それが逆に革命の防波堤としての機能を果す限りにおいては放任もしくは支持すらされる。従って、逆にいえば一国の内部で社会民主主義者や自由主義者の存在ないし活動が許容されているというただそれだけでは、その国の支配権力がファッショ化していないという証拠にはすこしもならないのであって、問題はどこまでもそうした社民主義者や自由主義者の一定状況における具体的行動様式にあるのである。ヴァイタルな問題で政治的に沈黙している自由主義者や、反共が一枚看板の社民主義者――それが自由主義や社会民主主義の名に値するかどうかは別として――まで迫害することは権力の経済の上から言って無意味だからである。しばしば戦闘的な自由主義者が「マルクス主義」を奉ずる社民主義者よりもファシストの攻撃と抑圧の対象になる所以もここにある。「ファシズムは全左翼に対する十字軍である」というモスコウスカの規定（"The Resurgence of Fascism," *Monthly Review*, vol. 4, 3）は、このようなファシズムの敵に対する攻撃の機動性を意味する限りにおいてのみ正しいといわなければならない。従ってさきにファシズムを反革命の最も尖鋭な発現形態といったのも、一定の時と処において相対的に最もミリタントな形態という意味であって、なんらか内容的に固定的な組織を意味しているわけではない。革命の具体的状況のあり方に従ってファシズムの具体的な発現形態も変化するのである。

ファシズムの支配が近代憲法や議会制度の正式の停止ないし廃止を伴うか、それともそうした立憲的形態を維持しながら進行するかということも、この観点から見ればやはり原理的な問題ではなく、そうした制度の限界効用の問題として理解されねばならない。議会制が革命の橋頭堡となるならばそれはドイツやイタリーの場合のように廃棄の運命に遭うであろう。[1] しかし議会制（狭義の議会内閣制だけでなく大統領制を含めて）がいろいろな政治的経済的な理由でそうした危険から免れており、議会において反革命勢力が圧倒的多数を占め、その状況が当分の間は変化しない見透しがあるならば、議会制は格別ファシズムの進展にとって障害とはならないわけである。[2] むろん議会制の原則が実際に貫かれ、憲法の保障する法の支配が比較的純粋に保持されている限り、反革命の効果的な組織化に容易ならぬ困難と抵抗に遭遇するのが常であるから、現実問題としては近代立憲制がそのままの形で保持されつつ、ファシズムが発展するということはまずありえないのであって、外見的にそう見える場合でもさまざまの方法で立憲主義の骨抜きが行われているわけであるが、それにしても、近代憲法や議会制の存在ということ自体がファシズム的支配様式の非存在のアプリオリな証明ではないことに注意しなければならない。一党独裁とか組合国家とかいう政治形態はただ一定の状況下において革命勢力の強力的な圧服を行う上に最も効果的な組織化様式としてファシズムがまとった形態にすぎないのである。

（1）ナチスがワイマール体制の下に「合法的」に権力を確立したという伝説がまだ時折信じられているのでこの問題を一言しておこう。ワイマール体制下の官僚（とくに司法部）がいかに公然・隠然とその政治的中立性の原則を破って、反動団体を援助し「法の支配」を内部から空虚化したか、ブリューニング・パーペン・シュライヘルの三代の内閣時代にいかにワイマール憲法の実質的な骨抜きが行われたかはしばらく別としても、ナチス独裁に最初の、そして決定的な法的根拠を与えた例の授権法（Ermächtigungsgesetz）の成立とその後の経過を見れば、この伝説が全く根拠がないことは直ちに暴露される。たしかにこの法はワイマール憲法の七六条の規定に従って出席議員の三分の二の多数を以てライヒ議会を通過した。しかしその前にすでに共産党は例の国会放火事件のフレーム・アップによって実質的に非合法化され、一九三三年三月の議会開院式に先立って全共産党議員（八一名）と一部の社会民主党議員は予め逮捕されていた。それのみでない。授権法はその第五条で、現在のライヒ内閣が更迭した際は失効すると定めてあった（この最初のヒットラー内閣において一二名の閣僚のうちナチス党員は僅かに三人であったことも記憶する必要がある。ヒンデンブルグ大統領はこの内閣にとくに腹心のパーペン・フーゲンベルグ・ゲーレッケを送りナチスの独裁化を防止するため第五条の挿入を要求したのである）。ところがやがてフーゲンベルグは辞任しゲーレッケは公金費消の廉で逮捕された。そうしてナチのワルター・ダレが農業相になり、ヘスは閣員でないのに閣議に出席するようになった。こうして第五条の規定は空文化されてしまったのである。しかも授権法の第二条は「国会《ライヒスターク》」とライヒスラートの地位を動かしえぬものとし、大統領の権利を保証するなど、全体としてどこまでも臨時立法という精神で貫かれていたのであって、授権法というような広汎な委任立法自体の違憲性の問題は別としても、ナチス独裁は明らかにこの授権法をすら蹂躙して築き上げられたのであった。どこまでも合法性に固執してファシズムの制覇を許したのは社会民主党の方であってナチスではなかった（cf. F. Neumann, *Behemoth*, 1944, pp. 52-4; F. Schuman, *Hitler and Nazi Dictatorship*, 1936, pp. 217-22)。

(2) 断っておくが、その意味はブルジョア政党が議会の多数を半恒久的に占めている国はそのままファシズムの支配だということではもちろんない。ファシズムの発展は後述するように「上から」の型をとる場合には概ね漸進的な形態をとるので、ある国全体の政治的支配様式をファシズムと規定しうるかどうかということは、他のいろいろな社会的徴表から総合的に判断される問題である。その判断は必ずしも容易とはいえないので、見解が分れ易い。そうした徴表のいくつかは以下の行論において追々明らかにされよう。

2

もちろんファシズムが革命の具体的状況によってさまざまの発現形態をとるとはいっても、それは決して恣意的なものでなく、その発生や進行のテンポなり型なりには一定の政治的法則性がある。ファシズムがある一国に露わな形で出現するのはその国またはその国の「勢力範囲」における革命的状況の緊迫性がある程度に高まった時である。革命と反革命の対抗関係があっても、それが旧来の支配体制の安定性を脅かすほどに成熟していなければファシズムは発生しないか、発生しても殆んど進行しない。その場合に見られるのはたかだか広義のブルジョア反動である。ただここでも注意しなければならないのは革命的状況が体制の安定性を脅かすほど高度化したかしないかということは、単に客観的事実の問題でなくて同時に意識の次元の問題だということである。つまり客観的には革命的状況の緊迫に比して革命勢力の組織化が立ち遅れており、従ってさしせまった革命の可能性がない場合でも、支配階級やその小市民的追随者たちが恐怖心に駆られて革命勢力を実力以上に評価するような場合には、ファシズムの急速な進行ということは十分ありうるわけである。国内の革命的状況はそれほど緊迫していないが、隣接国における革命の進行に自国が「感染」する危険性が非常に恐れられるという場合もやはり同じことがいえよう。戦前の日本におけるファシズムの成熟を促した体制の動揺はむろん国内的には昭和初頭の恐慌が激化した階級的対立と、対外的には「生命線」としての中国とくに満州における革命運動の発展、という二つの客観的事実によって基底づけられていたにはちがいないが、その際、右に述べたような支配層の「意識過剰」ないし「過敏症」が彼等の眼にそうした事態の成行を実際よりも拡大した形で映じさせた、ということも少なからず作用したように思われる。一般に生活様式やイデオロギーの同質性がいろいろの社会的歴史的条件によって比較的高度に保たれていたところほど、[1]「異質的」な要素の感染や浸潤に対して過敏に反応する。そうしたところではファシズムの発展は「革命的状況の緊迫性」と必ずしも正確に対応しないのである。このことは例えば現在のアメリカにおけるファシズムの問題を考察する際にも無視しえない契機であろう。[2]この事理を逆にいうならば、そうした社会において革命的勢力及びそのイデオロギーが自らを「風土化」することに失敗する度合に応じて、それは「外来的」なもの、自国の生活様式に本来なじめぬものとして意識せられ、これが国際的対立の激化と相俟って、単に支配層だけでなく、小市民的大衆の恐怖心をも拡大再生産し、ファシズムによる国内の強制的セメント化に途をひらくことになる。「我々の時代の誘惑は、本来堪え難いものを、ただヨリ悪いものの到来を恐怖するあまりに受け入れることである」(H. Rauschning, *The Revolution of Nihilism*, 1939, Intro.)。恐怖にとりつかれた人間は自ら作り出した幻影におびえる。歴史はイリュージョンが現実を産んで行く幾多の例を示している。そうしてファシズムこそはまぎれもない恐怖の子であり、またその生みの親なのである。

(1) 生活様式やイデオロギーの同質性の程度の問題と階級分化の問題とは一応別個の事柄である。階級の両極分解が高度化しながら、生活様式の同質性は比較的崩れないということは十分ありうる。

(2) いわゆるアメリカン・ウェイ・オヴ・ライフというのはきわめて曖昧なものにはちがいないが、それがアメリカ市民の意識形態の同質性を保証する上に少なからぬ役割を果していることは否定されないであろう。なお、ラスキはアメリカ人の行動様式の類似性について次のように言っている。「およそアメリカ国民ほど、同じ書物を読み、同じゲームを遊び、人間関係において同じ友好的な外観をもつことについて、たやすく説得されうるような国民はほかにない。自分の隣人たちと、ものの見方が離れているという意識に同じ苦痛を感じるにしても、アメリカ人ほどその苦痛を痛切に感ずる国民はない。……ナチス治下のドイツ人のように、命令を黙って受け入れる破目に追い込まれた国民を別とすれば、およそアメリカ国民ほどスローガン的にものごとを考える国民が果してこれまであったかを私は疑う」(*The American Democracy*, 1948, p. 622)。ラスキの言葉は非常にラディカルに響くが、これは百年以上前のアメリカについて「私はアメリカほど真の精神の独立と討議の自由が少ない国を知らない」とその民主主義の劃一性を指摘したA・トクヴィルの観察を新しいマス・コミュニケーションの段階に再確認したものにすぎない。ただし、不公正を避けるためにつけ加えておきたいのは、ラスキが、以上のように論じたあとを続けて、しかし他方においてアメリカには、劃一化の妖怪に抵抗するノン・コンフォーミズムの伝統があって、現在でも労働組合、教会、婦人団体などの自発的集団の活発な教育宣伝活動がビッグ・ビジネスと結びついた大新聞や放送に対抗する力をもち、そのため「民衆に投げられる（マス・コミュの）網を逃れるものがいつも何かある」と述べていることである。

3

ところで、こうした状況の下に発生したファシズムはどういう形態で発展してゆくかといえば、既存の国家構造との関係において大体周知のように二つの型がある。いわゆる上からのファシズムと下からのそれとの問題である。ファシズムを一つの新しい社会・経済体制――少くもそれを志向する運動と見れば、[1]ファシズムもまた一つの社会革命だということになるが、そういう考え方をとらない（私もその見方を否定する一人であることはこれまでの記述から明らかであろう）限りは言葉の厳密な意味で下からのファシズムということはありえないわけである。しかしファシズムは革命的状況の緊迫性から生れる反革命として、単なる復古主義や消極的な保守主義にはとどまりえないのであってそれは多かれ少なかれ擬似革命的相貌を帯びる。ファシズムはファシズムなりに「新」体制、奴隷的抑圧からの人民の「解放」等の言葉を高唱するだけでなく、その最も尖鋭な形態においては思惟方法まで革命陣営のそれを意識的・無意識的にとり入れる。大体において在野時期のファシズム運動にその傾向が強いが、必ずしもそれだけとはいえない。例えば一九四〇年一二月一五日付『フランクフルター・ツァイトゥング』の社説は「没落し行く世界」と題して大要次のような意味を述べた――　「ブルジョア社会秩序は封建主義の打倒のためには必要であった」。しかしすでにその使命を終った。……「この世界の内部で、一世紀以上にわたって厳かな叫びが聞える」。……それは「自由な光と空気なしに生活する大衆の叫びである。……イギリスの労働党はブルジョア世界を打倒することをすこしも欲していない」。――F・ノイマンは、もしこの社説の文章だけをひとに読ませれば、これはコンミュニストの書いたものだと誰でも断定するほど、その論理はマルクス主義に酷似している、と注釈している（F. Neumann, op. cit., p. 191）。

神は己れの姿に似せて人間を造ったが、ファシズムはしばしばその敵の姿に似せて己れを扮装するのである。ファシズム発展の形態にもこれと同じことがいえる。一般に反革命はいわば革命の裏返しであるから、革命勢力の組織が強固なところほど、あるいはその組織化が急テンポであればあるほど、反革命もまたこれに対抗するためにドラスティックな形態をとらざるをえず、そのためには一応大衆的な組織化を迫られ、それだけ相対的に「下から」の形態をとって進行するし、反対に革命勢力の結集が弱いところほど、反革命は「上から」いわばなしくずし的に発展するのである。さらにその際重要な契機は戦争の危機の問題で、[2] 戦争勃発の危機が非常に切迫している場合――これまた客観的事実と共に多分に意識の問題で、自己欺瞞の作用が大きいが――には、国内の革命勢力の組織化の程度にかかわらず上からのファシズムが急激に進行する。こうした場合には革命勢力に対抗する大衆組織を発展させる余裕もないので、軍部を枢軸とする国家総動員体制がいわばそれに代位するわけである（軍隊というものはそれ自身最も非民主的な組織であるにかかわらず、とくに徴兵制の場合は一応大衆的基礎をもち、擬似デモクラティックな様相を呈する。ファシズムの発展過程においては、本来のファシズム政党や団体はいわば非公式の軍隊であり、逆に軍隊は非公式のファシズム政党になるといえよう）。むろん「上から」とか「下から」とかいっても、革命的状況の緊迫性が一定限度以下の場合は、前述のように反革命はファシズムとしては現われないし、また下からの大衆組織も反革命としての本質からして、上層部の反革命勢力と合流する運命をもっているので、結局程度の差にすぎず、現実には必ずその両者相俟って進展して行くのであるが、やはり、一応民間の大衆組織としてのファッショ政党が主体になって、それが権力を掌握するという過程をとるか、それとも既存の支配機構の内部からのファシズム化が本流をなすかによって、二つの類型を区別することは可能でありまた必要である。戦前の例ではいうまでもなくドイツ・イタリー・スペインなどは前の型であり、日本は後の型である。現在のアメリカでのファッショ化の傾向も大体後の型をとって進んでいることはスウィージーなどの指摘するとおりである（"The Meaning of MacArthur," *Monthly Review*, vol. 3, 2 参照）。

　ファシズムが「上から」の型をとる場合でも、民間的ないし半官半民的な団体が反革命の組織の前衛をつとめ、本隊はこうした前衛部隊が「掃除」した後を進んで行くのが常である。戦前の日本についていえば各種右翼団体・暴力団・在郷軍人団・青年団・翼賛壮年団がこれにあたる。いわゆる青年将校団は形式的にはこの範疇に入らないが機能としては最も尖鋭な前衛であった。ファシズムの上からの型と下からの型とではいろいろなちがいがあるが、両者の前衛部隊だけをとり出して、そのイデオロギーや闘争方法さらに構成分子の人間的性格や行動様式を比較してみると、一面歴史的条件による相違と共に、他面それが反革命の尖兵として敵と最も真近に対峙し、従って最も早く接触するという危機的状況から来る類似性も少なくない。例えば日本ファシズムのいわば正統的なイデオロギーは自らをナチスやイタリー・ファシズムと極力区別し、また事実相当ちがっているが、日本の最も初期のプッチ計画である三月事件（昭和六年）の動機及び目的は「木戸日記」によると、[3]「一、近時共産主義ノ侵入著シキモノアリ此儘ニ推移セムカ国家ハ彼等ノ手入（中カ）ニ陥ルニ至ルベシ　二、我国ハ兎モ角モ皇室ヲ戴クニアラザレバ如何ナル運動モ成功セズ　三、ヨッテ此際寧ロ天皇ヲ戴ケル国家社会主義ニヨリ既成政党ヲ打破シ独裁政治ヲ行ハントノ大川

一派ノ主張ニ対シ　四、軍部ハ之ニ共鳴シ彼ノ伊太利ノファシスムスノ如キ政治ヲ実現セムト大川一派ト手ヲ握リタルモノナレバ……」というのであって、ここに日本においても急進ファシズム運動が急進左翼に対応し、その裏返しとして現われていること、及びそのイデオロギーがこの段階では本場のファシズム（この時にはまだナチスは政権を掌握していなかった）の日本版であること、が適確に示されている。こうした急進ファシズム運動の中核分子が概ね落伍《デクラッセ》した知識層や、左翼からの転向者、さらに市民的生活のルーティンに堪えられない無法者（浪人）などから成り立っていたことも、まさにナチスやファシストの場合に見られた現象であった。ところがこうした要素は、日本ファシズムが発展するにつれて主旋律から単なる和声的伴奏にすぎなくなり、遂にはそのあるものは不協和音を発して合奏から脱落するのである。ここではナチスの場合のように「無法者」は無法者のままで権力に昇進することがなく、ただ派手にあばれまわって上層部のファシズム化を促進するにとどまった。ピラミッドの上層に行けば行く程、ヨリ「紳士的」でヨリ規格にはまった官僚型が支配的となり、最上層にはいわゆるファシスト型の人間とは本来ほど遠い「自由主義的」で「平和愛好的」な宮廷重臣グループが位する。こういう権威―権力―暴力という「分業」とヒエラルヒーのまま全体としての体制は対内的にも対外的にもナチスにひけをとらぬファシズム的機能を営んだのが戦前の日本であった。もしこれに必要な変形を加えればアメリカにおけるファッショ化――今後もアメリカがファシズムへの途を歩むと仮定して――の、大雑把なヴィジョンを描き出すことができよう。自由と人権の伝統を誇るアメリカ、そうして市民生活の静穏と安定性も日本やドイツなどよりは遥かに高い筈のアメリカにおいて、「赤狩り」や黒人迫害の最前線に立っている各種反動団体の、またそれに動員される小市民の、行動様式は驚くほどドイツやイタリーのそれに似ている。一九四九年の夏のピークスキル事件――有名な黒人歌手で平和運動の有力な推進者ポール・ロブスンのコンサートに対する組織的暴行事件――をその渦中にあって詳細に目撃した作家ハワード・ファストのリポートによれば、「この辺の若い者は仕事もなければ将来もないというこの辺の河岸の町に成長する――いってみれば、よろめいて邪道におちいったプチ・ブル的な外観のものになる。彼等はガス会社の出張所とか、食糧品店とか、食堂とかにつとめる、あるいは消防署その他の役所につとめるのだが――さもなければ働きもしないで、その辺をほっつきまわって何とか拾いあつめて生活をごまかすということになる。彼らは世の中の苦難にねじまけてしまっているが、その苦難の原因が何であるかを知りもしないし、それをどこへどう導いたらよいかも知ってはいない。そこで彼らはただ憎悪ばかりもっている。そこが在郷軍人会のつけ込みどころで、また地方の商業会議所などが彼らの憎悪を利用することになるのだ」（『ピークスキル事件』松本訳、一二二頁、傍点筆者）。これらの暴徒は保安官や州警の公然隠然たる庇護を受けながら、一杯景気で手に手にピストル・棍棒・石をもって、「ヒットラー万歳、クロンボの生れそこないめ」とか「おれたちはアメリカの赤のできそこないどもを皆殺しにするのだ」などと叫びながら、多くの婦女子を含めたコンサートの聴衆に襲いかかり、しかも御丁寧にもナチの悪名を世界に高くした、あのニュルンベルグ焚書まで再演したのである。彼等の組織と規模の程度はまだ二〇年代末から三〇年代初め頃にかけてのドイツの場合とは比較にならないが、ここでなにより組織化の対象として狙われた社会層、その生活環境や意識形態はまさに親衛隊《エス・エス》や突撃隊《エス・アー》のメンバーのそれに瓜二つである。彼等に共通に流れているのは、社会的階梯を上昇して行くルートの閉塞または減退から生れる失意《フラストレーション》と焦躁感であり、生活の積極的目標の喪失から来る不安と絶望であり、また社会的連帯の欠如のはぐくむ孤立感である。そこから容易に生れる、「何かしらわけのわからないもの」に対する憎悪と恐怖を跳躍台としてファシズムは成長する。「人間生活の積極的な源泉は信念であり、生の実在性《リアリティー》と意義についての情熱的な感覚である。これがなければ人々は生活の消極的な源泉、すなわち恐怖に転落する。……今日吾々すべてのものは恐怖している。……誰かが社会に関する新しい思想を示唆するとき、ボルシェヴィズムと叫び出す人々……はボルシェヴィズムが馬鹿げたもの、間違ったものだということを証明しようとしているのではない。彼等はボルシェヴィズムの拡大を防止しようと手助けしているのでもない。その時彼等は単に生活に対する彼等の恐怖、つまり信念の欠乏を拡げ散らしているに過ぎぬのである」（マクマレー『近代世界における自由』堀訳、二八九頁）。

しかしピークスキル事件のように、「われらはヒットラーの子」「われら彼の事業を果さん！」と高唱するこうした意識的なファシスト・グループは彼等の切なる願望にも拘らず、アメリカではナチス党のような形でその「事業を果」すことは恐らく困難であろう。彼等の役割はたかだかアメリカ在郷軍人団（A・L）、商業会議所（C・C）、全国製造業者連盟（N・A・M）といった現段階での「アメリカニズム」をヨリ正統的に代表する圧力団体や、連邦捜査局（F・B・I）やコングレスの非米委員会などの公式な思想警察機関の下働きを買って出て、社会的底辺で恐怖と憎悪の雰囲気をまきちらし、強制的なイデオロギー的同質化を「下から」押しすすめることにとどまるであろう。そうして右のような社会的圧力を一部は進んで、一部は不承不承受け入れる形で、上層部のファシズム化が進行するであろう。それは具体的にはF・シューマンがローズヴェルトからトルーマン政治への移行の顕著な特徴として指摘するように、「政府の最高の役職がますます職業軍人と投資銀行家（この言葉は必ずしも明確でないが――丸山）たちの手に吸い寄せられ」る傾向、つまり「金儲けの専門家と戦争の専門家とのコンビネーション」として表現されるであろう（F. Schuman, *International Politics*, 1948, p. 208）。

ドイツの場合のようにファシズムの「下から」の型では、反革命の最前衛部隊がともかく「国民社会主義革命」という括弧づきの革命によって権力を掌握したので、前衛的な過激主義の性格が最後までつきまとった。変質的な狂熱家やニヒルな暴力主義者でかためられた党首脳部と、ともかく資本計算という経済的な合理性を生命とするブルジョアジーとは必ずしも肌の合う相手同志ではない。ティッセンやシャハトの運命がそれを表示している。[4]「資本」がナチス「革命」を受容したのはほんものの革命との二者択一に立たされたデスペレートな投資であった。むろんナチ党の「反資本主義的」綱領がファシズムの成熟と共に脱落していったのは事実であるし、ナチ支配下において、資本の集中と独占化が急激に進行したことも事実である。その意味でナチは独占資本に「融合」した。[5] しかしその融合は「資本」の側からの一方操作ではなく、資本主義的な利潤の合理性はしばしば政治的軍事的非合理性の犠牲に供せられた。日本のように本質的には「上から」のファシズムの型でも、急進ファシズムの暴力性と反財閥性に上層部は少なからず手を焼いたことは周知の通りである。日本支配階級は二・二六後の「粛軍」と、翼賛体制への右翼団体の強制的統合という二つの段階を経て、漸くファシズム前衛部隊の荒れ馬を完全に手なづけることに成功したのである。その意味ではファシズム「前衛部隊」の急進性なり反逆性なりはドイツにおいて最も強く、アメリカにおいて最も弱く、日本はその中間ということになる。つまりファシズム生成期における革命的状況の緊迫性の程度によって「前衛部隊」の急進性の程度が決定されると同時に、他方やはりファシズム生成期における戦争の緊迫性がその反逆性の程度に大いに影響することがこれでも知られる(現段階での戦争は上からのファシズム化を押しすすめる契機となることは前述した。もしナチの権力掌握前の三〇年初期においてドイツをめぐる戦争が勃発していたりあるいは、その危機が非常に切迫していたら、ドイツのファッショ化はああした形をとらず、もっと「上から」

の型、例えば国防軍が中核となったような形で行われていたのではないかと思われる)。

このように見てくれれば、今後のアメリカのファッショ化の形態やテンポは相矛盾する二つの契機の交錯によって、きわめてデリケートに規定されている。独占資本による前衛的ファシズムのエネルギーの吸収、および軍とビジネスの融合という点からいえば、アメリカのファシズムの形態は、ドイツや日本が多かれ少なかれ紆余曲折を経てどうにか到達した地点をそもそも出発点として進行しており、その意味では非常に成熟した要素を具えている。P・スウィジーが日本とアメリカを比較して、日本の軍部・官僚は独占資本に対して相対的独自性をもっていたが、これに対してアメリカのファシズムはブルジョア階級自らの軍国主義化(self-militarization)であると規定しているのも、右のような側面を強調しているのであろう。しかしそのことからしてアメリカが日本やドイツよりもファッショ化し易くまたそのテンポが早いとは直ちにいえないのである。前衛部隊の大衆的基礎が弱いということは、その反逆の可能性から免れているという利点がある反面、組織労働其他の自発的結社《ヴォランタリー・オーガニゼーション》の下からの切りくずしのためには甚だ都合が悪い。S・SやS・Aは党首脳をも手こずらせる「急進性」を発揮はするが、手っとりばやく一切の反対派をたたきつぶすにはまことにもって重宝である。労働者階級をはじめ民衆の一切の自主的組織を粉砕してこれを砂のようにバラバラな「マス」に解体しなければ、内に階級闘争を「絶滅」し外に帝国主義戦争を遂行するための社会的セメント化はできない。いかにアメリカの組織労働者の階級意識が低いとはいえ、組合の自主性を全く奪って之を去勢化するのは容易ならぬことである。これを「下から」のファッショ的大衆団体のエネルギーに主として依拠することなく、しかも急速に達成するのは、露骨な国家権力の発動によって言論出版集会の自由を強力的に剥奪するほかない。現実に戦争でも勃発すればともかくとして、アメリカの支配層はまだまだこうした直接的な方法を主たる支配様式とすることはなかろうと思われる。ヒットラーすら次のように言っているではないか、「新たな権力を創立する場合にはテロリズムが絶対不可欠だ。……しかしあまりびっくりさせることはかえって害がある。それは嫌悪《アパシー》を生む。テロリズムよりもさらに重要なのは、大衆《マス》の観念と感情を系統的に変化させて行くことだ。……今日ではラジオがあるからそのことは昔と比較にならないほど容易である」(H. Rauschning, *Hitler Speaks*, 1939, p. 275)。いわんやマス・ミーディアが大実業の手にしっかりと握られているアメリカでは、今後も主としてはこうして手荒でない方法が選ばれるであろう。しかしどんなに空虚化されたにしても市民的自由をともかく維持しながら、「大衆の観念と感情を系統的に変化させて行く」のは、それだけ暇がかかるものである。

むしろアメリカがファシズムの現段階において果す主要な役割は、国際的な反革命の総本山たることにある。反革命は革命の裏返しとして、革命が国際的規模を帯びれば帯びるほど、自らを国際的規模において組織しなければならない。その意味で、アメリカが世界中にくりひろげた反革命の形態はちょうどファシズムの「上から」の型のピラミッドを横にしたようなものである。すなわち、「上から」の型では最も尖鋭なファシズム団体が社会的底辺に位したように、反革命の国際的布陣において、革命的状況が緊迫した革命勢力と直接的に対峙し接触するところほど、ファッショ的な統治方法をとる政権が成立し易い。極東でいえば李承晩・キリノ・バオダイ・蔣介石政権がこれであり、日本の自由党政権が著しくファッショ化しながらも、まだ上の諸政権より一層「穏健」であるのもそのためである。「自由な国民」の「自由な制度」を全体主義的抑圧から守るというトルーマン・ドクトリンの歴史的演説(一九四七年三月一二日)に基いて最初の大規模な援助の対象となったギリシャとトルコでは当時果してどの程度「自由な制度」が存在したか。ギリシャ国王キング・ジョージ二世はメタクサス将軍と共謀した一九三六年のファッショ独裁政権の樹立者であり、その後を継いだ弟パウルは嘗て「ファシスト青年組織」の団長であった。トルコでは長い一党独裁の後に、一九四六年にはじめて野党の民主党が選挙に参加を許されたが、その選挙は戒厳令下、反対党系新聞の禁圧によって行われた。フランコ政権についてはいうまでもなかろう。この場合トルーマン大統領の名誉のために言っておきたいが、東西にわたるこうした露骨なファッショ的政権を彼は恐らく積極的に好ましいものとは思ってはいないであろう。それはワシントンやペンタゴン首脳部が国内の札付の反動団体や在郷軍人団の活動を、いわんや「赤」や黒人に対する露骨な暴力を必ずしも好ましいものとは思っていないのと同様である。しかし前にも述べたように、現代のような国内的＝国際的な状況の下では「本来堪え難いもの」すら、ヨリ悪いものが来るのではないかという恐怖のために受け入れられる。いわんや少々肌が合わないものにおいておや。嘗てナチスの政権獲得の一年半後に、ロイド・ジョージは下院で次のように述べた。「きわめて近い将来、恐らく一、二年を出でない中に、わが国の保守分子はドイツをヨーロッパにおける共産主義の防壁として期待するようになるであろう。……われわれは慌ててドイツを非難しないようにしようではないか。われわれはやがてドイツを友として歓迎するようになるだろうから」。シューマンのいうように、「ファシズムの軍閥たちに対して西欧民主主義国が行った《宥和政策》は、西欧諸国の首都で政策を作るに当って最も影響をもつ有産的エリートの多くの人々が公然または隠然とファシズムをコンミュニズムに対する《保険》として讃美したという事実に、真の根源があった」(F. Schuman, op. cit., pp. 626-8)。

　アメリカの政治家の中のマッカーシー的分子はいざしらず、そのヨリ理性的な、ヨリ西欧民主主義の伝統に忠実な分子は果してこの戦前の過誤から教訓を学びとるか。それとも彼等が恐怖にとりつかれて、「何事も忘れず何事も学ばざる」十九世紀フランス旧体制の支配者たちの後を追うか。現代及び将来のファシズムの行くえはそれによって大きく左右されるであろう。

(1) ファシズムに同情的な立場の学者や自由主義段階の資本主義を絶対化する学者が概ねこういう「革命説」をとることはもちろんだが、明白にファシズムも歴史的な自由資本主義も否定する立場に立つファシズム研究家にもそうした見方をするものがある。例えば、P. Drucker, *The End of Economic Man*, 1936 はその典型である。

(2) 二十世紀は「革命と戦争」の世紀であるといわれる。たしかに現代において「戦争は革命を必然ならしめた諸条件によって産み出され、逆に革命の達成を促進する」(E. H. Carr, *Conditions of Peace*, 1942, p. 4)。その意味でファシズムはやはり「革命を必然ならしめた諸条件」から生れた反革命として、戦争と双生児である。ファシズムは周知のように主観的にも客観的にも戦争の最も狂暴な推進者である。しかしいうまでもなく、帝国主義戦争はファシズムの発生するはるか以前から存在したので、本稿では、ファシズムの本質を第一義的に規定するものとして、戦争ではなくて反革命を挙げたのである。

(3) この内容は、木戸が有馬（頼寧）から聴取したものである。有馬は、事件の当事者大川周明から、大行社の清水行之助を通じて参加を慫慂されたので、当時の事情を知悉していた。

(4) ナチの支配下では戦争前でさえ、賃銀はもとより、商品の規格、生産量、価格は悉く政府の厳重な統制下におかれ、とくに建築資材・靴・肥料工業などの部門ではコストを割った生産が命ぜられた。企業への投資もしばしば強制的であり、配当は制限され（始め六パーセント後に八パーセント）、公債の強制割当が行われた。一九三八年夏、最も優秀な労働者が要塞構築に強制的に動員され、その間もとの雇主は賃銀を払うばかりか、いつでも帰って来られるように職場を空けておかねばならなかった（cf. P. Drucker, op. cit., pp. 148-9）。こうした不自由を購って資本家は、一切の自主的労働組合の、従ってストライキ其他の闘争の禁止をかちえたわけである。ナチズムを以て独占資本の暴力的な支配形態とするのは、必ずしも全く間違いではないが、ややスイーピングである。一般ブルジョアジーはもとより、独占資本もつねに最終的な政策決定者であったわけではない。

（5）この点とくに、F. Neumann, op. cit., p. 504, n. 63 および p. 611-614 参照。なお本書全体を通じてフランツ・ノイマンの分析は、ナチス社会をもって、階級を解消したマスの支配とみるE・レーデラーや、もはや資本主義の法則の妥当しない一種の国防経済体制（Wehrwirtschaft）と見るP・ドラッカーの見解に対する最も見事な反証である。

おわりに

ファシズムはなんら一つの新しい社会体制ではなくまたそれをめざすものではない。従ってそこには積極的な目標や一義的な政策がない。そこにある唯一の目標を求めれば反革命ということだけである。反共とか反ユダヤとか多く否定の形でしか、その主張が表現されないのはそのためであり、それが顕わな一党独裁形態をとった場合に、その独裁がイデオロギー的にも恒久的なものとされる所以である。しかもファシズムはそのデマゴギーによってあらゆる階層の味方であるように装う。しかし利害の対立し、錯綜した現代社会において一貫した積極的なプログラムを掲げれば必ずなんらかの階級の利害と抵触せざるをえない。そこでヒットラーは資本家に対しては労働者組織の撲滅を誓い、労働者に対しては資本の搾取の廃絶を約束し、中小企業に対しては百貨店やトラストを攻撃し、農民には都市の腐敗と堕落を説き、カトリックに対しては反宗教運動や無神論の弾圧を説き、プロテスタントに対してはカトリック教会の堕落を痛撃し、そうしてすべての場合に、ボルシェヴィズムとユダヤ禍からの解放を絶叫した。その掲げるプログラムや政策の相互の矛盾はいわばファシズムの必然的な矛盾であった。ドラッカーはあるナチの煽動家が農民の集会で歓呼する聴衆に対して次のように叫んだのをその耳で聴いたことを誌している。いわく「われわれは現在のパンの価格の引下げを求めるのでもなければ、その引上げを欲しているのでもなく、また、その価格の不変更を望んでいるのでもない。われわれはただ国民社会主義的なパン価格を求める！」(P. Drucker, op. cit., pp. 13-14)、これは現実にはナンセンスである。しかしそこにファシズムの最も奥深い本質が戯画化された形で浮彫りにされている。抽象的、「理論的」にいえば反革命のトータルな組織化過程は社会の強制的なセメント化によって一切の異質分子——可能的・現実的な現体制の反対勢力——が一掃されたときに完了する。しかしそうした反対勢力の出現は基底にある革命的状況の結果であって原因ではないから、社会革命の世界史的進行自体が停止しない限り、そうした同質化が完了するということは現実にはありえないわけである。つまりこの意味ではファシズムは永遠に「未完成」なのであって、それはこうして反革命のトータルな組織化へ向ういわば無限の運動[1]としてのみ存在する。

かくてそれは近代社会における「能動的ニヒリズム」の究極の宿命である。

（一九五二年）

（1）ナチの理論家カール・シュミットが国家・運動・民族を国民社会主義の三分肢とし、そのうちの中核を運動（Bewegung）に求めたのは、彼の意図を超えて象徴的である。

四　ナショナリズム・軍国主義・ファシズム

まえがき

一般に政治的イデオロギーは、国家・階級・政党そのほかの社会集団が国際ないし国内政治に対していだく表象・願望・確信・展望・幻想などの諸観念の複合体として現われる。それは通常目的意識性と自然成長性の両契機を具え、その濃淡はピラミッド型に分布し、頂点においては組織的＝体系的な理論ないし学説が位置し、底辺においては非合理的で断片的な情動《エモーション》ないし行動様式に支えられている。イデオロギーの政治的エネルギーは底辺から立ちのぼり、政策への方向づけは頂点から下降する。したがって底辺に支えられない頂点は政治的イデオロギーとしては空虚であるが、反対に頂点の合理的指導性を欠いた底辺は盲目である。ところが諸々のイデオロギーはその発生の歴史的由来によって、またそれが働く場としての政治的状況の如何によって、頂点への収斂性が強いものもあれば、底辺からの牽引力が強いものもあり、その程度はさまざまである。一般的に言って、自由主義・民主主義・社会主義という系列のイデオロギーは、思想史的に見て多かれ少なかれ理論や哲学への収斂性をもっている。それはこうしたイデオロギーがそれぞれ封建制社会や資本制社会の体制的な変革をめざし、またそれを志向する明確な階級的選手によって担われて来たからである。既存の体制を擁護する側のイデオロギーは、主として体制に内在する習慣化した生活様式や惰性的な政治意識――殆ど無意識になった政治意識――にアピールすれば足りるので体系性への志向が弱いのに対して、体制の積極的な変革をめざすイデオロギーは、どうしてもまず以て既存の権力構造や社会制度・文化についての綜合的な認識と、当面する政治的状況の全面的な展望を持たなければならないから、理論的武装への内面的な衝動がヨリ強いわけである。進歩的イデオロギーが「抽象的」に学説あるいは世界観として把えることが容易であるのに反して、保守や反動イデオロギーの理論的把握が困難なのは一つにはここに由来している。

ところがテクノロジーの飛躍的な発展に裏付けられた大衆デモクラシーの登場は、政治過程への厖大な非合理的情動の噴出をもたらしたので、イデオロギー闘争はこれまでに比べて底辺からの牽引力を急激に増大した。政治的象徴の意義の増大、マス・メディアを通ずる宣伝と煽動の圧倒的な重要性、総じてイデオロギーのデマゴギー化の傾向はその主要な指標にほかならない。第一次大戦前後からとくに顕著になったこうした大衆社会の問題状況に対して、本来大衆の自主的解決をめざすイデオロギーとして登場したブルジョア民主主義や社会主義が敏速な適応を欠き、むしろ超国家主義やファシズムのようにその解放を阻止する諸々のイデオロギーがこの状況を百パーセント利用したということにもまして大きな歴史的アイロニーはなかろう。なるほどボルシェヴィズムはロシアの思想史的伝統と、とくにその最大の理論家レーニンの驚くべき政治的リアリズムに助けられて西欧的民主主義の「甘さ」から免れ、厖大な地域に渉る社会主義世界の樹立に成功した。しかし二次にわたる大戦の衝撃を以てしても、革命が今日まで成功した地域は（チェコを除けば）いずれもテクノロジーとマス・メディアの発達のきわめて遅れた国々、したがって上述のような政治的状況の構造変化を十分に経験しなかったところに限られており、日本・ドイツ・イタリー・スペインなどでは反動的イデオロギーとの闘争にみじめに失敗した（この点、コンミュニズムに対するロシアや中国の大衆的支持の理由をファシズムの場合と同じように、もっぱら権力によるマス・コミュの系統的利用に求める通俗的見解が、歴史的に支持されないことをアイザック・ドイッチャーが明快に説いている『ロシア——マレンコフ以後』邦訳、一四頁以下）のは示唆的といえよう）。民主主義者や社会主義者がR・ニーバーのいわゆる「光の子」にふさわしく、合理性やヒューマニズムを政治行動の基礎に置き、大衆の能力の可能性に揺ぎない信頼を持つこと自体は当然であり、そこにこそ現代において自由と進歩の見せかけでない代表者たる資格があるのであるが、それが機械時代の精神的状況に対するリアルな洞察に裏づけられない場合には、一方では彼等の依拠する思想や理論自体が大衆にとってシンボル化しつつある現実に対して自己欺瞞に陥ると共に、他方では理論性や体系性において劣るもろもろのイデオロギーのイデオロギーとしての掌握力を過小評価して、それを下部構造の問題に還元し、あるいはたかだか「遅れた意識」の所産として処理しようとする（それが裏返しになると、理論の領域と別個に全く現実政治の戦術上の顧慮から、そうしたイデオロギーや情動を「利用」する態度となって現われる）。政治過程に噴出するもろもろの非合理的要素は、これを無視したり軽蔑したりせず、いわんやこれを合理化することなく、非合理性を非合理性として合理的に観察の対象とすることによって、そのはたらきを可能な最大限にコントロールする途がひらけるのである。

以下の簡単な論考は、現代の比較的に非合理的な——反動的とは限らないが——イデオロギーとして最も重要と考えられるナショナリズムと軍国主義とファシズムについて、政治学的な接近の一例を示そうと試みたものである。私は自分の規定を唯一の正しい規定として押しつけるつもりは少しもない。むしろこうしたイデオロギーについて、検証《テスト》を俟たぬ真理性を具えたような「定義」をめざし、それをめぐってスコラ的な論争をすることは、政治的分析にとって百害あって一利ないというのが以前からの私の主張なのである。ただ本書の他の論文が多く日本や世界の現実の政治的状況や精神的気候を取り扱っているので、ナショナリズムなりファシズムなりについてそもそも一般的に私がどう考え、どういうアプローチを採っているかを示しておくことは――とくにこういうあいまいな概念の場合――読者に対する責任でもあるし、また他の所論の理解を助けると思ったので、「政治学事典」（平凡社、昭和二九年）のために書いた解説に若干の補訂を加えてここにまとめた次第である。具体的過程それ自体の叙述ではなくて、どこまでもそれを観察し分析する道具に資するつもりで書いた。現代の政治的イデオロギーのような複合現象は政治学だけでなく、社会学、経済学、哲学、心理学、歴史学などの立場からそれぞれの観点を提出し合って相互に立体的な理解を深めて行くことが必要であって、イデオロギー論に対するこうした多様な角度からの活潑な検討への一つの刺戟になれば、というのが私のささやかな希望なのである。（一九五六年九月）

1　ナショナリズム

ナショナリズムは本来きわめてエモーショナルでかつ弾力的な概念であるため、抽象的に定義することは困難である。それは民族主義、国民主義、国家主義というように種々に訳されて、それぞれある程度正当な、しかし何れも一面的な訳語とされているところにも反映している。ナショナリズムは歴史的状況に応じて、あるいは憧憬ないし鼓舞の感情を、あるいは憎悪ないし嫌悪の感情をよびおこす。同じ概念のもとに一方では自由と独立が、他方では抑圧と侵略が意味されている。これは決してたんなる用語の恣意的な濫用ではなく、むしろそうした用語の混乱自体のうちに、近代の世界史の政治的単位をなしてきた民族国家（あるいは国民国家）nation stateの多様な歴史的足跡が刻印されている。

一応の定義をあたえるならば、ナショナリズムは、あるネーションの統一、独立、発展を志向し押し進めるイデオロギーおよび運動である。したがってナショナリズム概念の多様性はネーションという範疇の多義性ないし曖昧性と相即している。しかしナショナリズムに生命力を附与するものは、ネーションの主体的契機ともよばれているところの民族意識national consciousnessにほかならない。ナショナリズムはこうして民族意識が一定の歴史的条件のもとにたんなる文化的段階から政治的な——したがって「敵」を予想する意識と行動にまで高まったとき、はじめて出現する。ナショナリズムの最初の目標がどこでも、ネーション内部の〝政治的〟統一（共通の政府の樹立）、および他国にたいする〝政治的〟独立（国際社会における主権の獲得）として表現されるゆえんである。普遍的規範によって結ばれた「国際社会」international communityはまずヨーロッパに成立し、そこから全世界に拡がったから、近代ナショナリズムが思想としても現実の運動としても十九世紀ヨーロッパにその原型をもつことは自然であった。しかし今日それが集中的に問題とされる地点は、むしろアジア、アフリカなど近代帝国主義の侵蝕下におかれた地域である。

〔近代ナショナリズムの歴史的形成〕ヨーロッパにおける民族意識は中世末期から数世紀にわたる長い期間に徐々に成熟したものであるが、ナショナリズムというイデオロギー及び運動が顕著な歴史的動力となったのは十九世紀以後のことである。その直接的な動機となったのはフランス革命であり、その展開の舞台は主として大陸諸国であった。イギリスは統一国家の早期的完成、ブルジョア革命と産業革命の先駆的な達成、強大な海軍力に護られた島国的地位などきわめて特殊な諸条件のために——現実の歴史的足跡は「国民的利益《ナショナル・インタレスト》」の一貫した追究を示しているにもかかわらず——、特殊なイデオロギーおよび運動としてのナショナリズムは、そこではむしろ実体的に凝集する機会が比較的乏しかった。フランス革命にたいする干渉戦争の過程は、まずフランス市民において愛国心と人民主権の原理との結合をもたらし、ついでナポレオンの侵略は、一方中南欧諸国の旧体制を破壊するとともに、他方諸民族の広汎な抵抗運動を惹起した。これを契機として、(i)対内的には政治的指導権を一部少数の特権貴族層の独占から解放してこれを「国民的」基盤に拡大する理想、(ii)対外的にはながらく国際社会の組織原理として通用してきた王朝主義 dynastic principle を打破してネーションを基盤とする独立国家を形成する志向、という両面の動向が、やがて国民的自己決定 national self-determination という統一的な——しかし内実は必ずしも明瞭でない——観念へと合流していったのである。こうしたナショナリズムと自由民主主義との結合の推進力となったのは各国の新興ブルジョアジーと知識層であり、十九世紀のヨーロッパ大陸の歴史はこうしたミドル・クラスを担い手とするナショナリズムが王朝的正統主義を一歩一歩と排除していった過程にほかならない。その過程の最終的完成が第一次大戦におけるオーストリア・ハンガリア帝国——それは「諸民族の牢獄」とよばれていた——の解体であり、ヴェルサイユ条約において民族自決主義は公的に原則化された。

けれどもこの世紀におけるナショナリズムと自由民主主義の結合をあまり図式的に理解してはならない。ナショナリズムに特有の力学は、はやくからこれに複雑な陰影を賦与した。すでにフランスの王党派——たとえば思想家としてはド・メイストル de Maistre——は革命によって点火された新しい国民感情を巧妙にブルボン王朝の反革命に利用することを怠らなかった。新興ブルジョアジーの力の本来弱いところや、それが産業革命によって急激に増大した大衆の圧力に恐怖を感じたような状況の下では、ナショナリズムのシンボルは「自由」や「解放」の表象よりもむしろヨリ容易に過去の王室の栄光に結びつき、国民的統一の象徴として君主が政治的生命を保った。一八四八年は正統主義の支柱としてのメッテルニヒの没落を記録すると同時に労働者階級の国際的団結をよびかけた歴史的宣言が発せられた年でもあることは象徴的といえよう。つまりナショナリズムの浸々乎たる発展の舞台裏では、多かれ少なかれ貴族的保守主義と市民的自由主義の双方からの歩みよりがおこなわれていたのである。この傾向を集中的に表現するのがドイツの統一（一八七一年）であり、しかもまさにこの頃から主要資本主義国は帝国主義段階に踏み入った。バルカンのナショナリズム運動の悲劇はこうした先進国との落差に由来するものであり、その矛盾はやがてここが第一次大戦の引火点となったことに表現されている。ヴェルサイユ体制におけるリベラル・ナショナリズムの観念的制覇が現実には全ヨーロッパのバルカン化をもたらしたのは、あまりに当然な歴史的帰結であった。

しかし他方この世紀の後半期においてナショナリズムの焔は「祖国を有たぬ」はずの労働者階級をも厚くつつんでいった。義務教育の普及、選挙権の拡大、労働組合の発達、議会への労働者政党の進出、社会政策の実施——こうした諸々の過程は、一面ヨーロッパ諸国の労働者階級の政治的圧力を増大するとともに、それだけ彼等を体制内存在《インズ》に転化させ、隠微のうちにその階級意識の内実は小市民化して行った。そうして植民地からの超過利潤がこれらプロレタリアート——とくにその上層部にもこぼれ落ちたことは、いよいよ彼らの「国民化」傾向に拍車をかけた。ドイツ社会民主党における修正主義の発生は、ただこうした底流の変容を露骨に「正直」に表白したからこそショッキングに見えたが、実は労働者・農民が徹底的に体制から疎外され、「国民的利益」への均霑に浴しなかった半封建的なロシアをのぞいては、各国の労働運動と社会主義運動はすでにこの頃には、表面的言辞の急進性にもかかわらず、実質的に階級的忠誠と国際的連帯性をば国家的忠誠に従属させていたのである。そうした実質的変容は、第一次大戦の勃発にさいしての第二インターの急激な崩壊によって端的に暴露された。このようにナショナリズムがミドル・クラスを枢軸として上層と下層の両方向へ伸長したことこそ、十九世紀後半におけるヨーロッパ国家内部の相対的安定の有力な要因であり、しかも国際秩序も、一方における政治的単位の多元化（主権国家の併存）は、他方における世界経済体制の単一性と「キリスト教文明」の共通性によってバランスされていたために、はなはだしい混乱を惹起しなかった。こうした事情は第一次大戦後に一変した。

〔現代ナショナリズムの様相〕　ヨーロッパを中心とし、独立のネーションが政治単位をなして国際社会を構成してきた十九世紀的世界は、(i)アメリカ合衆国の世界的強国としての登場、(ii)ロシア革命による社会主義圏の成立、(iii)いわゆる「アジアの勃興」という三つの契機によって根本的に震撼された。前世紀の中葉にマッツィーニが描いたような、そしてウィルソンが第一次大戦後に期待したような、個人主義＝国民主義＝国際主義のうつくしい調和の夢は無残に破れ、両大戦間の二〇年は社会的経済的動揺と国際的緊張の激化に明け暮れした。生産力と交通報道手段の飛躍的な発達は世界を一体化しただけに、そうした動揺や緊張の波動は規模においても衝撃の程度においても甚大となった。おそろしく厖大化した経済的および軍事的メカニズムの前に、群小民族国家は独立の政治単位としての意義をいちじるしく喪失した。国際連盟の「悲劇」は、それが一方において右のような現実を容認し法則化しながら（たとえば集団安全保障原理）、他方依然として前世紀のアトミスティックな国際秩序観を固執し、むしろそれを国際デモクラシーの名において極端化したところに胚胎している。新旧大小とりまぜた民族国家が目白押しにならぶヨーロッパで、この矛盾は集中的に露呈された。E・H・カーは、第二次大戦において、それぞれ古い国民的伝統をもった連合国の国民が、被占領地域で広汎に枢軸国に協力した事実を挙げて、古いナショナリズムの没落の徴候としている（*Nationalism and After.* 邦訳『ナショナリズムの発展』参照）。今日世界における四大国（米英ソ中）が、いずれも古典的な民族国家ではないこともまた象徴的である。

しかしこうした動向から、ただちにナショナリズムの歴史的役割の終焉を宣し、世界連邦や世界国家（世界政府）の問題を今日の日程に上せることは、「体制」の問題を一応別としてもなお飛躍を免れない。国際社会の組織化は差当っては、歴史的地理的経済的近接性にもとづくいくつかの超民族集団に向って権力単位が漸次に拡大してゆくという緩慢な過程で進行するであろう（たとえば西欧圏、ラテン・アメリカ圏、東南アジア圏、アラブ圏のように）。その過程においてナショナリズムは帝国主義——帝国主義はナショナリズムの発展であると同時にその否定である——およびあらゆる形態での権力政治の推進力または対抗力として、なお生命を持続すると考えられる。これに関連して資本主義発展の不均衡の反面としてのナショナリズム発展の不均衡という問題が重要である。西ヨーロッパにおいてナショナリズムが老いて魅力をうしないつつあるのと逆に、アジア大陸・近東・アフリカ・中南米といった地域では、それはわかわかしい混沌としたエネルギーを湛えている。とくに今日世界の視聴を集めているのはアジアのそれである。

〔アジアのナショナリズム〕　十九世紀における世界市場の形成は、従来「世界史」の激動の彼岸にあった広大な「未開地域」を国際社会の中に引き入れた。この歴史的変動は、ふるくから独自の文化と伝統を形成してきた極東諸国にもっとも大きな衝撃として現われた。日本は種々の歴史的条件によっていち早くこの衝撃を主体的に受けとめて、一応ヨーロッパ型の主権的民族国家を樹立することに成功し、十九世紀末にははやくもヨーロッパ帝国主義と轡をならべて植民地分割競争に乗り出した。しかし他の極東諸民族は日本の勃興に刺戟されて民族的独立の方向に歩みだす以前に、あるいはその動向の脆弱な間に、集中的な帝国主義の侵略を蒙って植民地ないし半植民地の境涯に陥った。けれどもやがて帝国主義国による資本輸出は伝統的生産様式を押し潰し、交通網の発達は多かれ少なかれ閉鎖的な共同体秩序を破壊したために、資本と軍靴の無慈悲な足跡の下から、ほとんど不死身のエネルギーをもった民族解放運動が二十世紀に入って到るところに勃興した。ヨーロッパにおける民族自決主義の勝利、ロシア革命、両次の世界大戦における英・仏・独・オランダなど主要植民帝国の弱化と、今次大戦における日本帝国主義の崩壊といった一連の歴史的過程を経て、現在アジア・アラブの民族運動は世界政治のもっとも重要な因子の一つとなっている。これをヨーロッパ的なナショナリズムの範疇でどこまで捉えられるかは大きな疑問が存在するが、やはりそこにはナショナリズムとよばれて然るべき要素が作用していることも否定できない。むろん一口にアジア・ナショナリズムといっても、その間にかなり地域差があるが、その内部的相異を超えてこれをヨーロッパ・ナショナリズムから共通に区別する特性に着目すれば、まずこれら諸地域の社会構成において、ヨーロッパともっとも顕著な対照をなすのは、いわゆるミドル・クラスの欠如である。上層部には六〇パーセントから八〇パーセントにおよぶ超高率の地代を収奪する半領主的な巨大地主や、先進国の外国商社と結んだ買弁資本が位し、そのすぐ下には人口の圧倒的多数を占め、ほとんど文盲な貧農と、恐ろしく劣悪な労働条件下にある鉱業その他、主として原料生産業および交通関係の労働者、および種々の雑役に従事する半プロレタリアの大群が位する。その間にわずかに小規模の民族資本、小商人、ヨーロッパ的教養をうけた知識層（官吏・軍人を含む）が擬似ミドル・クラスを形成するにすぎない。ナショナリズムの巨大なエネルギーを提供するのは、いうまでもなく下層の極貧大衆であり、彼らの非人間的な生活条件と擬似ミドル・クラスの不安定性とは、そのナショナリズムにきわめて急進的な、しばしば熱狂的な性格を賦与している。富と権力をもった少数の土着支配層は、外国帝国主義との取引を有利にするためにこうした大衆運動を利用し、ある場合には指導するが、決定的な状況ではしばしば帝国主義と結んでこれを押しつぶす役割を演ずる。したがってアジアのナショナリズムはイデオロギー的にも政治運動としても非常に屈折がはげしく、その「急進性」も、ときにはコンミュニズムとして、ときにはウルトラ・ナショナリズム（とくに激烈な反西欧主義）の様相を帯びて発動する。

けれども、一般にアジアのナショナリズムにはヨーロッパのそれに比して社会運動の性格がつよく、その綱領にも、国家資本による工業化、文盲退治、技術者および近代的労働者の養成、農地改革、福祉とくに衛生設備の拡充、といった共通の要素がみられる。そこでの非共産主義的指導者がソヴェート・ロシアの国内的実験に寄せる多大の関心と同情も、イデオロギー的なものでなくて、こうした後進地域の自主的近代化の最初の模範をロシアに見出すからにほかならない。要するにそれはマクマホン・ボールのいうように、(i)帝国主義への反抗、(ii)貧困への反抗、(iii)「西洋」への反抗という、三つの反抗の化合物なのである。民族運動の指導権を誰が握るかによってその化合の仕方なり強度なりは種々異るが、第一にそこでの階級対立が典型的な労資関係として現われないという事情と、第二にアジアがヨーロッパ帝国主義のもとに体験した歴史的運命の共同性の意識が広汎に存在するという事情とによって、アジア各地域の民族運動相互間には、たんにそれぞれの階級的性格では割り切れない漠然とした連帯感情が流れている（たとえばネールやスカルノの中国にたいする態度）。しかし他面この連帯性をなんらかの形で組織化しようとする動向は、アジア内部の伝統的な宗教的対立や世界政治のはげしい両極化の傾向などによって多くの困難に直面して来たことも否定できない。他方日本は、一面においてアジアにおける唯一の高度資本主義国としてほぼ西ヨーロッパと共通する発展をたどったが、同時に社会構造や歴史的文化的特徴などにおいてアジア大陸に近似した要素をも具え、ことに戦後アメリカ帝国主義に軍事的に従属し、政治的、経済的にも大きく依存したことは、いよいよ他の植民地・半植民地地域との問題の共通面を濃化した。したがって日本のナショナリズムには、西ヨーロッパ型のそれとアジア型のそれと、その上に伝統的な要素が複雑に錯綜して、とりわけ混沌とした様相を呈している（第一部の五参照）。

〔ナショナリズムのイデオロギー的構成〕　ナショナリズムは本来国民的特性を主張するイデオロギーであるから、その内容は歴史的段階や民族差に応じてきわめて多様であるのが当然であり、ナショナリズムの代表的理論家をとっても、ルソーからトライチュケを経て孫文にいたるまで、その間ほとんど無限のニュアンスがある。ヘイズはそのイデオロギーを、主として歴史的順序にしたがって、人道主義的、ジャコバン的、伝統的、自由主義的、全体的《インテグラル》というように類型化している（cf. C. Hayes, *Historical Evolution of Modern Nationalism*, 1931）が、具体的にはこの相互間に複雑な移行関係があり、またアジアのナショナリズムにはこうした類型化は妥当しない。したがってここではそうしたイズムによる分類ではなく、むしろナショナリズムを他のイデオロギーから区別して、まさにナショナリズムたらしめる不可欠の構成要素を問題としよう。そうした観点からみるとナショナリズムのイデオロギーはほぼ三つの契機から成り立っている（この点 F. Hertz, *Nationality in History and Politics*, 1944 から示唆をえた）。㈠国民的伝統 national tradition　㈡国民的利益 national interest　㈢国民的使命 national mission である。伝統はネーションを過去に結びつけ、利益はそれを現在に、使命はそれを未来に結びつける。この三者が合成されて、そこに国民的個性観念 national character が打ち出されるのである（イギリスの「ジェントルマン」とか、日本の「古武士」とか、アメリカの「コモン・マン」とかいった人格類型は、そうした国民的個性観念の具体的人格化にほかならない）。

㈠ナショナリズムにおける国民的伝統の主張は国語、習俗、芸術その他の民族文化の保存と伸長の要請として現われ、また自国の歴史における外敵撃攘の伝統の強調、進んで自国の威信や栄光を高めた過去の支配者や将軍――いわゆる民族的英雄――の顕彰として発現する。このような象徴がしばしば社会体制や階級を超えて求められることは、最近のソ連の例（イワン雷帝やピョートル大帝など）でも明らかである。ナショナリズムはこうした伝統の美化を媒介としてロマン主義に近づく。その政治的意味は状況によって一概にいえないが、少くとも歴史的には保守ないし反動勢力がナショナリズムを担うときに、こうした傾向がつよく現われている。伝統が民族の神話的起源にまで遡及する場合（建国神話の強調など）はとくにそうで、そのさいは使命観念と結びついてウルトラ・ナショナリズムの様相を帯びる。㈡国民的利益という観念は強度の現実性と強度の観念性との両面をそなえている。国内的には部分的地域的利害の克服、国際的には領土や権益の擁護・拡大の要請として現われることがもっとも多い。ナショナリズムが植民地からの独立運動として発現し、またはそれが上昇的な階級によって担われる場合、さらには植民地超過利潤を多少とも持続的に期待しうるような状況では、階級対立を超えた国民的利益の観念が現実性を帯びてひろい国民の間に根を下す。これに反して体制が下降ないし没落期に入るほどその観念は虚偽意識と化し、社会的矛盾を隠蔽し階級的忠誠を抑圧するイデオロギー的役割が前面に出る。一般にナショナリズムには国内の階層的秩序を平準化する傾向と、逆にそうした階層を固定化する傾向との、まったく正反対な方向がともに内包されているが、具体的な場合にそのいずれがヨリ支配的かを知る指標として「国民的利益」の観念の機能の仕方をみることが有効である。㈢国民的使命ないし抱負は、あるネーションの世界における存在理由と将来の行動目標を端的に提示して、国民を精神的に鼓舞し、あるいは潜在的顕在的な「敵国民」を精神的に武装解除する役割をはたす。伝統と利益が、どちらかといえば限定的、特殊化的な性格をもつのにたいして、使命感は普遍化への衝動がつよく、著しく外向的である（しばしば汎ゲルマン主義とか汎スラヴ主義といった形と結びつき、多く選民思想を随伴する）。とくにナショナリズムの帝国主義への発展と、さらに国際政治におけるイデオロギー戦の拡大は、相俟って使命感の国際化に拍車をかけ、それとともにデマゴギー化の傾向も顕著になった。未開人の文明化（アメリカの〝壮大なる使命〟Manifest Destiny）、正教の守護と宣布（帝政ロシアの〝第三のローマ〟という観念）、被抑圧民族および階級の解放（フランス、ロシアなどの革命政権の場合）、世界金権支配の廃絶（ナチス・ドイツの〝新秩序〟）、アジア人のためのアジア建設（帝国日本の〝大東亜共栄圏〟）など、その歴史的政治的役割はさまざまであるが、いずれも近代の国民的使命感の著名な事例である。

〔ナショナリズムの運動形態〕　ナショナリズムが政治運動としてとる形態も、もとより歴史的地域的に多様であり、ここではごく一般的な特徴をのべる。まず、(i)ナショナリズム運動は一般の政治運動と同様に、大衆の無定形《アモルフ》な国民感情を基盤としてこれを指導者が多少とも自覚的な意識と行動にまで組織化してゆく過程をとるが、そのさいナショナリズムはイデオロギーの理論性・体系性が弱いために、底辺の国民感情は素材のまま洗練・昇華されずに蓄積される傾向があり、運動の指導性はこの底辺の非合理的情動につよく牽制される。そこにナショナリズム運動の異常な強味と同時に弱味が存在する。すなわちナショナリズム運動は愛国心の精神構造からも窺われるように自愛主義（自我の〝くに〟への拡大と投射）と愛他主義（祖国への献身と犠牲）の感情をともに比較的無理なく動員できる点で、たんなる階級主義や人道主義に立脚する運動に比して著しく有利な面をもつが、他面点火された大衆の激情はしばしば盲目的なエネルギーとして爆発し、指導者自身これを制御しえなくなる危険性がある。指導者の権力がある程度安定的な社会層を基盤とせずに、大衆の「喝采」に直接依拠しているような場合はとくにそうである。歴史はナショナリズム運動が当初の指導者の意図と目的を超えて自動作用を開始した幾多の事例を教えている。(ii) このことと関連してナショナリズム運動は他の政治力やイデオロギーによって「利用」される可能性が一般に高く、また多くは独立した運動としてでなく自由主義、社会主義、君主主義、ファシズムといったイデオロギーないし運動と結合して現われる。それも国民的統一と独立がまだ純然たる将来の目標である間はナショナリズム運動は比較的にそれ自体としてまとまった形態をもち、独自の役割を果すが、一応近代国家を樹立した後のナショナリズム運動や、また大国の権力政治の渦中に巻き込まれた地域のナショナリズム運動には、ほとんどつねに他の政治力や運動が複雑に介入する。そうした傾向が、(i) にのべた特質に重なり合うために、ナショナリズム運動の政治的性格は概して不安定であって、進歩性と反動性が同じ運動のなかに同時的に存在し、微妙な状況の推移によってその役割が逆転するというような場合が稀ではない。したがって学問的分析の上でも、また実践運動の観点からも、ナショナリズムの理解のためには、孤立した諸現象の孤立した観察や評価は危険であって、高度に文脈的な、また全体関連的な考察が必要とされるわけである。現在の日本のように戦前の統一的な帝国的精神構造が崩壊し、ナショナリズムの諸々のシンボルが分散して国民生活の底辺に複雑な形でうごめいているところでは、このことはとくに強調されなければならない。

2　軍国主義

軍国主義 militarism という概念もきわめて多義的に使用され、そこからしばしば論議の混乱が生れている。ナショナリズムやファシズムの概念が同じような不明確性を含みながらも、ともかく顕著な運動ないし政治体制として歴史的に発現しているのに比べて、ミリタリズムの場合は一層アイマイで「イズム」としての特性が稀薄である。したがって常識用語としてひんぱんに使用されるに拘らず、軍国主義をそれ自体研究対象とした学問的労作は内外とも非常に乏しく、その名を冠した書物の多くはドイツや日本というような具体的な国家についての歴史的実証的な研究である。ミリタリズムの社会学ないし政治学的分析はなお今後の課題に委ねられているといえよう。以下のスケッチも決して学界に公理として通用している見解ではなくて、軍国主義の政治学的アプローチの一つの見取図にすぎない。私の概念構成の試みにあたって念頭においたことは、一般的常識的な用語法からとびはなれた「厳密」な定義づけを避けて、むしろその言葉の歴史的経験的な使用のなかに含まれた意味をできるだけ精錬して行くことによって他の類似のイデオロギーに対する区別と関係を幾分でも明確にしようというところにある。

右のような tentative な意味で軍国主義を定義するならば、それは、「一国または一社会において戦争および戦争準備のための配慮と制度が半恒久的に最高の地位をしめ、政治、経済、教育、文化など国民生活の他の全領域を軍事的価値に従属させるような思想ないし行動様式」として規定されよう。したがってたんに強大な軍部の存在とか対外政策の好戦性とかいうだけでは軍国主義を成立させる充分な条件にはならない。R・H・トーニーがいうように、「軍国主義はある軍隊の特性ではなく、ある社会の特性」（*Acquisitive Society*, 1920, p. 44）なのであって、その特性は社会の各層に浸透している特定の思考様式によって測られる。したがってまたそれは資本主義や社会主義のような社会経済的構成体でないことはもちろん、民主主義のように政治体制全体を蔽う概念でもない。つまり「主義」というよりはいろいろな政治体制と結びついて存在して来た一つの傾向性であって、ある社会はヨリ多く、またはヨリ少く軍国主義的なのである。ひとびとは通常スパルタの軍国主義、ローマの軍国主義、十九世紀プロシヤの軍国主義について語っているし、また語って差つかえない。しかし近代の軍国主義とくに高度資本主義下の軍国主義は、古代や中世のそれとの共通性と同時に、以前の形態といちじるしくことなった様相をもおびている。

〔近代軍国主義の歴史的前提〕　近代軍国主義は大体三つの段階を経て成立した。すなわち第一には絶対主義君主による常備軍 Standing army の創設であり、第二はアメリカおよびフランス革命における国民あるいは大衆軍 Mass army の登場であり、第三にはナポレオン以後における国民軍の官僚化の過程である。絶対主義時代における常備軍は主として上級貴族によって構成された将校団と、国籍の別なく徴募された傭兵とからなっていたが、貴族は本来孤立的＝個人的な性格をもった騎士《ナイト》道の精神をこの常備軍組織のなかに持ちこみ、そこから、(i)犠牲・忠誠・献身・勇敢といった道徳や、特殊の「名誉」観念、(ii)軍事的英雄の崇拝、(iii)軍刀・軍服・軍旗などの象徴にたいする尊敬、(iv)その反面としての産業・貿易ないし生産労働にたいする軽蔑、(v)位階制（ヒエラルヒー）にもとづく距離感の尊重など、一般に軍国主義を特徴づける諸観念が軍隊精神の伝統として沈澱するようになった。ところがアメリカ独立戦争とフランス革命の経験は、精神的には下からの国民的エネルギーの結集の必要、技術的には少数精鋭主義にたいする大量圧倒戦術の優越を証示し、ここにいわゆる国民総武装 Nation in arms という観念がうまれた。近代の軍国主義はこのあたらしい国民軍の観念からその革命的性質を抜きとり、逆に上述した旧軍隊の身分的イデオロギーを国民的規模にまで拡大しようという動向のなかから発展したのである。したがってそれは十九世紀初頭における反革命とむすびついて各国に成長したが、とくに巨大な常備陸軍を擁する大陸諸国に発展し、そのなかでも下からのブルジョア革命を上からの「改革」に切り換え、強固な封建的ユンカーの指導のもとに近代化をおしすすめていったプロシャにおいて、典型的に成熟した形態をとった。日本の軍国主義も根本的には同様な歴史的状況から育ったもので、ただ武士階級の長い政治的支配と「尚武」の精神の伝統がヨリ好適な土壌となったわけである。一般に近代の戦争技術は高度の組織性と機械性を要請するから、国民軍の養成は国民の知的水準のある程度の向上を前提とする。しかも他方軍国主義は合理的批判的精神の成長を抑制し、盲目的な絶対服従の精神を叩きこまなければならない。そこで一般に国民の間で技術的知識の普及と政治意識の成長のカーヴが平行せずむしろ鋏状差《シェーレ》を描いているようなところほど、軍国主義が成長しやすい。その意味で近代軍国主義は大衆国家と民主主義のギャップからうまれた畸形児にほかならない。

〔近代軍国主義の諸様相〕　近代軍国主義は前近代的なそれを機械時代の要請に適応し変質させたものであり、そこにはおそろしく時代錯誤的な様相とおそろしく現代的な様相とが奇妙に結合している。この矛盾した結合は、戦争が全体戦争（総力戦）の段階に入るとともにいよいよ顕著となる。軍国主義はもはや傲然と大衆を見おろしているわけにはゆかず、むしろ全力をあげて大衆に自己を売りこみ、世論の支持をえなければならない。軍事的な象徴はいまや自然発生的な名誉心の表現や外敵にたいする示威よりも、むしろ第一に国内向けの念入りな宣伝に奉仕する。

瀟洒な軍服、きらびやかな階級章や勲章、華麗な軍楽隊——それらは戦闘の実用的目的によってではなく、もっぱら大衆の虚栄心を煽り「われらの軍隊」にたいする自負と羨望をかきたてる必要から制定される。軍隊的な組織——その厳重な位階制、権威主義、命令にたいする敏速無条件な服従——がもっとも模範的なもっとも自然的な人間関係とみなされ、他の一切の社会関係（たとえば労資関係）はこれを雛型として形成される。軍人教育が教育一般の理念となる（文弱！　の排撃）。一方で戦友愛が高唱されながら他方ではスパイ組織が網の目のようにはりめぐらされる。「ドイツ国民はまさにいま正しい生活様式を見出そうとしている……それは行進する部隊の形式であり、そのさい、この行進部隊がどこに、どのような目的に用いられるかは問題にならない。……今日いかなるドイツ人も自己を私人として意識しないということこそ、まさにドイツ的生活様式の徴表である」とナチスのイデオローグがいっているように（A. Rosenberg, *Gestaltung der Idee*, S. 303）、ファシズムの全体主義においてわれわれは近代軍国主義の到達した最高の形態を見ることができる。それは両者が政治的及び軍事的手段の物神崇拝《フェティシズム》の点で内面的関連をもつからである。

〔軍国主義の浸透過程〕　軍国主義の直接的な発電所はむろんいわゆる軍部である。しかし軍部はそれ自体国家権力の一部を構成する特殊的な職業集団であって国民的基盤をもたない。そこでこの軍部のイデオロギーを国民に媒介し、社会的に軍国主義を宣布する純民間団体ないし半官半民団体が必要となる。こうした思想的ラッパ卒としてしばしば活躍する団体としては、在郷軍人会、超愛国団体、軍人援護や軍事研究を標榜するいろいろのクラブ、さらに青年団や少年団組織などがある。とくに近代国家では一般に、——最高指導部を除く——現役軍人の政治不関与のたてまえがとられているので、これらの団体はいわば軍部の身代りとして、公然たる政治運動によって軍部勢力の増大に貢献し、軍国主義にたいする自由主義や社会主義勢力の抵抗を打破する役割をうけもつ。さらに彼らの背後には大小の軍需資本家がいて資金を提供し、あるいはみずから新聞雑誌を経営して軍国熱を煽りたてる。これら「死の商人」の範疇に直接には属さない一般資本家も、増大する労働者階級の反抗に直面すると、労使関係の軍事的規制に利益を感ずるから、多かれ少なかれ軍国主義の支持にかたむくようになるし、一国の経済が戦時あるいは準戦時体制に編成されればされるほど、個人としてはアンチ・ミリタリストの資本家も機構的に軍国主義にコミットすることを余儀なくされる。しかし軍国主義の浸透にはまた大衆の側での精神的物質的な受入れ態勢ができていることが重要な条件である。軍隊という閉鎖的特権的なカーストは、社会的昇進の途をふさがれた下層民にとって、しばしば栄誉と権力の階梯をのぼりうる唯一の装置である。高度資本主義のもとで「都市」に象徴される機械文明の恩恵にあずからずそれにたいする嫉妬と羨望をもっている農民は、機械化された軍隊に入ることによってその挫折《フラストレーション》を癒すし、逆にまた都市の小市民で機械的な生活のルーティンに堪えられず、その単調さから救いをもとめるひとびとも、やはり軍隊生活や国民生活の軍事体制化のうちに刺戟と変化を見出していく。一般的には軍国主義下の最大の被害者である労働者階級でさえも、工場閉鎖や大量整理の脅威が慢性化すると、企業の全面的な軍事的編成に「安定」へのデスペレートな希望を托することがまれではない。したがって軍国主義自体は一つのイデオロギーであるとしても、その解毒のためには単なる反軍国主義や平和主義のイデオロギーの鼓吹では足りないということになる。

〔軍国主義の内在的矛盾〕　軍国主義は手段としての軍事力と軍隊精神が、それ自体目的化するところにその顕著な特性がある。国民生活の一つの分野にすぎない軍事的配慮が他のあらゆる分野を圧倒して肥大し、綜合的な力としての「国力」がいつしか軍事力と等置される。その意味でヴァッツ A. Vagts が軍国主義をもって「均衡感覚の喪失」と評した（*History of Militarism*, 1938, p. 135）のは正しい。とくにこの不均衡が顕著に現われるのは国民経済との関連である。それは元来軍国主義が、自己の経済的依存性を意識せず、逆に生産労働を蔑視する武士ないし騎士階級の精神と行動様式に発していることと無関係ではない。しかも近代文明の高度化とともにそれぞれの国家機能の相互依存性は飛躍的に増大したにもかかわらず、皮肉にも同じ過程は軍事技術をますます専門化したために、そうした専門化にともなう軍部のセクショナリズムが伝統的軍人精神と癒着して、軍部ないし軍事組織のナルシシズム的傾向は近代国家にいたっても強靱に残存している。こうした手段の自己目的化は軍国主義のイデオロギーに本質的な矛盾を招来した。モルトケはかつて「戦争こそ神の世界の秩序をたもつ炬火である。戦争は人間の具有するもっとも貴重な徳操……を発揮する。戦争がなかったならば世界は物質主義に沈淪してしまうであろう」（一八八〇年一二月、ブルンチュリ宛書簡）とのべたが、あらゆる軍国主義に共通するこの精神主義は、そこに内在する矛盾によってまさにその反対物に転化する宿命をもつ。すなわち軍人精神の高揚は、軍の規格性、劃一性の要請に面してもっとも没精神的で非個性的な「員数」に還元され、戯画化された形態においては日本の「皇軍」に見られたように、階級章・襟布・巻脚絆のつけかたや毛布の整頓などについてのまったく瑣末な形式主義として発現する。さらに軍国主義の宣伝する国家的国民的特殊性は、軍事力が優越性の規準となることによって、まったく質的規定を失なって兵力量の差に帰着する。一切をカーキ色に塗りつぶすところの「軍国主義的国家観の最頂点としての戦争は同時に国民的差異の最低点」（G・ラートブルフ『法哲学』邦訳、三〇一頁）なのである。物的にも心理的にも均衡を喪失した軍国主義はその表面の華やかさにもかかわらず、危機をもちこたえる粘り強さの点では意外に脆く、一旦下降線を辿ると急速に崩壊することは、近く日本やドイツの例に明らかである。しかしそれが本質的に戦争と侵略とに結びついており、おのれの没落の道伴れとして自国民だけでなく、他の多くの国民をも破滅的な境涯にひきずりこむところに、「規律ある発狂状態」（カール・リープクネヒト）としての現代軍国主義の最大の禍害が存するのである。

3　ファシズム

周知のようにこの言葉はイタリア語が原語で、その語源は古代ローマの儀式用の棒束の名称から発し、それが転じて一般に「結束」を意味するファッショ fascio の語となった。直接には一九一九年三月ムッソリーニが組織した「戦闘者ファッショ」Fascio di Combattimento が今日の意義でのファシズム運動の最初であり、これが二一年正式な政党としての「ファシスト党」Partito Fascista にまで発展した。ムッソリーニは政権獲得後も「ファシズムは輸出品ではない」と言っていたが、イタリーの場合ときわめて類似した綱領と性格をもった運動が二〇年代から三〇年代にかけて、ヨーロッパをはじめ極東、南米諸国などほとんど全世界にわたって台頭し、若干の国では権力掌握に成功したところからして、ファシズムはこうした一連の傾向と運動を総称する言葉としてひろく用いられるようになった。しかし各国のファシズムはみずからの運動や支配体制をかならずしもファシズムとして規定しない。ファシズムのもっとも強力な国際的連帯がいわゆる枢軸国家群として形成されたあとでも、日本、ドイツ、イタリー、スペインのいずれの支配者もそれぞれのイデオロギー的独自性を強調していた。ファシズムが「元祖」イタリーをのぞいてはその名のもとにあらわれることがむしろ稀であったという事実は、その本質的な性格を暗示する重要な意味をふくんでいるが、それだけにファシズムの客観的な識別なり普遍的特徴の抽出はかならずしも容易でなく、多様な見解の対立を生む一因となっている。とくに第二次世界大戦がファシズムと民主主義の決戦としてたたかわれ、枢軸国家の敗北によってファシストの非行と残虐性が国際的に暴露されたために、戦後にはファシズムという言葉はほとんど悪政の代名詞のようになり、国内的国際的に政治的敵手を罵倒するスローガンと化したところから、いよいよ概念は混乱をきたした（例えば赤色ファシズムというような用語）。一応社会科学上の論議に限定してもそこには広狭両極端の定義がある。狭い定義によるとファシズムは「極右」政党ないし軍部・官僚中の反動分子による政治的独裁であって、立憲主義と議会制の否認、一党制の樹立をその必然的なコロラリーとし、イデオロギー的には自由主義・共産主義・国際主義の排撃と、全体主義・国家ないし民族至上主義・軍国主義の高唱を特徴とし、多くの場合、独裁者の神化と指導者原理にもとづく社会の権威主義的編成を随伴すると考えられる。それが勃興しやすい地域は資本主義発展の低度なところ（スペイン、ポルトガル、中南米、東ヨーロッパなど）か、または高度資本主義国であっても比較的に近代国家の形成がおくれ、それだけ急激な資本主義化がおこなわれたために、社会構造が重層的で、とくに農業部面に封建的諸関係が根強く残存し、政治的にも民主主義の経験が浅いような国家（ドイツ、イタリー、日本）におおむね限定される。ファシズムについての、こうした限定的な考えかたは、主としてアメリカ、イギリス、フランスといった西ヨーロッパの先進資本主義国に支配的である。これにたいして最広義の定義はファシズムを現段階における独占資本の支配体制と実質上同視する。したがってそこではブルジョア民主主義・社会民主主義・ファシズムの差は最低限まで押し下げられる。かつてのコミンテルンの理論家（たとえばマヌイルスキー）にあった見解で、いわゆる「社会ファシズム論」と共に各国のマルクス主義者の間で永く通用していた。この二つの極端のあいだにさまざまのニュアンスを帯びた定義が多様に配列している。前者にかたむく見解にはアメリカ合衆国のようなところでのファシズム発展の可能性を原則的に否認したり、もしくは過小評価する危険があり、後者の見方はややもするとブルジョア反動に無差別にファシズムの烙印をおす結果におちいる。ファシズムは国家独占資本主義の上部構造的表現であるかぎりにおいて、いかなる先進資本主義国家もそれから免疫されていないが、他方それが集中的に政治的領域に発現する以上、その具体的な発生なり進行なりの形態やテンポは、下部構造からの一般的制約ではとうてい尽しえないような、複雑な政治的および文化的諸因子の結合関係によって決定される。しかも従来のファシズム研究はナチスやファシスト党の個別的歴史的な研究において著しい進歩がみられたが、ファシズム一般の政治力学の解明は世界的にいまだ充分な成果をあげていないのが実状であり、これまた今後の政治学に課せられた重大な課題の一つといわなければならない。

〔一般的背景〕　ファシズムのもっとも広汎な背景は、第一次世界大戦後に資本主義の陥った一般的危機であり、その具体的な徴候たる慢性的恐慌と国際的な革命的状況の進展にたいして、資本主義世界の――相対的に――もっとも反動的な部分が示すヒステリックな痙攣としてファシズムはたちあらわれる。したがって近代社会の危機的様相は、ことごとくファシズム発生の温床となる。たとえば客観的契機としては、(i)国際的対立と戦争の危機の濃化、(ii)国内政治の不安定、議会や既成政党の腐敗・無能・非能率など病理現象の蔓延、(iii)各種の社会組織の硬化からくる自動的な均衡恢復能力の喪失、(iv)階級闘争および政治的社会的集団間の衝突の激化、(v)大量的失業および階級的ないし職能的組織から脱落したおびただしい分子の存在、というような要因があげられるし、そうした危機の精神的表現としては、(i)社会革命の緊迫性にたいする支配層の拡大された恐怖、(ii)プロレタリアートの組織的闘争にたいする農民や都市小市民の嫉妬と反感、(iii)インテリゲンチャや技術者のニヒリズムと政治的アパシー、(iv)マス・コミュニケーションによる知性の断片化と方向感覚の喪失、(v)総じて政治・経済・社会問題の合理的調整の可能性にたいする懐疑と絶望、(vi)失意と無力感の補償としての強大な権威あるいは超人的指導者への待望、などの諸契機が重要である。このような危機の集中的激化によって体制の安定と均衡が破壊され、もはや従来の指導力とノーマルな方法では恢復されないという感じが支配層だけでなく、国民のかなり広い部分にひろがり、しかも社会主義諸政党と労働者階級の組織が事態を自主的に収拾するだけの能力とイニシアティヴとを欠いている場合――そこに生じた政治的「真空」をみたす役割を帯びてファシズムが登場する。その意味でファシズムはなんら真の「新体制」を齎らすものではないが、他方たんなる消極的な現状維持の保守主義や時代錯誤の復古主義ではなくて、まさにテクノロジーの高度な発展を地盤とし現代社会の諸矛盾を反革命と戦争への組織化によって一挙に救おうとする旧世界の「命がけの飛躍」にほかならぬ。

〔発展形態〕　ファシズムは帝国主義の危機における「国際的反革命の鉄拳」（ディミトロフ）であるから、その発生や進行のテンポ・規模・形態は一定の時と処における具体的な革命状況によって規定される（なお、この項については詳しくは前掲「ファシズムの諸問題」参照）。まず一国の内部ないしその「勢力範囲」における革命的状況が一定程度の緊迫性を帯びると、革命の前衛の破壊を第一目的とする戦闘的な反革命組織が、あるいは正式の国家機構の内部の非公式集団として、あるいは民間の政党ないし結社として、大抵の場合、複数的に誕生する。その指導者には現役または予備役将校、職業的政治ゴロ、暴力団長、転向した旧左翼運動の幹部などが多く、その周囲にいち早く馳せ参ずるのは落伍《デクラッセ》した知識人・復員軍人・失職官吏・没落貴族・半失業青年・浮浪人ないし街の無法者など、諸々の事情によって正常な社会的階梯のルートから脱落し「世の中」にたいするあてどない憤怒と憎悪に凝りかたまった分子である。こうした組織や団体の運動資金は軍部官僚の機密費や実業家・地主のもっとも反動的な好戦的な一翼（多くの場合には重工業資本家）から提供される。しかしそれらの集団のあいだに自然淘汰がおこなわれて一つの大衆運動へと合流し、組織性をもった本格的なファッショ政党として発展するか、それともルーズな多元的集団としてとどまり、ただ社会の底辺で「赤狩り」と戦争気分の昂揚によって恐怖と憎悪の雰囲気をまきちらす「下働き」的役割に甘んずるか、ということはその国の歴史的社会的条件や内外の複雑な政治的状況によってかならずしも一様でない。また大衆政党として発展する場合でも、既存の政治形態のワクの中で一応複数的な権力主体の一つとしてとどまることもあれば、また国家権力を全面的に掌握していわゆる一党独裁の樹立に立ち到ることもある。この最後の場合がドイツ、イタリー、スペインなどにみられた古典的なファシズムであり、ふつうこれを「下から」のファシズム形態という。

ファシズムの発展形態が「上から」か「下から」かという問題と、ファシズムの進行のテンポの問題とは混同されてはならない。ファシズム発展のテンポを規定するのは、主として革命的状況の進行と国際的対立の激化の程度と早さであって、そうした条件が存在する際にはいわゆる上からのファシズムでも急激に発展するし、逆にそれが比較的緩慢である場合には「下から」のファシズムでも変革は必ずしも急激におこなわれない。たとえば二・二六事件前後の日本や朝鮮動乱勃発後のアメリカは前の場合であるし、イタリーのファシズムは後の例にあげられよう（ムッソリーニのローマ進軍による政権掌握から実質的なファッショ独裁の樹立までは四年の歳月を要した）。ブルジョア民主主義の地盤の浅いところほど、軍隊や官僚機構の下部組織がファシズム政党ないしファシズム前衛団体を代位する傾向があり、またその国の社会主義的伝統の弱い場合にも、ファシズム運動は独自の政治的組織としてよりもむしろブルジョアあるいは地主政党の一角に寄生する形をとる。要するにファシズムの発展形態は革命の国内的国際的状況に対応してきわめて機動的に変化するから、これを歴史的な一時期または一地域にあらわれた形態に固定して考えることは危険である。したがってファシズムを具体的に識別するには、独占資本とか軍部とか右翼政党とかいった社会的実体ないし制度だけでなく、つぎにのべるようなファシズムの政治的機能に着目し、その機能の普遍化の過程（つまり fascism というより *fascization*）を追跡しなければならない。「上からの」ファシズムにおいてはとくにそうである。

〔機能〕　ファシズムの第一目標は革命の前衛組織の破壊であり、それは直接的なテロや国家権力による弾圧によっておこなわれる。しかし革命勢力の抑圧は多少ともあらゆる支配階級の実行してきたことであって、ファシズムの特質はたんにその弾圧の量的な規模の大きさにあるだけではなく、その方法の質的な特異性にある。すなわちファシズムは革命勢力の直接的抑圧にとどまらずに、革命勢力の成長する一切の社会的な路線《ルート》や溝条《チャネル》自体を閉塞しようとする。そのためにファシズムは消極的には支配体制にたいする抵抗の拠点となりうるような民衆の大小あらゆる自主的集団の形成を威嚇と暴力によって妨害すると同時に、積極的にはマス・メディアを大規模に駆使してファシズムの「正統」とするイデオロギーや生活様式にまで大衆を劃一化するのである。ファッショ化の過程とはつまりこうした異質的なものの排除をつうじての強制的セメント化（ナチのいわゆる Gleichschaltung）の過程にほかならない。これがそのまま帝国主義戦争のための国家総動員体制を確立する役割を果すわけである。そのさい既存の議会政党、宗教結社、労働組合その他圧力団体が存在を許されるかどうか、さらに議院内閣制、司法権の独立、大学自治といった主要な近代的制度や慣習がどの程度存置されあるいは廃止されるかということは、ファシズムにとっては何ら原理的な問題ではなく、ひとえにそれらがファシズムの意図する強制的同質化にたいしてもつ限界効用によって決定される。したがってイデオロギー的劃一化過程にしても、通常は共産主義、非正統宗教、社会民主主義、自由主義の順序にしたがって、そのときどきの状況における相対的な最左翼が「非国民」的存在として排除されるけれども、他方、反共闘争に精力を集中している社会民主主義団体や労働組合は放任され、自由主義的な文化機関や宗教団体がかえって「赤」の温床としてファシズムの集中攻撃の対象となることも稀ではない（たとえばマッカーシー主義）。この意味においてファシズムの進行をトする規準は立憲制や「自由」選挙制あるいは複数政党制の形式的存否にあるよりも、むしろ思想、言論、集会、結社、団結の自由の実質的確保と民衆の間における自主的コミュニケーションの程度如何にあるのである。

ファシズムのこうした機能は、体制にたいする一切の現実的反対だけでなく、反対勢力（状況により相対的であることに注意）の出現する合法的な可能性がふさがれたときにひとまず「完成」する。一国の政治状況がここに立ち到ったときが言葉の厳密な意味におけるファシズム支配の確立であって、それはかならずしもファシストの政権獲得の日時とは一致しない。「上から」のファシズムの場合はもとより、「下から」のファシズムでも、そういうファシズム支配の決定的確立に先立って、ある期間いわばファシズムの前期的段階 **pre-fascist stage** が続くのがつねである。その間には直接政治権力を把持しているのは本格的なファシストよりはむしろしばしば普通のブルジョア政治家ないしは反動的傾向をもった軍人や官僚である（たとえばドイツではブリューニング、パーペン、シュライヒェル内閣時代、日本では斎藤内閣から第二次近衛内閣まで）。この期間に弾圧立法や広汎な委任立法や思想警察・秘密警察の機構が着々と整備され、歩一歩とファッショ化の過程が進行する。この段階においてはいまだファシズムにたいする政治的抵抗および心理的反撥が国民のあいだに種々の形で存在しているので、ファシズム支配確立の直前には、いわゆる国民的なホープや英雄が各種の相互矛盾する要望を荷って登場することが少なくない。彼らにはファシズムの進行をチェックする期待もかけられているけれども、その歴史的役割はしばしば反対に彼らの声望によって同質化の過程をスムーズにし、本格的なファシズム支配に道をひらく結果となりがちである（ドイツにおけるヒンデンブルク大統領や日本における近衛首相の場合を見よ。アメリカのアイゼンハウアーが同様の役割をはたすかどうかは現在のところ（一九五三年）いまだ確かでない）。

ファシズムの強制的同質化とセメント化の機能はむろんつねにテロや暴力による脅迫をともない、スパイ・密告制度・忠誠審査など直接間接あらゆる方法による「恐怖の独裁」としてあらわれるけれども、同時にファシズムは現代のもっとも発達したテクノロジーとマス・メディアを最大限に駆使し、宣伝・教育・大集会によって「大衆の思想と感情を系統的に変化させ」（ヒットラー）いわば内面から劃一化をおしすすめる点に大きな特色をもっている。それは大衆の不満を一方において特定の贖罪山羊《スケープ・ゴーツ》（赤・ユダヤ人・黒人・仮想敵国）に集中し、他方では不満をスポーツ・映画・娯楽・集団旅行などによって霧散させる。それはまた失意の小市民を党官僚組織に吸収し、あらゆる職場に階層組織をはりめぐらせて彼らの中間層的自負心を煽り、大量の失業者、困窮した商人、小企業者、青年層を徴兵や勤労奉仕ないしは軍需産業労働力として動員して、変態的な「完全雇傭」を実現する。こうして大衆は不安と絶望と孤立感からの脱出をファシズム的統制への盲目的服従のうちに求めるようになる。ファシズムに対する抵抗を困難にする要因はその暴力と残虐さにあるだけでなく、むしろその強制的セメント化をまさに大衆の非理性的な激情の動員によって民主的擬装の下に遂行し、「合意による支配」government by consent という近代的原理をいつしか「劃一性の支配」government by uniformity にすりかえる点にあるのである。

〔イデオロギー〕　ファシズムには体系的な哲学や理論という意味でのイデオロギーはない。ヒットラーやムッソリーニのような典型的ファシストはつねに理論や体系をあからさまに軽蔑していたし、ファシズム御用学者による「理論的基礎づけ」や思想的系譜の穿鑿は、むしろそれが古今のあらゆるイデオロギーの雑炊であることを証明している。その意味で「古来いかなる大思想家もファシズムを欲しなかった」というE・ハイマンの言葉は（*Communism, Fascism or Democracy ?*, 1938.『共産主義・ファシズム・民主主義』邦訳、二四八頁）一見平凡だがファシズムの本質、とくにその社会主義や共産主義との根本的相異を一言で衝いている。しかし別の意味でならファシズムはファシズムなりにイデオロギーをもっており、それを無視もしくは軽視することは重大な誤謬と危険をおかす。

まず、

(i)　ファシズムの高唱する「イズム」やスローガンは体系性を欠き、論理的にもしばしば相互に矛盾しているけれども、その政治的機能からみれば驚くほど一貫している。つまりファシズムの一切のイデオロギーは反革命と戦争への動員、その前提としての国民の強制的同質化という目的に、「系統的」に奉仕しているのである。ファシズムは具体的状況においてその機能をはたすためにもっとも有効なイデオロギーでもって自らを扮装する。ナショナリズムと社会主義が根を張ったところではそれは「国民社会主義」としてあらわれ、自由民主主義の伝統がつよく、もしくはそれに正面から挑戦することが不利な環境のもとでは、ファシズムはまさに「自由」と「民主主義」の擁護を旗印にかかげる。それは一方でキリスト教文明の護持者をもって任ずるが、他方既成教会にたいする不満が高まっているところでは、新宗教として自らを誇示することも辞さない。イデオロギーから政策がうみだされるのでなしに、逆にファシズムの「政策」に好都合なイデオロギーが動員されるのである。政治行動における「教条主義」の危険が、そもそものはじめからないところにまたファシズムとコンミュニズムとの原理的な相異が現われている。と同時に、

(ii) ファシズムのヴァラィエティに富んだ観念的扮装の底には共通にひそむ一定の精神傾向と発想様式を指摘しうる。例示すると次のようなものである。(a)自国あるいは自民族至上主義的傾向（しばしば逆に自国の被害妄想として、また軽蔑する「敵国」にうまく獲物をさらわれたという挫折感としてあらわれる）、(b)「自然的」優越者の支配という観念（そこから人種的差別論や人間関係の階層的編成への嗜好がうまれる）、(c)大衆の潜在的な創造力や理性的思考力にたいする深い不信と蔑視（それは大衆をもっぱら操縦 **manipulation** の対象としてとらえ、したがって宣伝煽動はひとえに低劣な欲望の刺戟や感情的なアピールをねらう）、(d)婦人の社会的活動能力への疑惑（したがって婦人を家庭と育児の仕事へ封じ込める傾向）、(e)知性と論理よりも本能・意思・直観・肉体的エネルギーの重視、(f)一般に進歩の観念にたいするシニカルな否定、(g)戦争の讃美と恒久平和にたいする嘲笑（この(e)、(f)、(g)に関連して、社会科学を無用ないし危険視し、自然科学、しかももっぱら軍事的な科学技術を「尊重」する傾向）、などである。もとよりこうした精神傾向の一つ一つはかならずしもファシズムに特有のものではないし、逆にファシストはいつどこでもそういう主張をあらわに公言するわけではない。しかしファシズム的な意識と行動には、一種の傾斜がついていて、ファシズムが高度化するほどその傾斜は急になり、一見多様なイデオロギーは否応なくこうした思考と感情の溝へすべりおち、流れこんでいく。

(iii) 最後にファシズムの運動と体制に暗くまつわるニヒリズム的性格をあげねばならない。ファシズムの主張やスローガンの公分母をもとめていくと、いつも最後には反共とか反ユダヤとかいった否定的消極的な要素に行きあ

たる。それはファシズムが現代の社会的矛盾にたいして反革命と戦争をもってしか答えるすべをしらないからである。ファシズムがつくりあげるあらゆる組織や制度は、その積極的目標と理想の欠如によって必然的に物神化する。反対勢力の抑圧機構はそれ自身が自己目的となり、一党独裁が樹立されれば、それはイデオロギー的にも永遠化される。そうして最後には戦争体制を維持し再生産することが唯一至上の政治目的となってしまう。あるナチの領袖はいつも室の中をぐるぐる歩きながら「われわれは闘わねばならぬ《ヴィア・ミュッセン・ケンペン》」と絶えず口の中でつぶやいていたというが、この挿話は個人的な癖というにはあまりに鮮かにファシズムの極限的な「精神」を物語っている。そこでは「何のための闘争」かという問題がいつしか消え失せているのである。カール・ベッカーがいうように、「ロシアにおいて共産主義の理想は事実上遵奉されていないとも言えよう。それは真実である。民主主義の理想が合衆国や英国やその他すべての民主主義国家においても遵奉されていないということもまた事実である。……（しかし）アメリカ人やイギリス人やロシア人について言いうる最悪のことは、彼らが自己の理想の目的に生き抜かないということである。ドイツのナチスについて言いうる最悪のことは、彼らが自己の〝理想〟とする目的を遵奉してあくまでやり遂げようとすることである」（***Freedom and Responsibility in the American Way of Life.*** 邦訳『自由と責任』一四〇頁）。ファシズムがこのような「無窮動《ペルペトゥーム・モビーレ》」に宿命づけられているところに、そのニヒリズムの最奥の根源が存する。

〔反ファシズム闘争の問題〕　ファシズムに対する国際的国内的な闘争が共産主義者から自由主義者まで含めた民主主義陣営の共同利害であり、そうした共同利害に基く広汎な戦線の結集のみがその制覇を防止しうることが、痛切に民主勢力に認識されるようになったのは、一九三三年ドイツにおけるナチ政権掌握の後のことであった。それまではコンミュニストは一方で反ファシズムを高唱しながら革命の緊迫性を過信して、主力をブルジョア議会制の破壊に注ぎ、ある場合にはベルリンの交通ストライキの際に見られたように、ナチと共同して委員会を組織さえした（日本でも一九三一年頃、軍部を中心とする極右勢力の急激な台頭に際して「赤旗」は、ファシズムは否応なく国民の政治的関心を高めることによって革命の条件を熟させるだろうという、恐るべき「見透し」を述べていた）。他方社会民主主義者や自由主義者はファシズムをもっぱらコンミュニズムの影ないし「反射」と見たから、反ファシズムの問題は反共闘争の中に埋没し、あるいはfascizationの力学を読み取ることなくして、「ヨリ少ない害悪」のテーゼに固執した。資本主義国のうちで最強の共産党と社会民主党の勢力をもち、知識水準の高度をほこったドイツがほとんど見るべき組織的抵抗なしにヒットラーの軍門に降ったことは、それだけに深刻な衝動を世界の進歩陣営にあたえたのである。コミンテルン第七回大会において打ち出された反ファシズム統一戦線の課題――要約すれば、あらゆる傾向の労働組合組織の統一行動の確保を他の一切の考慮に優先させ、この基礎のうえに左は共産党から右はブルジョア立憲政党までふくみ、さらに知識人中間層の諸組織を広汎に糾合した人民戦線を結成する方式――はこの敗北の反省の上に成立したものであり、それ自身今日まで原則的な妥当性をうしなってはいないが、現実には一時、フランスやスペインで人民戦線ができ、また、中国で西安事件後日本帝国主義の圧力に抗する国共統一戦線ができたほかは、概して組織的な成功をおさめなかった。それは、(i)共産党の独善的セクショナリズム、さらに国際的権力政治の場面でソ連が取る「国家理性《レーゾン・デタ》」的行動に各国共産党がひきまわされたこと、(ii)ファシズムをコンミュニズムに対する「保険」とみてこれと有和しようという傾向が支配層や小ブルジョア層の間に根強かったこと、(iii)人民戦線のイデオロギー的基礎があいまいで、便宜的「戦術的」結合の域を出なかったこと、(iv)社民党およびその系統の労働組合の根深い反共もしくは恐共意識――などの諸事情が重なったためである。第二次大戦にソ連がひきこまれて、この戦争が民主主義を旗幟とする国家の反ファシズム連合戦線として戦われたことは、それぞれの国内における統一戦線のために有利な条件を生み出したが、それが内部的な成熟よりも戦争の圧力という外的な契機に依存していたところに、依然としてその脆弱性があった。むろん枢軸国の敗北は世界的にファシズムに大打撃を与えたし、他方戦時中の抵抗運動《レジスタンス》の実績と連合国の協調という国際的大義名分に助けられて、戦争の直後は多くの国で共産党と他の民主的諸党派との間の共働が維持されたが、「冷戦」の激化はたちまち国内にはねかえって、この蜜月を終らせると共に、ふたたび新たな形態のファシズムを生む条件ともなった。戦後のファシズムは、(a)国際的反革命の総本山になったアメリカ合衆国の内政におけるマッカーシー主義（マッカーシー個人の勢力と同じでないことに注意）、(b)アメリカ帝国主義への従属性を著しくした他の資本主義国における、主として国内消費用のファシズム、(c)旧来の植民地・半植民地の民族解放運動に対応する土着の反動勢力（これは実体としては伝統型の専制的性格が濃いが、国際帝国主義との関連ではファシズム的機能を営んでいる）、(d)主として旧枢軸国の一部に現われている、排外主義の伝統を継承したネオ・ファシズムというような種々複雑な発現形態をもち、しかも戦後世界の公約数になった「民主主義」を否応なく旗印にしているので、その鑑別は一層困難になり、したがって反ファシズム統一闘争の主要目標と力点の置き方についてもさまざまの論争を惹起している。しかしファシズムの本質的機能がつねに上述のような反革命と戦争のための強制的セメント化にある以上、これに対する有効な抵抗は、単に政党や労働組合のような公式集団間の連繫だけでなく、その基盤として、民衆のあいだに自発的な――かならずしも直接に政治的でない――小集団が多様に形成され、相互間の自主的なコミュニケーションが活潑におこなわれることが不可欠な条件であり、したがって思想・言論・集会・結社の自由の擁護は、いついかなる場合でも統一行動の最低にして同時に最高の綱領でなければならない。大衆国家を基盤にしたファシズムは殆どかならず民主主義のエネルギーから「大衆参与」という契機を盗みとって、その集団的圧力によって個人の固有権としての基本的人権を押しつぶして行く。大衆が自己の自由と権利の喪失を歓呼することはありえないという単純なオプティミズムは、ファシズムによる「マスの制度化」（cf. E. Lederer, *The State of the Masses*, N. Y., 1940）の魔術の前にはもろくも崩壊するという事実こそ、われわれが最近の歴史から学んだ最大の教訓といえよう。

（一九五四年）

五 「スターリン批判」における政治の論理

1

円や線の比較でなくて人間を比較する場合には、真理と利害が衝突するために何時まで経っても幾何学のような確実な認識ができない、といってトーマス・ホッブスが慨歎したのはもう三百年も前のことであるが、ホッブスのこうした歎声がまさに十七世紀イギリス革命の醸し出した激情の真只中で発せられたことは意味深い。人々の拠って立つ生活基盤の安定性が大幅に喪われ、あれこれの問題ではなくて、社会の「原理」そのものが問われているような時代には、挑戦し、挑戦されるインタレストは決して狭い意味の経済的なそれにはとどまらないで、多年にわたってその社会に根を下した生活様式や人々が自明として疑わなかった価値感情が、同時に根底的な動揺に曝されるために、いわば慢性の熱病状態がその時代の精神的風土の特徴となる。眼前の変化があまりにめまぐるしく、あまりに巨怪であるために、次々と起ることの意味をヨリ広い文脈との関連で理解しようとする前に、事件の心理的衝撃がまず人々を圧倒する。今日ではどんな熱烈なカトリック教徒も中世末期の宗教裁判の非道さや、教皇政治の腐敗や、聖バーソロミュー虐殺の残忍さを指摘されたところで、直ちに顔色を変えて怒ったり、必死になって弁護したりはしないだろう。また長老派教会の牧師に対して、カルヴィンがジュネーヴで創設した政治体制が典型的に「全体主義」的な権威制であること、彼がセルヴェトゥスを焚殺したやり方はどう見てもキリスト教精神にふさわしくないことを主張しても、おそらく彼はすなおに承認するにちがいない。そうして旧教徒も新教徒も、「宗教戦争は分析すればするほど元来の意味での宗教の要素は稀薄になる」というイギリスの一歴史家の言葉に含まれたある真実を拒否しないと思われる。フランス革命についても、歴史学的な解釈こそ今日でも盛んに争われているが、そうした学問的論争が直接に政治的意義を帯びた時代はもうとっくに過ぎ去った。フランス革命とそれにつづく干渉戦争の過程で冒された数多くの愚行や残虐をどんなに力をこめて弾劾する人々も、人権宣言の諸原則が今日文明世界の公理として通用していることを承認するし、他方バスチーユ獄襲撃の日を国祭日としラ・マルセイエーズを国歌とする国で、マリー・アントワネットの運命に紅涙を絞らせるような映画が作られても、誰もべつに不思議とは思わない。

ところがロシア革命とその諸々の連鎖反応については、残念ながら今日の世界はまだその与えた心理的ショックから回復するだけの時間的距離をもっていないようである。それは革命後四〇年というような自然的時間についていうのではない。四〇年はまだ四〇年とも考えられるし、もう四〇年ともいえるだろう。むしろ問題はロシア革命が投げかけた挑戦に対して、今日の世界が――資本主義世界はむろんのこと、当のソヴェート同盟を中心とする社会主義世界も含めて――いまだに十分な結着を与えていないこと、従ってそこに含まれた諸々の争点《イッシュー》が今日なお生々しい現実性を帯びてわれわれの全存在を揺がしていることから来ている。ソヴェートや中国革命の達成したものをどんなに高く評価しても、そこから直ちに彼等の方式を自分の国に輸入すべきだという結論は出て来ないし、逆にソ連や中国のあらを必死になってあばき立てたところで、それによって日々の新聞紙面をにぎわす権力の腐敗やスキャンダル、失業や貧困のもたらす惨事などが少しでもなくなるわけではない。にも拘らず、そうした「新しい世界」の辿る一つ一つの過程は、文字通り「ひとごとでない」渦紋を呼び起す。ラスキのいうロシア革命の「莫大な成果」と「莫大な代償」はいまだに人々の心の中に適当な平衡点を見出しえず、利害と立場と局面の衝撃とに応じて、あるいはプラス面が心理的に自乗され、あるいはマイナス面が大映しにされる。国際的にも国内的にも政治的緊張が高度化するほど言論や批判についても敵味方両極への収斂性が強まり、双方の側で少しでも「味方」に有利であり「敵」に不利であると判断される言動を細大洩らさず宣伝材料に動員しようとするし、また事実動員されるから、コンミュニズムないしソヴェート制についてのあらゆる認識や評価はその真偽性の見地よりもまずその社会的効果——と敵味方において判断されるもの——から顧慮され、また認識者や判断者の「背後の意図」が臆測される。そうして一方の陣営に「加算」された見解は直ちに他方の陣営の憎悪に満ちた反撃を呼び起すために、いわゆる厳正な客観的批判者として出発したものも、いつしか政治的磁場の作用を受けてその立地を移動させてしまうことが少なくない。それぞれの陣営の内部では「敵に利用される」ことへの警戒と恐怖から半ば自発的、半ば強制的に同調化が進行する。冷戦の激化と共に国内体制の兵営化において米ソがますます近似した様相を帯びて来る皮肉はすでにしばしば指摘されたが、それは上述のようなヨリ広くヨリ長期的な危機的状況の一つの——際立った——局面にすぎぬ。ソヴェート制とコンミュニズムの根本問題については夙にトータルな攻撃とトータルな擁護、いいかえれば認識と価値判断の「全体主義化」の傾向がロシア革命以来の世界に内在していたのである。ソ連や世界の共産主義運動の足跡を、その背負った歴史的諸条件やその置かれた社会的・政治的状況との相互作用から観ないで、すべてをマルクス主義世界観とその「本質」からの演繹、ないしは「必然的」発展に帰し、クレムリンの指導者の目的意思――それが「科学法則」に立脚するとされるにせよ、「邪悪なる世界征服意図」と同視されるにせよ――を万能視するという点で、ゴリゴリの共産主義者とゴリゴリの反共主義者の論理が奇妙な「反対物の一致」を示して来たのも、それ自体が現代の政治的状況とそこに醸成される精神的気候の表現にほかならない。

2

第二〇回ソ連共産党大会における「スターリン批判」から中国共産党の「百家争鳴」の提唱にいたる広汎なコンミュニズム陣営内部の「自由化」の動向は、このような慢性的な熱病状態に歴史的な転機をもたらそうとしている。一般に革命勢力は、国家権力だけでなく、社会の伝統化された習慣や象徴、人心に浸みついた生活様式や文化形態など、いわば非組織的な社会力をいつでも広汎に動員できる立場にある旧体制に対抗し闘争しなければならないので、つねに組織的にもイデオロギー的にも強固な団結と規律が要請され、またそこから指導部への権力と象徴の集中が正当化される。その必要度は当然に旧体制の抑圧や包囲が強いほど強いし、また革命と反革命の力関係が不安定で局面の変化が激しいほど高くなる。その意味でクロムウェルのピューリタニズムもフランス革命のジャコバン主義もコンミュニズムに劣らず「一枚岩的」だったし、その生理も病理も似ていた（といっても、むろんそれぞれの歴史的社会的性格と思想的武器の特性から来る相異を無視するのではない）。右のことは革命政党の内部組織だけでなく、国際的な革命運動における集中と分化の関係にも妥当する。コミンテルンの歴史の峻烈な批判的研究者の一人F・ボルケナウはすでに三〇年代の著で、各国共産党の基本的性格を単に「モスコーからの命令」の結果とみることは重大な誤謬であり、むしろ「ロシア以外の地域で相対的に強力な革命運動が存在したかぎりは、ロシア革命のもつ威信の強さにも拘らず、これらの運動はモスコーからの指令を必ずしも受け入れなかった」ことをベラ・クン、ローザ、パウル・レヴィ、中国共産党などの例で実証し、「革命の現実のチャンスが背景に遠ざかればば遠ざかるほど、ロシアにおいて既に達成された革命の崇拝がとって代った」（*Communist International*, 1938, p. 416 & p. 418）といっているのは興味がある。

集団の強さはそれだけ安定感を生み、安定感は自主性——必ずしも排他性ではない——を強め、内部の構成員の個性と自発性が団結を危くするのではないかという恐怖感をとりのぞき、そのことがまた多様化を促進する。こういう一連のラセン的発展過程は、何も共産主義の国家と運動だけを例外とするものではない。ソヴェート共産党第二〇回大会において示された二つの大きな事実は、ソヴェート国家の指導者がいまだ嘗て経験しなかったほどの国際的・国内的な安全感を享受していることと、もう一つはあの世界を瞠目させたスターリン批判をはじめとする「新路線」の提示であった。この二つはいうまでもなく密接に関連している。そうして、このスターリン批判の仕方と内容について国際的な共産陣営の内部で最もオリジナルな批判的見解を発表したのが、西欧で最も強大な勢力をもつイタリー共産党とソヴェート以外のもっとも強大な共産主義国家（便宜上俗称に従う）としての中国であったことも偶然ではない。むろん「スターリン批判」の波紋は現在の国際情勢のもとでそれ自身の政治的力学をもって拡がっていった。二〇回党大会自身が上に述べたロシア革命の「巨大な収穫」と「巨大な犠牲」の両面を改めて世界に生々しく提示したので、反ソ反共勢力は忽ちソヴェート指導者自身によってはじめて「公認」された後者の側面にとびついて大々的にキャンペインした。アメリカ国務省によるフルシチョフ秘密報告の入手と一部発表（六月四日）は、このドラマのクライマックスであった。ソヴェートの指導者はむろん「スターリン批判」のもつ政治的なプラスとマイナスの効果を十分考慮した上で敢てあの挙に出たのであるが、やはりその国際的波紋に逆影響されて、漸次「敵による利用」に対する警戒面を強調するようになり、各国共産党機関紙の論調にもそれが反映している。

「スターリン批判」の思想的意義は本来、スターリンを半神化し、ソヴェートの国内国際政策を百パーセント弁護して来た世界の共産主義者およびその無条件的な同伴者たちに対する鉄槌だっただけではない。それは同時に、ソヴェートとコンミュニズムのある歴史的段階における形態を固定化し、あるいはいかなる政治にも共通する法則ないし傾向性をことごとくソ連ないしコンミュニズムの原理または本質的属性に帰着させて来た少からぬ反共主義者に対して歴史が下した批判でもある。ところが前者がその受けた衝動を少くも当初は隠さなかったしまた隠せなかった（例えば六月二四日アメリカ共産党全国委員会声明はいう、「われわれはフルシチョフ演説で明らかにされた実情に深刻なショックを受けた。……わが国の労働者階級と人民に対してわれわれは、今日誤謬であることが判明したソ同盟の多くの外交及び内政を無批判的に弁護したことを率直に容認する」（*Political Affairs*, July 1956）のに対して、後者は大部分依然として本質的不変論を固執しているように見える。むろんソヴェート及び共産圏諸国の「自由化」の下にいわゆる「自由企業制」や西欧の政治制度としての議会制への完全な復帰を理解するならば、それはないものねだりに等しいであろう。こうした制度論にはいまは立ち入らないが、むしろ重要なことは、そうした「不変論」の一方的強調は逆にまた共産主義者の「不変論」——後述のように、社会主義の「本質」は変らない、という命題で「スターリン批判」に含まれた問題をできるだけ局限しようとする傾向——を強化し、双方のイデオロギー的硬化の悪循環を招くという現実的な作用である。アメリカのある大学教授がインドへの旅行の途次、偶然に二〇回党大会前後にモスコーに滞在して広汎な市民や学生と接触した印象として、「ある者は自由に……話し、今こそ前には論議できなかった色々の事を話し、胸の中にしまっておいた事をぶちまける多年待望した機会が到来したといわんばかりの様子であった」が、「他の者は四角ばって控え目で一語一語を慎重に考え、きわどい問題や不謹慎と解されそうなことはすべて故意に避けようとし……まるで一国の代表者が他国の大使に話しかけるかのようだった」(Paul Baran, "On Soviet Themes," *Monthly Review*, July-Aug. 1956) といっている。これは多かれ少なかれ現在各国の共産党員のなかにある二つのタイプであり、またソ連の国際政治の場での行動様式にも現在この二側面の交錯が見られる。そのいずれの態度が今後支配的になり、いずれの方向が伸長されるかを決定するのは、単に共産主義陣営の一方的な選択ではない。問題が深く基底的な世界政治の状況に根ざしている以上、「スターリン批判」に含まれた思想的意義が十分に歴史的に開花するかどうかの岐路は、同時に西欧陣営ないしは非共産主義者の対応の仕方如何にもかかっているわけである。

　したがって「スターリン批判」に対するいかなる批判も、いかなる評価も、もしそれがロシア革命以来コンミュニズムをめぐって醸成された精神的気候の単なる継続の上になされるならば、それ自体、「スターリン批判」の生起したそもそもの歴史的意義を埋没するものといわねばならない。反対に、「スターリン批判」の批判を、右のような精神的気候の下で醱酵する思考と行動の形態《パターン》への考察にまで掘り下げることによってはじめて、そこに含まれた問題をマルクス主義者と非マルクス主義者に共通な基盤の上に検討し、そこから共通の学問的課題と政治的教訓を引き出すことができる。そうでない限り、非スターリン化をめぐるかまびすしい国際的な論議は、一方ではマルクス主義の「福音」の解釈をめぐる旧態依然たる教義学的問答と、他方における全く超越的な「ここまでおいで」式の「批判」という、二つの相交わらぬ平行線を描くだけであろう。そこに鳴りひびくメロディーは凝固した両極化の新たな変奏曲以外のものではない。

こうした反省を前提とし、また結論ともしながら、ソ連はじめ各国共産党が「スターリン批判」のテーマに関連してこれまで発表した文献を素材として、そこに政治の認識論としてどのような問題がはらまれているかについて若干の検討を加えてみたい。問題は自から政治過程に対するこれまでのマルクス主義者の思考法の批判に導かれて行くであろう。しかしそれはなんらかの実体的なイデオロギー又は世界観を拠点とするマルクス主義の原理的批判でもなければ、またソヴェートないし人民民主主義体制それ自体の検討でもない。むろん私の提出した問題をそれぞれの立場からする、マルクス主義あるいはコンミュニズムの「本質論」に結びつけることは自由だし、また私の「批判」のなかにも必然的にある種のイデオロギー的選択が含まれていることを否定しようとは思わない。ただ私の試みは一応そうした世界観的立場や本質論を括弧に入れた上で、今度の問題をめぐるコンミュニストの――しかも国際的に第一級のコンミュニストの所論をできる限り普遍的な政治法則の現像液に浸し、ある種の定型化した思考と行動の様式を浮き立たせようというところにある。繰り返しいうように、そうした思考＝行動様式は必ずしもマルクス主義ないしコンミュニズムに特有のものではない。にも拘らずマルクス主義のもつ体系性とその党派性の見解が、上述したような両極化の精神的状況の中で機能する場合には、自己を一つの閉鎖的な完結体として表現する傾向が強く、そのために、特定の政治状況に制約された精神傾向なり政治的手段までも「世界観」自体のなかに繰り入れ、もしくは一切を「闘争」の必然性によって合理化しやすい。そうした傾向が今日まで異なった学問的立場とのコミュニケーションを阻害して来たばかりか、実践の場においても、政治的手段の自主的コントロールを困難にし、結果において反共論の「全体主義化」をいよいよ促進したことは否定できない。「政治の論理」を世界観から分離し、それとして突き放して認識することをまずコンミュニストに対して要請する根拠はまさにここにある。これこそイデオロギー的硬直からの解放――本当の意味の雪どけ――の第一歩であり、しかもその決定的な一歩はすでに意識すると否とを問わず、「スターリン批判」の論議において踏み出されているのである。

3

ソ連の現指導者によるスターリン批判の最初の仕方のうちには、既に各方面から指摘されたように個人崇拝の裏返しのようなところがあり、過去の大量粛清や恣意的な決定や官僚主義や戦争指導の失敗などマイナス面をスターリン個人に帰し、ソヴェート社会主義の急テンポの発展や対独戦の勝利などの善い面は、悉くボルシェヴィキ党の周囲に結集したソヴェート人民大衆の英雄的奮闘の賜にするという単純化に陥っていた。歴史の生産者が個人でなくて大衆であると力説しながら、歴史における悪の要素の生産についてだけ大衆の関与を否定するのはたしかに馬鹿げている。と同時に、そこには個人跪拝の原因を集団指導の欠如に帰し、逆に集団指導の無視を個人跪拝から説明するという循環論法が潜んでいた。

そうした疑問に対しては、まず中国の「人民日報」が「プロレタリアート独裁の歴史的経験」という論説（四月五日付）で個人跪拝が「数千万人の習慣の力」だという含蓄のある表現で問題の解明に一歩をすすめたが、とくに六月四日アメリカ国務省が暴露したフルシチョフ秘密報告のショックによって、トリアッティはじめ世界の主要な共産党指導者は、否応なくそれぞれ自己の問題としてスターリン崇拝のよって来る原因の検討に乗り出さざるをえなくなった。そのいずれもがこれまでのソ連当局の発表ないし説明の仕方に対する不満の表明から出発していた。「敵」からの批判に対しては黙殺し、あるいは相手の意図の暴露をもって応じていたソ連首脳部も、こうした友党から一斉に提起された疑問や希望に対しては答えないわけには行かなくなり、それが六月三〇日のソ連共産党中央委員会による「個人跪拝とその諸結果の克服に関する決定」となって現われた。

右のソ連共産党中委報告では、個人跪拝を生み出した原因として、(i)ソ連で社会主義建設が行われた客観的な歴史的諸条件と、(ii)スターリンの個人的資質と関連した若干の主観的要因という二者を挙げている。例示された個々の具体的原因――ソ連の国際的孤立とか、国内の反革命派と国際的なファシズムの脅威とによって余儀なくされた集権化、その反面としての「若干の民主主義的形式の制限」など――の歴史的検討はしばらく措くとしよう。むしろここでの問題は、この客観と主観の両因がどのような媒介要因によって結び付くかというところにはじまる。そこにパースナリティーと状況との関連とか、指導と被指導との機能的な相互作用関係とか、公式《フォーマル》な組織内部における非公式グループの意義とかいった政治上の核心的な諸課題が介在しているのである。この問題が理論的に取り上げられない限り、個人崇拝に限らず、重大な政治的事象は一方では巨視的な客観情勢論ないしは「体制」論と、他方では指導者の先天的内在的素質――その極限としての悪玉論――の二つの方向に解消してしまう。たとえばスターリンは「個人的な謙譲さというものをもち合せなかった」(「プラウダ」三月二八日論文)とか「初歩的な謙譲心さえ欠けていた」(フルシチョフ秘密報告)とかいわれるが果してそうか。改めてスターリン性格論を持ち出す余裕はないが、少なくも彼があれほど長期にわたって最高の権力を掌握し、またあれほどの歴史的大業を遂行した政治家にしては虚栄心の虜にならず、史上の独裁者と比較しても自己抑制の能力において劣っていなかったことは、色々の証拠から明らかである。むしろトクヴィルがルイ・ナポレオンに下した「彼は人民に対する抽象的尊敬はもっていたけれども、自由ということにはあまり好意を示さなかった」という評価の方がまだしもスターリンにはふさわしいであろう。また彼の「病的な猜疑心」の例がフルシチョフによって挙げられているが、もしそれを認めるとしても、それを単に個人の属性に帰することでは、すこしも問題は解決されない。現に世界中のあらゆるコンミュニストは「革命的警戒心」の強化を高唱しているが、緊迫した政治状況の下で革命的警戒心と猜疑心とがいかに実質上区別が困難になるか――むろん、反革命的な警戒心も同じことである――は、日共の分派問題を回想しただけで十分であろう。事実ユージン・デニスは三四年以後の大粛清について「〝人民の敵〟に対する追及は事実上いかなる反対や対立意見をも疑わしいとみられるほどヒステリックな規模に達した」といい、また「それ（虚偽の自白ないし証言のデッチ上げ）は熱にうかされたような疑惑とヒステリーの雰囲気のおそるべき産物で、イェジョフ、ベリアその他の帝国主義の手先たちが自分の目的のためにこの雰囲気を利用したのである」（六月一八日付「デーリー・ワーカー」紙論文）といっている。

しかも、一定の緊迫した政治的状況が生み出した心理的雰囲気はそれ自体の自律的運動をもち、その中で刻印された思考や行動の形態《パターン》は、客観的諸条件が変化した後にもなお惰性として生きつづける。三四年キーロフ暗殺事件にはじまる共産党及び国家諸機関に対する大粛清と恐怖時代は、第一次五カ年計画が完了し、農業集団化を通じて富農《クラーク》が一掃され、国内のトロツキストがすでに「武装解除」されて反革命の社会的基盤が大幅に消失したのちに、つまり社会主義が体制としてはその基礎を固めた――スターリン憲法はその法的確認であった――のちに絶頂に達したことを忘れてはなるまい（もっとも他方で、日独ファシズムの脅威の増大がスターリンとOGPUへの権力集中を合理化する根拠となった)。

フルシチョフ報告も、「党、ソヴェートおよび経済上の指導者たちが多数逮捕されたために、多くの労働者が仕事の確信を失いはじめ、過度の用心深さを示すようになり、すべての新しいことに恐怖を抱き、自分自身の影を恐怖するようになり、彼等の仕事においてイニシアティヴを示すことが少くなりだした」といって、粛清によって醸成された心理的なインパクトの自己運動が逆に新たな「事実」を産み出して行くことを——彼自身その理論的意味をどれだけ意識しているかは別として——実質的に認めているが、このような猜疑・不信・恐怖などの政治的ダイナミックスは特定の個人の性格や心構えに帰するにはあまりに重大な問題であり、またそれは必ずしも特定の社会体制や組織に固有のものでもない。たとえば上のデニスの言葉のうち、「人民の敵」を「国家の敵」に代え、「ベリアその他の帝国主義の手先たち」を「マッカーシー上院議員その他チャイナ・ロビイの手先たち」とかえれば、殆どそのまま四〇年代末期から五〇年代前期にかけてのアメリカにあてはまるだろう。

一般に今回の「スターリン批判」を契機とする各国共産党の国際的な自己批判は、コンミュニストの政治行動にまつわる心理的傾向についていちじるしい類型性を証示している。たとえばユージン・デニスはアメリカ共産党がこれまで、「おおくの労働者や自由主義的活動家の批判的発言や見解にたいしては狭量な態度をとったことがしばしばあった。……労働組合活動家や自由主義者からの真剣な批判まで、職業的反共分子や反ソ中傷家の批判と同じように扱った」(前掲論文)といっているし、イギリス共産党のジェームス・クルーグマンは「われわれはその政策を間違っていると判断した人々、いな、破滅的(disastrous)だと判断した人々に対してでさえも、裏切者という烙印を押してはならない場合があるのに、そういう烙印を押す傾向があまりに強かった。個人的意図というものは事実問題ではない。人格的誠実さを正確に測りうる誠実測定器（sincerometer）などというものはまだ発明されたことがない。破壊的政策を抱いた個人が完全に誠実であるということは十分ありうることである」（"Communists and Socialists," *Marxist Quarterly*, July, 1956）と「反省」しているが、このように異った見解や政策に対して一律にレッテルを貼る傾向や、すぐさま相手の「悪しき意図」を臆測する思考態度を、アメリカやイギリスのコンミュニストだけの現象と思うものはまずあるまい。また、「そこでは（スターリン体制の下ではという意味—丸山）理論を発展、前進させ、なにか独創的な新しいことをいうことのできる者はスターリンただ一人で、残りの者はスターリンの語った思想を普及し、彼がたてた方式を解釈すべきだとみなされたのである」とプラウダ論説（三月二八日）がのべていることも、つい先ごろまでは、ほとんどあらゆる国のあらゆる共産主義者に共通した事実上の傾向であった。したがって、こうした「欠陥」を単に特定の国のコンミュニズムの水準の低さのせいにしたり、あるいは個々の共産党員の修養の足りなさということだけで片づけること、いいかえれば、特殊性への逃避と道徳主義への解消は問題を本当に解明する途とはいえない。右の最後の例をとれば、しばしば——共産主義者の自己批判としてもまた反共論者の批判においても——権威への盲従がいけないという「教訓」が引き出される。権威への盲従がよくないのは分り切った事だ。だがそれなら権威への盲従を改めてもっと自主的になりましょうという事で済むだろうか。個人崇拝が単に特定人格の崇拝ではなくて、ほとんどすべての共産主義者によるスターリン理論の絶対化として現われたことは、なにも全世界の共産主義者が揃いも揃って先天的に「権威主義的性格」の持主だったからではなかろう。そこではスターリン理論はプロレタリアートの組織的団結のシンボルとして機能していたからこそ、同じ陣営内における「理論」へのいかなる疑惑も団結に水をさすものとして取り扱われたのである。党の路線《パーティ・ライン》から偏向しないだろうかという恐怖と警戒のあるところ、思想と言論の上部への同調化の傾向は不断に発生する。そうして各国の党員の党幹部への同調化は、党幹部の社会主義の祖国ソ連への同調化に、それは更にソ連共産党の最高権威への同調化にまで上昇して行かざるをえない。シドニー・ウェッブのいわゆる「正統病」(disease of orthodoxy)がこうして蔓延する。むろんソ連における正統病は特殊的に帝政ロシアにおけるギリシャ正教と国家権力の合一の思想的遺産に帰せられる面があろう。ちょうど日本共産党が「国体」的正統性の思想的遺産を——裏返しにして——受けついでいるように。しかし世界的規模におけるコンミュニストの正統病は本論の冒頭に暗示したように、一つには未だ相対的に自己の劣勢を意識している革命団体の心理的習性であり、一つには政治状況の緊迫性が対抗する両極に等しく刻印する思考様式の産物なのである（その意味で「自由主義」における忠誠審査など一連の正統主義化に見合っている）。そうして右のような「異口同音」化の反面は、「社会主義諸国における重大な不正を物語るような情報は何でも信ずることを拒否し、そのような情報は中傷だと考」（デニス、前掲論文）える、これまた通有の傾向として現われる。スターリンを書記長に据えることを警戒したレーニンの有名な「遺書」も、強制収容所の存在も、大粛清がスターリン憲法の規定する法手続をさえ無視して行われたことも、——一言でいえばプラウダやフルシチョフ秘密報告が今回明らかにした大半の事柄は「ブルジョア世界」では殆んど既知のことであって「秘密」といわれるほどのものではなかった。ただそれがソヴェートの最高責任者によって確認されたとき、はじめて全世界の共産党もまたこれを確認しただけのことである。事はジャーナリズムの情報だけではない。敵からも学べということが繰り返しいわれるにも拘らず筋金入りのマルクス主義者は、一般に非マルクス主義の立場からの学問的業績に対しては、自己の見解を確証するためとか、反駁のために以外には「学」ぼうとしない傾向が——同じく国際的に——顕著である。それはソ連や人民民主主義国の体制に関して最も甚だしく、また、マルクス・レーニン主義で既に理論が「出来上っている」領域、ないしは古典的定義が与えられている問題ほどその傾向が強い。それもとくにマルクス主義者が性癖として狭量だからでもなければ、先天的に自由な思考が欠けているせいでもあるまい。マルクス主義が封鎖的体系として現われる論理的必然性は必ずしもないとしても、両極化の精神的インパクトが続く限り、学問的論争の次元とイデオロギー闘争の次元とは実質的に交錯するから、それだけマルクス主義は善かれ悪しかれ現実には全一体《トタリティー》としてのシンボル価値において機能する面が大きく、自から非マルクス主義的業績の大胆な摂取よりは「修正主義」への堕落に対する警戒の方がいつも先行する結果になるわけである。こう見て来ると、右のような一連の行動様式の類型性はいずれも多かれ少なかれ現代の政治状況と函数関係にあり、したがって、共産主義者のザンゲによって消滅するものでもなければ、また非共産主義者が往々自己欺瞞によって想定しているほど自己の陣営に「無縁」なものではない（現にマルクシストの学問的閉鎖性をわらう西欧側の非マルクス主義学者が、たとえば独占資本というような用語自体に心理的に反撥し、「公式」の妥当性を十分吟味もしないで公式＝誤謬という彼等なりの「公式主義」に安住している例はいくらもある）。けれどもこうした心理的傾向性が深い状況的根源をもっているからこそ、意識面でこれを不断に「隔離」して認識することがいよいよ必要となるのである。共産党やソヴエート制に関する「ブルジョア学者」の研究やマス・コミュの報道がどんなに偏見に支配され、どんなに中傷やデマを飛ばして来たからといって、そうしたテーマの認識と判断にあたってもっぱら自己の陣営の研究や報道に頼っていると、今度の場合に顕著なように、「知らぬは亭主ばかりなり」という結果を招いたり、いきなり不利な事実に当面して急激なショックを受けることになる。なによりそうした態度では、イデオロギー的嗅覚だけは鋭くなっても、あらゆる研究や資料のなかから積極的に真偽を見分ける能力は一向に鍛えられない。ヴァイタルな問題に対する多様な見解の提出や理論解釈の多義性が団結を弛緩させあるいは利敵行為となる――その可能性は多少ともつねに存在する――ことに対する警戒心が一方的に亢進すれば、先天的には権威主義者でないコンミュニストも、しだいに同調化が習性と化し、ますます権威主義になって行く。上にのべたような政治状況と人間関係との相互連関やそこに打ち出される行動様式は決して宿命的な必然性をもって生起するものではない。しかしその次元の問題を一応特殊的個別的条件から切り離して「法則化」しなければ、客観情勢論は「あれはあの時のことでした」ということで、また個人的資質論は「だからみんな立派な人になりましょう」ということでおしまいになってしまう。それでは右のような種々のマイナス効果を大衆的規模で制御する方向は、到底期待されないであろう。

したがって、さきのスターリンの欠陥や粛清の問題に立ちかえるならば、当面の問題は、良い心掛と悪い心掛を区別することでもなければ、「主義」や「世界観」の先天的正当性や完結性に救いを求めることでもない。革命的警戒心は甚だ結構だが猜疑心はいけないというだけでは、実は何事も言わないに等しい。どういう状況の下で、前者が後者に転化するか、そのデリケートな移行の地点を具体的な政治過程に即して究明することによってはじめて事柄は今後の教訓として蓄積される。指導者のタイプや素質の優劣は組織の性質によって異り、また組織化の段階――権力獲得の段階と安定化の段階、攻勢の段階と守勢の段階、危機的状況と平時的状況といった――に応じてその政治的機能は転変するので、それ自体としては善良なものもなければ「悪質」なものもない。ところがすぐれたマルクス主義者は、実践の場ではこれまでもそうした政治的人格の動態や組織化の過程が、巨視的な「客観情勢」ないし経済過程と、具体的な政治行動とをリンクする媒介項として重要な意味をもつことを直覚していたにもかかわらず、そうした次元の問題はもっぱら個別的具体的な戦術として処理されて来たので、複雑な政治的状況は一般的な典型にまで十分抽象化されなかった。つまり本来もっとも高度に政治的であるべきマルクス主義が皮肉にも政治的次元の重要な問題を、「経験主義」に放置して来たといっても過言ではなかろう。とくにパースナリティや行動様式の相互作用関係を把える努力は唯物論の立場からは唾棄すべき「心理主義」として斥けられやすい。その結果はしばしば具体的な人間行動の理由づけに関する恐ろしく素朴で非現実的な「説明」となって現われる。事は決してスターリン性格論だけではない。たとえば、ベリアや伊藤律のような「裏切者」についての公式発表には、殆どハンコで押したように、彼等が抑々の出発点から邪悪な素質と意図をもって運動に入り、組織の中で着々その目的を実現して遂に党や国家の最高幹部にのし上ったというような「遡及法」的な論理が使用される。彼等が本当に裏切者であったかどうかは別として、こういう「論理」が殆ど説得力をもたないことだけは確かである。そうして問題をここまで押しすすめて来ると、どうしても今日までマルクス主義者を――意識すると否とを問わず――現実に規定して来た思考法をヨリ一般的な構造連関の下で取り上げなければならない。

4

右に述べたような遡及論の醱酵する泉源を掘り下げて行くと、必ず行き当るのが、いってみれば「本質顕現」という思考様式である。平たくいえば「ついにその正体を暴露した」というあの考え方である。これは悪い面の場合だが、逆に大衆の政治意識や社会主義体制の歴史過程に適用されると、「ますますその本来の性格が――外部からの暗雲を排して――発現する」ということになる。先天的内在的なものの顕在化という論理は、発展の論理としては有機体の論理であり、規範論理としては自然法的思考であって、外（状況）からの衝撃によって内（主体）そのものが変動し、また「内」の運動と作用によって「外」自体も推移して行くというモメントがなければ弁証法的な思考とはいえまい。

たとえば敗戦後のアメリカ対日占領政策に関するコンミュニストの規定のし方は、当初の「解放軍」的見方から、急激に「独占資本の世界支配」という見方に変り、しかも例の遡及論で、あたかも戦後の「民主化政策」の一切がアメリカ支配層の「本質目的」から流出するかのように説かれた（ちかごろは大分訂正されたが）。むろんそこには学問の問題を超えた「政治の必要」が作用していたのであろうが、マルクス主義者の分析の仕方にこういう傾性があることは否定できないし、また「政治の必要」としても、アメリカ支配層の政策決定がしばしば状況変化に対する機会主義的な対応にすぎない場合まで、それをまるで碁の名人のように、計画的布石の結果と看做し、その見透しを恐ろしく過大評価する結果になっている。大衆の政治意識にしても、本質顕現的論理から来る「しだいに革命化する」という長期観測のために、経済状況や政治状況の転変に応じて、大衆の意識と行動が描く高潮と沈滞の波動が十分に追跡されない。プロレタリアートが「本質的に」革命的であり、しかも共産党がつねに革命の前衛であるならば、具体的な革命の失敗は共産党以外の社会民主主義の指導者の裏切りによってしか説明できなくなるのも当然である。大衆にいきなり高度のプログラムを押しつけてはいけないということが昔から繰り返し言われながら、実践的には押しつけて来たのは何故か。誰が自ら押しつけと思って押しつけるだろう。押しつけている当人は大衆のなかにアプリオリに内在している革命的なものを顕在化しているつもりなのである。私は、コンミュニスト全体がそうだとか、これがすべてだとかいっているのではない。少くも経験的に見て、そういう思考傾向が執拗にまつわり、しかも――程度の差こそあれ――そこには、単に日本のコンミュニストの幼稚さということだけに帰せられない問題があると思うのである。

政治意識や人格構造のダイナミックスを追求することに対するマルクス主義者の「警戒」は、なお次のようなところから来ている(そういうアプローチが頽廃した帝国主義の科学への降伏であるというような政治的理由づけは論外とする)。第一にそれがどうしても人間の下意識や行動の非合理面を浮び上らせる結果となるので、マルクス主義のなかにある合理主義にひっかかるということ。第二にはいわば「基底体制還元主義」とでも名付くべき思考傾向である。第二の問題はあとで組織論の問題に関連して取り上げることとして、最初の点について簡単に触れておこう。

一般にマルクス主義に依拠する社会主義国家及び政党はつねに思想的原則を尊重し理論とテーゼの上に政策と実践を立てる。これはたしかに資本主義国家ないしブルジョア政党に見られない大きな特色であり、また長所でもある。資本主義国の大多数の政治家やジャーナリズムは、いわゆる共産圏諸国や自国の共産党の出来事を観察するにあたって、ニヒリスティックな権力への野望とか指導権の争奪とか大衆操縦とかいった、手持の道具にだけ頼って判断しているために、――彼等に歴史的な見方と展望が欠けていることと相俟って――裏返しの公式主義に陥ってしまい、こうした世界の大きな流れを発展的につかむことができない。けれども、他方コンミュニスト――とくにその中のインテリはそうした原則やテーゼが現実の政治過程においてもつ意味をややもすると過大評価し、「われわれにおいては政治は科学の現実への適用である」というオプティミズムによりかかるために、現実に犯された誤謬や愚行は究極的には思想や原則に対する無知もしくはその誤った適用に帰せられる。そこでそれ自体は正しい思想や理論に依拠しながら、現実の行動がそれを裏切って行くという問題が真正面から考察されなくなり、あるいは文学の領域に押しやられてしまう。

スターリンは集団指導の原則を蔑視したというが、「単一の人物の決定は常に乃至は殆んど常に一面的である。集団的に検証され是正されずに、単一の個人によって行われた決議の百のうち九〇は一面的である。ソヴェート及び党組織の一切を指導する指導体たる党中央委員会には七〇名の中央委員がおり、各自がそれぞれの経験を寄与できる。もしそうでないならば、もし決定が個人によって行われるならば、われわれは極めて大きな誤謬を犯すであろう」(スノウ『ソヴェート勢力の型態』邦訳、二四七頁による)とは、ほかならぬ彼がつねに力説していたところであった。スターリンは異る意見の表明に対してつねに不信であったように非難されるが、「鉄の規律は党内の批判と意見の闘争を排除しないでむしろこれを前提とする」(『レーニン主義の基礎』)ということも、「意見の闘争なくして、批判の自由なくしていかなる科学も発展し進捗しないということは一般に認められているところである」(「言語学におけるマルクス主義について」)ということも原則としては彼は承認していた。説得し教育するというレーニンの方法をスターリンは「無視」したともいわれるが、「レーニン主義の諸問題」を読めば、いかにスターリンが、まず説得、止むをえないときにのみ強制という方法を繰り返し説いていたこと、少しもそうしたやり方がスターリンに「無縁であった」(フルシチョフ秘密報告)とはいいきれないことがわかろう。スターリンほどのボルシェヴィキがマルクス・レーニン主義の諸原則と全く「無縁」な数々の指導や実践を行ったとすれば、そのことは逆にいえば、誤りない原則や理論への帰依ということが、それだけでは正しい行動の保証としていかに頼りにならないかを物語っていないか。誤った実践や指導には必ず誤った理論やテーゼが照応するという建てまえからして、ソ連はじめ各国共産党指導者が、スターリンによる大量粛清と法手続の侵犯の基礎としてもち出したのが、「社会主義建設が進行するにつれて階級闘争は激化する」というスターリンのテーゼであった。たしかにこれはスターリンがトロツキーの国際的な永久革命論を駆逐した代りに、国内をいわば永久革命化したことの根拠づけにはなったであろう。しかしあの長期にわたる惨憺たる粛清とテロがこうしたテーゼから必然的に「流出」したとは到底考えられない。私自身はこのテーゼのなかにもある意味で真理が存在すると思っている。むしろ恐るべきは、政治過程を隅々まで科学や原則が支配するという想定と政治的信条との癒着なのだ。

サルトルの戯曲「汚れた手」のなかでインテリ党員のユーゴーとその妻ジェシカが次のような会話をするところがある。

ユーゴー　「客観的には」あの男は、社会の裏切者として行動しているんだ。
ジェシカ　(よく判らぬ面持で)客観的に？
ユーゴー　そうさ。
ジェシカ　ああ！(間)ところであの人があんたが何をしようとしているかを知ったら、あんたを社会的裏切者だと考えたでしょうか？
ユーゴー　判らんね。
ジェシカ　だけどそう考えたでしょうか？
ユーゴー　それがどうだっていうんだ？　恐らくそう考えただろうね。
ジェシカ　ではどっちが理屈にあってるの？

ユーゴー　僕の方さ。
ジェシカ　どうしてそれが判るの？
ユーゴー　政治は科学だ、君は君が正しく他の者が間違っていることを示すことができる。（邦訳九九頁、傍点は筆者）

党執行部の多数によって裏切者と断ぜられ、最後にユーゴーのピストルに斃れる元党首エドレエルは（彼の路線の正しさは後になって証明されるのだが）、あるときユーゴーに「ああいう女たち（オルガという女党員のこと）はまったくできあいの思想を受け入れてそれを神を信じるように信じる。わしらは原則論だけで引金をひくことをためらう。なぜなら思想をつくるのはわれわれだし、その製造所をしっているからだ。わしらは自分たちが理屈に合っているということにまったく絶対に確信は持てない」と語り、ユーゴーを「君は人間を愛していない、原則しか愛していないんだ」（同一一一頁）と批判する。むろんエドレエルは無原則の日和見主義者ではなく、ただ現実の非合理面をすなおに見る眼と、「あるがままの人間を愛する」心とを具えた革命家なのである。ドストエフスキーが「悪霊」の中で戯画化したシガリョーフ的社会主義はまさにユーゴーの精神的祖先にほかならない。それがコンミュニズムのすべてだと断定できないことは、中国共産党の考え方と実践が比較的にエドレエル的なものに近いところから見てもわかるが、ここに伏在する問題も、いわゆる教条主義がつねに排撃されながら、どうして教条主義的実践が出て来るかという疑問と関連して、ヨリ突っ込んだ考察が必要であろう。

「個人崇拝」とそれに関連して明るみに出されたスターリン独裁の諸側面は政治心理の次元で重要な問題を提起しているだけでなく、それとならび、あるいはそれを超えて組織の問題を登場させずにはおかない。ルカーチは既に二〇年代の著で、指導の誤謬と欠陥に関する批判と自己批判のあり方について次のように説いている（„Methodisches zur Organisationsfrage," in *Geschichte und Klassenbewusstsein*, S. 303）。

第一に、起ったことの抽象的な「必然性」という見方は宿命論に導いてしまう。第二に、個々の人間の誤謬や巧妙さが成功と失敗の原因であるという偶然論は、ただその人間がその地位に適任または不適任だったということに終ってしまい、未来の行動にとって教訓にならない。第三に、「その行動の客観的可能性、およびまさにかかる人物がこのポストに据っていたという事実の客観的可能性は、果して何であったかという原因を探究するとなると、問題はすでに組織論として提示されているのである」。これはほとんどそのまま「スターリン批判」の課題としてもあてはまるであろう。つまりルカーチがいうように、理論は組織論を媒介としてのみ実践に転化されるので、ある理論を組織的効果からきりはなして正しかったかどうかを議論しても、理論自体は抽象的でアイマイだから、どんな実践でも正当化できるからである。

スターリン独裁の問題を組織問題まで掘り下げてきわめて慎重な仕方で、しかし鋭く提起したのはトリアッティであった。むろん彼は立ち入った分析を提唱しているのであって、回答を与えているのではない。にも拘らずトリアッティが個人崇拝にすべての原因を帰する見解を非マルクス主義的と批判しつつ、ソヴェートの経済的・政治的生活における官僚機構の比重の異常な増大にふれ、「民主的制度に対する有害な諸制限や官僚的組織形態が漸次優位をしめたことは党にその萌芽をもつ」と指摘し、害悪が制度全体に影響を及ぼしたと断じたことは、さきにのべた批判の国際的な波紋の増大に警戒心を深めつつあったソ連首脳に敏感な反応を起した。ソ連共産党中委決議は、「トリアッティがソヴェート社会が〝若干の改革〟に面していないか、という問題を提起していることには同意できない」といって、個人崇拝の諸害悪が社会制度の本質に「無縁」であることを強調し、その根拠として、社会制度の本質を決定するものは生産様式のあり方、生産手段の所在だというマルクス主義のイロハを講義している。これではトリアッティの問題提起を発展させるどころか全く逆もどりである。

もし個人崇拝を集団指導に代えたところで、集団指導自体の組織論が具体的に提起されなければ、それは反共的立場から一斉に挙げられている「一人の指導が百人の指導にふえたといってそれがどうして弊害除去の保障になるだろうか」という疑問に答えることは困難であろう。目的意識性と自然成長性の結合というレーニンの素晴らしい政治的リアリズムも、もしそれが一方的に、目的意識性＝党、自然成長性＝プロレタリアートというふうに固定化されるときは、すでに指導者主義への転落の第一歩となる。「はじめに党ありき」ではなく、また党はそれ自体どんな状況でも前衛なのでもなく、党がプロレタリアートを指導する過程において、その組織活動を通じて前衛党であることを不断に証示して行くというのがレーニンの弁証法であった。中国共産党がすでに一九四三年において決定した「大衆路線」の認識論にはこの思考法が見事に貫かれている。したがって前掲「人民日報」の論文でもこの決定を引用して、大衆路線の指導方法を正しく実行するために、「一つの制度をつくり、大衆路線と集団指導の徹底的実施を保障」する必要を強調しているわけである。この考え方は「個人崇拝防止の制度的保障などというものはない。ソヴェート人民のたゆまぬ努力がその最大の保障である」というような卒伍《ランク・アンド・ファイル》のモラリズムに問題を解消する思考（たとえば「世界」一〇月号のアンケートに対する川崎巳三郎氏の回答）と鋭い対照を示している。トリアッティを反駁した右のソ連共産党の決議にしても、個人跪拝が「社会主義的民主主義の発展」を阻害したこと、また複雑な内外情勢のため「鉄の規律、ゆるぎなき警戒心の強化や峻厳きわまる指導の中央集権化を必要とした結果、若干の民主主義的形式の発展に悪影響を与え」たということは認めている。「民主主義的形式」の発展や「社会主義的民主主義」の発展の阻害が、党・労働組合・国家機関等々の組織活動と無関連に真空のなかで行われるわけではなかろう。指導の過度の「中央集権化」は機構化を伴わずに可能であろうか。にも拘らず、制度や組織を問題にすると、すぐさま基底の社会主義の「本質」が疑われたかのように、ほとんど生理的な反応を呈するのは、まさしく「一枚岩」的観念の典型的な表現である。

しかもそこには、この場合だけでなく、マルクス主義者の思考を深く規定するところの、すべての問題を基底体制へ還元――関連でなく――させ一元化する傾向が流れている。個別的な組織体の次元の問題は、「究極的」には政治的上部構造全体の問題となり、更に「本質的」には下部構造の問題に帰着させられる。こういう拡大主義が学問的立場の取扱いに適用されると、例えば、個別科学の諸学派→プラグマティズム→帝国主義段階の哲学→帝国主義の哲学、という還元法になる。基底体制への還元はイデオロギー性への還元と相即しているので、このプロセスを逆にすると、前にのべた本質顕現的思考になるわけである。それは弁証法的ではないかもしれぬが「一枚岩的思考」であることは確かである。さらにこの思考法はしばしば歴史過程の観方のなかにもすべりこんで、いわば歴史的単線主義として発現する。歴史観察における複線あるいは複々線の架設を、止むをえない個所にしか容認せず、できるだけ本質としての単線（生産様式・生産関係・階級という系列）に流れ込ませようとする。そうしてそこには、複線あるいは複々線で捉えられるような対象は、究極的もしくは本質的には単線から「派生」した現象であり、またその領域に登場する範疇や概念は基礎範疇に比べて二次的な意味――あるいはヨリ低次の科学性しか持たないという想定が潜んでいる。階級を縦断する社会集団や、キリスト教文明とか回教圏とかいったいくつもの生産様式にまたがって存続する問題あるいはカテゴリーに対する扱い方にそれが見られる。こういう思考法が「理論」の物神崇拝《フェティシズム》によって亢進すると、基礎過程の科学としての経済学と経済史が第一義的な本質究明の学問であって、上部構造に関する理論は現象をなでまわすだけだという風に、学問のジャンル自体に――あたかも中世における女王としての神学と奴婢としての諸科学という関係に似た――価値のスケールが設定されるようになるのである。そうして歴史的単線主義が進歩のイデーと結びつくとき、同時的＝多層的に存在して相互に規定し合っている問題は本質規定に基く歴史的段階に従って配列され、後の段階に帰属されるイデオロギーは本来的に前の段階のそれを吸収し通過していると考える傾向が自から胚胎する。たとえば現代の学問的立場はしばしばマルクス主義者によって近代主義とマルクス主義に二分されるが、その際、近代主義→マルクス主義という進化が資本主義→社会主義という基底体制の対立と進化に照応して想定されているわけである。この場合、プラグマティズムを近代主義に入れるのはよいとしても、現代の大きな潮流であり学問的にも甚大な勢力をもつカトリシズムを近代主義と呼ぶのはどんなものか。実存主義にしても、思想史的には明らかに反近代主義として生れて来たものである。問題が拡がりすぎたようであるが、事は決して「スターリン批判」に無縁ではない。現に党ないし国家機関の恣意的な権力行使を立憲的手続によって保障する必要に対してコンミュニストが多年示して来た軽視の思想的基因は、単に革命的もしくは非常事態的状況からの直接的要請だけではなくて、立憲主義→ブルジョア民主主義→プロレタリア民主主義という単線的進化の思考化から来るオプティミズムもまた作用していなかっただろうか。これに関連して中国共産党が個人崇拝の淵源を、「幾百千万の人々の一種の習慣の力」に求めたことは、さきにも触れたように、ソ連指導者の説明に比してはるかにリアルな認識であるが、さらに進んでその「習慣」の根拠ということになると、やはり右のような思考法から免れていない。すなわち「人民日報」(五六・四・五)は「個人崇拝は、これまで長いあいだの人類の歴史がのこした、くされはてた遺物である。個人崇拝は搾取階級のなかにその基礎があるばかりでなく、小生産者のなかにもその基礎がある。周知のように、家父長制は小生産経済の産物である。プロレタリアート独裁がうちたてられたのち、たとえ搾取階級が絶滅され、小生産経済が集団経済にとってかわられ、社会主義がうちたてられたのちでも、古い社会のくされはてた毒素をふくんだある種の思想の残りかすは、なおも人々の頭脳のなかで非常に長いあいだ生きのびる」といっているが、これによると個人崇拝は「小生産経済」に立脚する小ブル・イデオロギーということになる。それでは小生産者が数的にも多く、典型的な小ブル根性が蔓延しているフランスなどは、個人崇拝が流行しそうなものだが、むしろここでは「個人主義」は蔓延しても、いや個人主義が蔓延しているから、個人崇拝に対する心理的抵抗はきわめて熾烈である。個人崇拝が「遅れた」意識であることは確かだが、プロレタリア独裁を最も早く打ち立てたソ連でさえも、ではなく、まさにソ連において、ブルジョアもしくは小ブルジョア意識に骨の髄までむしばまれた西欧社会では到底考えられないほどの規模で、個人崇拝が繁茂した所以は、こうした生産様式の歴史的段階への還元では説明されないだろう。

国際政治における国家理性《レーゾン・デタ》の役割とか、テクノロジーと官僚化の関係とかいうような、ちがった体制に共通する次元の問題をとり出すことに対する根深い抵抗感も、右のような思惟様式と関連するわけである。例えば、国家機関の集権と分権の問題や「抑制《チェック》と均衡《バランス》」の問題などはブルジョア民主主義国家だけの問題で、社会主義体制は本来人民の国家であるからそういう保障は必要としないといわれて来た。それならば、最近ソ連で盛に行われている中央機関の諸権限の地方機関への移譲や、中国共産党で提唱されている諸政党の長期的な併存と相互監視は何故必要となるのであろう。むろんそうした問題が資本主義国と同じ意味内容をもっているというのではないし、集中権力がそれ自体有害なのでもないが、国家権力が「本来的に」人民のものであり、共産党が「本来的に」人民のための政党なら、むしろベンサム主義者のように、「権力がよい目的のために働いているのなら、なぜそれを分割するのか。権力が悪い目的のために用いられているのなら、なぜそれを存続させるのか」(cf. C. Friedrich, *Der Verfassungsstaat der Neuzeit*, 1953, S. 197) と開き直れば済みそうなものである。立法府や裁判所などの国家機関やマス・コミュニケーションの機構をブルジョアジーが階級支配の目的のために「所有」し運転する道具とみるのは、いうまでもなくマルクス主義の基本命題の一つであるが、こういう見方が体制還元（ないし本質顕現）的思考法に結びつくと、支配階級とそれら機関との関係は実体―属性関係として固定化されるからして、具体的状況の下でそうした道具の主人への反逆の客観的可能性を押しひろげて行く認識態度が生れにくくなり、あるいは、いわゆる目的の他生 (Heterogonie der Zwecke) ――元来Aという目的で発生したものが発展してBC……というような異った目的に仕えるようになる現象――を十分に掌握することが困難になる。その結果一方では「どうせ本質的に敵のものなのだ」という規定と、他方では全くその場その場の機会主義的利用という二つの方向が無関連に併存することになる。議会のような、発生的にも支配機構と代表機関という二重性をもっている制度については、「実体」への一方的な帰属は比較的に抑制されて来たし、議会を通ずる社会主義革命の可能性の問題が二〇回党大会における提起と前後して各国とくに西欧の共産党で喧しく議論されるようになってからは、事実上には影がかなり薄くなったが、認識論の問題としては、たとえばイギリス共産党の「社会主義へのイギリスの途」でいうところの「イギリスの歴史的な闘争の産物である議会」という観点と、支配階級の所有物という観点とがどのように組み合されるのかは必ずしもつねに自覚されているとはいえない。それは基本的にはさきにのべたアメリカの占領政策における流出論的観点と力関係の反映という観点との関係にもつながる問題である。

こうした点でスターリン批判はマルクス主義国家論でこれまで看過され、もしくは意識的に伏せられていた制度のさまざまの横断面をみずから明るみに出す機会となったが、それはとくに暴力機構や諜報機関のような政治手段の場合に貴重な実践的教訓を残した。たとえば、ユージン・デニスは国家保安局の権力肥大と権限濫用について、「独裁的全権をにぎり、憲法を侵害し、議会にさえ責任を負わぬ連邦検察局、中央諜報局といったわが国（アメリカ）の諜報機関とおなじように、ベリアとその一味はあきらかに、〝国家の安全〟への配慮という口実のもとに、国民に対する犯罪をおかすことができたのである。すべてこうしたことは、〝社会主義の産物〟ではなく、社会主義に無縁な、そうして社会主義社会がゆるすことのできない矛盾と悪用の産物だった」（前掲）と述べている。ここには政治警察機関が体制の如何にかかわらず持つ共通の危険性が認められている。

しかしデニスの後半の言は、半ば正しく半ば十分でないように思われる。諜報機関が国家構造と全く無関連に存在し、その活動がいわばちぎれたとかげの尾のように胴体の機能に影響しないと想定することは、それこそ非弁証法的であろう。こういう矛盾と悪用はもとより社会主義体制にのみ内在するものでもなければ、そこから先天的な必然性をもって発生するものでもない。しかし第一に、それは社会主義建設のある段階の上部構造としての政治制度には起り易い矛盾であり、第二に、いかなる体制でも一定の政治的状況の下では殆ど確実に発生する矛盾である。OGPUの機構と権限は、農業集団化の過程において富農の反抗と反革命企図――現実にあった危険性――を抑圧する過程において急激に増大した。しかも「ソヴェート社会が安定しても保安機関の諸活動はそれに比例して収縮しなかった。とくに戦争以後は、すこしでも変ったところを示したり、あるいはあまりに思想の独立を示したりする無辜の市民をますますその活動対象とするようになった」(Bob Davies, "The New Stage in Soviet Democracy," *Marxist Quarterly*, July 1956)。政治警察機関は、高度の秘密性と機動性が要求されるから、一旦造られ膨脹すると一種の自己運動を開始して、その収縮廃止はきわめて困難になる。これこそあらゆる政治警察が基本的人権にとって最大の危険性をもつ所以であり、ほぼ同じことは軍隊についても当てはまるわけである。

「社会主義社会で、個人と集団のあいだに矛盾した現象があるというのは、何も不思議なことではない」(「人民日報」、四・五)とすれば、トリアッティがいうように、「社会主義制度はそれ自体では誤りや危険から保障されているわけではない。そう考えるものは無邪気な小児病に陥ることになるだろう」。したがってもはや「社会主義社会では、国家が勤労者の利益、社会のヨリ一層の発展と繁栄の利益を具現している以上、国家自体が最高の道徳原理を反映している」(ペ・ア・シャリア『共産主義モラル』邦訳、五頁)といった体制への「無邪気」なオプティミズムは許されなくなった。これは社会主義にとって恥辱ではなくてむしろ大きな前進である。人間にとっても制度にとっても、つねに鋭く意識している危険よりも、意識しない――もしくは十分に意識しない危険の方が実はヨリ危険である。アメリカにとっては、共産主義の危険よりは自らの「自由民主政」の惰性化・形骸化の危険の方がヨリ大きいし、ロシアはブルジョア的イデオロギーの悪影響による危険よりも、社会主義体制の歴史的進歩性にあぐらをかく危険をヨリ警戒しなければならないであろう。

「スターリン時代」の歴史的足跡を偏見なく吟味するものは、そこに偉大なものと恥ずべきもの、巨大なものと卑小なもの、正しさと誤謬が共生し、しかも同じ根から生じていることを認識するにちがいない。スターリンは一九三一年二月に経営管理者の集会で演説して言った。「われわれは先進諸国から五〇年ないし一〇〇年遅れている。われわれは一〇年間にこの距離をうめなければならない。さもないと彼等(帝国主義者)はわれわれを押しつぶすだろう」。そうして彼に率いられたソ連は想像を絶するような困難な環境とたたかいながら孤立無援でこの「距離をうめ」る事業をやりとげた。そうでなければどうしてあの圧倒的なナチ・ドイツの攻勢をささえるのみか、これを押し返して第二次大戦の勝敗の転機をつくり出すエネルギーは生れただろうか。それは青写真も先例もない世界史上最初の社会主義建設の実験であった。この過程において革命的独裁はスターリン独裁へ移行した、しかし「スターリン批判」の国内的な基因をなしたソヴェート社会の変化——生産力の急速な向上と近代的熟練労働者及技術インテリゲンチャの大量的創出——はまさに「スターリン時代」の所産であった。スターリンはビザンチゥムの野蛮と怠惰と非能率に蝕まれたロシアの後進性をば、後進性にふさわしい手段で打破したことによって、自己の絶対権威の「墓掘人」となったのである。と同時にそうした「手段」——スターリンの敵手にも決して無縁でなかった——の自己運動と共にそこに随伴する非道と残虐と蛮行もまた次々と連鎖反応を生んで行った。「スターリン批判」にあたって、この一連の過程を検討した「プラウダ」も「ユマニテ」も、トリアッティもデニスも、一様にこのプラスとマイナスの歴史的な絡み合いに直面してそれを「悲劇」という言葉で表現しているが、この「悲劇」は(i)ロシアの悲劇、(ii)革命の悲劇、(iii)「政治的なるもの」の悲劇という三者の複合であり、したがってそれは一回限りのものでもなければ、また彼等だけのものではない。問題はこうした事態を「批判」するにあたって悲劇の「悲劇性」がどこまで思想的に自覚されているかということである。弁証法という言葉と同じく「悲劇」という表現も安易に用いられると内面的な緊張を失って一片のフラーゼに堕する。そこからの途は一方では道徳的感傷主義に、他方では言葉の通俗的意味でのマキアヴェリズムへ通ずる。道徳的感傷主義は起った事態に対して、抽象的に、あるいは自己責任の意識なしに道徳的非難を放つだけであるから容易に偽善を生むだけでなく、政治的行動の内面に浸透して行く力をもたない。逆にいわゆるマキアヴェリズム的思考はすべてを「止むをえない」とか「ほかに仕方がない」ということで直接に合理化しようとする態度である。「政治的なるもの」に伴う悪はどこまでも悪であり、それをその時点と状況において正当化することはできない。しかし他方それは先天的な宿命ではない。ある時点においてある範囲で避けえた悪は、政治的指導の錯誤と政策の失敗によって次の時点ではもはや避けられなくなる。逆にある状況で避けられなかった悪しき政治行動も、そこから将来に向って善い結果を導き出すことによって相対的に償われる。また一つの文脈と次元での悪はヨリ広い文脈では別の悪を防止する意味をもちうる。その場合でも前者の次元ではどこまでも悪たることには変りはない。その意味で政治は福沢の言葉をかりれば常に「悪さ加減」の選択であるという運命を免れないであろう。その選択の範囲と結果が大きければ大きいだけ政治行動——とくに政治的指導——に内在する右のようなアンチノミーは拡大する。共産主義の指導者たちはスターリン崇拝の歴史的条件を説明する際に申し合せたように、「上述のことはスターリン個人崇拝とその諸結果をただ説明しただけであって決してこれを正当化するものではない」と付け加えて、歴史的説明と倫理的合理化の混同を戒しめている。これは健康な徴候である。ファシストはどんな場合にも自らの陣営の犯した行為について、「法の侵犯と道徳的に唾棄すべき違法な予審方法の適用」（トリアッティ）などとはいわないし、「真理を発見するために欠くことのできない、あの寛容の基準のための再教育」（同上）を党員に提唱したりしないだろう。なぜなら、そこでは「政治の必要」の上に立ち、これをコントロールするいかなる理論も規範も存在しないから……。マルクス主義の既成の理論のなかでモラルの占める地位についてどんな疑問が提出されるにせよ、コンミュニストのなかにこうした緊張感覚が生きている限り、その要素が実践的に助長され、それが「思想」にはねかえることを喜ばないものがあろうか。革命の進展が革命勢力をも捲き込み、革命者自身がその過程の中で革命されて行くのが、「世界」革命の性格であり、またそれこそ現代において本当に進歩の名に値する革命なのである。

（一九五六年初稿・一九五七年改稿）

第三部　「政治的なもの」とその限界

一　科学としての政治学

――その回顧と展望――

1

終戦を契機として、もろもろの自由と共に学問の自由もはじめて公然と認められ、久しく「時局」の重ぐるしい圧力にうちひしがれていた学問的精神は一せいに息をふきかえして、物質的条件のあらゆる障害をのりこえつつ各分野に於て活潑な動きを開始した。とくにいわゆる社会科学の復活はめざましく、あたかもその進展を強力にはばんでいた数多くのタブーが一挙にとりのぞかれたために、うっせきしていたエネルギーが一度に爆発したような壮観を呈した。ところがこのような社会科学の気負った再出発の只中でひとり何をなすべきかに思いあぐみながら、まだ踏切りもつけないでいる学問がほかならぬ政治学であるといっては言い過ぎであろうか。政治学のこうした立遅れは、現在「政治的なもの」が国際的にも国内的にも嘗てない程の幅と深さをもってひとびとの生活を捉えているだけに、ますます隠れもない事実となった。「政治学という学問は日本では一番振わない」とか、「一体政治学者といえる人が日本に何人いるのか」とかいう言葉を終戦後どこでも聞かされる。

私はこの種の多分に嘲笑をこめた批判に接するたびに、一応本能的な反撥を感じてあれこれと弁明するのであるが、結局そうした批判のうちに含まれた争いがたい真実の前に口をつぐんでしまうのである。八・一五にはじまり、また現にわれわれの目前で引続き進行している、有史以来の変革——いわゆる民主革命と総称されているもの——はもとより狭義の政治的変革に尽きるものでなく、社会、経済、文化等われわれの全生活領域にわたる根本的な変革を包含しているものであるが、そうした巨大な変革がなにより政治的変革を起点とし、それを押し進める主体がなにより「政治的」な力であることは何人にも明白である。現在ほど国民の一人一人が「政治」のふるう巨大な力を、「政治」の吐く荒々しい息吹きを自分の身ぢかに感じたことが嘗てあったろうか。今日、いかなる家庭の主婦も海のかなたのトルーマン大統領の一つの演説が、彼女の家庭における明晩の食膳に文字通りつながっている事を知らぬものはない。いかなる僻村の農民も、一片の法令が、彼の一生涯のへそ繰りを、むなしく「ミダスの金」に化せしめる力をもっている事を身をもって学んだ。一切を呑みつくすかに見える、今日の政治的激動のさなかで、ひとびとは不安をこめたまなざしでたずねる、一体かくも巨大な力をふるう政治の正体は何なのか、それはどこから来てどこへ行こうとするのか——と。

かくて、ひとびとの期待と関心は自然と、ほかならぬこの「政治」を対象とする学問にむけられる。ところが、その領域とおぼしきあたりからは何ら応えらしいものも聞えないのみか、あらためて、凝視して見ると、そこにはまだ学問としての目鼻だちも定かでないものがうごめいているに過ぎぬ。われわれの現実生活における政治の圧倒的な支配力と、それを対象とする学問の恐るべき発育不良と——そのコントラストが今日ほど鋭く世人の眼に露呈された時代はない。

まさしく他の社会科学の華々しい復活に対して、我国の政治学は極言すれば、「復活」すべきほどの伝統を持っていない。すべては今後の発展にかかっているといえる。むろん他の社会科学の部門においても、終戦後一年半を経て、ようやく当初の多少ぅわずった調子が沈静するとともに、単に旧来の問題の立て方をそのまま継承し、依然としてこれまでの範疇に無批判によりかかっているようなやり方で、はたして今日の現実に対する指導的な力になりうるかという反省があまねくおこって来たようである。この十数年の反動期をいわば歴史的な真空として、単に「ありし昔のよき日」にかえるだけでは問題はすこしも解決されないということが各分野で注意されはじめた。しかし他の分野、たとえば法律学や経済学においては、ともかく一応は古い道具のままで現実の素材を取り扱うことが可能である。古い革袋でも新らしい酒をもってもれないことはない。ところがこと政治学となると、今日の政治的現実に対しては、我国のこれまでの政治学の体系や問題設定は、ほとんどまったく方向指示の能力を持っていないのである。たとえば過去の政治学界を久しくにぎわしたテーマである、政治概念と国家概念といずれが先行すべきかというような論議からして、ひとは現代の政治に対して、いかなる実質的寄与を引き出す事が出来るであろうか。

もともと政治学の非力性は今日にはじまった事ではなかった。他の法律学なり経済学なりにおいては、嘗て一定の歴史的段階に適応していた概念構成乃至方法論が今日の激動期に対してそのままで通用しなくなったというところに問題があるのであるが、これに反して、政治学の場合には、少くも我国に関する限り、そもそも「政治学」と現実の政治とが相交渉しつつ発展したというようなためしがないのである。[1)]

みずからの地盤と環境とから問題を汲みとって来るかわりに、ヨーロッパの学界でのときどきの主題や方法を絶えず追いかけているのが、わが学界一般の通有する傾向であり、そこに学問の観念的遊離も胚胎するわけであるが、このわが国の学問のもついわば宿命的な弱さを集中的に表現しているのが政治学である。学問とその現実的対象との分裂はここでは救いがたいまでに深刻である。

（1）我国の過去の政治学者で、その学説を以て最も大きな影響を時代に与えたのは、いうまでもなく吉野作造博士である。大正時代のデモクラシー運動は吉野博士の名を離れて考えることは出来ない。しかし吉野博士の民本主義に関する諸論文は理論的というよりむしろ多分に啓蒙的なものであり、博士の学問的業績としては政治史とくに日本政治史の方が重要である。ともあれ、博士は上の点でユニークな存在であることは否定出来ない。

2

もとよりこのようなわが国政治学の不妊性は単にその責を政治学者の怠慢や無能に帰すべき問題ではなく、むしろより根本的にはわが明治以後の政治構造に規定された結果にほかならぬ。一般に、市民的自由の地盤を欠いたところに真の社会科学の生長する道理はないのであるが、このことはとくに政治学においていちじるしい。斯学の祖先であるプラトンやアリストテレスの政治学の背景にはギリシャ民主政の絢爛たる展開があり、それが彼等の理論に汲めどもつきぬ豊富な素材を提供したことはあらためていうまでもない。プラトンのようなどちらかといえば反民主的な思想家にしても、その思索を内面からささえていたものは、結局ギリシャの政治的自由であった。そのことは、マケドニアの覇権によって、ポリスの自由が喪われるや、理論的関心は急速に政治的現実から去って、ストアやエピクロスに見るごとき、個人的安心立命の問題に注がれ、もはや「国家論《ポリテイア》」や「政治学《ポリティカ》」の継承も発展も現われなかったということからも明瞭である。さらにまた、永い中世のとばりを破って、イタリーにルネッサンスの華が咲きこぼれたとき、そのさきがけをなしたフィレンツェ自由都市のあの溌剌とした雰囲気のなかで、マキアヴェリの「君主論」や「ディスコルシ」が現われて近代的政治学の礎をきずいた。ところが彼の業績もイタリーが近代的発展への途をとざされたことによって、やはりその地に継承者を見出しえなかったのである。そうして、爾来経験科学としての政治学は主として英米（political science として）及び仏（sciences morales et politiques として）[2]のごときいわゆる西欧民主主義国家に発展し、そこでもっともみのり多い成果をあげて今日に至っている。これに反してドイツにおいては後に触れるように、政治学はほとんどもっぱら国家学（Staatslehre）として展開し、それもとくに、国法学（Staatsrechtslehre）乃至は行政学の巨大な成長のなかにのみこまれてしまった。これもつまりプロシャ王国乃至ドイツ帝国における市民的自由のひ弱さと、これに対する官僚機構の磐石のような支配力を反映した結果にほかならない。[3]かくして一般に「政治」がいかなる程度まで自由な科学的関心の対象となりうるかということは、その国における学問的自由一般を測定するもっとも正確なバロメーターといえる。なぜなら政治権力にとって、何が好ましくないといって己れ自身の裸像を客観的に描かれるほど嫌悪すべき、恐怖すべきことはなかろう。逆に、もしそれが放任するだけの余裕をもつ政治権力ならば、恐らく他のいかなる対象についての科学的分析をも許容するにちがいない。したがって政治に関する考察の可能性はその時代と場所における学問的思惟一般に対してつねに限界状況を呈示する。いわば政治学は政治と学問一般、いな広く政治と文化という人間営為の二つの形態が最大緊張をはらみながら相対峙する、ちょうど接触点に立っているわけである。このように見て来るならば、八・一五以前の日本に政治学というような学問が成長する地盤が果して存在したかどうかということは問わずして明らかであろう。

維新革命が周知のごとき経過によって、絶対主義的勢力のヘゲモニーをきたし、明治十年代の自由民権運動が上からの強力な抑圧と内部的な脆弱性によって潰え去ったときに、すでに日本の政治的近代化の軌道は定まったといいうる。あの明治憲法が「不磨」として打ち出した国家体制はかくてもはや自由な論議の対象となりえなかった。政治権力の究極的源泉を「問う」ことはタブー中のタブーとなってしまった。国家権力の正統性の唯一の根拠は統治権の把持者としての天皇にあり、立法権も司法権も行政権も統帥権もすべては唯一絶対の「大権」から流出するものと理解された。したがって、この「大権」と同じ平面において認められるいかなる政治的権利もありえなかったのである。だから近代国家におけるようにそれ自身中性的な国家権力の掌握をめざして、もろもろの社会集団が公的に闘争するといった意味での「政治」はそこには本来存在の余地がなかったといえよう。

議会は西欧のそれのように、こうした闘争を通じて統一的国家意志を生み出す機関ではなかった。議会にはこうした政治的統合《インテグラチオン》の役割を果すほど強大な地位は最初から与えられなかったのである。その結果国家意志の重大な決定は、議会の外で、法的あるいは超法的な政治勢力の間における、舞台裏の妥協、駆引を通じて行われることとなった。議会における「政争」はかくして、政治的なるものの持つあらゆる真摯さを失った。とくに民党と藩閥との急速な妥協吻合の後は、もはやヨーロッパにおけるような明確な国民的階層分化に基いた闘争、乃至は根本的な世界観的価値に関する闘争は見出されず、そこに繰りひろげられるのは政権に随伴する種々の利権のわけ前をめぐっての私的な――激烈なだけにますます醜悪な――争いでしかなかった。このような「政争」が真面目な学問的考察への刺戟を与えないのはあまりにも当然である。かくして一方では国権の唯一の正統的な主体としての天皇及びそれをめぐる実質的な政治権力が一切の科学的分析の彼岸に置かれ、他方、議会における政争が戯画化したとするならば、そもそも日本の政治的現実において政治学的把握の対象に値すべき何が残るであろうか。ヨーロッパの政治学や国家学の内容をなしているような政治権力の発生、構造、妥当根拠、といった根本問題は、少くとも具体的な日本の国家を対象としては、何一つ真に科学的に取り扱うことが出来なかったわけである。かくして、「国体」の神秘化を欲しない多少とも良心的な政治学者たちは、もっぱら方法論――それも多分に方法論のための方法論――的論議に終始したり政治概念の定義に腐心したりするか、或いは国家乃至政治現象について、ヨーロッパの政治学の教科書にならって抽象的な解明をほどこす事に甘んじ、それを具体的な日本の政治に関連させる事を避けていたのである。[4)]

ヨーロッパの政治学の概論の一見抽象的な記述の背後には、いわば数百年にわたる欧州政治の歴史的展開が横わっている。只一つの命題でもそうした現実の波動のなかで鍛えられつつ形成されなかったものはない。だからそうした範疇なり命題なりをときほぐして行けば、結局ヨーロッパの生きた政治的現実にまで具体化されるのである。ところが日本の政治となると、根本の国家構造と歴史がすでに同じでない上に、立憲制のようにある程度まで彼我共通している政治制度も、それを現実に動かしている精神がまるでちがうために、そうした抽象的概論は現実の政治の動きを理解し分析するには殆ど役にたたない。だから現にそうした概論や方法的論議を得意とする政治学者がひとたび日々の現実政治の問題を論ずるとなると、そうした「政治学」的教養をすこしも持たぬ政治記者と殆どかわらない、常識的な見解を示すにとどまってしまう。これはその学者の能力の問題というよりむしろ、根本的には日本の政治の動きかたそのものの非合理性に帰着するのである。すなわち、前述の様に政治的統合が選挙とか一般投票とか公開の討議による決定とかいう合理的な、いいかえるならば、可測的な（berechenbar）過程を通じてでなく、もっとプリミティヴな原理、たとえば元老・重臣等の「側近者」の威圧とか、派閥間の勢力関係の異動とか、「黒幕」や「顔役」の間の取引（待合政治！）とかいった全く偶然的な人間関係を通じて行われることが多いために、通常の目的合理的な組織化過程を前提した政治学的認識はその場合殆ど用をなさないわけである。従って我国の現実政治を理解するには、百巻の政治学概論を読むよりも、政治的支配層の内部の人的連鎖関係に通ずることがより大事なことと考えられたし、又事実その通りであった。ありあまる政治学的教養を身につけた大学教授よりも一新聞記者の見透しがしばしば適中した所以である（むろん他の学問領域たとえば経済についてもある程度まで同様のことがいわれるであろうが、理論と実際との乖離は政治の場合ほど甚だしくはない）。

日華事変以後の日本の国家的危機に際して、幾人かの政治学者が、自己の学問とその現実的対象とのあまりに大きいギャップに耐え切れずに、書斎を出でて生々しい政治の真只中に入り込んで行ったが、結局それらの人々が、特定の有力な政治家乃至軍人と個人的関係を結び、どこまでもそうした私的関係を通じて政治を自己の希望する方向に動かそうと焦慮しているのを見たとき、私はこの国の政治学の悲劇的な運命を思わないわけにはいかなかったのである。

（2）**political science** や **sciences morales et politiques** という言葉は周知のように非常に広汎な意味をもっており、必ずしも狭義の政治学には限らないのであるが、ここではそうした細かい穿鑿はしない。要するに実質的にそういう名のもとに本来の政治学上のすぐれた労作が出たことが重要なのである。

（3）この間の事情、とくに政治的なものについての官僚の考え方については K. Mannheim, *Ideologie und Utopie*, 1929, S. 77f.

（4）我国における科学としての政治学の樹立者というべき小野塚喜平次博士の『政治学大綱』（明治三六年）の序文の末節に次の如くいわれているのは、何かその後の日本政治学の一貫した性格を予言的に要約しているかのようである。

「内外ノ時事ニ対シテ幾多ノ意見ト感慨ト之ナキニアラスト雖モ学殖尚ホ浅クシテ見聞未タ博カラス自ラ軽々ニ政論壇上ニ立ツヘカラサルヲ信シ寧ロ思想ノ自由界ニ逍遥シ群籍ノ間ニ盤坐シテ古今ノ諸賢ニ接セント欲ス此書ノ如キモ一ニ全ク学術的ニシテ毫モ所謂政談的ニアラサル也。」

又、我が国家学における劃期的な名著たる尾高朝雄教授『国家構造論』（昭和一一年）が、現代国家における「行動と思想との……跛行」を慨嘆し、「実在国家の生命を把握する」ために「科学者の第一線的活動に一兵卒として参加しよう」という烈々たる熱意のもとに著わされたにも拘らず、やはり、そこで「我が大日本帝国の特殊国家構造をば、その実践的意義に於て顕彰しようとする立場は、本書の論究とは直接の関係を持たない」（序、二頁）とつけ加えられているのは、本書の著わされた時代と合せ考えるとき、旧体制下において国家学、政治学の学問性保持のためにいかに学者が苦闘したかが偲ばれて感慨なきをえない。

しかし我国のこうした制約の下においてすら、政治学の発展が政治的自由といかに関連があるかという事は、我国で政治学の著書が一番多く出た時代が大正七年頃から昭和初期まで、即ち第一次大戦後のデモクラシー運動勃興期に当っている事にも示される。現在活躍している政治学者は殆どこの時代に学問的スタートをきっている。

3

以上の如きが我国の政治学研究のこれまでの状況判断である。短文のなかで巨視的に論じたために、私の言はあまりに政治学界の病理のみを一方的に指摘している感を与えたかも知れない。もとより私は、これまでの政治学界からは学ぶべき何物もないといった様な無茶な事を言っているのでもなければ、幾多の政治学上の尊敬すべきモノグラフを無視するわけでもない。いわんや自らひとり高しとして、他の斯学の先達をけなしつけるという如きは最も私の意図から遠いものである。ただ過去の政治学がたとえば隣接する法律学や経済学に比べても一層非力であり、現実に対する指導性を持たなかったことは、とうてい否定出来ぬ事実である。私は政治学界の末端に身をつらねる者の一人としてこの現状をいかにも残念に思い、この際まず自らの学問のあり方に対する徹底的な反省から出発すべく、その手がかりとして、従来の政治学の不妊性の由来を考えて見たまでのことである。

日本の国家構造は八・一五を契機として見られる如き歴史的な転換を遂げつつある。神秘のとばりにとざされていた国家の中核はいまはじめて合理的批判の対象となりうるに至った。アンシャン・レジームのもろもろの政治力は解体し、暗黒のなかで行われた錯雑した国家意思の形成過程は、いまや国会が「国権の最高機関」とされ、議院内閣制が採用される事によって著しく透明となった。また天皇が実体的な価値の源泉たる地位を去って「象徴」となった事によって国家権力の中性的、形式的性格がはじめて公然と表明され、その実質的な掌握をめざして国民の眼前で行われる本来の政治闘争がここに漸く出現した。政治的現実はいまこそ科学的批判の前に自らを残るくまなく曝け出したわけである。本来の政治学が発展すべき実質的地盤はかくて既に具えられた。今日より以後は政治学者は斯学の不振を徒らに客観的制約に帰せしめる事は許されない。政治学は全力を挙げて眼前に横たわるこの厖大なる生きた素材と取り組み、かつてアリストテレスが古代ポリスについてなした如く、マキアヴェリがルネッサンス・イタリーについてなした如く、ホッブスやロックが十七世紀イギリスについてなした如く、マルクスが二月革命やパリ・コンミューンについてなした如く、ブライスが各国民主政についてなした如く、そして現在、ビアードやメリアムやラスキやシーグフリードがなしつつある如く、日本の現実政治の錯雑した動向を通じて政治のもろもろの運動法則を読み取り、またかくして得られた命題や範疇をたえず現実によって検証しつつ発展させて行かなければならぬ。むろん方法論や概念規定の追求も、「科学としての政治学」にとって不可欠の仕事であろう。しかしツィーグラーのいうように、政治概念の論理的分析はレントゲン写真のようなもので、「せいぜい骨組は分っても生きた血の通った温い体軀は理解出来ない。我々のうちに政治の精神が生きていなければいかに精緻な概念的分析も何にもならない」[5)]。のみならず、後にも触れるように方法の問題が対象の問題と不可分にからみ合っているのが政治的思惟の特質なのであって、純粋な、対象から先験的に超越した方法というものはこの世界では意味がないと考えられる。また、他方各国の政治組織の比較政治学的な研究も重要なことにはちがいない。しかし、そうした研究が究極には、われわれの国の、われわれの政治をどうするかという問題につながって来ないならば、結局閑人の道楽とえらぶところがないであろう。要はわれわれの政治学の理論が日本と世界の政治的現実について正しい分析を示しその動向についての科学的な見透しを与えるだけの具体性を身につけることであって、このことをなしとげてはじめて、未曾有の政治的激動のさ中に彷徨しつつある国民大衆に対して政治の科学としての存在理由を実証したといえるのである。政治学は今日なによりもまず「現実科学」たることを要求されているのである。

けれどもここで忘れてならないことがある。政治学が政治の科学として、このように具体的な政治的現実によって媒介されなければならぬということは、それがなんらかの具体的な政治勢力に直接結びつき、政治的闘争の手段となることではない。現代における政治闘争は周知のごとく思想闘争の性格をつよく帯びる。国際間の戦争においても国内の政党間の闘争においても、イデオロギー的武装が重要な役割を占める。この際学者の政治理論が相闘ういずれかの党派の武器として動員せられ利用せられることは免れ難い傾向である。ある意味では、そういった利用価値を全く持たないような理論は、実質的に空虚な、理論としても価値の低いものとさえいえる。しかしながら、学者が現実の政治的事象や現存する諸々の政治的イデオロギーを考察の素材にする場合にも、彼を内面的に導くものはつねに真理価値でなければならぬ。之に対して、政治家は理論の価値を通常その大衆動員の効果において考える。彼の判断を導くものはいわば宣伝価値もしくは煽動価値である。同じく政治的現実に関与しながら、そこに両者を究極において分つところの **Stellungnahme** のちがいがあるのである。むろん、学者は他方において市民として、自己の学説がいかなる政治勢力によって利用されるかという事に無関心であってはならない。自分の理論の社会的波及の行くえをつきとめることは市民としての彼の義務ですらある。けれどもそれは彼の思索の内面的動力とは別問題である。たとえ彼が相争う党派の一方に属し、その党派の担う政治理念のために日夜闘っているというような場合にあっても、一たび政治的現実の科学的な分析の立場に立つときには、彼の一切の政治的意欲、希望、好悪をば、ひたすら認識の要求に従属させねばならないのであって、この「禁欲」の精神に貫かれていない限り、彼のものする「理論的」大著と政党のパンフレットとの間には単にヴォリュームの相異しかないのである。政治学が政治の科学として現実的たろうとするに急なるあまり、他方政治の科学たる所以をふみこえて現実の政党勢力の奴碑となることは、その前途に横たわる第二の陥穽といわねばならぬ。

ところがこのように政治学をば特定の政党勢力への直接的な隷属から守ることだけなら、問題は比較的に簡単であるが、政治事象の認識に際してつねに一切の主観的価値判断の介入を排除するということは口でいうより実際ははるかに困難である。というのは政治が元来人間の激情や本能を奥底からゆり動かす力を持っているから、政治的現実の認識の際には、自己の非合理的な好悪に根ざす臆見が、どうしても無意識的に混入して来るからである。しかし、ただそればかりでなく、一歩つきすすんで考えると、政治的な思惟においてはむしろそうした価値づけから無色な認識というようなものはありえないのではないかというふうに考えられて来る。ここにおいて政治的思惟の特質、政治における理論と実践という問題に否応なく当面しなければならない。現実科学としての政治学を科学として確立するためには、このアポリアを回避することは出来ないのである。

（5） ***W. Z. Ziegler, Einführung in die Politik***, S. 1.

4

ビスマルクはかつて政治をば「可能的なものについての術」(Kunst des Möglichen) と呼んだ。政治的思惟の特質は、それがすでに固定している形象ではなくて、何か絶えず新たに形成され行くもの、その意味で、未知を含んだ動的な可変的なものを対象としているところから生れるのではないかという事は既に多くの学者によって感知されていた。十九世紀ドイツ国家学の発展が政治的なるものを国家理論のなかから漸次排除して、ひたすら国法学として完成されて行く過程（この伝統を究極までつきつめたものがケルゼンの純粋法学であることをいうを俟たぬ）にほかならぬことは前にも触れたが、そこで、政治学的考察をば、法学的なそれと区別する際に、共通に見られる傾向は、やはり政治を国家の「動態」に関連させて捉えていることである。[6]

シェフレが、日常的国家生活(laufendes Staatsleben)と政治とを区別し、既存の法規に従って絶えず再生産される国家行為としての「行政」(Verwaltung)を前者の典型とし、之に対して、個別的決断を通じて新たなるものが形成される場合を「政治」と呼んだのも、また、ブルンチュリが、理論的国家学は静止せる国家秩序(ruhende Staatsordnung)を扱うのに対し、政治学の任務は「国家生活の諸潮流乃至諸傾向」の把握にありとしているのも、さらにイェリネックが、国家現象の過去と現在に対象を限定する純粋国家学に対し、応用的＝実践的国家学としての政治学を以て本質的に未来を向くところの術学(Kunstlehre)と観念しているのも、夫々《それぞれ》考え方は多少ちがってはいるが、政治を可塑的な未来性において特徴づけていることには変りがない。そのことはまた、イェリネックのように、政治学をもって純粋にある所のもの(Das Seinde)の学ではなく、本質的に価値判断を含む、あるべきもの(Das Sein-Sollende)に関する学であるとする考え方に連なっている。[7] ドイツ国家学のこのような二つの分類自体のうちに含まれるイデオロギー的意味、乃至はドイツ官僚国家との関連についてはここに論ずる限りではない。そこにまぎれもなく潜在している政治的なるものに対する嫌悪乃至回避の感情を度外視するならば、政治的思惟の特質に対する彼等の直観は決して誤っていないのである。

かくして、政治学はランズフートの言葉をかりていうならば政治的現実を「その可能的な可変性の見地の下に」(Unter dem Aspekt ihrer möglichen Veränderbarkeit)[8] 認識すべく宿命づけられている。従って、ここでは主体の認識作用の前に対象が予め凝固した形象として存在しているのではなく、認識作用自体を通じて客観的現実が一定の方向づけを与えられるのである。主体と対象との間には不断の交流作用があり、研究者は政治的現実に「実存的に、全思考と全感情をもって所属している」[9]。むろんこうした事実は狭義の政治的思惟にかぎらず、社会的経済的現実を対象とする学問一般に妥当するいわば社会科学一般の宿命とも考えられるが、未来を形成せんとして行動し闘争する人間乃至人間集団を直接の対象とする政治的思惟において、認識主体と認識客体との相互移入が最高度に白熱化する事実から何人も眼を蔽うことは出来ない。この世界では一つの問題の設定の仕方乃至一つの範疇の提出自体がすでに客観的現実のなかに動いている諸々の力に対する評価づけを含んでいるのである。

これを疑うものは、例えば、現在の日本の直面する政治的経済的社会的危機に対して、問題の所在の認識自体がいかに分岐しているかを考えて見るがいい。ある者は資本主義か社会主義かという問題から出発する。他の者は、統制か自由かというふうに問題を提出する。あるひとびとにとっては議会主義か直接行動かが最大の issue であるが、他のひとびとはいかにして民主戦線を結成するかに核心的な問題を見出している。

しかもこれらの問題の提出は、恣意的に頭のなかで案出された、従って、なお他にも任意に無限に並べられるようなものではない。そうした分岐は現実の日本社会の歴史的なダイナミックスとそれに対する諸社会層の適応の仕方から必然的に生起するものであり、それぞれの社会層の根本的利害と結びついている。

従って、統制か自由かという問題を提出する者にとっては、資本主義か社会主義かという問題は現実に存在しないのであって、その意味で単なる「イデオロギー」と考えられるし、後者もまた前者の問題提出をはげしく否認する。それは問題を認めること自体が、政治的社会的変革の一定の方向の必然性を承認することになるからである。現在用いられているいろいろな政治的概念についても同じようなことがいえる。

民主主義的とか、反動的とかいう言葉遣いがすでにその人の世界観的決定に依存しているのはもちろん、「秩序と道義」「少数者の独裁排除」「民族の独立」等々のいずれもそれ自体もっともらしい言葉は、一定のきわめて具体的な政治的状況から発生した用語であり、それらはいずれも現実をば一定の政治勢力のためにもしくは一定の政治勢力に対して方向づけんとする努力と結びついている。従って、研究者がそうした範疇を用いて政治的現実の認識に立ち向う時、既に彼は自ら意識すると否とを問わず現存する政治的諸動向に評価的な選択を下しているのである。

政治学者は自己の学問におけるこのような認識と対象との相互規定関係の存在をまず率直に承認することから出発せねばならぬ。それはいいかえるならば自己を含めて一切の政治的思惟の存在拘束性[10]の承認である。政治的世界では俳優ならざる観客はありえない。ここでは「厳正中立」もまた一つの政治的立場なのである。その意味では、学者が政治的現実についてなんらかの理論を構成すること自体が一つの政治的実践にほかならぬ。かかる意味での実践を通じて学者もまた政治的現実に主体的に参与する。この不可避的な事実に眼を閉じてドラマの唯一の観客であるかのようなポーズをとることは、自己欺瞞であるのみならず、有害でさえある。なぜならそれはしばしば「勝てば官軍」的な日和見主義を「客観的」態度の名においてまきちらす役割を果すからである。一切の世界観的政治的闘争に対して単なる傍観者を以て任ずる者は、それだけで既に政治の科学者としての無資格を表明しているのである。[11]

私はさきに政治学者は他の学者と同様、自己の思索をただ真理価値に従って進めるべきで、その意味で「禁欲」的態度が必要である旨をのべた。しかし、そもそも禁欲は欲望の存在を前提としてはじめて意味をもつ。欲望との内面的格闘が深刻であるほど、「禁欲」は倫理的価値を増すのである。はじめから欲望が欠如しているものは生理的不具者であり、倫理の場合と同様、政治においても論ずるに足りない。

政治学が特定の政治勢力の奴碑たるべきでないということは、明確な政治的決定を回避する「無欲」の「客観」

主義者への献辞ではないのである。政治的思惟がその対象に規定され、又逆に対象を規定する結果、政治理論に著しい主観性が附着し、多かれ少なかれイデオロギー的性格を帯びることは、そのいわば「宿業」である。業である限りにおいてそれはまぎれもなく真理価値にとってマイナスであり、従っていやしくも学問の自主性を信ずる限り、われわれはどこまでも客観性をめざして、イデオロギーによる歪曲を能う限り排除して行かねばならぬ。しかし思惟の存在拘束性という厳粛な事実を頭から無視することと、他人のみならず自己自身の存在制約を謙虚に認めることといずれが果してよりよくその目的を達するであろうか。価値決定を嫌い、「客観的」立場を標榜する傲岸な実証主義者は価値に対する無欲をてらいながら実は彼の「実証的」認識のなかに、小出しに価値判断を潜入させる結果に陥り易い。之に対して、一定の世界観的理念よりして、現実の政治的諸動向に対して熾烈な関心と意欲を持つ者は政治的思惟の存在拘束性の事実を自己自身の反省を通じて比較的容易に認めうるからして、政治的現実の認識に際して、希望や意欲による認識のくもりを不断に警戒し、そのために却って事象《ザッヘ》の内奥に迫る結果となる。[12] 悪人の方が善人よりもむしろ弥陀の救いに近く立っているという親鸞のパラドックスに似た関係がここにも成立するわけである。

　いずれにせよ、こうした客観性への途は、現実科学を志す政治学者にとっては決して安易なものではない。彼は彼の内心において、理念としての客観性と事実としての存在制約性との二元のたたかいを不断に克服せねばならぬ。その緊張は彼の学問が政治的現実の只中に根を下せば下すほどますます激しくなって行くであろう。その緊張に堪えずして、彼が現実の政治的奔流に身を委ね、彼の学問を特定の政治勢力の手段としての純粋な「イデオロギー」

にまで堕せしめるか、それとも、逆に一切の具体的な政治状況に目を閉じて、嘗ての抽象的な書斎政治学にかえるか、いずれかの途をとった時には、我国の政治学は依然として諸社会科学のなかで日陰者の地位に甘んじなければならない。しかし若し彼がこのアポリアとどこまでも取り組んで、苦難の精進のなかから新らしい解決の光を見出すことが出来たならば、その時はじめて日本はどこの国の借り物でもない、みずからの地盤に根を下した政治学を持つこととなるのである。

(6) 同じく例えば、法哲学者の見解として尾高朝雄教授『国家構造論』七五頁、五三二頁参照。
(7) G. Jellinek, *Allgemeine Staatslehre*, dritte Aufl., S. 13f.
(8) Landshut, *Kritik der Soziologie*, S. 67.
(9) H. Heller, *Staatslehre*, herausge. v. G. Niemeyer, S. 53.
(10) 一般に社会的思惟の存在拘束性（Seinsgebundenheit）について最も立入った研究をしたのが、マンハイムの知識社会学であることはいうまでもない。私はマンハイムに教えられる所少くないが、ただ、彼のいわゆる相関主義（Relationismus）の概念、及びその実体的担当者を社会的に自由に浮動する知識層（Die sozial-freischwebende Intelligenz）に求めていったことに疑問をもっている。しかし、この点は改めて論ずることとし、ここでは触れない。
(11) 我国では、マックス・ウェーバーの価値判断排除論がとかくこうした傍観的実証主義者の隠れ蓑となっているが、ウェーバー自身は、理論的な価値関係づけと、実践的価値判断との分離は一つの「研究者の理想」で、それを完全に実現することはむしろ人格の統一性と矛盾すると考えていたのである（Vgl. Marianne Weber, *Max Weber. Ein Lebensbild*, S. 330）。彼は「社会科学的認識の客観性」のなかでも、「職業としての学問」のなかでも、彼の所説が世界観的価値判断に対する傍観的態度、乃至は左右両翼に対する「中間派」の立場と混同されるのを鋭く斥け、むしろ学者が各自の世界観乃至政治的立場をハッキリ表明することを市民としての義務として要請している。ウェーバーその人がなにより燃えるような行動的実践的性格の持主であったことは、マリアンネ・ウェーバーやヤスパースのひとしく認めているところで、そうなればこそ彼の価値判断排除論がますます生きて来るのである。

(12) むろんこれは学問的意欲を持っている者の間だけの事で、ひたすら馬車馬のごとく押しすすむだけの「政治的肉食獣」(シュペングラー) はここでは問題にならない。

(一九四六年)

二　人間と政治

1

政治を真正面から問題にして来た思想家は古来必ず人間論（アントロポロギー）をとりあげた。プラトン、アリストテレス、マキアヴェリ、ホッブス、ロック、ベンタム、ルソー、ヘーゲル、マルクス、ニーチェ——これらのひとびとはみな、人間あるいは人間性の問題を政治的な考察の前提においた。そしてこれには深い理由がある。

政治の本質的な契機は人間の人間に対する統制を組織化することである。統制といい、組織化といい、いずれも人間を現実に動かすことであり、人間の外部的に実現された行為を媒介としてはじめて政治が成り立つ。従って政治は否応なく人間存在のメカニズムを全体的に知悉していなければならぬ。たとえば道徳や宗教はもっぱら人間の内面に働きかける。従ってその働きの結果が外部的に実現されるかどうかということは、むろん無関心とはいえないけれども、宗教や道徳の本質上決定的重要性は持たない。内面性あるいは動機性がその生命であるがゆえに、たとえ人が外部的に望ましい行為をやったとしても、偽善や崇りへの恐怖心からやったのでは何にもならぬ。ところが、政治の働きかけは、必ず現実に対象となった人間が政治主体の目的通りに動くということが生命である。例えば、共産主義のプロパガンダにとっては、多くの人が内心に共産主義を真理だと思うようになったというだけでは何にもならぬ。それらの人が共産主義の陣営に現実に動いて来てはじめてそのプロパガンダは政治的に成功したといえるのである。現実に人間を動かし、それによって既存の人間関係あるいは社会関係を、望まれていた方向に変えることが政治運動のキーポイントである。

現実に動かすという至上目的を達成するために、政治はいきおい人間性の全部面にタッチすることになるのである。たとえば学問の人間に対する影響力はもっぱら人間の理性的部分を対象とする。従って学問的説得は、あくまで理性による理性に対する説得であり、相手が説き手の弁舌に感心したり、まるめこまれたり、或いは説き手の人間的魅力にひきつけられてその説を承認したとしても、それは学問的説得とはいえない。恋愛の働きかけはもっぱら——というと言いすぎだが少くとも大部分——人間の情動《エモーション》に訴えようとする。また商品取引というような経済行為の働きかけは主として人間の物質的欲望に訴える。これらに対し政治の働きかけは、理性であろうと、情緒であろうと、欲望であろうと、人間性のいかなる領域をも必要に応じて動員する。要するに現実に動かすのが目的なのだから、政治には働きかけの固有の通路がない。宗教も、学問も、経済も、それが政治対象を動かすのに都合がよければいつでも自己の目的のために使用する。だから逆にいうと、宗教なり学問なり恋愛なりの働きかけで、手段と目的との一義的連関を失って、要するに相手を自分に従わせること自体が至上目的となったときには、それはすでに自己を政治的な働きかけにまで変貌しているのである。

政治にとって政治目的通りに現実が動くということが生命だから、実際政治家の言動はたえず「効果」によって規定される。真理に忠実だとか自分の良心に忠実だとかいうことよりも、一定の言動なり事件なりが「味方」にどう影響するか「敵」をどう利するかということがつねに彼の羅針盤になっている。（そういう意味で、毎週ラジオ

かなか面白い。)でやっている各党代表の座談会はそこに「政治的なものの特質」が典型的に示されているというつもりで聴くとな

従ってまた政治家の功罪に対する批判もどこまでも彼の政策が現実にもたらした結果によって判断さるべきであり、彼の動機の善悪は少くも第一義的な問題とならない。政治家の責任は徹頭徹尾結果責任である。例えば国民の一部にはまだ、市ヶ谷の法廷にならんでいる戦犯被告たちのことを、「あの人たちもお国のためと思ってやったんだから」などというような同情の仕方をする者がある。政治家に対する判断の仕方を知らないのである。

ともかく政治家がもっぱら現実の効果を行為の規準にするところから、政治家はある意味で俳優と似て来る。例えばアジテーションの演説に巧みな政治家はそのポーズや発声法の効果に絶えず腐心する。背後の真実の自己と、効果を考えての「演技」とは遊離しがちである。そこに政治的なもののいやらしさが発生する。「政治をするものは悪魔と手を結ばなければならぬ」(ウェーバー)とか「政治は人間を堕落させる」(ビスマルク)とかいわれ、とかく政治は何か不潔なものと本来的に結びついているように見られるが、その大きな原因は結局、政治が人間を現実的に動かして、或る結果を確保するということを本質的要因とするからで、実は政治がきたないというより、現実の人間そのものが、あいにく天使に生れついていないのである。

2

政治の予想する人間像というものは、昔からあまり美しくないことに相場がきまっている。カール・シュミットなどは「真の政治理論は必ず性悪説をとる」とすらいっている。たしかに政治的なものと真正面から取り組んだ思

想家はいわゆる性悪論者であった。東洋でも政治（治国平天下）を個人道徳（修身）に帰属させた儒家が性善説をとったのに対し、法や政治の固有の意義を強調した荀子や韓非子の系統は多かれ少なかれ性悪論者であった。ヨーロッパでマキアヴェリやホッブスのような近代政治学の建設者が、いずれも徹底した悲観的人間論者であったことはよく知られている。マキアヴェリは有名な「君主論」のなかでこういっている。

「人間というものは恩知らずで、移り気で、陰険で、危険にあうと逃げ出し、そのくせ転んでもただは起きない。利益を与えれば味方するが、いざ犠牲を捧げる段になると、たちまち尻をまくって逃出すものだ。」（多賀善彦氏邦訳による）

ホッブスが「人間は人間に対して狼である」といい、人間は本来エゴイスティックなものだから、政治社会なき人間の状態（自然状態）は必然に万人の万人に対する闘争を現出するといって、そこから強力な専制権力を基礎づけて行ったのはあまりにも有名である。

こういう性悪説は昔からあまり評判がよくない。道学先生からは眼の仇にされる。しかしそれは一つには、マキアヴェリやホッブスの方が道学先生よりも、人間の、従って政治の現実をごまかしたりヴェールをかけたりしないで、直視する勇気を持っていたというだけのことであり、もう一つは、性悪説の意味を誤解しているためである。ホッブスは性悪というとすぐ憤激する手合いにこう答えている。

「自分自身のことを考えて見るがいい。旅行に出るときは武器を携え、なるべく道づれで行きたがる、寝るときにはドアに鍵をかけ、自分の家にあってさえ箱に鍵をかけるではないか。しかもちゃんと法律があり自分に加えられる一切の侵害を罰してくれる武装したお役人がいることを知っていてさえこれである。」（*Leviathan*, chap.

XIII）

　しかも素朴な性善説やヒューマニズムの立場は、人間関係のなかで現実的に行動する段になると、万人に内在すると信じられた「善」を押しつけることによって、却って客観的には非常に残酷で非人間的な結果をもたらすことが少なくない。ソレルは「暴力論」で鋭くこの逆説を指摘している。

　しかしそういうことを別としても、政治が前提する性悪という意味をもっと正しく理解しなければならない。性悪というのは、厳密にいうと正確な表現でないので、じつはシュミット自身もいっているように、人間が問題的(problematisch)な存在だということにほかならぬ。前にもいった通り、効果的に人間を支配し組織化するということ、それをあくまで外部的結果として確保して行くことに政治の生命があるならば、政治は一応その対象とする人間を「取扱注意」品として、これにアプローチしてゆくのは当然である。性悪というのは、この取扱注意の赤札である。もし人間がいかなる状況でも必ず「悪い」行動をとると決っているとすれば、むしろ事は簡単で本来の政治の介入する余地はない。善い方にも悪い方にも転び、状況によって天使になったり悪魔になったりするところに、技術《アート》としての政治が発生する地盤があるわけである。ホッブスの万人の万人に対する闘争という観念にしても、人間が欲望の充足のために、現実にたえず喧嘩しているという意味ではない。彼自らも「戦争《ウォア》とは格闘や闘争行為のみを意味するのではなくして、闘争に訴えてまで争う意志が十分に知られている期間を意味する。……恰も悪天候という性質は、驟雨が一度や二度あることではなくて、何日も何日も雨の降りそうな模様を指すのと同じく、戦争の本質も現実の闘争ではなくして、平和の確実性が存しない期間全部を通じて明瞭に存在する闘争への傾向のうちにあるのである」(op. cit.) といっている。

政治の前提する人間はこのように「なぞ」的な人間である。神学にとって人間の原罪性が救済の前提とされているように、人間のこうした「危険性」ということは、人間をトータルに把握せねばならぬ政治が必然に予想すべきモメントにほかならない。

3

政治は人間の組織化行為である限り、政治の対象とするのは個人でなくて、殆どもっぱら人間集団である。そして個々人でなく集団としての人間を一定の期間に一定の目的に動かさねばならぬ場合には、個人の場合よりもなおさら「取扱注意」的性格は増大する。一般に集団を動かす場合、政治家はどうしてもその集団内部の種々の知的・精神的レヴェルの最大公約数の程度まで一旦は下って行かねばならぬ。この場合彼の指導性があまりに強すぎると、彼は自己の率いる集団から遊離する。といって彼の指導力が弱いと彼は忽ち渦巻の中に巻き込まれる木の葉のように、集団の下層部に沈澱している傾向性にひきずられ、大衆行動の半ば盲目的な自己法則性のとりこになってしまう。いわゆるミイラ取りがミイラになる。政治は人間を堕落させるというビスマルクの嘆きは、また一つには、この政治の集団性からも来ているのである。

ところで指導なり支配なりに必要とされる政治権力の強さは、いうまでもなくその対象となる集団の自発的能動的服従の度合と反比例する。自発的服従の契機が少ければ少いほど、つまりその政治団体のメンバーに遠心的傾向が強ければ強いほど、それは組織化するのにますます大きな権力を必要とする。ところがここに多くの場合相互作用がはたらき、メンバーに対する組織化作用が強制力に頼る度合が大きければ大きいほど、メンバーの自発的能動的契機は薄れて行き、遠心的傾向が強くなる。そこで極めてパラドキシカルな現象だが、極端な無政府状態と、極端な専制とは紙一重だということになる。いいかえれば、極端な無政府状態は必然に自己の否定としての強力な専制を招き、逆に専制政治が極点に達するほど、それは必然に自己の否定としての無政府状態を内包するようになる。メレジコフスキーは、ロシア革命を例として、この弁証法を鋭く剔抉している。

「革命は専制の反面にすぎない。専制は革命の裏面にすぎない。無政府状態と君主政体とは同一の第一質料（prima materia）の（中略）二つの異った状態である。万人に対する一人の強制――これが君主政体であり、一人に対する万人の強制――これが無政府状態である。（中略）凍結した無政府状態――これが君主政体であって、溶解された君主政体――これが無政府状態である。」（『ロシア革命の予言者』文芸論集）

むろんメレジコフスキーは、ロシア革命とツァールの専制に共に反対する立場からこういうことをいっているので、そういう政治的な含みをもっていわれていることは注意せねばならないけれども、ここに述べられた無限の権力と無限の放恣との弁証法的な否定的統一関係は、つとにホッブスの指摘したところで、そこには争いがたい真理が含まれている。既存の権威が崩壊し、各人の行動の可測性が全く喪失すると、いわば万人にとって万人が己れを「裏切る」可能性をもった「危険」な存在となるから、相互の恐怖感は絶頂に達する。こうなるといかなる悪しき秩序も無秩序にまさるという真理が生み出されて、やがて強大な権力的統一を呼びおこす。フランス革命の恐怖政治時代からナポレオン独裁が生れたのはむろん種々の歴史的条件によるが、政治的状況の典型としては右の「法則」の著しい例である。

以上の逆に、政治団体内部の組織化において、メンバーの自発的協力の要素が極大に達すると、権力の行使は全く不用になる。そうしてそれが行使されぬ状態が恒久化すれば、やがて退化の法則によって権力そのものが衰滅してしまう。無政府主義や社会主義の最後に狙っているところはいずれもかかる状態である。ただ無政府主義は、国家権力そのものが社会の自発的協同化を妨げる最大原因であると見て、一挙に国家権力の廃止を説くのに対してマルクス的社会主義は最後の状態に至る過程においては却て集中的権力を必要とする。だから人間観についていえば無政府主義は徹底した性善説であり、社会主義はよりペシミスティックな立場といえよう。

4

政治は物理的強制を最後的な保証としているが、物理的強制はいわば政治の切札で、切札を度々出すようになってはその政治はもうおしまいである。なぜなら政治がその切札で人間集団を動かすの止むなきに至ったときは、それは人間の自発性と能動性に自己を根拠づけることを断念したことを自ら告白しているからである。物理的強制は手っとり早いけれども、その対象の自発的忠誠を確保する事が出来ないから存外に持続性がない。そこで政治権力の把握者は、昔から被治者に対して、むしろ権力の強制的性格を露骨に出すことを避け、政治的支配に対してさまざまな粉飾を施すことによって、被治者の内面的心理にできるだけ奥深く入り込もうとした。強力で支配しているという契機はなるべく出さず、その成員から、できるだけ多くの自発的賛同を調達しようとするのである。

アメリカの政治学者メリアムは、被治者の心性への共感を呼び起すための手段をマイランダ（miranda）と呼んでいる（*Political Power*, p. 102f.）。マイランダとは一般に被治者に治者あるいは指導者に対する崇拝・憧憬を呼び起すものである。つまり君主が神から由来しているとか、旱魃の際に天に祈って雨を降らせる力をもっているとかいうような神話、あるいは君主の権威を飾るためのいろいろな儀式というようなものは、いずれもマイランダである。人智の進歩により、一般の民衆が科学的合理的に思考するようになってくると、魔術的な要素はだんだん消えていき、昔のマイランダはだんだん通用しなくなるがそれにもかかわらず新たな衣装の下に繰り返し現われる。国家の行ういろいろな儀式《セレモニー》、あるいは祝祭日とか国旗とかいう要素は、今日でもなお政治的支配者にとって重要なマイランダを形成している。

しかし近代国家を理念的な純粋な型で捉えてみると、ここでは統治者が特別の権威を飾る道具を一切用いず、もっぱら法の執行者として実質的価値と一応無関係に、法の形式的妥当性の基礎上に政治的支配が行われるのを建前とする。そこでは権力はもっぱら法的権力として現われ、従って初めから内面性に属する領域への侵入は断念している。ここでは思想、学問、宗教の自由というい わゆる「私的自治の原理」が承認される。何が真理か、何が正義かはこの私的自治の領域に属する諸問題であり、国家権力の決定すべきものでないとされる。かくて法とか政治はもっぱら外部的なもののみにかかわり、宗教とか思想はもっぱら内部的なもののみにかかわるというのが近代国家の少くとも本来の建て前なのである。

5

ところがこういう近代国家の建て前は、いわゆる立憲国家の段階においては妥当するが十九世紀中葉以後マッス・デモクラシーが登場してくると、再び変貌しはじめた。「大衆」というものがあらゆる領域において登場してきた。十八世紀において、エドマンド・バークによって豚のごとき多数と言われた大衆が、豚のごとき存在ではなく、きわめて有力な発言権をもって現われてきた。これは、いうまでもなく産業革命にはじまる現象であるが殊に十九世紀以後に、通信機関、交通機関が非常に発達して、それによって報道機関とか、映画とか、一つの観念あるいは思想を伝達する手段が厖大になり、この通信、交通機関の発達と、大衆の大規模の登場という条件が、再び現代において新たなるマイランダを生ぜしめてきたのである。

数万人が集合し得るような大きな広場での人民の集会、あるいはデモンストレーションは、最近のマイランダであるということができる。これは本来大衆的な民主主義の登場とともに起ってきたことは言うまでもないが、近代的な独裁者は、自己の支配の民主的な基礎づけを誇示するために、あるいは国外国内の政治的反対者に、自己の威力を示して圧倒するために、こうした新たな手段をマイランダとして盛んに利用するようになった。ニュース映画によくあった場面として、ナチス・ドイツで青年や子供たちが隊を組んで行進しヒットラーに一斉に挙手の礼をする。ああいう光景を見ていると、ヒットラーの権力が非常に根深く大衆の中に張っているかのように感じられる。メリアムは「自分の政治的立場と反対の立場にあるデモ行進に遭うと、どんな気の強い者でも自分が非常に孤立した存在だという意識を強くする」(op. cit., p. 109) といっている。だから政治的権力を誇示するのにデモは最もよい手段である。

こうして、近代国家によって一旦分離された、外面と内面・公的なものと私的なもの・法的＝政治的なものと文化的なものとが再び区別ができなくなってくる。政治権力が、ラジオとか映画というような、非常に高度な近代的技術を駆使して、自分のイデオロギーを朝となく晩となく人民に注ぎ込む。すると他方、現在支配的な政治力に対抗する陣営でもできる限りあらゆるプロパガンダの手段を用いて自分のイデオロギーを撒布する。ここで宣伝戦が現代の大きな特徴になってくる。特に第一次大戦によって生れたソヴィエト連邦と資本主義国家との対立関係により、しかも第二次大戦後、社会主義圏が拡大して、資本主義圏とほぼ拮抗する勢力になったことによって、政治力のイデオロギーによる国内闘争が、同時に国際的対立となって現われた。今や個人の外部的物質的な生活だけでなく、内面的精神的領域のすみずみまで政治が入りこんでくる。ラジオをかけると、ラジオで一つの政治的イデオロギーを吹き込まれる。新聞を見ると、新聞がやはりそういう政治的なイデオロギーによって書かれている。政治は今やこのようにして、あらゆる手段を駆使して人間を政治の鋳型にはめこもうとするのである。しかもこれは決していわゆる全体主義国家だけの現象ではない。デモクラシー国家でも日々そうなって行く。ただいわゆる全体主義は、こういう傾向を公然とおし進めていくにすぎない。かくて古典的意味における思想、信仰の自由は日に日に狭められつつあると言ってよい。現代の自由主義というものは新聞、ラジオ、映画等の宣伝機関を縦横に駆使することによって、その誕生期——ロックの時代とまったく相貌を変じているのである。昔の自由主義は私的な自由を確保するために、どうしても必要な限りで政治的なものをミニマムに許容した。ところがそれは今日では遥かに積極的な意味をもち西欧文明全体の擁護者として立ち現われている。しかもそれ自身巨大な政治的力として、自己に敵対する原理に対して、世界的な規模において自己を組織化しつつあるのである。従ってそこにおける被治者も昔のように「自然」的な自由というものは享受していない。やはり巨大なイデオロギー闘争に、その全生活をあげて巻き込まれていると言ってよい。ここに近代国家における人格的な内面性と言われたものの危機が叫ばれるゆえんがある。人格的内面性を最も本来の棲家とするのは、言うまでもなく宗教である。そこでとくに西欧において宗教と政治という問題が、現在一切の内面生活を含めつくそうとする「政治化への傾向」の集中的な表現として登場してくるのである。たとえば英国のカトリック思想家ドーソンは「宗教と近代国家」という近著の中で言っている。「われわれの遭遇しなければならない大なる危機は、暴力による迫害ではなく、むしろ国家によって鼓吹された公論の重圧のために、また純然たる世俗的基礎の上に社会を大量組織することによって宗教が押しつぶされて、近代の生活から姿を消すことである。このような事態は、曾ては一度も見られなかったところのものである。何となれば国家は一度も社会生活のあらゆる部門を統制するに足るほど強力でなかったためである」(深瀬訳による)。つまりドーソンは現代政治がその本来の領域と考えられるものを越えて、個人的内面性を侵害してきたことを激しく攻撃しているのである。この傾向が絶頂に達するものが共産主義である。ドーソンは「新興国家とキリスト教との間に伏在する対立が、現代の社会意識の中で十分に実現されるのは共産主義においてである。世界史上はじめてキリストに敵するものの王国が政治の形態を獲得し、……キリスト教会を向うに廻して一種の対抗教会として現われ、みずから別個のドグマをもち、みずからの道徳的標準を掲げ、中央集権的な階層組織によって支配せられ、強烈な世界征服の意思を原動力として現われ来ったのである」と言って、共産主義とキリスト教との対決こそ、今日人類の直面する最大の問題であると言っている。しかし実はこの点では、あの数百年にわたって人間の精神と生活を整然たる教権組織によって隅から隅まで「管理」した歴史をもつカトリックはあまり大きなことはいえない筈である。中世教皇制が宗教の政治化であるのに対して現代のイデオロギー国家は政治(国家)の宗教化、教会化にほかならない。だから社会主義をば「善」への強制的組織化という意味においてカトリック主義の直系と見たドストエフスキー(作家の日記)の方がむしろ逆説的にある真実を語っている。恐らく人格的内面性の立場から最も徹底した抗議をなしうるのはラジカルなプロテスタント、例えば無教会主義者であろう。

ドーソンはイデオロギーによる組織化の危険性を殆ど彼のいわゆる全体主義国家の問題としてとりあげている。一般に、伝統的というか、すでに長らく支配権を獲得している政治様式が行っているプロパガンダは、宣伝として、は案外人の意識に上らないで、それに対して挑戦する側の宣伝は非常に目立つ。そこで一見いかにも人間の内面性を脅かしているものは新興勢力の側にだけあるように思われるが、そう見ては一方的である。前述したように、典型的なデモクラシー国家においても大衆は巨大な宣伝および報道機関の氾濫によって無意識のうちにある一定のものの考え方の規制を受けているのである。この洪水のような宣伝網の中にあって、ほんとうに自由に自主的に考えるということは口で言うよりも遥かに困難で、われわれが自主的に判断していると思っても、実は自己欺瞞であることが少くない。われわれは表面からくる宣伝には敏感になっているが、最も巧妙な宣伝というものは決して正面からは宣伝しない。たとえば新聞などは、ある種の事件を大きく書き、ある種の事件は小さく書き、あるいはそれをまったく抹殺するというような操作によって、最も有効なイデオロギー的宣伝をすることができる。これは読む人にとってはほとんど宣伝として意識することができない。ある地方に同種の事件が頻発しても、報道しないで黙殺することによって、その事件の人民に対する影響を最小限度に食い止めることができる。そういうふうにしてわれわれの「輿論」が、日々、新聞・ラジオによって養われていく。このような無意識的に潜在している心的傾向を利用する宣伝からわれわれの自主的判断を守ることは非常に困難である。「嘗て人は自由に思考する事が許されなかった、いまやそれが許された。しかしもはや許されたときは自由に思考できなくなっている」(O. Spengler, *Der Staat*, S. 176)。

6

ともあれ現代のこうした圧倒的な政治化と集団的組織化傾向に対して、人間の内面性に座を占める学問や芸術や宗教の立場が殆ど反射的に警戒と反撥の身構えを示すのは理解出来ないことではない。そうした態度を単にインテリゲンチャの特権意識とか保身本能に帰するのは、未だ問題の存在を衝いたものとはいえない。いかなる政治権力であろうと、それが政治権力である限り人間の良心の自由な判断をふみにじり、価値の多元性を平板化し是に強制的な編成を押しつける危険性から全く免れてはいないのである。権力が駆使する技術的手段が大であればあるだけそれが人格的統一性を解体してこれを単にメカニズムの機能化する危険性もまた増大する。権力に対するオプティミズムは人間に対するオプティミズムより何倍か危険である。しかしながら同時にわれわれは古典的な近代国家におけるように私的内面的なものと公的外部的なものとを劃然と分離しうる時代には既に生きていないという現実から眼を蔽ってはならない。政治化の傾向は単に共産主義というような一つのイデオロギーだけの問題ではないこと、上に述べた如くである。従って今日は内面性に依拠する立場自体が、好ましからざる政治的組織化に対抗して自主性を守り抜くがためには必然にまた自己を政治的に組織化しなければならぬというパラドックスに当面している。その際政治的なものの範型——効果本位とか、対立の単純化(敵・味方の二分法)とかいったような——に、ある程度まではどうしても我が身をはめ込むことを余儀なくされる。もしこの煉獄を恐れて、あらゆる政治的動向から無差別に逃れようとすれば、却って最悪の政治的支配を自らの頭上に招く結果となろう。殷鑑は遠くない筈である。

一切の事物の豊富なニュアンスが粗野な政治的対立に否応なくふりわけられる時代——これに似た時代は過去

にもないことはなかった。例えばシュテファン・ツヴァイクはエラスムスとルーテルの対立を興味深く叙した書のなかで次のように言っている。

「屢々、世紀の間に起る出来事としては極めて稀だが、全世界が一枚のハンカチのように真二つに引裂かれるほどの風当りの強い軋轢相剋が生じることがある。この嵐は田舎という田舎、町という町、家という家、家庭という家庭、心という心を両断するのである。その時四方八方から巨大な圧力を以て、大衆の優勢は個人の上にのしかかる。そして個人は集団的妄想から自己を防ぎ得ず、自己を救い得ない。このような澎湃として渦巻く怒濤は、いかなる安固な、いかなる傍観的な立場をも許さないのである」(『エラスムスの勝利と悲劇』高橋禎二訳)。宗教改革の時代と同様に現代もまた世界史の上で度々とないような大きな変革の時代なのである。そうしてここで述べられたことは、機械＝技術文明の驚くべき発達によって、幾層倍に拡大されてわれわれの時代の現実となっている。この政治化の煉獄をくぐり抜けた後、果して権力的強制が人間社会から廃棄され、万人が己れの内面的個性をはばかる所なく伸展しうる如き世界が来るか、それともN・ベルジャエフが恐れ、A・ハックスリーが「みごとな新世界」のなかで皮肉にユートピア化したような世界——権力による人間の科学的組織化が極点に達し、人間自身が完全に機械化された社会の部分品となるような世界がおとずれるか、それは神のみが知る。ただ万一、後の方向が実現されるようなことがあっても、その際、学問や宗教は政治に対して違約を責めることは出来ない、むしろ「取扱注意」の赤札をついに人間から不要にすることの出来なかったおのれの無力さをこそ嘆かねばならないのである。

(一九四六年)

三　肉体文学から肉体政治まで

A　ここは静かだね、仕事が捗るだろう。
B　そうだね、といっても来たとたんに、注油したばかりの機械のように能率が上るというわけにはいかないが、東京のようにいつ何時訪問客で時間を中断されるかとビクビクしないで済むだけでも有難いね。
A　ホッとしたのも束の間で僕が闖入したというわけか。
B　いや人間なんて現金なもので、誰も来ないと分っているとかえって誰か不意に訪ねて来るのを秘かに心待ちするような気持も出て来るよ。
A　この家は時々作家などが纏ったものを書きに来るそうだね。
B　うん、つい先だっても例の傷害事件を起したT氏ね、あの人が泊って行ったようだ。ところがここでまたアドルムか何かを大量飲んで大騒ぎしたらしい。同行のS氏が東京まで連れ帰ったが、途中の汽車でもあたりかまわぬ狼藉で大変な苦労をしたそうだ。
A　ホウ、こんな山の中まで来て暴れるのは御念が入ってるね。もう立派に中毒だね。

B　薬が効いて来ると幻視や幻聴で、太宰治から電灯料の勘定取りまで登場して対話するそうだから、まず相当のものだ。

A　このところ文学者にはヒロポン患者アドルム患者が続出だね、大体僕みたいに味もそっけもない勤め人生活をやっている者にはてんで見当がつかないんだが、そんなデタラメな生活をしないと文学などは書けないものかね。人間の正常な生理的機能を何ほどか破壊しなければ出来ないような仕事は、それ自身の存在理由を問題にしなければならないと思うがね。君なんかわれわれから見ると大部ああいう商売に近いんだから、もっと同情的な見方が出来るかもしれないな。

B　いや、僕の専門にしろ、凡そ殺風景な点では君の仕事にあまりひけをとらない方だがね、むしろ僕は君のような疑問が一般の社会人からどんどん文学者に対して発せられる方がいいと思うな。何か社会の側で始めから文学者を一種特別な人種としてきめてかかっているところがあって、それが一つには文学者に逆作用してああいうアブノーマルな生活態度の上にあぐらをかかせている面もあるような気がする。むろん文学者といってもピンからキリまであって、みんなヒロポン患者と同列に扱っちゃ気の毒だがね。しかし少くも日本の場合、普通の市民的な生活環境のなかでは創作が出来にくいという事情はあるだろうな。

A　そういう外的な条件の問題もむろんあるだろう。しかしその半面われわれの普通の社会生活、いわば常識的な市民生活自体のなかに素材を求めようとしないで、好んで特殊な環境や異常なケースを探しまわるような心構えがいわばアプリオリに出来ているからこそ、どうしても自分の生活自体のなかにアブノーマルな「実験」を持ち込まざるをえないことになるんじゃないのか。僕は先日もある雑誌の小説特輯を通読して驚いたことは、七篇か八篇の作品全部が全部に女と寝る場面が出て来るんだ。こうなると所謂肉体文学なんていうカテゴリーはいらなくなっちゃうね。むろん僕自身そういう場面に出くわしただけで胸が悪くなるようなピューリタンじゃ毛頭ないし、寝る場面を書いたからアブノーマルだというわけでもない。しかしいくら何でも堂々たる純文学作家と称せられる人達がずらりと揃ってそれこそ一糸乱れず同衾を描いているのには恐れ入ったよ。そういうとよく、それは戦後の性生活の現実自体がデタラメなんで、文学はただそれを反映しているまでだという風に駁論されるけれども、なるほど現在の社会の一局面だけをとればその通りかもしれないが、国民が全体としてそんなに性的にだらしなくなっているとは到底考えられない。いわんや肉体文学と銘うたれているものに描かれているような野放図で無茶苦茶なふるまいが一体、国民の日常生活とどれだけのかかわりがあるんだろう。ところが後世の歴史家は或はこういう小説を見てそれを戦後日本のかなり一般的な現実と看做さないとも限らないじゃないか。カストリ雑誌だけのことじゃないんだから。少くも例の小説特輯号を何十年か何百年かさきに読む人々が一九四九年頃の日本人は coitus のことで年中頭が一ぱいだったと思ったってそう無理じゃないだろうね。

B　まさかそんな事もなかろうが、大体肉体文学とか情痴文学とかというたぐいのものは、書く方もそれが普通の市民生活の日常的な現実に根ざしていないことなど百も承知で書きまくるし、読者の方でもむしろ描かれている環境が自分の現実の生活から隔絶していればこそ却って惹きつけられるのじゃないかね。やっぱり「あこがれ」の一種だよ。

A　もっとも考えて見れば、われわれの日常的な現実なるものが、あまりひからびていて詩も夢もないんだから、これじゃどうにも題材にならないわけだね。物質的な余裕がなさすぎるんだろう。

B そりゃむろん社会的な問題で作家の志向とか能力だけで片付く事柄じゃない。しかしさればとて物質的な条件が具備すれば自動的にわれわれの生活が精神的にも豊かになるわけじゃないことはそこらにいくらも実例がころがっている。生活のなかから「詩」を作り出して行くための精神の主体的な働きかけがなければ、何時までたっても同じことだ。よく日本人は社交を知らないなどと外国人から批評されるが、社交的精神というのは集って御馳走を喰べたり、ダンスをしたりすることじゃなくて、われわれ相互の会話を出来るだけ普遍性があって、しかも豊饒なものにするための心構えを各人が不断に持っていることだと思う。その意味じゃヨーロッパの小説や映画なんか見るとどんな下層社会にも「社交」があるね。この間もコクトーの『恐るべき親達』の映画を見たが、親子や兄弟の間でまきちらされる言葉が実にトリヴィアルな問答まで一つ一つピチピチとした生気を湛えているのには全く圧倒されたね。フランス語がもっとよく分ったら、きっとまた一段と素晴しいにちがいない。お芝居の台詞だから実際とちがうといったって、それじゃ日本の劇や映画に出て来る家庭内の会話にあれだけの精神の燃焼がどこに感じられる。結局やはり残念ながら彼等とわれわれの間の精神生活の落差に帰着するとしか思えない。極端にいえばあそこでは日常的な市民生活そのものが既にある程度「作品」なので、素材自体が既に形象化されているのじゃないか。それがないからこそ、日本の作家はいきおい普通の市民生活とかけはなれた特殊な環境や異常な事件のなかに素材を漁るということにもなるだろう。

A そうすると例の日本の最も伝統的な、いわゆる私小説という奴はどう理解したらいいのかな。君のいったことに引っかかって来るようにも思えるし、反面、小市民的生活の日常的経験に固着しているという意味ではノガミ文学や戦争文学のようなアブノーマルな環境を追っかけまわす傾向とまるで逆のようにも受取れるんだが。

B　僕は思想的地盤から見た限りじゃその二つの傾向がそう根本的にちがうカテゴリーに入るとは考えないね。第一、アブノーマルとかノーマルとか言ったって、日本の場合は、せいぜい素材の「場」とテクニックが多少ちがうだけで、感光板としての作家の精神構造自体は大体似たりよったりだといったらいい過ぎかしら。肉体文学や戦争文学が日常的な市民的環境とかけはなれているといったところで、べつにそれは私小説的日常性と次元がちがうわけでなく、ただわれわれの感覚経験のなかの最も低劣なモメントを量的に無やみに拡大しただけのことだ。そのイマジネーションは奔放のように見えて実はおよそ平凡な世界をはいまわっている。同じ異常性への関心といってもヨーロッパ文学やロシア文学の場合にはそれこそ日常的経験性と全く次元を異にしたデモーニッシュなものがあるだろう。また肉欲なら肉欲を扱ってもまるで読んだ印象が日本の小説とちがうのは単に素材を処理するテクニックだけの問題じゃないと思う。早い話があちらではポルノグラフィーという種類のものは作者も文学者とは全く区別されたその道の「専門家」がいて、社会的常識としても芸術作品とは別個のものとされているそうだが、日本では為永春水の昔から荷風先生に至るまでその辺の限界が神韻縹渺としているじゃないか。そこで逆にいえばポルノグラフィーに関する限り、日本の方がずっと「芸術的」だということにもなる。浮世絵などだって同じことがいえるだろう。だから問題はテクニックの更に背後にある何ものかのちがいにあるんだ。

　そういう意味で、私小説のこれまで到達した芸術性の程度を無視して、今日の「肉体文学」と一しょくたに論ずるのは一見乱暴のようだが感性的＝自然的所与に作家の精神がかきのようにへばりついてイマジネーションの真に自由な飛翔が欠けている点で、ある意味じゃみんな「肉体」文学だよ。

A　えらいことになっちゃったね。そういえば僕なんかだって例えば志賀直哉のように最高峰といわれる私小説にしたって、小説としてさっぱり面白くないんだが、何でもえらいえらいということになってるんで、君ほど心臓が強くない関係上、そんな事をいうと笑われやしないかと思って正直な印象をソッとしまって置いたようなわけなんだ。だけれどああいう描写がリアリズムとやらいうのじゃないのかい。君はやれ精神の次元とかやれイマジネーションとか盛んに観念的なものをもち出すけれども……。

B　むろんイマジネーションといったって存在的基盤はあるさ。即物性を無視して羽化登仙することだけがイマジネーションなら、精神病院に行けば最も高度の芸術や学問がゴロゴロ転っているよ。しかし今更こんなことをいうのもおかしいが、リアリズムといったって一つの創作方法なんで、感性的対象をそのまま模写するのがリアリズムというわけじゃあるまい。人間精神の積極的な参与によって、現実が直接的にでなく媒介された現実として現われてこそそれは「作品」（フィクション）といえるわけだ。だからやはり決定的なのは精神の統合力にある。ところが日本のように精神が感性的自然——自然というのはむろん人間の身体も含めていうのだが——から分化独立していないところではそれだけ精神の媒介力が弱いからフィクションそれ自体の内面的統一性を持たず、個々バラバラな感覚的経験に引き摺りまわされる結果になる。読者はまた読者でフィクションをフィクションとして楽しむことが出来ないから背後のモデル詮議が度々やかましい問題になったりする。つくりごとに心もとなさを感じる気持が結局はんらんする「実話」ジャーナリズムを支えているのじゃないか。あれこそ日本的リアリズムの極致だよ。

A　どうも君のおしゃべりはまるであの空襲の時に屢々御目にかかった何とか性焼夷弾みたいに、落ちた個所から忽ちパッととてつもない所へ飛び火するのでまごつくよ。大体言わんとすることは察しはつくが、ただ、君の今いった精神の自然からの分離とかいうことは、納得出来ないね。自然から分離した精神なんてものは現実にはないだろう。

B　僕が精神的次元の独立とか、感性的自然からの分離とか喧しくいうのはどこまでも機能的な独立性を問題にしているので、なにも精神が実体として自然界から独立に存在しているかどうかといった形而上学を論じているわけじゃないんだ。むしろこの国では精神とか価値とかいうと、すぐ実体的に考えられるからこそ、一方には精神の独立というような言葉をきいただけで肩をいからす「唯物論者」がいるかと思うと、他方では虚無とか絶望とかいって精神を「物」のように愛玩する「実存主義者」が輩出することになるのだろう。

A　今日はまたすごい八つ当りだね。虫でもいるんじゃないか。ところで前にもどってフィクションの中に生きることを心もとながり、これを直接的な感覚的現実の側に押しやろうという日本人の態度だね、或いは之を更に君の言葉で一般化して精神が自然から機能的に独立しない状態といってもいい、こいつはやっぱり例の、日本社会の封建的性格という奴と関係があるだろうね。

B　どうも封建的という言葉はちかごろ「日本」の枕言葉みたいになっちゃって、まるでそう言っただけで既に実体が解明されてしまったようなつもりになっている傾向があるが、少くもそういった精神をはぐくんだ社会的地盤が近代以前のものであることは確かだろうね。

A　その点も少し具体的に話してくれ。

B 弱ったな。そいつはとても大問題なんだ。一応本格的にやると、まず近代市民社会の形成過程を一般的に述べ、それから日本の特殊的な歴史的地盤としての天皇制とか、家族制度とかに説き及ぶという大仕事になっちゃうのでとても僕の手に負えないよ。またかりに出来るとしたって、そんなことをここで簡単に要約したところで、それこそきまりきった公式論が飛び出して来るのが関の山だ。

A 僕はなにもこんなお喋りのなかでそういう突っ込んだ話をききたいというんじゃないんだ。大体君は専門外の文学論なんかだと馬鹿に勇ましくなでぎりにするくせに、すこし問題が専門に近づいて来ると、いつもとたんに臆病になっちゃうんじゃないか。専門のことこそ大いに自信をもって語り、専門外のことには口を出さないというのが学者だと聞いていたがな。僕はただ、上のような日本人のメンタリティーが今日の日本の政治の動き方ともなにか関連がありそうな気がしたものだからああいう質問をしたまでだ。

B 再度の猛烈な逆襲を喰ったね。じゃそういう政治の問題を論ずるミニマムの前提として、という条件付きで、しかも思想史だけに限定して超特急に話を進めて行こう。まず第一に、なぜ、非近代的社会意識が「フィクション」の上で不安を感じるか、逆にいえばなぜ近代精神とは「フィクション」の価値と効用を信じ、これを不断に再生産する精神として現われるかということだ。これも述べ立てればキリがないから図式的にやるぜ。フィクションというのは辞書をひいて見給え、ラテン語の **fictio** から出たとあって、本来、形づくるとか、工夫するとかいう意味で、それが転じて想像するとか見せかけるという意味になる、と書いてある。つまり本来は広く人間がある目的なりアイディアの上に何かをつくり出すことをいうわけだ。そこで「フィクション」を信ずる精神の根底にあるのは、なにより人間の知性的な製作活動に、従ってまたその結果としての製作物に対して、自然的実在よりも高い価値評価を与えて行く態度だといえるだろう。製作というのは素材をあるアイディアに従って加工して行くことだから、製作過程を素材の側から見れば「質料」が「形相」になる過程であり、製作主体の側からいえば「質料」を「形相」にする過程だ。だから同じ製作物でも質料性が濃いほど「フィクション」としての性格はうすれ、形相性が濃くなるに従って、「フィクション」としての性格も強くなる。自然的感覚的実在性を全く持たずもっぱら人間がある目的意識に従って純観念的に案出したものは最もフィクションらしいフィクションで、ここから擬制資本などという場合の「擬制」とか「虚構」とかいう意味が出て来る。「つくりごと」というのは「現実にないもの」ということから遂にはフィクションにはうそというような悪い意味すら附着するが、うそとか現実とかが自然的直接的所与からの距離の程度を意味するとすれば、むしろ近代精神はうそを現実よりも尊重する精神だといってもいいだろう。実はそれがまさに媒介された現実を直接性における現実よりも高度なものと見る精神ということなのだが……。

A　何だかうその哲学をきかされているみたいだが、それと肝心の近代社会の形成との関連はどうなったんだい。

B　まあ黙って聞けよ。せめてこれだけでもフィクションの意味を話して置かないと後でいうことが呑み込めなくなるんだ。そこでと、近代社会の形成というのは当然に中世的な秩序をこわして行く面と、その廃墟の中から新らしい市民社会を建設して行く面と二つあるね。ところがこの両面ともそれが遂行されるための思想的前提として、凡そ社会の秩序なり制度なり慣習なり、要するに人間をとりまく社会的環境がすべて人間の産物であり、人間の知性の力で変えて行けるものだという自覚が生れて来ることが第一だろう。

A　そりゃ当り前のことじゃないか。

B　ところがこれが中々当り前のことじゃない。中世のように人間が出生や身分によって位階的に位置づけられ、社会関係が固定しているところじゃ、そういう人間の社会的環境がちょうど山や海や星や月と同じような自然的実在性を帯びて人間を囲繞しているんだ。本来一定の目的をもった制度でも、それが環境のなかに沈澱すればするほど、所与として、つまりつくったものではなくて自然に出来たものとしてしか意識されず、従って何の目的でそういう制度があるかということも問題にされない。大体こういう社会にはハッキリした「制度」をつくる必要もあまりないんだがね——このことはすぐ後で話すが……。だからそうした社会のイデオロギーには当然フィクションという考え方は出て来ず、出て来ても支配的にならないんだ。

A　思想史的にいうといつごろからそういう考え方が明白な形態で現われて来たんだ。

B　そうだね。まあ、後期スコラ哲学といわれるドゥンス・スコートゥスやウィリアム・オッカムあたりからだろうと思うね。唯名論（ノミナリズム）というのをきいたことがあるだろう。普遍概念は実在するという聖トマスなどの正統的立場に対して、ノミナリストたちは、普遍概念はみんな人間が便宜上つくり出したもので、実在するのは個物だけだといい出したわけだ。社会上の規範や秩序の先天的な拘束力を否定して、これを人間の「フィクション」としてとらえる考え方はすでにギリシャのソフィストに見られるし、唯名論と実在論の争いも中世のはじめからあるわけだが、中世的秩序の解体という歴史的社会的な基盤との関連を問題にするときは、やはりこの後期スコラ派の登場が大きな意味をもつと思うね。

A　ルネッサンス以後になるとそれがどういう形で発展するんだい。

B　これも細いことをいうとキリがないが、例の十七、八世紀を支配した社会契約説ね、あれがノミナリズムの嫡子だ。社会契約という考え方にも実にヴァラィエティーがあるが、とにかく中世や東洋の昔の思想にもある君民契約説などから、近世の社会契約説が決定的に区別される点は、個人を唯一の自然的実在とし、社会関係をすべて個人の目的意識的な産物として理解して行ったことだろう。原子論的思惟方法は非歴史的だとか機械的だとかいって後世すこぶる評判が悪いが、あそこまで徹底的に人間を環境からきりはなして考えてこそ、根強くからまりついた因習や歴史的慣行を断ち切る主体的エネルギーも生れて来たんだ。むろん逆にそういう考え方が出てくること自体が封建的な社会関係の解体の徴表なのだし、自然科学的方法の影響とか色々のモメントを一緒に考慮しなければならないがね。ただ社会契約説の「契約」ということが抑々高度のフィクション(擬制)だということはルソーやカントの契約説まではハッキリ自覚されず、それまでは原始契約を過去の歴史的事実として根拠づける傾向が強かったことはそれだけまだ製作の立場としては不徹底だったわけだ。

A　ちょっとそこで疑問があるんだ。以前何か東洋思想のことを書いた本を読んだら、ヨーロッパの政治思想の考え方は人よりも制度ということで、これに対し東洋の考え方は制度や機構よりもまず人間だという意味のことがあったように記憶するが、そのことと、君のいったヨーロッパ近代精神とは、何だかちょっと聴くと矛盾するようだね。君の規定だと、制度の自然的所与性を否定して之をつくる主体としての人間を強調するのが近代精神ということになるが……。

B　いや実はいまその問題に触れようと思ってたところなんだ。たしかに君のいう通り、東洋の昔からの思想には、一種の人間主義がある。「要するに組織やイデオロギーじゃなくて人物の問題だよ」なんていう言葉は今の日本でも度々きくことだ。第一東洋の政治思想を見ればすぐ分るように、そこにはヨーロッパのそれにあるような組織論とか機構論とかいうたぐいのものは殆どない。大部分が政治的支配者の「人格」をみがく議論か、さもなくば統治の手管に関する議論だ。古典でいえば四書五経は前者の典型だし、「韓非子」や「戦国策」は後者のいい例だろう。いずれにしてもそこでは人間と人間との直接的感覚的な関係しか問題にされていない。組織とか機構とかいうのは本来社会関係を感性的人間の直接的な関係として放任しないところにはじめて登場するものだ。そういう意味では、ヨーロッパでもそうした「組織」とか「制度」とかが真に発達したのは近代以後であり、従って中世の政治思想を見ても、東洋ほどではないとしてもやはり組織論は貧しい。それじゃこういう前近代的なペルソナリスムと近代社会の「人間の発見」とはどうちがうのかといえば、前者において尊重される「人間」とは実は最初から関係をふくんだ人間、その人間の具体的環境ぐるみに考えられた人間なんだ。そこで道徳なり社会規範なりが既知の関係でのみ通用すること、既知の関係における義理堅さと未知の関係における破廉恥的なふるまいとが共存すること、ある人間の他の人間に対する支配力とか影響力とかが、地位とか身分とか家柄とか「顔」とか、要するに伝統によって聖化された権威に依存していること――こういうようなことがそうした「人間」主義の具体的表現となる。ここで真実の支配者なのは君主でも領主でも家長でもなく、実は伝統なんだ。こういう社会の夫々《それぞれ》のサークルにおける支配者が一個の人間としていかに不自由であり、行住坐臥ことごとく儀礼と慣習にしばられているかは今更例をあげるまでもないだろう。ところがまさに人間がはじめから「関係を含んだ人間」としてしか存在しえないからこそ、その「関係」は関係として客観的表現をとらない。法と習俗が分化せず慣習法が実定的に優位する。だからそこでは人間と人間が恰もなんらの規範をも媒介としないで、なんらの面倒なルールや組織をも媒介としないで「直接」に水いらずのつきあいをしているように見える。実は抑圧と暴力が伝統化されているために意識されないだけのことなのだが……。近代社会のように人間がその固定的環境から分離し、未知の人間相互の間に無数のコミュニケーションが行われるようになれば、既知の関係を前提とした伝統や「顔」はだんだん用をなさなくなる。だから客観的な組織やルールが「顔」に代り、人間相互の直接的感性的関係がますます媒介された関係に転化するという面を捉えれば、近代化というのは人格関係の非人格化の過程ともいえるが、他方因習から目ざめてそうしたルールなり組織なりを工夫してつくって行く主体として己れを自覚する面から見れば、それは逆に非人格関係の人格化ということになるわけだね。べつに両面は本来的に矛盾したことではないんだ。

A　しかし伝統や慣行だってもともと人間が作ったものにはちがいないだろう。そうすればいわゆる近代的な制度やルールもやがてそれ自身伝統のように逆に人間を絶対的に拘束するようにならないともいえないね。

B　その通りだろう。前にも一寸言ったように人間がつくるものはつくられるや否やそれは既につくられたものとして人間の環境のなかに編入されて行く。それが環境として固定すればするほど、それだけ質料性を増して自然的実在に近く位置をしめる。いわゆる伝統的な風習や慣行などは最初にさかのぼれば恐らく「フィクション」として出発したのだろうが、自然的実在に最も接近して、フィクションとしての意味を失ったものといえるだろう。フィクションの本質はそれが自ら先天的価値を内在した絶対的存在ではなく、どこまでもある便宜のためになんらかの機能を果たさせるために設けた相対的存在だということにある。だからもし制度なり機構なりがその仕えるべき目的に照らして絶えず再吟味されることがなかったならば、それはいわば凝固し、習俗化してしまうわけだ。フィクションの意味を信ずる精神というのは、一旦つくられたフィクションを絶対化する精神とはまさに逆で、むしろ本来フィクションの自己目的化を絶えず防止し、之を相対化することだ。「うそ」は「うそ」たるところに意味があるので、これを「事実」ととりちがえたら、もはや「うそ」としての機能は果たせない。よほど不断に目醒めていないといつか「うそ」は「事実」に成りすましちゃうんだ。

A　前に君のいった日本人の実体化的な思惟傾向という奴がなんだか今のことに関係がありそうだが。

B　大いにあるだろうね。人間が社会的環境を自然的所与として受け取る傾向が強いところでは、それだけフィクションも凝固し易く、従って本来ある便宜のため設けた制度なり組織なりが効用をはなれて実体化される。目的と手段との間の不断の媒介を行わないから、手段はすぐ自己目的化してしまうのだ。長い伝統を背負い、しかもその存在理由を「問う」ことがタブーとされた天皇制が、一切の社会的価値の根源として最も強固な実体性をもっていたことはいまさらいうまでもないが、本来近代的な制度までがここでは、揉まれながら形成されたのではなく、いわばレディメードとして上から移植されたために、国民にとってはフィクションとしての意味をもたず、伝統的な支配関係と同じ平面で実体化される傾向がある。例えば議会制なんかがそのいい例で、議会制こそ多様な国民的利害を組織化し、国家意思に媒介するという機能価値を離れては抑々存在しえない制度なのだが、日本の政党や議会は必ずしも従来そうでなく、軍部や官僚や重臣等と並ぶそれ自身一つの実体的政治力みたいなものだったのだ。でなければ、大政翼賛会などというしろものが国民再組織などと臆面もなく名乗りを上げて登場して来られた筈がないよ。帝国議会は最初から明治憲法の大権主義によって地位が弱められていたというハンディキャップがあったわけだが、新憲法のように議院内閣制の建て前が貫かれてしかもそこで社会的利害の統合機能が十分行われないとなると、国会がそれ自体巨大な権力体に化してしまう恐れがなきにしも非ずだ。

A　それと同時に、吸い上げポンプが上の方で管がつまってしまえば、水勢が激しければ激しいほど管をぶち破って氾濫し収拾がつかなくなるのと同じように、議会に統合されないエネルギーが非合理的に爆発する危険性もあるわけだね。

B　それは議会だけの問題じゃなく、他の民主的な組織、たとえば労働組合にだっていえるよ。大体近代国家内部で社会的分化が進行するに従って、前にも言ったようにますます人間相互の関係が直接性を失って組織が介在し各種の利益団体、結社、プレッシャ・グループスが複雑に競合して夫々個別意思の組織化活動を活潑に行い、同時に夫々のグループ内部の機能的分業――書記局とか渉外部とかいう部局の形成――も進行して行くのなのだが、その際に制度の外面的な合理化と意識構造の能動化との間にズレがあると、一つ一つの組織なり部局なりがかんじんの社会的分業として機能しないで、すぐ実体化してしまう。そうなると分業は割拠になり専門は縄張りになる。いって見れば社会のあらゆる領域で技術的官僚化が実質的官僚化に変容しちゃうんだ。その国が一応近代国家として外面的に整備されればされるだけ、その内部にはどうにも動きのとれないアナーキーが根を下すわけだ。さなきだに、現代のようにいろいろの組織が厖大化すると、それがみな人間のコントロールを滑り抜けてレヴァイアサン（怪物）に化けてしまうんだから……。

A　段々恐ろしくなって来るね。ワイマール時代のドイツにやはりそれに似た現象が起ったんじゃないか。

B　そう、似てると思うね。ある学者が、複数政党国家(Parteienstaat)として出発したワイマール共和国は、一つ一つの政党がそれ自身国家になってしまい、国家の中の国家がいくつも形成されて政治的統一を喪失したといっているが、政党だけでなく、社会のあらゆる面での動脈硬化がナチズムの制覇を準備した重要な条件だったにちがいない。ナチズムは権力を掌握すると、直ちにいわゆるGleichschaltungでもって、民主的な統合にかえて、上からの権力的均一化を行った。むろんその成功には複雑な要因があるけれども、もしそうした政党や労働組合等の組織が順調に自主的な媒介作用を営んでいたなら恐らくああした事態は起らなかったろうね。

A　そうするとファシズムという奴は近代社会が行き詰って、人々が近代的なフィクションの意味を信じられなくなったような時代の子というわけか。

B　そうだ。しかも鬼子だよ。つまり近代社会の組織的分化から生じた病理現象を、いわば文化以前の直接的自然性への復帰――血と土――によって克服しようとしたんだ。ナチの御用学者は近代デモクラシーの核心をなす「代表」と「多数決」の理論を猛烈に攻撃し、そんなものはみんなフィクション（虚構）で真実の民意の表現じゃない、こういう欺瞞的な制度とちがって、指導者ヒットラーこそ真のドイツ国民意思の表現者だ、ヒットラーと国民との関係は選挙で頭数を数えるといった「機械的」な方法を媒介とする冷いつながりではなく、もっと有機的な情緒的な結合であり、それは選挙などよりも遥によく大衆の喝采（acclamation）のうちに表現されている、というようなことを盛に述べたてていた。実際、経済的危機に追い立てられ、激化する社会不安に精神的安定を喪い、議会政治の無能に絶望した大衆――とくに未組織大衆がノーマルな民主的統合過程を信じられなくなって、自己の願望や不満欲求の直接的な捌け口を、絶対的権威との非合理的な合一のうちに求めて行ったのだ。ジンメルが第一次大戦直後に、『近代文化の軋轢』という小さいパンフレットのなかで、歴史の過渡期にはいつも生《レーベン》が自己を盛り切れなくなった形式《フォルム》を捨ててヨリ適合した形式をつくり出すのだが、現代は「生」が古い形式に甘んじなくなっただけでなく、凡そ形式一般に反逆して自己を直接無媒介に表出しようとする時代で、そこに最も深刻な現代の危機がある——という意味のことを論じていたように記憶するが、なにか上のナチ学者の主張とひきくらべて考えさせられるね。そういえばヒットラーには「形式《フォルム》への憎悪」があったと誰かも言っていた。ナチ勃興の精神史的背景というのはなかなか深いよ。

A　しかしナチが近代の社会的分化に基く機能的統合に反逆したと君はいったけれども、ナチほど厖大な組織の網をはりめぐらせ、近代科学と技術を大衆の組織化のために動員した体制も、史上めずらしいじゃないか。

B　そこが皮肉なところだよ。いかにナチがゲルマンの森の生活にあこがれ、血と土による原始的統一を唱えたって、そんなことは現実の政治的支配機構をつくるとなれば通用する筈がないんだ。とくにナチ国家というのは頭のてっぺんから足のさきまで武装した国家なんだから……。そこで現実にナチのやったことはいままでの、自発的な組織やグループを解体して、厖大な公権的な指導者組織の下に大衆を編成替えしただけのことだ。その矛盾を隠蔽するために持ち出されたのが神話だよ。近代的なフィクションをぶちこわした後に現われたのがミュトスというわけだ。しかもこの「二十世紀の」神話たるや、原始神話とちがってもっぱら政治的宣伝目的だけのためにつくられたんだからこれ以上劣悪な「作品」はないだろう。

A　どうも人ごとじゃないようだな。媒介された現実に満足しないで直接なまの感覚に浸ろうとする「実話」精神の横行する国は油断がならないね。

B　日本の場合はドイツよりなお複雑だよ。なぜかというとナチズムはともかくも近代の社会的分化が既に相当高度に進行した地盤の上に出現したのだが、日本ではまだまだ前近代的な社会関係が根強く残っている。だから元来近代的な組織や制度がただ本来の機能をしないために硬化する危険性だけでなく、抑々はじめからそうした組織媒介を経ないで社会的調整が行われる「場」が非常に広いんだ。赤裸々な暴力、テロ、脅迫にはじまって、ボス・大御所・親分・顔役などの行使する隠然たる強制力に至るまでみんなこれは直接的な人間関係を地盤とする問題処理の方法だろう。こういう力が社会の組織的分化をまだ強靱にひきとめている。だからもし将来ファッショ的権力がそうした地盤を一寸動員することに成功すれば、政党とか組合とか各種の結社などの――たださえひ弱い――自主的組織などは苦もなく押し潰せるだろう。なにしろそういう団体のメンバー自体からして面倒な組織を通ずる折衝よりも手っ取り早く「直接」行動に訴えようとするような「獅子身中の虫」であることが稀じゃないんだから。こういう国では労働組合のような組織体は、前近代的な社会関係の泥沼の中を僅に通ずる一本の途を歩いているという自覚を瞬時も忘れちゃ駄目だと思うね。その途が少々遠廻りだからといって、泥沼を通ろうとしたら最後、抜きさしならないことになるよ。

A 君のいわゆる精神が感性的自然から分離しないところでは政治的精神もまた暴力とか「顔」とか「腹」とかいう政治的肉体への直接的依存を脱しないんだろう。君が前に日本人の生活に「社交」がないという問題を出したが、私生活上の「社交」精神は公生活上の「会議」精神に照応するんじゃないか。第一国会だってすぐポカポカということになるんだから呆れるよ。

B ポカポカは政治的肉体というよりただの肉体だが、例えば代議士が選挙民に向って個別的私的利益を直接に満足させるようなアピールをしたり、またある企業とか土地有力者の利害を直接に代表して行動したりするのはまさに政治的精神の次元が独立していない証拠だろうね。政党は階級的利益を代表するというけれども、日本の所謂「ブルジョア」政党などの内情をきくと、政党員が夫々特殊の人的関係や背後の金蔓などに引摺られて勝手に動いていてまるで政党としての統一がない。リーダーシップが欠けてる点でブルジョア政党以前だよ。

A　ちょうど日本の私小説が個々の感覚的経験をたばにしただけで、フィクションとしての内面的統一性がないのに照応する現象だね。

B　君も僕に感染して盛に焼夷弾的飛躍をやるね。

A　お望みならもっとやろうか。日本の代表的な前近代的政治家を類型づけるとボス型と俠客乃至テキヤ型とあるだろう。両方とも、政治的精神の次元が独立せず、特殊的利益に直接的に繋縛されている点では根本的相異はないが、一方のボス型はむしろ比較的ノーマルな小市民生活の上に地盤を置き、もっぱら日常的経験を通じて「地味に」行動するのに対して、後の型はいわゆる反社会的集団といった異常な生活環境を地盤として傍若無人にふるまうという点で区別される。とすればまさにボス型はいわゆる私小説派で、俠客型は肉体文学派ということにならないかね。しかも肉体文学の「異常性」が結局私小説的日常性と同じダイメンジョンの上に立ち、ただその「恥部」を不均衡に拡大したにすぎないのと同様に、俠客型の地盤である反社会的集団というのも、決してわれわれの生活的基盤と質的にちがった源泉から生れるものではなくて、むしろ日本社会自体の恥部である家族制度の戯画化じゃないか。

B　もうその辺にして置いてくれ。あまり発展して、代議士と流行作家がいちどに怒鳴り込んで来たりするとかなわないから。然しとにかく「肉体」文学と「肉体」政治はどっちも何とか始末しなけりゃ、民主主義も文化国家もあったものじゃない。

A　何とか始末するって一体具体的にどうしたら始末出来るんだ。肉体文学はともかく、肉体政治の方は君自身の問題じゃないか。さんざ喋らせておいてこんなことをいうのはどうかと思うけど、君も田舎で僕など相手に講釈する暇があったら、もう少し広く天下によびかけて、せめてこういう際インテリゲンチャの結集にでも努力したらどうなんだ。大いに君の得意の近代精神的主体性を発揮してさ。

B　とうとう最後の逆襲で致命的打撃を受けたというところだね。全くそういわれると一言もない。ただそのインテリゲンチャの結集という奴ね、これが盛んに唱えられて色々会合などもあるが、どうもあまり効果が挙がらないんだ。なぜ挙がらないか、むろんインテリ自身の怯懦とか無関心とかいうこともあるだろう。だがどうもそれだけじゃなさそうだ。それがね、今日の話の、精神の次元の独立があるかどうかということに引掛ってくると思うんだよ。だがその問題に入ると長くなるからまた折を見て僕なりの意見を述べることにしよう。

（一九四九年）

四　権力と道徳

——近代国家におけるその思想史的前提——

まえがき

権力と道徳という問題は形式的にいえば、はじめに権力とは何か、次に道徳とは何かという筆者の定義をしてから然る後にはじめて両者の関係の考察に立ち入るべきものであろう。しかしそうした方法は問題の具体的な解明のために必ずしも実効的とは考えられないし、下手をすると、入口のそのまた入口というあたりに無限に足踏みしているだけに終ってしまう。そこで、以下においては、まず一応の常識的概念を前提として、権力と道徳のイデオロギー的関係について大ざっぱな歴史的見取図をえがいて、そこから問題の理論的な焦点を見出して行くことにしたい。ただこれだけのことは最初に断って置こう——ここでいう権力とは公権力、つまり普通の意味での政治権力として理解する。ウェーバーに従って権力を「ある社会関係の内部で自己の意思を抵抗を排しても貫徹すべき一切のチャンス」(*Wirtschaft und Gesellschaft*, I Teil, S. 28) という風に広く考えてこの問題を考察することもむろん可能かつ必要であるが、それではあまりにテーマが錯雑厖大になりすぎて筆者の手には到底負えないし、第一こうした小論で取り扱うには適しないからである。そこで当面の問題はむしろいわゆる政治と倫理という古来最もしばしば論じられたテーマに近いといってよかろう。ただここではどこまでも一般的な権力現象の集中的表現たる限りにおいての「政治」が問題なのであり、政治権力のデモーニッシュな性格と道徳的規範との合一、分離、背反の諸関係が基本的観点になるわけである。

1

道徳と宗教、法と習俗、政治と経済というような人間の主要な文化活動が概ねそうであるように、権力と道徳の関係も歴史をさかのぼって行くと遂には両者の区別が見分け難いような時代に到達する。そこでは政治権力は外部的な強制力としてよりも、むしろある精神的な拘束として意識され、逆に道徳は純粋に内面的な規範ではなくてきわめて具体的な感覚的実在性をもった規範として受け取られる。それは道徳と権力の直接的統一の状態と呼ぶことも出来よう。という意味はそこで政治権力が道徳的価値判断に照してつねに「善き」権力であったという意味ではない。むしろそうしたいわば抽象的な価値判断の形成ということ自体が起りえないで、道徳が権力的強制のなかに実体化された形においてのみ存在し、従ってまた権力も、一つの道徳的権威の体系として自己を顕現するような社会の謂である。しかし同時にそれはいかに文化活動が未分化とはいえ支配形象それ自体がまだ成立していないような氏族共同体とは区別されるのであって、そうした氏族共同体の内部に労働の社会的分業が進み、氏族の共同事務の処理が氏族の首長に漸次集中することによって、統治機能が彼に専門的に帰属するようになった段階——もちろんそうした段階は言葉で現わすほど実際には確定が困難であるが——が少くもわれわれの考察にとっての出発点であり、権力と道徳の絡み合い方に関するすべての歴史的様式がそれからの距離において測定されるような原基形態である。

このような端初期における政治権力はどこでもまず祭政もしくは神政的な権力として現われた。権力と道徳の直接的統一を背後で支えていたのは殆どつねになんらかの宗教的権威であったのである。

元来原始社会における集団的統制は周知のごとくその成員間に伝えられたトーテム信仰のような宗教的強制力に圧倒的に依存しているが、その際最初から「僧侶」的な身分が明瞭に分化していたのではなかったし、ある程度儀式や礼拝の執行者が専門的に分化した場合にも、必ずしも彼に直ちに集団の権力的統制機能が帰属したわけではなかった。ただ、そうした古代人の生活と意識において呪術《マギー》の占める地位が非常に大であり、とくにそれが経済的生産と結びついている結果は、自から、超自然的な力との通路乃至媒介者としての司祭者のプレスティッジを増大することになり、やがてそうした司祭者の権威が集団内部の階級的分化とともに恒常的な権力体にまで発展するのが通常の成行だったのである。政治団体の起源は概ね、一方にはこうした司祭者的権威、他方には他部族とのしばしばの戦争の間に確立された軍師的権力との二者の合流する所に成立したのであって、政治権力というものは既にその端初においてエートスとクラートスの統一という性格を運命づけられていたのである。

むろんその合流の仕方にはさまざまの歴史的形態があり、司祭者階級が世俗的権力に喰い込んで之を支配した場合もあれば、逆に軍師的権力が礼拝に対する支配を獲得し、司祭者団を行政組織のなかに編入して行った場合もあるし、或いは回教の場合のように、純粋な予言者がそのまま自己を政治的支配者にまで高めて行った例もある。いずれにせよ、古代国家においては概ね最高の行政首長と最高の司祭者（或いは予言者）とは同一人格のなかに統一されていた。こうしたところでは権力のヒエラルヒーと道徳規範のヒエラルヒーとは概ね相照応し、併行する。社会の成員はその全存在、全人格を挙げて政治的秩序の価値体系のなかに編み込まれる。そうした価値体系への反逆は従ってただ自然的事実として起るのみであって、反逆そのものに倫理的意味が認められることはないのである。

こうした神政政治体系がもっとも大規模に実現されたのはバビロン・アッシリア・エジプト・ペルシア・中国の古代帝国であり、そこでの皇帝乃至国王はいずれも単に礼拝の最高執行者にとどまらずに、彼自身神性を分有し、生ける神、或いは地上における神性の代表者となったのである。従って権力の皇帝への集中は同時に一切の倫理的価値の彼への集中をも意味し、地方的な習俗道徳はこうした集中的統治組織のなかに編み込まれるか、或いは押し潰されてその独自的な規範力を喪失してしまった。しかし政治的社会の組織化がこのように高度化されて行った過程は、他面においてまた権力と道徳との直接的な統一が次第にイデオロギー的性格を露呈して行った過程でもあった。つまり、氏族的首長においていまだかなりの程度において実在的な基礎をもっていた権力の道徳性が権力の集中と共にますます「虚偽意識」としての性格を濃化して来るのである。統治領域が広大になり、権力の下部行政機構が法的に整備されて来るほど、イデオロギーと実在との距離は大きくなる。その意味で、権力と道徳との原始的な統一に現実的にくさびを打ち込んで行った大きな契機はどこでも政治権力における法体系の形成であるといっていい。むろん法もまた習俗から生れたものにはちがいないが、それが法である限り、それはやはり、最小限度に目的意識的な産物である（慣習法もまた慣習とちがって造られるものである）のに対し、道徳はどこまでも人為的な形成でないというところにその規範力の基礎があるからである。この矛盾が最高度に現われたのはローマ帝国であった。ローマ帝国における皇帝の神化、一切の公的規範の最高権力（インペラトール）への統合は、具体的にはローマ法の壮大な形式的支配として現われ、それは民衆の私生活から全く抽象された目的合理的産物であった。権力と人倫の直接的統一が最も空虚な虚偽意識と化したとき、その胎内から、最も純粋な内面的心情の倫理をもったクリスト教が成長したという事は偶然というにはあまりに深い世界史的な意味をもっていた。

しかし権力と道徳の直接的統一の現実的解体は、必ずしも直ちに、両者の原理的な独立を意味するものではない。また古代帝国のように政治権力が神政的君主の手に集中されることなく、「寡頭政」或いは「民主政」として分割されている場合でも、その政治的社会における道徳が本質的に集合的道徳（Kollektivmoral）としての性格をもっている限り、たとえ政治権力への忠誠と道徳的義務との相剋が起っても、その相剋はいわば同じ社会的平面における相剋であるから、両者の間の緊張関係はどこまでも例外的事態であり、従って間もなく新たな平衡が成立する。政治的価値のヒエラルヒーと道徳的なそれとの間の原理的な相互依存関係はそこで失われることはないのである。このことは、東方帝国のような強力な君主の単独支配の代りに、民主政を古典的に完成させたギリシャ都市国家において明らかである。周知のようにギリシャ市民における自由とはポリスへの参与を意味し、それに尽きていた。彼の生命と身体は挙げてポリスに属しており、道徳の体系はポリスへの忠誠に統一せられ、信仰はポリスの宗教への信仰であり、教育はポリスの公民への教育にほかならなかった。ソクラテスの悲劇にも拘らず、いなまさにこの悲劇が確証しているように、合法性（Legalität）と正統性（Legitimität）とはいまだ全く分裂を知らなかった。ギリシャにおける個体性はヘーゲルの指摘しているように（*Philosophie der Geschichte*, Lasson Ausg., S. 599f.）、根本的に美的個体性であって倫理的なそれではなかった。むろんギリシャ人にも個人道徳が存しなかったのではない。しかしそれは道徳のヒエラルヒーの最下位に立っていたのであり、それがポリスの徳に優位するようになったときは、ギリシャの政治的統一自体が崩壊し、人々が現世からの離脱のためにそうした徳を求めるに至った時代であった。そうして、やがてマケドニア君主単独支配がその上に打ち建てられたとき、そこには、アレキサンダー大王の一身において、東方帝国に見たのと同じ、地上における神が出現した。政治権力への合一化を原理的に拒否しうる道徳は、集合道徳とも私人道徳(Privatmoral)とも区別される人格性の道徳(Persönlichkeitsmoral)としてのみ可能であり、それこそ一切の古代世界に欠けていたものであった。世界宗教としてのクリスト教はまさにこうした人格の究極的価値の信仰に立って、ローマの皇帝崇拝に真向から対決を挑んだのである。権力と道徳の問題は、ここに全く新たな展望が開かれることになった。

2

クリスト教的倫理が政治権力への合一を原理的に拒否する倫理として登場したということは、それがつねに政治権力に対する批判的な或いは進んで革命的な契機として作用したという意味ではない。むしろその点からいえば歴史的クリスト教会は旧教であれ、新教であれ、政治権力に対する絶対服従を教え、若しくは進んでこれをジャスティファイする役割を演じた場合の方がはるかに多かったことは歴史の明らかに示すところである。にも拘らず、クリスト教の出現が当面の問題にとっても、世界史的な意味をもつ所以は、それが、社会的乃至政治的平面に解消し尽されない人格の次元を人間に開示することによって、一方には「カイゼルのもの」の絶対化を永遠に拒否すると共に、他面単なる現世からの逃避ではなく、むしろ此岸的な活動の――従ってまた政治社会形成の内面的なエネルギーとして働いたことによって、権力と道徳の間の緊張がある程度つねに再生産される結果となったからである。この平凡な事実の認識なくしては西欧世界と他の世界との歴史的発展の仕方における根本的な相異が見失われてしまうのである。

もちろんヘブライの予言者からローマ教皇までの距離はきわめて遠く、クリスト教史は自らのうちに宗教の社会的なあり方のすべての類型を包含している。むしろ宗教的権威が厖大に組織化されて世俗的支配を確立したという点で、規模の大きさにおいて中世カトリック教会に及ぶものは史上多くはないであろう。にも拘らず、それがどこまでも教会という本来霊的な従って超現世的な使命をもつ結合体の独自的な組織化である点がやはり重要なのであって、さればこそそれは古代の司祭的権力のように世俗的支配権に完全に転化したり、それと合一したりせず、かえってそこに国家と教会というその後もヨーロッパ史を貫通する二元的な関係がつくり出されることになったのである。そうして宗教改革はまさに教皇権の世俗支配への堕落に対する「プロテスト」として発生したのであった。倫理的にいえば、それは中世の階層的社会秩序の支柱としてあまりに客観化され、集合道徳化したクリスト教倫理をふたたび人格の内面性にひきもどす運動であった。逆説的な言い方であるが、宗教改革を自らの胎内から産んだということは、ローマ教会の政治化の結果であると共に、またその政治化に本質的な限界があったことの証示でもあるのである。

しかも中世カトリシズムは、政治権力の道徳的制約に関して後世に巨大な足跡を残した思想を発展させた。いうまでもなく自然法の思想がそれである。ストアに発する自然法思想がいかに中世世界に受容され、いかに体系化され、いかに機能したかというようなことは法思想史の叙述に譲るが、それが現実的には教権――教権もまた一つの権力であった――の俗権に対する優越と統制を合理化する役割を果し、全体として、中世的政治体系のイデオロギー的支柱となったことは否定出来ないとしても、同時にそれは、法的政治的秩序に対する服従が決して無制限的なものでなく、むしろある場合には之に対する抵抗こそが倫理的義務であるという命題（もっともトマスはその場合の決定を個人的判断ではなく、公的権威に委ねたのであるが）を内包したことによって、近世の革命権乃至抵抗権の思想に大きな影響を与えたのである。さらに中世政治権力はその対内支配において自然法的制約の下にあっただけでなく、その対外的な権力行使においても、普遍的《カトリック》世界秩序のイデオロギーによって強く制限されていた。このクリスト教的共同体（corpus christianum）の理念も、その後、それを実体化した二つの権威——ローマ教会と神聖ローマ帝国——の衰頽乃至消滅にも拘らず、ヨーロッパ国家の国際関係を瞑々の裡に支配する規範的理念として存続している。

3

ともかく、クリスト教の人格倫理と現世的政治権力との間に本来内在する緊張関係は、中世においては一方においてカトリック教会の世俗性と他方における政治権力の宗教性によって調和されていたのであるが、この抱合関係はルネッサンスと宗教改革によって解体した。教皇と神聖ローマ皇帝との二重の神政政治体制の崩壊のなかから、近世国民国家が誕生し、それを担った各絶対君主は、外は教皇乃至皇帝に対し、内は封建諸侯、ギルド、自治都市等の勢力に対し、主権の唯一不可分絶対性を強調しつつ、権力的統一を完成させて行った。こうした近世国家の権力集中を可能ならしめたものは、いうまでもなく、間接的には封建的生産様式の崩壊によって解放された生産及交通技術諸力の発展であり、直接にはそうした地盤の上に形成された行政機構及び常備軍組織であった。いずれにせよその政治的統一はもはや古代帝国や中世王国のように宗教的権威を必要とせず、かえってその拘束に反撥しつつ貫徹されたものであった。むろん近世初期においては王権神授説のごときが、なお絶対君主の正統性を擁護する理論として用いられたが、それは過渡的な現象であり、しかも神権説そのものも次第に内的な変質を遂げた。一言にしていえば、王は神聖なるが故に最高権力をもつのではなく、逆に最高権力を持つが故に神聖となった（この転換は思想史的にはホッブスにおいて成し遂げられた）。ルイ十四世が「朕は国家である《レタ・セ・モァ》」といったとき、それは同時に彼が「神の子」でもなければ「祖国の父」（Pater Patriae）でもないということを意味していたのである（ヴント『民族心理より見たる政治的社会』邦訳三七二頁）。こうして国家権力は宗教的＝道徳的＝習俗的制約――一言にしていえば政治外的制約から独立して、自己の固有の存在根拠と行動原理とを自覚した。これが即ち近世における国家理性《レーソン・デタ》のイデオロギーである。宗教改革が教権の世俗的支配に抗して、クリスト教的信仰の彼岸性と内面性を強調したさしあたりの結果は、世俗権力の大っぴらな自己主張として現われたのである。

　それでは近世の国家権力はもはやあらゆる倫理的規範と無関係になったのかというと、それは二重の意味においてそうではなかった。第一に、国家理性《レーソン・デタ》のイデオロギーはしばしば、無制限かつ盲目的な権力拡張の肯定と同視されるが、そうした理解はその最初の大胆な告知者たるマキアヴェリにおいて、既に全くちがっている。それは具体的には教皇の世俗的支配権の武器として機能していたようなクリスト教倫理に対するアンチテーゼであり、彼はその批判を通じて政治権力に特有な行動規範を見出そうとしたのである。いわば政治に対する外からの制約の代りにこれを内側から規律する倫理を打ち立てようというのが彼の真意であった。むろん彼はアンチテーゼを主張する点であまりにラジカルで、その反面積極的な体系の建設においては必ずしも成功していないけれども、いわゆるマキアヴェリズムが凡そ彼の本質から遠いことは確かである。この点、カール・シュミットが、「若しマキアヴェリがマキアヴェリストであったとするならば、彼は彼の悪名高い『君主論』などの代りに、むしろ一般的には人間の、特殊的には君主たちの善性について、人を感動させるようなセンテンスを寄せあつめた本を書いたことであろう」(C. Schmitt, *Der Begriff des Politischen*, 1936, S. 47) といっているのは、よく問題の焦点を衝いた言葉である。政治に内在的な行動規範とはどのようなものかということはいずれ別個に論ずるとして、ここではただ近世の国家理性のイデオロギーが単なる権力衝動の肯定ではないことだけを指摘して置こう。

しかも第二に、まさにこの近世に目覚めた国家理性は、宗教改革を通じて内面化されたクリスト教倫理と全く新たな局面において対決せねばならなかった。世俗的支配権の独自的な意味が認められ、それを直接拘束するヨリ上級の宗教的＝道徳的権威体をもはや持たなくなったことによって、却ってクリスト教倫理と政治権力との内面的な相剋は一層深刻な相を帯びるのである。宗教改革は恩寵の律法に対する優位を強調し、個人の良心の道徳的優越を強調したため、それは、その最初の主張者の意図にかかわりなく伝統的な政治的秩序に対する批判的精神を喚起する結果となった。プロテスタンティズムが若い産業ブルジョアジーに担われて思想・信仰・言論の自由等基本的人権獲得のための血みどろの闘争をいたるところに惹起したことは改めて説くまでもなかろう。そうして中世の自然法論はモナルコマキを経て人民主権論に基く啓蒙的自然法に展開して行った。それは十八世紀以後、とくに大陸においては、クリスト教的な色彩を漸次洗い落して、所謂俗的自然法 (Das profane Naturrecht) として発展したけれども、ロックを通じてアメリカ独立宣言に流れ込んで行った契約説がピューリタン的信仰に深く底礎されていることは周知の事実であり、革命は地上におけるアピールの手段を奪われた植民地人民の神へのアピールとして肯定されたのである。そうして平等な成員の自発的結社 (voluntary association) としての教会と、権力と服従の強制組織 (compulsory organization) としての国家を鋭く区別し、後者を止むをえざる害悪とするロージャー・ウィリアムスらの思想こそは、国家と社会の二元論に基いて権力を不断にコントロールする必要を説く自由主義国家観の原型となったのである（cf. A. Lindsay, *Religion, Science and Society in the Modern World*, p. 16）。

近世において解放された二つの要素、すなわち一方における絶対的な国家主権と、他方同じく奪うべからざる個人の基本的人権と、その二つの対立的統一は、凡そ近代国家の宿命であるように見える。それはイデオロギー的には、国家理性の思想と近世自然法思想の相剋として現われる。その相剋は根本的には全ヨーロッパ的現象であったけれども、どちらかといえば、西欧においては、自然法思想が優位を占め、之に反してドイツにおいては十九世紀以後国家理性の思想が急速に成熟した。その結果、英米においては国家権力は国内的にも国際的にも決して無制限ではなく、それが一定の法的制限を持たねばならないこと、その法の拘束力は究極において普遍的な倫理的＝宗教的価値に基くこと――そうしたイデオロギーが支配的であるのに対し、ドイツでは、国家は最高の価値であり、その存立の必要のためには、国際法や個人道徳的規準をも無視せねばならぬという思想が、ヘーゲルからビスマルク、トライチュケとずっと尾を引いている。これがドイツの悪評高い軍国主義的、権力国家的伝統の思想的反映としてしばしば指弾される所以である。しかしそこには両者における近代国家形成過程の大きな歴史的相違が横たわっている事を忘れてはならない。その相違は既によく知られている所で今更ここで述べる必要はあるまい。西欧諸国にしても苛烈な国際的権力政治の只中において行動した場合、決して客観的に国家理性に従わなかったとはいえない。むしろその点ではドイツよりもはるかに先輩なのである。イギリス自由党の輝ける指導者ロイド・ジョージは、一九一一年の有名なアガジール問題が切迫したとき、演説していった。「もし、英国が幾世紀にわたる英雄主義《ヒロイズム》と功業によってかち得た偉大にして有利な地位を放棄したり、或いは我国の利益が致命的に脅かされている場合に、まるで我国が国際会議で一顧に値せぬかのような取扱を受けるのを甘受することによってしか、平和を保持する道がないような状況に追いつめられるとするならば、その時こそは私は断乎としていおう——かくの如き犠牲を払って得られる平和は、我国のごとき偉大なる国家が到底忍ぶ能わざる屈辱である、と」(R. Niebuhr, *Moral Man and the Immoral Society*, pp. 92-3)。これは国家理性の端的な表明でなくて何だろう。ただ、英国のようにきわめて早く中央集権的統一を完成し、ブルジョア革命も産業革命も真先に経験し、強大な海軍力に援護されて国民的独立について比較的に最も危惧する必要がなく、政治的＝経済的に国際社会に優越的地位を保持し続けた国家においては、近代国家の求心遠心二要素のうち、遠心的側面がイデオロギー的に強調されるのは当然であった。そこでの国家の権力性は現実に脅かされた経験が少いだけに意識の面にのぼることが自から少かったのである。このことはアメリカにも、またヨリ少い程度においてフランスにも妥当するであろう。ところが、ドイツは十九世紀初めにおいて、まだブルジョア革命どころか、国民的統一もなく、漸く成長しはじめたばかりのブルジョアジーが内に強大な封建的ユンケルを控え、外は、既に強大な先進資本主義国家の圧力に面しつつ、国民的統一と自由主義革命との二重の課題を負ってよろめいていた。しかも国民的統一は自由主義革命の犠牲においてユンケル出のビスマルクの鉄血によって漸く遂行されたのである。事態はマキアヴェリの生きていたルネッサンス・イタリーにきわめて似ていた。フィヒテとヘーゲルがナポレオンの馬蹄に蹂躙された灰燼のなかではじめて、マキアヴェリの積極的意味を強調し、「権力の裡にある真理性」(Die Wahrheit, die in der Macht liegt — Hegel, *Die Verfassung Deutschlands*, 1802) を説いて以後、権力国家の思想は夢魔のようにドイツの知識人にとりついて離れなかった。ドイツの中産階級や知識人にはもともと国家思想はきわめて稀薄であり、周知のようにレッシングやゲーテは愛国心を嘲笑し世界市民たることを誇りとしていたのである。国家理性の思想はフランスから学んだものであった。ところが一たびそれに目覚めるやドイツは権力の問題を徹底的に追求した。――それは現実の世界以上に観念の世界で激しかった。しかしフリードリヒ大王からトライチュケに至る国家理性の思想を詳細に吟味したマイネッケがいっているように、そこには終始クリスト教的な普遍的人倫の理念とのはげしい内面的な格闘が貫いていたのである。とくに第一次大戦当時、ドイツ軍国主義の思想的責任者として連合国陣営から最も激しい攻撃を浴びたトライチュケにしても、決して「強者の正義」を主張したのではなく、むしろ、文化的に無内容な権力国家は彼が極力斥けたところであった(vgl. Meinecke, ***Die Idee der Staatsräson in der neueren Geschichte***, S. 498f.)。自己の是認しえない戦争を祖国が行った場合、いかに行動すべきかという問題に対して彼は次のごとく答えている。「私が人格的《ペルゼーンリヒ》に是認しない戦争に対しては私は責を負うことは出来ない。しかしこうした場合でも私は祖国に対して私の任務を果す義務はやはりある。……個人は彼の属する国家の一員であり、従って国家の誤謬をも自己の身に引き受ける勇気を持たねばならぬ」(O. Baumgarten, ***Politik und Moral***, 1916, S. 169)。この結論はむろん問題である。にも拘らずひとはそこに内面的人格の理念と政治的義務との悲劇的な葛藤を読みとらないであろうか。それはまたマックス・ウェーバーのような自由主義者(むろんドイツ的の)をも等しく苦しめたところの二律背反であった。ヘーゲルはもとよりトライチュケもクリスト教的共同体(**corpus christianum**)の普遍的な理念を前提としていたところに、後年のナチの道徳的ニヒリズムとは截然と区別される一線が存する。「正義行われよ、たとえ世界は滅ぶとも」(**Fiat justitia, pereat mundus**)という道徳律の絶対《カテゴーリッシェ・》命令《インペラティーフ》から、国家と道徳との統一(但しもはや古代のように直接的統一ではない)を経て、遂にアリアン人種の絶対化に至る近代ドイツ思想史は、権力と道徳との緊張に堪えかねて一端から他端への命がけの跳躍を試みた国民のいたましい足跡を物語っている。

従って近代ドイツの問題のなかには、宗教改革とルネッサンスが解放した二つのモメント、即ち国家権力の自主性と道徳の内面性の二元的相剋が圧縮的に現われているのであって、実は近代ヨーロッパに共通に課せられた問題なのである。ドイツの悲劇はあまりに潔癖な倫理的要請とあまりに過剰な権力の肯定との間のバランスが終始とれなかったことにある。その結果ドイツ国家思想にはたえず一抹のシニシズムがただよっている。ニーチェはこのドイツ的シニシズムを大規模に展開させた「不幸なる」哲学者であった。彼は「客観性」「批判的精神」「献身」「愛」「人倫性」といったヨーロッパ精神の中核をなす諸徳をことごとく「権力への不能」の表現として、その偽善と狡猾を嘲笑して止まなかった。しかし他面ニーチェのシニシズムはビスマルクの権力国家に対しても仮借なき批判となって現われた。彼は国家を「組織された非道徳性」(Die organisierte Unmoralität) と呼び、「国家というものが個人の到底納得出来ないような事を恐ろしく沢山やらかすのはどんな方法によってであるか」と自問しつつ次のように答えている、「責任、命令、実行の分割によって。服従、義務、祖国愛、君主愛というような諸徳の仲介によって。矜持、厳しさ、強さ、憎しみ、復讐等――要するに英雄型に矛盾するあらゆる典型的特質を保存することによって、である」(*Material zum „Willen zur Macht," § 717.* 傍点は原文ゲシュペルト)。その限りでは彼のシニシズムはあらゆる政治権力のまとう道徳的扮装に対する強烈な漂白作用たりえた。ところがひとたびそれがニーチェのような「季節外れの観察者」ではなく、現実の権力の担当者に感染する場合には、忽ちにして、政治権力の無軌道的な発動、いわゆる国家の「神聖な利己主義」(sacro egoismo) の不敵な肯定へと転化し易い。「苟も偉大な国民が、自国の存立と条約遵守とのどちらかを選ばねばならぬ破目に至った時に、前者を後者の祭壇にいけにえに供するようにその国民を動かすことは出来ないであろう」というビスマルクの基本的立場（vgl. O. Baumgarten, *Politik und Moral*, S. 131）はやがて第一次大戦における有名な「条約は一片の紙切」という大胆な宣言に伴うベルギー中立の侵略として具体化した。イギリスの学者が大戦を法の支配《ルール・オブ・ロウ》という原理と国家理性《レーゾン・デタ》の思想の争いとして特徴づけたとき、ドイツ側は「イギリス人にとって法の支配が即ち彼等の最大の利益なのだ」と応酬した。リエージュの一僧侶がドイツ兵の暴行を訴えたとき、フォン・デル・ゴルツ元帥は答えた、「吾々は征服しよう、そして栄光は総てのものを絶滅するであろう」（デュギー『法と国家』岩波文庫版、一五六頁による）。こうしてドイツのシニシズムは権力美化に対する一つの解毒剤たる役割を超えて漸次国家の中枢神経を冒すに至った。ナチスがA・ローゼンベルグのいわゆる「本能の革命」に成功したことはその過程の最後の完成にほかならない。ヒットラーがポーランド進撃に際して、「余は戦闘開始の理由を宣伝家のために与えよう——その真偽は問題ではない、勝利者は後に真実を言ったかどうかを問われはしないだろう。戦端を開き、戦争を遂行するに当って重要なことは正義ではなくして勝利である」と告示し、親衛隊長ヒムラーが「一ロシア人、一チェッコ人に如何なる事態が起ったかということには余は全く興味を持たない。……諸々の民族が繁栄しようと餓死しようと、それが余の関心を惹くのは、単にわれわれが同民族を、ドイツ文化に対する奴隷として必要とする限りにおいてである」（ニュルンベルク国際裁判判決記録による）と放言するとき、そこでのシニシズムはもはや最も破廉恥な権力行使の上に居直った無法者の捨てばちな啖呵でしかなかった。

　しかし「山上の垂訓」の倫理と権力の必然性との間の激しい緊張の意識からシニシズムが生れるように、他面両者の調和の意識にもまた他の頽廃が附随するのを免れない。偽善乃至は自己欺瞞への堕落がそれである。ドイツが比較的前者の例を豊富に提示しているとすれば、後者はむしろ英米仏等の自然法思想が優位した国家においてヨリ多く現われる。権力の苛烈な追求と人道主義的な要請との間に巧みにバランスをとる術を伝統的に心得ているアングロ・サクソン民族に対するドイツ人の――これまた伝統的な――偽善者呼ばわりには、ドイツ人の政治的未熟性から来る劣者心理が働いていることは否定しえないが、その批判が常に的外れであったとはいい難い。それは、例えば国際関係についていえば嘗てのアジア及びアフリカへの帝国主義的進出の時代には、西欧文明の普及、いわゆる「白人の負担」(white man's burden)のイデオロギーとして現われ、かくして世界的優越の地位を確保した後においては「国際秩序の尊重」のそれとして現われた。また国内的にはブルジョア・デモクラシーを超歴史的に絶対化する事によってその解放の限界に対して盲目を露呈する結果となった。そこにはしばしば明々白々な権力利害に基く行動に対しても、ウェーバーのいわゆる「吐気をもよおす《エーケルハフト》ような道徳化」(Marianne Weber, *Max Weber. Ein Lebensbild*, S. 615)が欠けてはいなかった。こうした西欧国家における政治権力の偽善性乃至は自己欺瞞性は、近くはたとえば「馴らされたシニック」を以て自任するアメリカの鋭利な神学者、R・ニーバーによって執拗に追求されていることは周知のとおりである(Esp. *Moral Man and the Immoral Society*, chap. IV)。

以上ヨーロッパにおいて古代社会に共通に見られる権力と道徳との即自的統一が分化して以後その両者の相剋が近代国家思想を貫流して来た次第をきわめて大ざっぱにたどった。要するにヨーロッパ世界を特色づけるのは、政治権力の固有な存在根拠と、クリスト教の人格倫理との二元的な価値の葛藤であり、その両者はどんなにさまざまのニュアンスにおいてからみ合っても、究極において合一することなく、たえずその間には距離が保たれ、そこから新たな緊張が生れて来た。シニシズムへの転落も、或いは偽善性への堕落も根本においては内面的道徳性の目に見えぬ、しかしそれだけに強烈な規制力を前提としての転落であり堕落であった。近世国家理性の荊棘に満ちた発展を閉じるにあたってマイネッケが「国家は絶えず繰り返し罪を犯さざるをえない」(a. a. O., S. 538) というとき、彼はそれによって凡そヨーロッパ近代国家に共通する宿命的な二律背反をいみじくも表現しているのである。

(一九五〇年)

五　支配と服従

1

甲という人間あるいは人間集団が乙という人間あるいは人間集団に対して多少とも継続的に優越的地位に立ち、そのことによって乙の行動様式（pattern of conduct）を同じく継続的に規定する場合、甲と乙との間に客観的に認知しうる程度の従属関係が生ずる。支配・服従関係というのはそうした一般的従属関係の特殊の態度にほかならない。そこまでは明白であるが、さてそれでは、支配関係をそれ以外の一般的従属関係から区別する基準は何かということになると、容易に一義的な解答は見出されない。結局あらゆる社会的結合様式は微妙な相互移行の可能性を持っており、その間の限界は薄明に蔽われているのを常とする。そこで支配・服従関係についても、最初からこれに関する絶対的な決疑論《カズイスティーク》をつくろうとするよりも、むしろ現実の広汎な従属関係のなかで、濃厚に支配関係らしい性格をおびるものと、逆にどう見てもそうらしくない関係とを抽出して行って、その間から支配関係の相対的な位置づけを見出して行くのがヨリ妥当な方法のように思われる。

まずここに教師と生徒という関係を考えて見よう。生徒は教師に服従するといってもそれほどおかしくないが、逆に教師は生徒を支配するという言い方はきわめて不自然にひびくであろう。生徒は多かれ少なかれ教師の影響力

(influence) の下に立ち、教師は生徒に対し一定の権威 (authority) をもっている。生徒が教師の精神的価値（知識・人格等）の優越性を認めるところに、はじめて教育機能は成立するからである。のみならず通常そこには権力関係 (power relation) の存在すらなしとしない。教師は生徒に対して一定の義務（学習義務）の履行を命じ、或いは一定の行為を禁止し、そうした義務の懈怠もしくは禁止の違反に対して一定の制裁（進級の停止、退学、廊下に立たせること、ある場合には——それが効果的かどうかは別として——体罰）を課する。そうした制裁の行使が教育の常態になることは教育の自殺にほかならないが、このような権力関係の存在自体がアプリオリに教育目的に矛盾するわけではない。にも拘わらず、一般に教師と生徒の間に支配関係が存在するとは考えられないのである。

今度はそれと対蹠的な従属関係として奴隷と奴隷所有者（かりに主人と呼ぶ）という関係をとり上げて見る。何人もここに最も支配らしい関係を見出すに躊躇しないであろう（奴隷は厳密にいうと「物」で主人の所有権の対象にとどまるから、両者の間に人間関係は発生しないという考え方もありうるが、ここでは一応度外視する）。アリストテレスが「ある種のものごとは恰も発生の瞬間から一方は支配されるように、他方は支配するようにわけられている」(*Politica*, Chap. 1) と言ったとき、まさしく彼の意味したのはアテネの奴隷関係であった。主人は奴隷に対し単に権力関係に立つだけでない。主人は奴隷の全人格を己れに隷属させ、可能な一切の物理的強制を用いて、彼を使役する。奴隷が主人に対し提供する労働量には本来限界がない。ただ彼の肉体の再生産を不可能にする程度の搾取が結局搾取の継続自体の不可能を招来するという主人の打算のみが、搾取に事実上の限界を与えるだけである。従って、逆にいえば人間労働力が自己の肉体の再生産に必要な限度以上の生活資料を生産しはじめた瞬間から、奴隷関係は可能になるわけである。これが人間の歴史において、大規模な階級対立がまず奴隷制という形態において出現した所以であり、支配形象はそうした奴隷においていわばその原型（Urtypus）を見出すといえよう。

この主人―奴隷関係をさきの教師―生徒関係に比較するとき、その最も顕著な対蹠点はどこにあるかといえば、すぐに明白に分ることは利益志向の同一性と対立性ということである。教師は生徒と同じ方向を向いている。教師は人間的完成をめざし、生徒もまたそれを欲する（もちろんここで述べていることは社会結合の型の問題であるから、個々の現実の場合の偏差は問われていない）。生徒の成績の向上は同時に教師の成功を意味し、生徒の失敗はまた教師の失敗である。生徒にとって、教師は多かれ少なかれ模範（Vorbild）という意味をもつ。教師にとっては、生徒があらゆる精神的水準において自分に近づき、遂には自分をも超えるのが教育の理想である。教師の制裁はこの方向をめざす限りにおいてのみ、教師の制裁でありうる。主人と奴隷はまさにそのすべての点で反対の関係に立つ。両者の利害は真正面から向き合っている。主人は本来出来るだけ奴隷を使役しようとし、奴隷は本来出来るだけその使役から逃れようとする。主人は奴隷と共同の目標を持たず、共同の運命に立たない。奴隷が主人に近づくどころか、奴隷と主人の距離を固定化することがまさに主人の関心事である。奴隷にとっては主人はいかなる意味でも模範ではなくして、憎悪・恐怖たかだか羨望の対象にすぎない。奴隷がいくらかでも人間的な自由と幸福を得ようとすれば、彼に残された途は逃亡或いは反乱しかない。赤裸の物理的強制（鞭・鉄鎖）のみが彼と主人とを結ぶ絆である。

現実の社会的従属関係は、この両極間の広大な領域に存在して居り、それが第二の型に近づくほど、支配関係としての性格を濃厚にし、第一の型にちかづくほど、支配関係と対立した意味での（精神的）権威関係という様相を帯びる。

もし一定の地域においてそこに生活する人間が、物理的強制を背景として、一般的かつ継続的な従属関係に組織された場合、そうした社会を最も広い意味で政治的社会と呼ぶならば、古代においてそうした政治的社会が、徐々に或いは急激に出現して行く過程はまさに上述した一極から他極へ向かっての進行のあらゆるヴァライエティーをわれわれに開示している。氏族共同体において未だその内部の社会的分業が階級対立を発生せしめるに至らず、また他集団の征服も行われない場合における族長或いは酋長と氏族員との関係は以上の意味での権威関係をほぼ純粋に表現していたと考えられる。H・フライアーはそこでの族長の性格を次のように表現している。「彼は他人が不完全に所有しているものを残らず所有しており、他人においては表現に欠陥があることを完全に表現している。かかる個性化形式をわれわれは権威と名付ける。……それ故権威とはそれを担う者を共同社会から取り除き之に対立させ対抗させるものではなく、むしろその中央に置き込むのである。そうして、他の者は権威を有するものに志向し彼を模範或いは基準とする」（『現実科学としての社会学』邦訳、二九八頁）。すなわちここでの族長はまさに完全な意味で「教育者」である。プラトンの「理想国」以来、最高の教育者たることはあらゆる時代を通じて政治的指導者のノスタルジァであった。と同時に、今日まで人民を「奴隷的」境涯に抑圧しているという非難攻撃から全く自由な政治権力は存在しなかった。ということは、この氏族共同体の崩壊以来、もはや政治的社会がこうした純粋の権威関係としては存在しえなかったこと、言い換えればそこに支配形象が決定的に介入したことを物語っている。その介入をアダム・スミスのように牧畜の私有から起ったと見るか（*Lectures on Justice, Police, Revenue and Arms*, ed. by Cannan. 1896）、グンプロヴィッツ、オッペンハイマーら墺太利《オーストリア》社会学者のように種族間の闘争征服を重視するか（前者の *Rassenkampf* od. *Die soziologische Staatsidee* 後者の *Der Staat* 等）、或いはエンゲルスのように両者を相関的現象として把握するか（*Die Ursprung der Familie, des Privateigentums, und des Staates* 及び *Anti-Dühring*）、更にまた数多くの学者のように家父長的権力の成長に決定的な要因を求めるか、というようなことはここで触れる限りではない。またそうした政治的支配の構造が、西洋及日本の封建制度のように行政職（Verwaltungsstab）が行政手段（Verwaltungsmittel）を私有するという原則によって貫徹され、従って支配・服従の身分的階層制をとるか、それとも古代アジア帝国や近代国家のように行政手段の最高主権者への集中、従って官僚機構の形成という形において編成されるか、といった問題は、M・ウェーバーの精緻な分析に委ねることとしよう（*Gesammelte Politische Schriften* 乃至 *Wirtschaft und Gesellschaft* 1. u. 3. Teil 参照）。ここではただ支配者と被支配者の利害対立に基く緊張関係があらゆる支配形象の決定的な契機であり、しかもそれは今日まで存在したあらゆる政治的社会に多かれ少なかれ内包されたことを注意すれば足りる。

従って支配関係には、その社会における物質的精神的価値を支配者が占有し、被支配者のそれへの参与を能う限り排除するという要素が必然に随伴する。その排除を有効に遂行するためにこそ支配者は物理的強制手段（軍備・警察）を組織化するのである。しかしそれと同時に、支配者はそうした価値から、被支配者を隔離するためにさまざまの方法を発明して来た。被支配者との間に文字通り空間的距離（両者の居住地の隔離から始まって、食卓の区別――Am Tisch scheiden sich die Klassen という諺がドイツにある――に至る）を設定し、異った身分間の交通を禁止することは最も屢々行われたところである。そうして、両者の「交通」を遮断するために信仰・儀礼を区別し、道徳名誉観念を支配者が独占し（「士は義によって立ち農工商は利によって立つ」山鹿素行）、甚だしきに至ると言語を全く異にせしめる。こうした隔離に基いて支配の閉鎖性を維持する最も典型的な例は周知のように、インドのカスト制に見ることが出来よう。

2

しかしながら、支配形象はまさにこのように、「被支配者を重大な点において支配身分の精神的世界から排除する」（フライアー、前掲書、二九九頁）という所にその本質を持つにも拘らず、いなむしろそれゆえに現実の政治的支配は純粋の支配関係（上述の主人―奴隷関係）のみでは成り立たないという帰結が生れて来る。奴隷の主人に対する服従においては、服従の自発性は零あるいは零に近い程度を出でないから、そこには本来服従行為(Unterwerfungsakt)があるというよりも服従という事実状態（Unterworfenheit）があるにとどまる。主人の鞭が鈍り、或いは鎖が解ける程度に応じて、奴隷のサボタージュの程度はいわば物理的必然として増大するのである。従って、労働の生産性という点では、奴隷労働ほど非能率なものはない。生産力の発展がある段階に達すると、大抵の場合、奴隷制がその社会の支配的な生産様式たることを止めて、賦役地代の形にせよ現物地代の形にせよ、とにかく必要労働部分と余剰労働部分との帰属関係がヨリ客観化されるような形態に移行するのはそのためである。いわんや政治的社会において治者と被治者との間に、このような緊張関係しか存在しない場合には、被治者を抑圧するために治者の維持しなければならぬ権力機構は徒らに巨大となるだけでなく、対内関係と並んで一切の政治的社会の存在根拠たる対外的防衛の面において著しい脆弱性と危険性をはらむことになる。そこで今日まであらゆる統治関係は一方において権力・富・名誉・知識・技能等の価値をさまざまの程度と様式において被治者に分配することによって、本来の支配関係を中和するような物的機構と同時に、他方において、統治を被治者の心情のうちに内面化することによって、服従の自発性を喚起するような精神的装置を発展させて来たのである。もし、そうした社会的価値への被治者の参与と、政治的服従の精神的自発性をデモクラシーの決定的な特徴とするならば、――奇矯な表現にひびくかもしれないが――一切の政治的社会は制度的にも精神構造としてもこうした最小限度の「デモクラシー」なくしては存続しえないのである。「政府はただ意見の上にのみ基礎づけられる。この格率は最も自由かつ民主主義的な政府に妥当すると同時に、最も専制的かつ軍事的な政府にも適用される。エジプトのサルタンやローマの皇帝は彼の無辜な臣下をば、彼等の好悪にお構いなく獣畜のように駆り立てたかも知れない。しかし彼は少くも自己の騎兵隊《マムリューク》や近衛軍団《プレトリアン・バンド》に対しては人間らしく彼らの意見に従って指揮せねばならなかったであろう」（*Essays, Moral and Political*, 1753）というD・ヒュームの言葉はまさしく右の統治関係における後者、即ち心理的側面を指摘したものにほかならない。M・ウェーバーが、被支配者が支配者に容認する正統性の根拠（Legitimitätsgründe）に基いて、支配形式を「伝統的」「カリスマ的」「合法的」の三者に類型づけたのも（前掲書）、C・メリアムが政治権力のクレデンダ（credenda）という名で、権力の心理的な合理化《ラショナリゼーション》の様式を考察しているのも（*Political Power; Systematic Politics* 等）、結局この問題にかかわっている。

むろんこのような政治的社会の中核をなす支配関係を中和し、被治者の自発的服従を喚起する物的精神的装置は必ずしもかかるものとして理性的に自覚されていたわけではない。むしろそれは現実には圧倒的に非合理的な「下意識《サブコンシャス》」の次元での事柄であった。しかも被治者にとってと同様、治者にとってもそうであった。現実の歴史はまさにこの非合理的な「デモクラシー」が治者と被治者と双方の立場から、次第に理性的に自覚され、意識的に形成されて行った過程といえよう。その結果どういう事態が起ったか。嘗ては大多数の人民は、ヒュームの言葉にも拘わらず、一切の政治的支配が究極的に人民の「意見」（opinion）に基くというような自覚はむろん持たなかった。しかし同時に、治者の側でも、例えば統治が神に由来しているというようなクレデンダを、今日想像するほど目的意識的に統治手段として利用するという意識もなく、その技術的手段も持たなかった。統治者は明確な法的形式を通じて被治者の「意見」にコントロールされることもない代りに、被治者の模糊として捕えがたい雰囲気（民心の帰趨）や伝統的拘束によって目に見えぬコントロールを受けた。彼等はその実感を「天道」とか自然法とかいう言葉で表現した。今日は被治者は憲法に明記された制度的保障によって治者の権力に参与し、その「意見」は計数的に測定されて政府の交替を可能ならしめるまでに至った。しかし同時に治者はもし通信交通報道手段の広汎な利用によって、被治者の「意見」をあらかじめ左右しえたならば、投票という「客観的」形態で確保された被治者の「同意」の上に何物をも憚るところなく権力を揮うことが出来るようになった。民意の流出する明確な溝が出来たことは、逆に治者による民意の操縦をも容易にしたのである。被治者が社会的価値への参与と政治的服従の自発性を自覚的に組織化して行く過程は、一面においてはたしかに文字通り民衆の政治的＝社会的＝市民的権利の獲得とその主体的意識の向上の歴史であった。しかしそれは反面からいえば、この物的＝精神的装置の果すイデオロギー的役割、すなわち、現実の政治社会にまぎれもなく存する支配関係を精錬し、抽象化し、その実態を被治者の眼から隠蔽するという役割を治者がますます明白に意識し、そうした目的意識に基いて大規模にこの装置を駆使するに至った歴史ともいえる。ウェーバーやメリアムの挙げた正統性の根拠やクレデンダはいずれもこの両面の意味において合理化の過程を辿ったのである。この点で「二十世紀の神話」（A・ローゼンベルグ）に依拠するカリスマ的支配がまさに「人民の同意」に基いて現われえたという事実にもまして、以上の両面的な合理化に内在する巨大な矛盾と痛ましい悲劇とを物語るものはなかろう。

3

この矛盾が存するかぎり、現代のさまざまの「クレデンダ」は多少とも「虚偽意識」の性格をおびる運命にある。それは(A)現実に存在している支配関係を何か別の関係として表象させるか、または(B)支配の主体を何か他のものに――やはり観念の世界で――移譲させる。例えば支配関係をもっぱら指導関係（**leadership principle; Führer-prinzip**）として描くのは前者のカテゴリーである。支配と区別される意味での指導とは、リヒァルト・シュミットによれば、「何らかの共同利益の上に築かれた個人とグループの関係」であり、その際、(i)人が自由意志で追随し、命令や強制によらぬこと、(ii)盲目的推進力への反応としてでなく、積極的な、多少とも合理的な根拠に基いて追随すること、が特徴である（"Leadership," in *Encyclopaedia of the Social Scieces*）。指導者に対応するものは追随者（**follower**）であって服従者や臣下ではない。こうした指導者と追随者の関係を現在の政治的社会の構造に適用することが、強烈なイデオロギー的機能をいとなむことは喋々を要しないであろう。ナチ・ドイツにおいてわれわれは既にその典型的例証を知っている。しかし支配者を例えばマネージャーとして、或いは楽団の指揮者《コンダクター》として描き出すことは、広く現代国家に見られる現象である。(B)のカテゴリーにはさまざまのヴァラィエティーがある。が、大ざっぱに言って、是を超人格化の方向と非人格化の方向とにわけられよう。超人格化とは、人間の支配を神の支配という上方に移譲するか、或いは人民の支配という下方に移譲するフィクションである。とくに現代においてあらゆる政治的イデオロギーが好んで用いるのは集合概念としての「人民」に支配の主体を移譲することによって、少数の多数に対する支配というあらゆる支配に共通する本質を隠蔽するやり方である。支配の非人格化のイデオロギーの最大のものは「法の支配」のそれである。「人間が支配せずに法が支配するところに自由がある」というカントの定言が近代自由主義の大原則であることはいうまでもない。むろんその理念の果した歴史的役割は大きく、今でもそれは失われていないが、それが、現実に法を解釈し適用するのは常に人間であり、抽象的な法規範から自動的に一定の具体的判決が出て来るわけではないという自明の理を意識的＝無意識的に看過し、国家権力の現実の行使が支配関係の基礎を、それに対するチャレンジから防衛するという至上目的によって制約されているにも拘わらず、国家及び法の中立的性格を僭称することによって、しばしば反動的役割を営むことは、例えばH・J・ラスキが米国の大審院の歴史などについて鋭利に指摘したところであった。（*Reflexions on the Revolution of Our Time, American Democracy* 等参照）。なお国民共同体の理念やいわゆる国家法人説のようなものも、やはり支配の非人格化のカテゴリーに編入されえよう。

こうした現代社会のもろもろの「クレデンダ」が、たんなる「虚偽意識」にとどまらずに現実の政治的社会に根ざし、その隠蔽ではなく表現という意味をヨリ確実に担うようになるにはどのような条件が必要であるか。さきにも述べたように、支配形象の支配形象たるゆえんは、それが社会の異質的集団間における利益志向の対立関係たるところに胚胎する。とすれば社会が一般的に同質的な階級的基盤の上に立つこと、物質的精神的価値の一部少数者による独占が排除され、H・ヘラーのいわゆる意思＝及び価値共同体として更新されること（*Staatslehre* 参照）が少くともその前提とならねばならない。しかしそうした社会的更新は物的装置の問題であると同時に精神的次元の問題である。ホッブスは先にあげた先天的支配者と先天的被支配者を区別するアリストテレスの言葉を反駁して、「このことは理性に反するのみならず、経験にも反する。なぜならば自分で統治するよりも他人に統治されたいと思うほどのおろかな者はきわめてすくない……からである」（*Leviathan*, chap. 15）といった。ホッブスの断言がどこまで妥当するか、またそれを妥当させるにはどうしたらいいのか——そこに現代最大の課題の一つが横たわっている。

（一九五〇年）

六　政治権力の諸問題

権力は政治学にとって唯一ではないにしても最も基本的な範疇の一つである。したがって政治権力の内包する問題を追求して行くならば、それはほとんど政治学のすべての領域とすべての課題を取り扱う結果にならざるをえない。そうした包括的な権力論はむろんこの小稿の意図するところではない。ここではただ現代政治学にとって主要な争点《イッシュー》になっているような問題を中心として政治権力に対する多様な把握に一つの交通整理を試み、それを通じて、私自身の権力論の基本的視点を概括的に提示してみたまでのことである。照明の角度を明らかにすることに重点をおいたので、分析の一面性や抽象性を免れないが、専門外の読者が問題の所在を理解される上に、多少とも資しうれば幸である。

〔社会権力と物理法則〕　政治権力はいうまでもなく社会権力の一種であり、社会権力は人間行動の間に成立する関係である点で、物理的世界に働く盲目的な力（physical power）とは区別されねばならない。しかしわれわれが「大量観察」的に人間行動のなかに働く力関係を考察する場合、物理的世界における力学的な法則を――むろん蓋然性として――適用することは全く無意味ではない。ラッシュアワーにおいて丸ビルから吐き出される巨大な人の流れが東京駅のいくつかの改札口に分れて吸いこまれて行く過程は、無数のパチンコ玉を用いて「実験」することができよう。したがって物理的な力の函数関係は社会的な力を考察する際にもしばしば示唆を与える。力は慣性に抗する作用であり、静止しているものを動かし、あるいは動いているものの速度や方向を変化させる際に必要となる。社会の停滞性に対して進歩的な力が作用し、あるいは社会の激変に対して抑止的な力が作用する場合にも、こうした慣性の法則を無視しえない。社会的な力もまた社会的な質量と加速度の積という意味をもち、この定式に従って、たとえばある対象に対する急激な力の作用を回避するために種々のバネやクッションを用いることの有効性は、古来の政治的指導者が本能的に心得て来たことである。力の均衡ないし力の平行四辺形の諸法則も概ね社会力に適用されよう。力が両極化（polarize）するほど平衡を保ちにくいから衝突の危険性が高まるが、一旦バランスを保つと安定度は高い。これに反して、力が多元的に交錯していると、互に相殺し合って容易に平衡が成立するが、その反面、微妙な力関係の変化でたちまちまた平衡がくずれる――つまり安定度は低い、ということになる。こうした「法則」が、国際政治のように権力主体が同じ平面で関係し合う状況において、とくに妥当することはよく知られている。前世紀中頃に自然科学の急速な発展とフランス革命以後の社会的激変の経験を基盤として興った社会物理学は、こうした自然と社会の一元的な法則化を極端に押しすすめた。しかし今日ではそうした一元化に本質的な限界があることは、ほぼ社会科学者の共通の常識になっているので、こうした「力の法則」を社会現象に類比する場合、とくに社会権力と物理力の相異をやかましくいう必要はすでになくなったといえよう。たとえば「物理的強制手段」という場合にも、それが（自然と区別された）社会関係によって媒介された概念であることは、当然前提されているわけである。

〔権力の実体概念と機能概念〕　権力を人間あるいは人間集団が「所有」するものと見る立場、すなわち具体的な権力行使の諸態様の背後にいわば一定不変の権力そのものという実体があるという考え方を、実体概念としての権力と呼ぶならば、これに対して、権力を具体的な状況における人間（あるいは集団）の相互作用関係において捉える考え方を、関係概念あるいは函数概念としての権力と呼びうる。これまで権力についての思想家や学者の定義はこのいずれかに傾斜して来たことは確かであるが、それらを純粋に右の両者のカテゴリーに分類することは困難である。たとえばC・フリードリヒはマルクス主義の権力概念を実体概念の一典型としている（*Der Verfassungsstaat der Neuzeit*, S. 24）けれども、マルクス主義者の用法が実体的把握にかたむいていることは後述のように事実としても、マルクス・レーニン・毛沢東などの具体的な政治分析のなかには、権力についての関係概念を前提として議論を進めている場合が少くない。むしろわれわれにとって大事なことは、抽象的にその二つの考え方の是非をきめて一方に「加担」することではなくて、実体概念なり関係概念なりから、権力現象の把握についてそれぞれどのような思考法上の特色ないしは傾向性が生じるか、また歴史的にどのような政治的イデオロギーと結びついて来たか、ということを実例に基いて調査することであろう。そうすればそれぞれの把握の長所と欠点が明らかになり、具体的な状況に応じ、分析のために相対的に有効な方法を操作しながら、そこから生じ易いイデオロギー的帰結に対しても醒めた認識をもって対処することが可能になる。たとえば歴史的に見ると一般に体制が固定的で階級的あるいは社会的流動性《モビリティー》が乏しい国ないし時代には実体的権力概念が支配的であり、またイデオロギーとしては、政治権力の専制性や暴力性を——擁護する意味でも否定する意味でも——強調する考え方が実体概念と結びついて来た。これに対して、政治権力による社会的価値の独占性が相対的に低く、コミュニケーションの諸形態が発展し、社会集団の自発的形成とその間（および国家と諸社会集団の間）の複雑な相互牽制作用が活潑に行われているような国ないし時代には、関係的＝函数的な権力概念が勃興する。関係概念は権力関係において、服従の心理的契機や、服従者の行動様式の指導者（あるいは支配者）に対する逆作用を重視するから、一般的に立憲主義や自由民主主義のイデオロギーと結びつき、またそういう思想的伝統の強い西欧国家に発達した。認識論的に「力」の関係概念を提示した劃期的な著作がジョン・ロックの「人間悟性論」（第二巻第二一章、参照）であったことは偶然ではない。

実体的権力概念の強味は、人間の行動様式が社会化されることによって、単なる個人的な相互作用関係から分離して、一定の客観的形態にまで溝条化《キャナライズ》される必然性を捉えているところにある。人間関係の統制は社会的分業が一定の発展段階に進むと、必然に組織化され、組織化が進むほどまたそうした統制は個別的な社会過程から抽象された「制度」を媒介として行われるようになる。社会的な権力の発生はこのような人格的統制の抽象化＝制度化とつねに同時的であり、それはまさに人間の自己疎外のもっとも原基的形態にほかならない。原始的な共同体的権威が支配関係に転化し、公権力が発生する歴史的過程についてのエンゲルスの古典的叙述が——個別的具体的な実証の点では少からぬ修正を要するとしても——今日なお学問的生命を保つゆえんはこうした権力における疎外的契機を歴史的に定式化した点に存する。組織化された権力の標識は、(i)権力行使の態様および被行使者の行動様式のワクを多少とも明示的に規定するルールの存在、(ii)権力の種々の機能を分担する機関《オルガン》ないし装置《アパラート》の整備、ということであるが、こうしたルール（法）なり装置なりは長期化するほど、また規模が大きくなるほど物体化する傾向をもつから、その意味でも権力は「実体」としての性格を濃化する。権力の制度化の典型としての国家はもとより、他の経済・宗教・広報などの分野における社会的組織体も今日においてますますマンモス化しつつあるから、それらの機構がいかに民主化され、またいかに社会的価値が多様化しても、そこでの権力関係は個別的な相互作用関係から抽象され凝固する不断の傾向性をもっている。この面を無視した関係概念はそれだけ虚偽意識に転化し、(現実を隠蔽するという意味での)イデオロギー性を帯びるわけである。

けれども他面において権力を権力主体の「所有」あるいは本質的「属性」としてとらえる考え方は、権力の動態を具体的に追求するうえには幾多の難点を包蔵している。権力はそれが行使される相手が誰であろうと、また相手の出方がどうであろうと、同じエネルギーとして作用するものではない。このことは国際政治の場合や、狭いサークルの権力関係については比較的容易に承認されるが、政府《ガヴァンメント》や巨大な社会集団内部の権力を論ずる場合にはしばしば忘却される。指導も支配も、服従を調達することなしには存しえず、しかも服従者が積極的に協力するか、消極的抵抗の態度をとるか、あるいは黙従するか、というような行動様式は権力関係にとって「外在」的なモメントではなくて、むしろその本質を左右する意味をもっている。武力を崇拝する相手と、武力よりも金力を(あるいは知力を)重んずる相手によって、権力行使における組織的暴力の持つ有効性の比重は異らざるをえないだろう。つまり権力は相手(服従者もしくは他の権力主体)のいだく価値のスケールと相関的であり、後者の変動とともに前者も変動する。また、たとえば国際政治においても国内政治においても、相手の眼に映じた権力のイメージは、たとえそれが現実の権力を正確に映していない場合でも、それ自体権力関係を決定する要因となる(cf. H. Morgenthau, *Politics among Nations*, pp. 50-1)。権力の経済的基盤や軍事力自体が不変でも、威信(prestige)の損減が権力にとってしばしば致命的に作用するのはここに由来している。具体的な権力関係を微視的に見るならば、それは人間ないし人間集団相互間における、自己評価と他者評価の無限の往復過程を内包しており、しかもそこに影響する社会的諸因子はコミュニケーションの発達と社会集団間の相互連関性の増大にともなって多様複雑となるから、それだけ権力主体は制度や組織の自己同一性にあぐらをかいていられなくなる。このことは政府《ガヴァンメント》のような第一次的な政治権力だけではなくて、政党、労働組合、企業体などの内部権力関係および対外的な力にも妥当するのである。広く社会的な支配や指導面におけるパブリック・リレイションズやヒューマン・リレイションズなどの社会的意義の重大化がこれと関連していることはいうまでもない。D・リースマンは現代アメリカにおける権力状況の無定形《アモルフ》なさまを、電子の位置と速度を同時に確定することの不可能性に関する有名なハイゼンベルグの原理にたとえ、「ここでの問題は権力というものが鍵をかけてしまっておく物品ではなくて、現に広く人格相互間の期待と態度に依存しているということである。経営者が（たとえば組合に対して―丸山）自ら弱味と依存性を感じるならば、たとえばどんなに経済的資力を持っていても、彼等は（組合に対して）現実に弱く、また依存しているのだ」（*The Lonely Crowd*, Y. U. P., p. 247）とのべている。権力の函数的認識をここまで押しすすめることの妥当性については疑問なしとしないが、ともかく政治・実業・軍事など各領域の実態調査に基いたリースマンのこうした観察のうちには、高度の大衆社会における権力のある様相が鋭く照し出されていることは否定しえない。むしろ問題はこうした実態からどのような意味をひき出すか、たとえば大衆の社会的権力関係への広汎な参与の面に着目するか、それともC・ミルズのように権力帰属の不明確性にともなう「組織化された無責任」の傾向を強調する（*The Power Elite*, p. 342）かにあり、そこになるとどうしてもイデオロギーあるいは党派性が介入して来る。

方法的関連としては、権力の実体的把握は機構論や制度論の発想に定着し易く、機能的把握はリーダーシップの政治過程、組織のストラテジー、パースナリティと行動様式への着目と結びつき易い。伝統的な国家論は法的制度を中心とし、その機能活動も法学的用語によって叙述するから、自然に実体論的な見方が優先し、したがって、政府活動以外の政治過程を考察する際にも、政党とか労働組合とかいった公式に組織された社会集団に重点をおく。しかも後者もそこでは自から「小国家」として捉えられ、ルールの定立と執行といった法的観点が類推されるのである。ところでマルクス主義の国家論は生産関係と政治制度との間の動態的な関連や階級構造と階級闘争との統一的な把握をめざす限りでは、前にも触れたように単なる実体論的立場を超えているが、政治制度それ自身の理解の仕方となると、——少くも従来のマルクス主義的著作に現われている限りは——著しく伝統的な公式《フォーマル》制度中心のアプローチに近い。何故こういう結果になるかということは簡単に答えられる問題ではないが、(i)マルクス主義の形成された十九世紀中葉のヨーロッパと、それがレーニン主義にまで発展した二十世紀初頭のロシアは、あたかもアリストクラシイの解体に伴う「階級の噴出」の時代であって、いまだ無定形な大衆社会的状況を経験していなかったことが、思考範疇にも一定の刻印を押したこと、(ii)国家機能が組織的暴力を中核とする治安維持と対外防衛（警察と軍隊）に概ね限定されて把えられ、他の社会集団の機能との相互連関性と移行性に対する視点が稀薄であったこと、(iii)国家権力の打倒あるいは政治権力の奪取という革命目標を可視的に明瞭にするイデオロギー的要請からも、権力をすべて一括して敵の「所有」に帰属させる思考上の建て前がとられたこと、(iv)革命政党の政権獲得によってマルクス主義が体制化されたところでは、その国家構造の内部的な無葛藤性が前提されたので、権力過程の力学的な考察は排除され、その結果自から法的制度を中心とする叙述が中心となったこと（ヴィシンスキーの国家論がその典型である)、といったような諸事情が考慮されねばならないだろう。

けれども他方において、革命的実践における組織論の課題は、否応なしに指導と被指導との機関連関と相互制約性に着目し、また体制の方向に溝条化《キャナライズ》されている大衆の行動様式を反体制の方向に転化させる問題を提起させずにはおかない。現にこうした側面でレーニン、スターリン、毛沢東の諸著作には権力過程の動態についての鋭い洞察が随所に窺われる。ただそれらはもっぱら戦略戦術論としてあくまで個別的状況に密着して論じられているわけである。つまり伝統的マルクス主義において国家論と政治過程論がまだ理論的に総合されていないために、権力論においても自から、歴史的段階に基く政治制度の巨視的把握の方向と、理論にまで抽象化されない政治技術的な観点とが十分に媒介されぬまま併存しているのである。

前述のようにいわゆる制度や機構といわれるものも、人格相互関係(interpersonal relationship)の無数の連鎖と反応から成り立っており、それが一つの循環過程として型態化されたものにほかならない。しかしそのことは直ちに個人のみが具体的実在で、制度や機構は抽象だという極端な唯名論《ノミナリズム》、ないしは「国家対個人」という図式の正当化を意味するものではない。人格相互作用が組織化され、そこに権力関係が介在して来る過程はどこまでも多層的であり、それぞれの組織化のレヴェルによってその意味や役割に質的なちがいが生れて来る。小サークル内の権力関係と大集団のそれ、部落の権力関係と国家のそれとが、その追求する価値(後述)のちがいを捨象してもなお構造的に異って来るのは、こうした組織化のレヴェルの相異に由来している。ただ公式に型態化された制度や機構に認識を固着させると、ともすればその制度の「内」と「外」とを峻別するために、内と外との両側においてまたその相互間に不断に行われている交通関係《コミュニケーション》と、それに基く非公式な組織化過程を見失いがちになり、それは現代のような複雑に層化された権力関係のリアルな把握にとってしばしば致命的な錯誤をもたらす。それを避けるためには権力構造を権力過程にまで不断に動態化し、後者をまた組織連関における人格相互作用のダイナミズムにまで一旦ときほぐして考察する操作がどうしても必要かつ有効となるのであって、そのことと、権力の全体構造を人格相互作用の量的な総和と見ることとは明確に区別されねばならない。組織における全体と個との機能関連については、ヘラーものべているように（*Staatslehre*, S. 63）、ゲシュタルト理論が少からぬ示唆を与えるであろう。

〔権力状況の与件〕　権力を人格相互作用から分析する利点の一つは、広く人間関係が権力関係に移行するダイナミックスを明らかにしうることにある。これはいわゆる人類社会における権力の歴史的起源と発生という問題と無関係ではないが、また同一でもない。なぜなら、前者は現代における公式・非公式あらゆる集団関係の権力過程とその相互連関の解明を直接の目的としているからである。こうした解明は、政治的統制と非政治的（経済的・宗教的等々）統制との限界が微妙で、非政治的行動の政治的機能が顕著になった今日のような状況において、とくに重要な意味をもっている。ところで、こうした一般的な権力関係の介入とその相互連関性の前提となっている基本的事実――理論にとっては仮説――は、人間の追求する社会的価値が多様であり、しかもその量が一定の時空における人間の欲求に対して相対的に稀少であるということにほかならない。この基本的事実を前提として、価値の追求・獲得・維持・増大・配分を目的として人間関係を統制し、しかもその統制が相手の所有あるいは追求する基本的価値の剝奪（制裁）を最後手段として行われるようになったときに、権力関係が決定的に介入して来るのである。権力関係が前にのべたように相手の価値のスケールと相関的なのはここに基いている。古人は「生殺与奪の権」という簡明な言葉でこの理を表現している。肉体的生命の安全性は、いうまでもなく、あらゆる時代を通じて人間の所有する最も基本的な価値であり、したがって人間行動に対する効果的な統制は、最終的にはこの基本的価値の（全部もしくは一部の）剝奪――殺害・肉刑・追放・投獄・パージ――を武器として行われる。物理的強制手段（暴力）の組織化があらゆる権力の潜在的な傾向をなす所以である。しかしこの場合でも、「われに自由を与えよ、然らずんば死を」という確固たる信条に立つものに対しては、組織的と非組織的とを問わず、あらゆる暴力は沈黙せざるをえない。同様に、最小限度の富は、肉体的生命の維持のためにも、またその他の社会的価値の維持獲得のためにも基本的価値であるから、経済的価値の「与奪」もまた古来権力的統制の目的および手段として最も重要な地位を占めて来たし、経済的価値の生産が「空気」のように豊富にならない限り、今後も依然としてそうであろう。けれども、物質的報償や剝奪が人間の行動様式を効果的に統制しうる程度は、いうまでもなく、肉体的生命の場合よりもなおさら、個人的＝階級的＝民族的＝時代的に偏差度が広い。カトリック教徒にとってはローマ教皇による破門が、また共産党員にとっては中央指導部による除名が、それぞれ尊敬・愛情・名誉・勢力などの諸価値の重大な剝奪を意味するから、そうした価値をコントロールしうる人間（あるいはグループ）の方が、彼等の富や――場合によっては生命を――コントロールしうる人間よりも、彼等に対して権力状況を成立させるのにヨリ有利な地位に立っているわけである。こうした価値の多様性を前提として、ラスウェルは価値種類のかけ合せによって権力形態の詳細な分類をつくっている（『権力と人間』邦訳、二八七頁参照）。その中には単なる知的遊戯《パズル》としか思われないものもあるが、そこにはやはり社会的分化とコミュニケーションの高度化に基く人々の価値関心の多様化が反映していることは否めない。たとえば彼が権力の基底価値《ベースヴァリュー》と権力自体の価値とを区別しているのは、強大な労働組合が自ら「富」を所有せずに富に対する（とくに配分に対する）権力をもち、スポンサーや演出者が自ら名声をもたずに、他人の名声をコントロールする力をもつような現象――あるいは同じ人間Aに対して知識情報の点ではBが、富についてはCが、尊敬についてはDがそれぞれ権力をもつといったような重畳関係の広汎な存在――など、いずれも現代の複雑多岐な社会的権力状況を眼前においているのである。政府権力（governmental power）の行使に対するいわゆる立憲的制限の強化が直ちに人間の自由一般の拡大を意味せず、むしろ却って「富」に基く権力関係を表面化する結果となったのは、歴史的に周知の事実であるが、この点に関する自由主義者の楽観の破綻も、右のような観点から見れば、権力の複数的な重畳関係を見誤った顕著な事例として挙げることができるであろう。

価値の獲得や増大は集団協力による方が個人的になすよりも一般に有効であること言を俟たない。そこで価値をめぐる紛争はその価値が稀少であり、それに対する人々の欲求が強いほど集団凝集性をもつ。ところで権力自体もまた価値であり、しかもそれは他人（集団）の諸価値の剝奪を含む人間関係の統制であるから、権力は他のいかなる価値を追求する基盤《ベース》としても有効度が高い。そこで関係者にとって重大な価値をめぐる紛争は、集団の相互間においても、また集団の内部においても、それだけ早く権力関係に移行しやすいわけである。そこからしてまた権力的統制による人間関係の組織化は不断に規模を拡大し、権力関係のピラミッドをますます自己の内に包摂して行こうとする内在的傾向をもっている。それは必ずしも指導者ないし支配者の邪悪なる性質のためでもなければ、またホッブスが既に鋭く洞察したように、「ほど良い権力に人間が満足しない」ためでもなく、「ヨリ以上の権力を得なければ、現在もっている権力をも確保できない」（*Leviathan*, 1 chap. XI）という権力特有のダイナミズムに基くのである。こうして本来他の価値の追求のために生れた権力関係が自己目的へ転化して行く。むろんこの傾向は、いかなる状況か、どういう文化様式《カルチュア》か、どんな性質の権力か、どういう種類の集団かによって、発現のテンポや形態を異にする。緊張した国際関係や長期の内乱状態などにおいて、とくにこうした権力拡大の自己目的化が強く現われるのはいうまでもない。そういう緊張と不安の状況では重大な価値（生命の安全や国民の基本的権益）が脅威にさらされ、人々の価値関心が単純化し、こぞってその一点に集中するから、これをコントロールしうる者の手にたやすく権力が凝集することになる。と同時に、文字通り邪悪なる勢力あるいは指導者がこのダイナミックスを逆用して、対外的緊張を人為的に煽り、あるいは集団のメンバーの重大な価値を不断に危険状態におくことによって自己の権力を保持し拡大することも史上しばしば見るところである。

権力状況の動態を把握するためには、社会的諸価値の制度化された配分形態にだけ着目しないで、価値関心の方向と強度に基く潜勢力（potential power）を考察に入れる必要があるのも、右のような権力のダイナミズムに関連している。「現状」における権力基盤に満足し安住するものは、しばしばその培養に対する配慮を忘れて、他の価値に関心を転ずるために、権力的地位を喪失することが稀ではない（いわゆる三代目の悲劇）。これに反して、失うものは鉄鎖のみという状態に陥った人間・階級あるいは民族は、権力過程から全く逃避するか、さもなければ、「獲得すべき全世界」をめざして恐るべきエネルギーで立ち上る可能性をもつ。「世人徒らに富の勢力たるを知りて、富を得んと欲するの勢力たることを顧りみず、権力の勢力たるを知りて、権力を取らんと欲するの勢力たるを顧りみず。……位地は勢力なり、然れども位地なきも亦勢力なり、何となれば仮令失敗するも、自ら損ずる所なし、彼豈に勇往せざらんや。吾人は政治上に於て富と、力と、学と、権との重なる資本たるを認むると共に、此等資本なきの更に資本たるを認めざる可らず。所謂無一物の無尽蔵を有するものは、青年書生に於て然るのみ」（「国民之友」

第六号）と青年時代の蘇峰がのべたことは、こうした権力過程の法則を適確に表現している。

さて、これまでは権力過程における特殊＝政治的なるものを抽出せずに、一般的な人間統制関係における権力のダイナミックスを論じて来たわけであるが、それは一つには、政治団体、経済団体、文化団体というような固定的な区別が現実の政治過程の考察にとってしばしばマイナスに作用する例があるからである。それでは、非政治的な権力過程が政治化する条件は何であるか。ここではじめて政策（policy）という契機が登場して来る。政策というのは、価値の生産・獲得・維持・配分に関する目標と、その実現のための方途である。その価値が「富」に関するときは経済政策、「知識」に関するときは教育・文化政策、そうして権力価値を目標とする政策が政治政策もしくは権力政策と呼ばれる。政治過程といわれるものは広義において、こうした政策一般が、狭義において政治政策が、権力過程——つまり価値剝奪を手段とする人間関係の統制——を通じて形成され、実現される過程にほかならない。政治権力は公権力であるから、たとえ価値追求を目的として権力を組織化しても、それが（個人もしくは自己の所属する第一次的集団の）個別的な利害に直接的に奉仕している場合にはそれは公権力とはいえない。この意味で政策は個人または直接的集団をこえた全体性のイメージであるといえよう。という意味は政治権力が客観的に「全体」の利益に奉仕しているということではむろんない。たとえ経済的搾取の機能のために権力が組織化されても、そこでの指導者には個人的・派閥的利害を越えた役割《ロール》が課せられ、そうした役割に基かぬ権力行使はチェックされる。そうでなければ階級的支配の機能をも完うしえないのである。政治的権力である限り、自己の統率する部下だけでなく、被支配階級あるいは他の社会集団に、いかなる価値をいかなる程度に割当てるかという配慮がそこでの政策の中に必然的に包含されている。全体性というのはもとより相対的な範疇であるから、歴史的段階、コミュニケーションの発展度によって異なるのは当然で、たとえば中世において公権力であった封建領主の権力関係は近世の統一国家の成立と発展に伴って公的性格を喪失した。他の公権力との間の価値配分の調整（外交）への志向も、全体性のイメージの有無を判別する有力な規準である。ところで、いうまでもなく、国家は今日なお最高の組織された権力機関であり、一定の領域において正統的および合法的暴力を独占し、その行使による価値剥奪を最後手段（**ultima ratio**）として副次的な権力関係をコントロールしている。そこで国家権力の統御に成功すればするほど、その領土内における価値配分の決定に最も有利な立場に立つわけである。これが現代における国際的国内的な政治闘争が結局は国家権力の獲得・維持・配分・変革をめぐって展開される所以である。全体性のイメージは今日コミュニケーションと技術の世界化、国家的エゴイズムや戦争の禍害に対する認識の一般化、経済的相互依存性の増大などによって、漸く国際関係的な表象を超えて人類的次元に拡大する動向を示しているが、国際社会の組織化がさらに進展しない限り、容易にネーションへの定着性を脱しないであろう。したがって政治的な権力過程はほとんど圧倒的に、国家との関連において進行する。けれどもいわゆる政府の活動がすべて政治過程を構成するのではなく、そこに含まれるのは権力価値の増大や配分を自主的に決定する議会や行政首脳部の行動に限定される。「執行する（**ausführend**）権力ではなく指導する（**führend**）権力のみが政治権力である」（H. Heller, *Staatslehre*, S. 204）。ただ状況によって軍人や行政府官吏が単に法規に基く権限の遂行をこえて、権力その他の価値配分の決定に有力に参与するようになると、軍閥政治や官僚政治が出現する。労働組合はその内部に権力関係を内包していても、主たる行動様式が労働条件の維持向上に集中している間は、直接政治過程には内包されない。労組が選挙のときに特定の政党を支持するのはその政治政策であり、その限りで政治過程に経済団体として関与している。しかしさらに進んで労組がゼネ・ストに訴えて政府を倒そうとするならば、それは既に政治過程に全活動を投入しているので、政治団体に移行したといわねばならない。経営者団体についてもこうした移行が起りうるが、一般に資本の側はその本来の機能の遂行を通じて政府の政策決定に大きな影響力をもつから、きわめて特殊な状況以外には、直接政治団体に移行する必要なしに、国家の権力状況を動かしうる立場にある。こういう例でも明らかなように、政治団体とか宗教団体とかいう常識的な区別は現実の政治過程においては相対的な意味しかもたない。むしろそれぞれの社会集団が権力状況において果す役割と地位とを、その時点時点で追求する価値に関連させながら観察することが大事である。一定の政治状況において、いかなる機関もしくは集団が国家権力関係をもっとも基本的に左右するかを見定めることは必ずしも容易でなく、憲法の主権の規定や機関権限についての条文からはわからない。平素はぼかされていた最高権力の所在が緊急事態（粛清、クーデター、内乱などの）突発の際に電光的に照し出されることがある。主権とは例外状態における決断であるというC・シュミットの命題はこの限りにおいて正しい（cf. F. Neumann, "An Approach to the Study of Political Power," *Political Science Quarterly*, June 1950）。

〔政治権力の構成と諸手段〕　政治権力をめぐる闘争に日常的かつ主体的に参与する主要な組織集団をその権力状況のなかにおける権力単位（power unit）と呼びうる。国家をはじめとして、超国家組織（たとえば嘗てのコミンテルン）・政党・政治的秘密結社などが典型的な権力単位である。以下においてはこうした権力単位の内部構成、組織化の手段をごく一般的にのべよう（政治団体とか経済団体とかいう場合には、社会における機能の区別であるが、権力単位という際には政治闘争の舞台を中心として、その主役に視角を据えている。したがって、前述したような非政治集団の政治化の可能性はここでは一応考慮の外におかれる)。

組織された権力単位は一般にその内部に層化された権力関係を含んでいるので、例外なくピラミッド的構成をもって現われる。これを権力参与への関心及び程度によって大別すると、(i)中枢の指導部(いわゆる権力核 Machtkern)、(ii)指導部を囲繞しこれを直接補佐するエリートあるいは「前衛」、(iii)エリートにしたがって日常的に従事する「アクティヴ」、あるいはA・グレイジアのいわゆる politists、(iv)非日常的にのみ——たとえば一年一回の総会への出席とか、時たまおこなわれる選挙における投票の際——権力に参与する一般成員、というように段階づけられる。むろんこの区別は固定的なものでなく、むしろそれが化石化するほど組織能率は悪くなる。権力装置の内部で、また装置の外から、「人材」——政治的観点からの——を不断に吸収し、上昇させることは非民主的集団と民主的集団とを問わず、権力関係を持続的に再生産するために重要な条件の一つである。

政治権力の構成はまた機能的分業の面からいろいろに分類される。立法部、司法部、行政部という制定法を中心とした伝統的な分け方は政治的動態の分析にとってあまり有効ではない。むしろ後述するような権力の統制手段に即してみれば、(i)象徴、神話、イデオロギー、政策の製作や立案にあたるもの、(ii)具体的情勢における戦略・戦術の樹立者、(iii)情報、宣伝、煽動の専門家、(iv)資金調達および財源発掘にあたる者、(v)渉外関係の担当者、(vi)暴力の専門家などの種別がある。むろんこの区別も流動的であり、また権力核に近づくほどこうした諸機能は統合される。このような諸機能の活動が円滑におこなわれその間の均衡が程よく保たれているほど、権力全体のエネルギーは高まる。しかもそれらの機能の遂行は広汎に社会的、経済的、文化的、自然的諸条件に依存せざるをえない。政治権力の強さと大きさを正しく測定することの困難はここにも根ざしている。権力基盤の複合性は国家権力においてとくに顕著である。権力の複合性を看過し、自他の権力の優劣をその一つの契機——たとえば物理的暴力（軍備や警察力）とか財政状態とか——だけによって比較し判断することも、さきに述べた権力の実体化的思惟とならんで政治的指導者のもっとも陥りやすい誤謬であり、国際的国内的権力闘争に蹉跌する有力な原因をなす。

政治権力がその対象としての人間や他の権力単位を統制するために用いる方法は、ひろく社会的統制の一般的諸手段と重複している。前述の通り政治権力に特有な手段は暴力組織の駆使であるが、警察力や軍事力の発動は政治的な権力行使の極限状況であってその常態ではない。「ひとは銃剣でもって何事をもなしうるが、ただその上に坐ることはできない」（タレーラン）。その意味で投獄や戦争は、むしろ政治権力の手がつきたことの表示にほかならない。「権力の経済」の上からは、暴力の現実的な行使よりは行使の威嚇（たとえば国際政治でいえば兵力の動員や一定地域への集結）の方が優り、直接的暴力による威嚇よりは経済封鎖とか名誉の剝奪とかいった間接的強制の方が優り、さらに強制よりは説得 persuasion と合意 consent が効果的である。権力服従の動機がもっぱら価値剝奪にたいする恐怖にあるような場合を、単純な物理的暴力と区別して赤裸の権力 naked power とよぶならば、赤裸の権力において最低限の自発性がはじまり（しかしここではまだM・ウェーバーのいう正当性根拠の問題は登場しない）、理性的な合意において最頂点に達する。しかし他方において権力的統制の非権力的なそれにたいする特質は、なんらかの価値の剝奪を背景にしていることにあるから、純粋な説得や合意は権力関係には存在しえないのであって、政治権力による説得とか「合意《コンセント》による政治」という言葉には多かれ少なかれ神話がふくまれている。報償、抜擢、経済援助など物質的精神的利益の供与も前述のように政治権力の重要な統制手段であるが、その際にも「もし応じなければ」という威嚇が後楯になっている。純粋な「鞭」に依拠する政治権力はないが、同様にまったく「飴」だけを使う権力もない。

一般に人間行動の統制様式には、直接に一定の行動様式を指示、命令する場合と、それを直接明示しないで結果においてそうした行動に仕向ける場合——これを操縦 manipulation という——とあるが、大衆デモクラシーの時代においていちじるしく発展したのは後者のテクニックである。権力はその政治的目的の達成のために膨大な大衆に忠誠の観念と情動《エモーション》を喚起する必要に迫られて、あるいは伝統的象徴を利用し、あるいは新たなる象徴を創造する。旗、制服、歌、儀式、祭祀、大集会、示威行進、神話、イデオロギーなどはいずれもこうした象徴として作用し、その普及力はマス・コミュニケーションによっていちじるしく高められる。そうした手段の使用が極端になると「魂にたいして冒された暴力」（ピェール・ジャネル）に等しくなり、説得と合意は全く形骸化するにいたる。しかし政治権力のこうした統制手段には一つのジレンマがある。すなわちそれが成功するほど大衆の服従は「自動的」となりステロタイプ化するけれども、同時に服従の惰性化によってその自発性・能動性は次第に減退にむかい、公共的関心は私的配慮とくに消費生活の享受にとって代られる。また現代の技術的諸条件の下ではコミュニケーションを権力の側からの一方交通に限定することは、戦争などの非常期間以外にはどんな独裁権力でも不可能であるから、大衆の面前で展開される対抗象徴の間の露骨なせり売りは、相互にその効果を減殺し合って、アパシイを促進する傾向がある。政治権力にもやはり「収穫逓減の法則」が妥当するのである。

〔政治権力の発展傾向〕(i)政治権力と他の社会勢力との関係。近代社会をそれ以前の社会から区別する特徴の一つは、そこで政治権力がとくに政治権力として他の諸種の社会権力から分化し独立したことにある。たとえば封建社会においては領主と農民のあいだの経済的収取関係はそのまま直接に政治的権力関係であり、大土地領有者はまさにその地位にもとづいて当然に政治的な権力主体であった。ところが近代国家の発展とともに政治的支配は経済的生産から抽象・分離され、政治権力はその独自の組織と構成をもつようになった。しかしそのことによって前近代社会においてはきわめて明瞭かつ透明であった支配関係、とくに政治権力と経済的支配とのあいだの関係は隠蔽されてしまった。近代ブルジョアジーの表象においては政治権力は国家権力として物神化し、他の社会的勢力配置は逆に市民社会の「私的《プライヴェット》」な相互作用（自由市場における交換関係）のなかに解消している。こうして支配形象は政治の領域にのみ残存し、他の領域では消滅したという考えが近代自由主義の神話となり、そこから政治権力の法的抑制と選挙権の拡大が民主化のアルファかつオメガーとされたのである。ところが現実には十九世紀末以後政治権力のこうした意味での民主化がともかく進展したのにもかかわらず、依然として私的利潤原理に立つ資本の社会的圧力は増大し、しかも独占の時代に入るとともに生産関係の基本的構成はますます寡頭化した。この両方向の緊張と矛盾が今世紀の政治の当面する重大な課題となったのである。その分裂を救う根本の道は結局、民主化を生産関係の内部にまで拡大するか、それとも経済的寡頭支配に見合うように政治権力を再編成するか、の二つしかない。きわめてスウィーピングにいえば、前者の方向の解決をめざすのが種々な形態の社会主義であり、後者の究極の帰結がファシズムである。

　ところがこの事態は、(ii)政治権力の集中と集積の傾向によって、さらに複雑となる。政治権力にたいする大衆参与の漸次的拡大にもかかわらず、あたかもそれを嘲笑するかのように、テクノロジーの発展と社会機能の多様化は、それぞれの権力単位の機構を巨大化＝官僚化し、頂点と底辺のひらきを甚だしくしてしまった。「選挙権が拡大すればするほど、一人の選挙人の力はそれだけ小さくなる」というO・シュペングラーの皮肉な公式（*Der Staat, S.* 116）が妥当するようになったのである。権力がその包含する人員の点でも、権力的統制の及ぶ価値範囲（経済・教育等々）の点でも、また機動力の点でも巨大化し、しかも基本的な政策の決定と執行が核心部に集中する傾向は国家権力においてもっとも顕著であり、とくに大統領や首相のリーダーシップの拡大として現われているが、他の権力単位、たとえば政党にも、コーカス支配としてあらわれている。しかも現代における民主化の尖兵として、大衆組織に依拠する社会主義政党や労働組合において、かえってこうした執行部への権力集中が高度化することは、つとにR・ミヘルスが「寡頭支配の鉄則」という、やや誇張した表現で検証したところであった。そうしてそのような集中傾向は、(a)現代文明の諸条件（とくにマス・メディア）によって促進される組織底辺のアパシイ現象との間に容易に悪循環を惹起する。(b)頂点の権力核は、比較的高度の政治的関心をもつ少数の「アクティヴ」を飛び越し、もしくは排除して、受動的な卒伍の大衆《ランク・アンド・ファイル》に直接アピールし、その情動的な支持の上に権力を強化する（人民投票的独裁の傾向）。(c)権力単位相互の競争や闘争が高まるほど、政策や戦術面での機密性保持の必要度も大きくなり、この面から「少数有利の原則」が作用する――といったような諸要因によって、その生理と病理との差は紙一重になるのである。しかもなお厄介な問題がある。それは嘗て西欧民主制においてその内在的危機としてリアルに認識され、種々の積極的な打開の方途を模索させたような右の諸問題が今日においてかえってはぐらかされ、真の争点が見失われるような結果を招来しているということである。さきに現代における権力状況の無定形化として触れた事態がまさにそれである。たとえば現代アメリカでは、E・M・ザカリアス海軍大将がのべているように、「わが国民の将来に影響する重大な決定が外交用の応接間や陸海軍司令部の固く締めたドアの内側で、限定された責任しか持たない人々によってきめられる」（H. H. Wilson, "The Problem of Power," *Monthly Review*, June 1953）のみならず、権力核を構成し、またはそれを基本的に左右する地位がますますミルズのいわゆる「政治的アウトサイダー」（とくに軍・財界首脳者）によって占められ、本来の議会政治、いな議会そのものの実効的な決定参与性が、もはやトップ・レヴェルの権力関係でなく中間水準にまで低下しているにも拘らず、いなまさにそれ故に、「牽制《チェック》と均衡《バランス》」の観念が支配層から一般国民に至るまで広く深く根を下している。これは体制の全体構造と機能から見れば、一つの「神話」なのであるが、国民の日常生活においては、体制の中間および底辺における多様な拒否権集団《ヴィートー・グループ》（リースマン）の相互牽制と、それに対する国民の同じく多様な「参与」によって、まぎれもなく実感となっているのである。つまりこうした大衆社会的状況においては、ニーチェの用語をかりるならば大政治と小政治が鋭く分化し、大政治はますます頂点に集中する反面、小政治はますます広汎に分散することによって、権力価値の社会的配分というイメージを不断に再生産しているわけである。これはほぼそのまま経済的価値と勢力の配置状況と見合っている。プロレタリアートの生活水準の向上とくに消費生活の多様化が体制への関心を低下させ、政治的関心が中下層の副次的権力状況に定着するために、全体的権力状況のリアルな認識が――というより認識への意欲が、減退するという現象は、西ヨーロッパの「福祉国家」にも程度の差こそあれ大体において共通する傾向である。しかも政治・経済・軍事各領域の機構の巨大化と、上層部の人的相互交流性の増大によって、トップ・レヴェルへの権力集中は、ますます公式な制度の背後で進行し、法的に一定の地位にある人間の権力感覚とのズレが大きくなる上に、支配層の行動様式もマス化するからして、権力の寡頭化は権力者自体によっても、それとして自覚されない。第一部でのべた軍国日本の「無責任の体系」は、こうした先進国に共通する大衆社会的状況と特殊日本的な権力構造とがからみ合って出現した結果とも見られよう。

現代における政治権力の集中と集積の社会的必然性を真向から積極的に肯定し、一方ではこれを前衛政党の目的意識に結合させると共に、他方これをいわゆる「大衆路線」ないしは民主集中制原理によってコントロールしようというのが、レーニンから発したコンミュニズムの考え方である。それが体制化されたソ連では、大政治と小政治の分化は現実的には、協同組合、労働組合、地方ソヴェートなど国民の日常生活と密接した面での広汎な参与と、トップ・レヴェルにおける共産党の権力独占という形態で現われている。ここでは経済機構はじめ各社会領域は整然と計画化され、一貫した目的意識性によって指導されているから、資本主義国家の場合のような権力者の自己欺瞞や「組織された無責任性」の危険から免れている。最高指導層はマス化よりは哲人（綜合的認識力の把持者）化する傾向性をもつ。しかしその反面においてこの「前衛」の目的意識的指導が堕落する場合には、権力核はカースト化し、巨大な官僚化と専制化を齎すことは、すでに最近の事態で明らかにされた。しかもテクノロジーの社会過程への反映は、こうした社会主義体制の権力状況にも大衆社会一般に共通したダイナミックスを発現させることは別項で論じたとおりである。

「あらゆる権力は腐敗の傾向をもつ。絶対的権力は絶対的に腐敗する」とは有名なアクトン卿の言葉である。もし絶対権力という意味が権力の集中自体をさすのならば、その言は歴史上の腐敗しない集中権力の実例によっていくらも反駁されよう（**F. Neumann, op. cit.**）。なにより現代の複雑な課題がたんに権力を分散し相拮抗させる方式だけによっては解決されないことは、あたかも企業の集中排除によっては独占資本主義の矛盾を解決しえないのと同様である。むしろ近代社会の技術的合理化にもとづく社会的必然として出てきた集中権力を、いかに大衆の福祉と自発的参与に結合させ、官僚化による社会的パイプの閉塞を防止するかに今後の問題がある。にもかかわらず、現代の権力集中から右のように種々な形態の病理現象が発生し、しかもその病理のうちには、社会体制の相異をこえて共通する危険性も少なくない以上、アクトン卿の言葉にはリベラリズムの歴史的要請にとどまらない真理がふくまれている。権力の実態を見きわめるにはいつの世にも、裸の王様を裸と認識する澄んだ眼と静かな勇気を必要とする。そうしてそれは「政治的なるもの」からの逃走によっても、また逆にそれへの即自的な密着によっても生まれないのである。

（一九五七年）

七　現代における態度決定

われわれは決断を回避できない

最近、私が属しておりますある団体で、新しい安保条約の批准に反対する署名を集めたことがあります。断わっておきますが、その団体というのはむろんこの憲法問題研究会ではありません。その署名を集める過程のなかで、私はいろいろためになる見聞をしたのですが、その一つとしてある人が次のような意見を出した。自分は個人としては新しい安保条約の批准に対して反対である。けれどもこういう問題について、狭いサークルで署名を集めるというようなことは、一種の思想調査になる、その意味で賛成できない、というわけであります。

これは私にはたいへん考えさせられる問題を含んでいる意見だと思われたのであります。私はこの意見には、たしかにある真実が含まれていると思うのです。もちろん具体的な運動について申しますならば、この運動の世話をした人々も、また署名を集めた範囲もそれぞれ専門をもった研究者でありましたから、たとえば発起人をお願いするさいにも一人一人の自発的な意思を重んじたことは当然でありますし、それに加わらない、あるいは署名もしないということも、その人なりの意見として尊重したはずであります。往々見られますようにすぐその人の傾向について、保守的だとか、反動だとか、というレッテルを貼るような空気は当該の団体の場合にはなかったと思います。

しかしそれにもかかわらず、公正に考えまして、そういう署名運動自体が、どうしてもある程度、結果的に思想調査的な意味を帯びるということを、私は否定しきれなかったのであります。安保問題のように現に鋭い政治的な対立の渦中にあるイッシューについて、どういう調子、どういう内容のものであれ、とにかく一つの結論を出して、それにイエスかノーかを答えさせるということは、たとえどのように相手の自発性を尊重し、またどのように無理じいを避けたところで、やはり結果としては、問われた人のアクチュアルな政治問題に対する一定の態度の表明として、受取られることを避けることはできないのであります。

原則的に申しますならば、ある具体的な問題に対して、賛否を答えることはもとよりのこと、およそ答えるか答えないかということ自体を、誰でも自分の自由意思で決定できます。答えないからいけないということを、誰もいう権利はないわけであります。ところがこういう事柄が行われる場合、それが小さな団体であればあるほど、やる人がどんな善意でも、そこに一種の心理的な強制が働くということを避けることができない。その限りでこういう運動には、どうしても良心と思想の自由を犯す危険というものがつきまとっているということを、率直に認識しなければならないと思います。

けれども、もう一歩問題を進めて、それならばさきのような意見というものは、全面的に正しいだろうかということを考えると、私は必ずしもそう思わない。少くとも問題の大きな側面を逸している考え方ではないかと思うわけであります。

それを突きつめていきますと、そもそも現代というのはどういう時代なのかという根本的な問題に行き当らざるを得ないと思います。結論的に申しますと、私たちは私たちの毎日毎日の言動を通じまして、職場においてあるいは地域において、四方八方から不断に行われている思想調査のネットワークのなかにいるというのが今日の状況であります。私たちの内面の世界、良心の世界が平穏無事の環境のなかで安らぎを与えられ、そのなかでいわば署名運動的なものだけが荒々しい波を立てているわけでは決してありません。思想調査という言葉が、あまりに旧帝国の治安維持法的な匂いがするのでしたら、これを忠誠審査、ローヤルティー・テストといいかえてもいいと思います。ローヤルティー・テストというのは、アメリカで例のマッカーシズムの嵐がふきまくったときに、非常に有名になりましたが、西欧のデモクラシーにおいても、とくに第二次大戦以後いろいろな形で制度化されておりますし、他方中国などでも洗脳とか、思想改造ということがだいぶん騒がれましたが、そこにもやはり良心にたいする心理的強制の問題が含まれておるわけであります。現在の日本では、幸いにしてまだ忠誠審査法というような特別法はありませんが、公安調査庁が実質的に思想調査をやっていることは事実ですし、また企業体などでも入社試験や組合対策などで、しばしば警察を通じて思想調査を行っている。ただこういう場合はともかく行う主体も、また、善かれ悪しかれ、行う目的もハッキリしています。ところが問題はそういうように、フォーマルな制度に乗った形でわれわれの思想が審査されているということだけではない。あらゆる職場で、あらゆる会合で、明確な手続きももたないし、また誰がやっているという主体もさだかでない形において、私たちは四方八方からたえず思想調査や忠誠審査を受けているのが現代の状況ではないでしょうか。これはきわめて不愉快なことでありますけれども、私たちはその現実を否定することはできないと思います。それは主としてわれわれについてのイメージの形成を通じて行われます。われわれの日常生活で、いきなり天下国家の問題についてでなくても、ある職場なら職場に発生したような問題について、発言したり、いろいろな意見をいったり、一つの行動をとったりするたびごとに、それはや

は り周囲の人々に、自分の考え方の傾向性についてのあるイメージというものを、どうしても不可避的に与えます。お互にお互の言動をめぐって無数のイメージの往来があるわけですが、そのなかでやはり比較的有力なイメージが沈澱し、厚みを加え、固定化して行きます。そういうイメージの形成に当って、もっとも有力に作用する契機は、その集団をこれまで支配して来たところの、ものの考え方なり感じ方——価値体系といってもいいと思いますが——そういうものに同調する度合いであります。

たとえば日本で地域にしろ職場にしろ伝統的な雰囲気が支配的なところ、そういうところほど、そういう精神的風土と異った意見や行動を出すと、御承知のようによくアカといわれます。アカというイメージは、必ずしもコンミュニズムとかいう、そういうむずかしいイデオロギーの問題であるよりも、むしろ反抗的で同調性を欠いているということを実質的に意味する場合が少くないのであります。また別の例をとりますと、たとえばある革命的なイデオロギーを建前とする集団では、やはり周囲の支配的な動向や考え方に同調しない傾向は今度は別の名前で呼ばれる。右翼日和見主義とか、トロツキズムとか……。むろんこの場合には一応、理論的あるいは思想的な規準によっている点で、前の「アカ」の場合のように漠然とした非合理的なイメージとは違いますが、しかし実際をよく見ると、イデオローグが自分で思っているほど合理的なものではありません。ともかく、こうして私たちはさまざまのイメージの渦中で、見えないところの匿名の力によって日々忠誠を審査され、思想を調査されているというのが、好むと好まざるにかかわらず現代の状況なのであります。

この事態というものを、いまは思想調査されるとか、忠誠審査をされるというように受身の形で申し上げましたが、同じことを能動的にいい表わすとどういうことになるか。われわれは一つ一つの社会的な行動が、一定の傾向性にコミットするという意味を、どうしてももつということであります。この場合の行動ということには、静観している、つまり不作為ということも含まれます。たとえばある集団あるいは地域社会で、およそ社会的にうるさい問題になっているような事柄に対しては、積極的な意見の表明とか、行動とかをしないということが習慣になっているようなところでは、そういう積極的な態度表明をすることが、とくに鋭く、政治的なコミットメントとしての意味をもつ。逆にまた政治的な問題に対してある方向で行動することが当然とされているような地域あるいは集団では、そういう雰囲気が支配的ななかでは、沈黙していること、動かないこと、それ自身が、今度は鋭くある一つの政治的なコミットメントとして目立つのです。けれどもその集団や特殊の地域を越えた、もっと広い社会的文脈のなかにおろして見ますならば、その場合、することもコミットであれば、しないこともコミットであって、一方だけがコミットであるということはありません。ただその場合は、その集団の一般傾向に対して同調的な行動は、本人によっても、他人からもコミットとしてあまり鋭く意識されないだけのことであります。しかも現代の社会では私たちの属する集団が多層的ですから、いよいよ問題が簡単でなくなる。たとえば、インテリのごく一部のサークルのなかで、そういう同調性に反発して、われこそ自主独立に思考し行動していると思っている人が、もっと別の社会的文脈のなかでみると、はるかに広大な範囲の社会的な同調性に竿をさしているというような場合が少くない。そういう例をわれわれはたくさん見ております。前門からの忠誠審査的な傾向を警戒し、それから避ける行動自体が、案外に、背後からのもっと大きな忠誠審査的な傾向のなかに引き入れられて、しかも当人がそれに気がつかないということがあるわけであります。ディセントとかコンフォーミストとかいうことは、どういう問題に対して、いかなる勢力もしくは傾向に対してということを離れて一般的にはきめられなくなっている。こういう状況のなかで私たちは、日々に、いや時々刻々に、多くの行動または不行動の方向性のなかから一つをあえて選びとらねばならないのです。ですから、くどいようですけれどさきほどの署名問題にかえって申しますならば、そういう種類の「傾向性」だけに敏感に反発したとするならば、その人はその人なりに、今度は別の潮流に対してコミットしているといわれても仕方がないのではないかと思います。しかもおよそ政治的争点になっているような問題に対して、選択と決断を回避するという態度は、まさに日本の精神的風土では、伝統的な行動様式であり、それに対する同調度の高い行動であります。

不偏不党とはどういうことか

現代にはいやおうなくわれわれに態度決定を迫ってくるような問題は山のようにあります。しかもそういう問題は昔と違いまして、きわめて巨大であると同時に複雑な様相からなっており、その問題の全貌を認識するということは容易なことではありません。私たちはどこまでも客観的な認識を目指すところの研究者として、具体的な問題にたいしてできるだけ多面的な、また豊富な認識に到達することを目指すのは当然であります。しかも他方においてわれわれは、時々刻々にこれらの問題に対して、いやおうなく決断を下さなければならない。それによっていやおうなく一定の動向にコミットすることになります。物事を認識するというのは無限の過程であります。一見きわめて簡単な事柄のように見える社会事象とか政治問題をとってみても、そのあらゆる構成要素をとり出して八方から照明をあてて分析し、さらにその動態のあらゆる可能性を究め尽すとなるとほとんど永遠の課題になります。それだけ考えてもどんなに完璧に見える理論や学説でも、それ自身完結的なものでないことが分ります。だから学問的な分析が無意味なのではなく、むしろ完結的でないところにこそ学問の進歩というものがあるわけです。認識が仮説と検証の無限の繰り返しの過程であるからこそ、疑うということ、自分の考え方、自分の学説、自分の理論に対する不断の懐疑の精神ということが、学問に不可欠であります。学問的な態度をドグマチックな態度から区別するのは、なによりそうした疑いの精神、自分のなかにひそむ先入観を不断に吟味し自分の理論につねに保留を付ける態度であります。

しかしながら他方決断をするということは、この無限の認識過程をある時点において文字通り断ち切ることであります。断ち切ることによってのみ決断が、したがって行動というものが生まれるわけであります。むろん決断し選択した結果そのものはまた認識過程のなかに繰り入れられ、こうして一層認識は豊富になるのですけれど、決断のその時点時点においては、より完全なより豊富な認識を断念せざるをえない。つまりここには永久に矛盾あるいは背反があります。認識というものはできるだけ多面的でなければならないが、決断はいわばそれを一面的に切りとることとです。しかもたとえば政治的な争点になっているような問題についての決断は、たんに不完全な認識にもとづいているという意味で一面的であるだけではなくて、価値判断として一方的ならざるをえない。泥棒にも三分の理といいますが、認識の次元で一方に三分の理を認めながら、決断としてはやはり他方の側に与せざるをえない。それでなければ決断はでてこないわけです。

ゲーテは「行動者は常に非良心的である」（Der Handelnde ist immer gewissenlos.）といっておりますが、私たちが観照者、テオリア（見る）の立場に立つ限り、この言葉には永遠の真実があると思います。つまり完全にわかっていないものをわかったとして行動するという意味でも、また対立する立場の双方に得点と失点があるのに、決断として一方に与するという意味でも、非良心的です。にもかかわらず私たちが生きていく限りにおいて、日々無数の問題について現に決断を下しているし、また下さざるを得ない。純粋に観照者の立場、純粋にテオリアの立場に立てるものは神だけであります。その意味では神だけが完全に良心的であります。

私たちの社会というものは、私たちの無数の行動の網と申しますか、行動の組合せから成り立っております。社会がこうして私たちの行動連関から成り立つ限りにおいて、私たちは行動あるいは非行動を通じて他人に、つまり社会に責任を負っています。その意味では純粋に「見る」立場、ゲーテのいう意味で完全に良心的な立場というものは、完全に無責任な立場ということになります。したがってこの点でも神だけが、完全に無責任でありうるわけであります。認識することと決断することとの矛盾のなかに生きることが、私たち神でない人間の宿命であります。私たちが人間らしく生きることは、この宿命を積極的に引き受け、その結果の責任をとることだと思います。この宿命を自覚する必要は行動連関が異常に複雑になった現代においていよいよ痛切になってきたのです。

世の中には一方では、認識の過程の無限性に目をふさぎ、理論の仮設性を忘れる独断主義者もいれば、またそもそも認識の意味自体を頭から蔑視する肉体的行動主義者がいます。しかし他方その反面では、物事はそう簡単にはイエスかノーかきめられないのだ、もっとよく研究してからでなければなんともいえないという名目の下に、いつも決断を回避することが学者らしい態度だという考え方がかなり強い。あるいは対立する政治的争点に対してあれももっとも、これももっとも、逆にそれを裏返しとして、あれもいけない、これもいけないということで、結局具体的な争点に対して明確な方向性を打ち出すことを避ける態度をもって、良識的であるとか、不偏不党であるとか考える評論家やジャーナリストもかなりいるようであります。たびたびゲーテの言葉を引いて恐縮ですが、ゲーテはこういうことをいっています。「自分は公正であることを約束できるけれども、不偏不党であるということは約束できない」。今申しましたような世上いわゆる良識者は対立者にたいしてフェアであるということを、どっちつかずということと混同しているのではないでしょうか。

どうも話が抽象的で固くなりますので、すこし余談をしたいと思います。『ポリティカル・ハンドブック・オブ・ザ・ワールド』という政治年鑑があります。便利な年鑑で私もよく厄介になりますが、それを見ますと、元首の名前、政治制度の大要、内閣の閣僚、政党の種類および勢力、議会の構成や勢力分布というようなことが、一目でわかるように国別に書かれています。またそこにはその国における主要な新聞の名前も載っており、そのそばに、発行部数とそれからポリティカル・アフィリエーションという項目がある。なんと訳しますか、政治的な色彩というような意味です。つまりこの新聞は保守系であるとか、リベラルであるとか、プロ・レイバーであるとかいうふうに書いてあるわけであります。日本のところはどういうふうに書いてあるかというと、毎年いつもきまっているのであります。いわく、朝日・インディペンデント、毎日・インディペンデント、読売・インディペンデント、産経・インディペンデント等々、以下主要な地方紙まで名前が挙げられていますが、全部揃ってインディペンデント一色であります。こうも全新聞の傾向が見事に揃っている例はめずらしい。これだけインディペンデントな新聞が揃っているならば、それこそもう少し日本の外交政策にインディペンデントな方向が打ち出せないものかと、私は不思議に思うのであります。どうか日本の新聞のインディペンデントという性格が、さきほどのどっちもどっち式の、つまり決断を回避し、コミットをできるだけ逃げて社会的、政治的責任をあいまいにするというような結果にならないよう心から希望する次第です。

私たちの認識は無からの認識ではありません。対象を整理するひきだしというか、箱というか、そういったものが予め私達の側に用意されていて、それを使いながら認識します。概念や定義はそういうひきだしの一種です。しかもそのひきだしは必ずしも合理的に反省され吟味されたものでなく、社会に蓄積された色々のイメージがほとんど無自覚的に私達の内部に入りこんでいます。現実を直視せよなどとよくいわれますが、現実というものは、私たちが意識すると否とを問わずこういうイメージの厚いフィルターを通して整理され、すでに選択された形で私たちの認識になるのであって、問題はそういう自分のフィルターを吟味するかどうかということだけです。自分だけは「直接に」ひきだしを使わないでものを見ていると思っている人は往々、その社会に通用しているイメージに無反省によりかかっているにすぎない。そのうえ、私たちは行動連関の網のなかにいるわけですから、私たちは対象を高空からいわば地図のように見ているのではなくて、あるいは観客席から舞台を見ているのではなくて、舞台で演技しながら、自分の立っている場所から遠近法的に見ている。そういうところから私たちの認識はつねに一定の偏向を伴った認識です。むしろ偏向を通じないでは一切の社会事象を認識できない。ここでも問題は、偏向をもつかもたないかでなくて、自分の偏向をどこまで自覚して、それを理性的にコントロールするかということだけであります。

　私は政治思想史を勉強していますが、西欧のすぐれた政治思想史の研究を見ると、はじめに著者が対象を分析し批判するさいの自分の偏見《バイヤス》はこれこれだ、たとえば自分のバイヤスはリベラリズムであるとか、自分のバイヤスはヒュームの経験論であるとかいうことを断っている。つまりそれは自分はこういう偏向を通じて、あるいは好みの選択を通じて物事を認識しているのだ。認識の結果や批判の仕方がそれに影響されているから、読者は注意してほしい、自分もそれを自覚しながらできるだけ客観性に到達しようと試みるということであります。私はこれがむしろ社会事象に対する本当のフェアな、また誠実な態度ではないかと思うのであります。この点でもいわゆる「左右の偏向を排して公正の立場をとる」といった考え方が現実にはしばしばかえって自分の偏向を隠蔽し、あるいは社会的責任を回避する口実となることを注意しなければなりません。

不作為の責任

先日私は『ロベレ将軍』というイタリー映画を見ました。ごらんになっている方も多いと思いますが、第二次大戦中のドイツ軍占領下のイタリーを背景にとりまして、抵抗運動のあるエピソードを取り扱ったものであります。もちろんここでストーリーを詳しくお話しすることはできませんが、私がそのなかでとくに印象づけられた場面の一つとして、刑務所のなかの場面があります。そこでは戦争中闇商売をやっていた男が、抵抗運動者やユダヤ人といっしょにつかまって、今やまさに処刑されようとしている。死刑になるか強制労働にやらされるか、あるいはドイツに送られるかという瀬戸際のところであります。その闇商売をやっていた男は恨めしそうに、同室の囚人たちに対して、さかんにこういうわけです。自分は何もしなかったのにこういう目にあった、ユダヤ人でもない、抵抗運動もしたことはない、それなのにこんなにひどい目にあういわれはない、私は何もしなかった、何もしなかったと、ヒステリックに叫びます。それに対して元銀行員であったところのレジスタンスの指導者が静かにこういいます。「私はあなたのいうことを信ずる。しかしまさに何もしなかったということがあなたの罪なのだ。なぜあなたは何もしなかったのか。五年も前から戦争が行われている。そのなかであなたは何もしなかったのです」。これに対してその男が「それじゃあなたは何をしたのですか」と聞くと、そのファブリチオという抵抗者は、「私はとるに足らない仕事をしました。ただ義務を果そうと思っただけです。もしみんながそれぞれ義務を果していたならば、たぶんわれわれはこんな目にあうことはなかったでしょう」ということを語ります。

ここには私の先ほどから話していた問題の核心が、非常に短いが鋭い形で触れられていると思います。つまりそれは不作為の責任という問題です。しないことがやはり現実を一定の方向に動かす意味をもつ。不作為によってその男はある方向を排して他の方向を選びとったのです。ついでながら私がこのやりとりに感銘しましたのは、銀行員あがりの抵抗者が、自分の命がけの行動について、何らヒロイックな陶酔に陥っていないで、自分はじつにつまらないことをしただけのことだ、平凡人が平凡な社会的義務を遂行したにすぎない、といっていることです。

今日は、もちろんあの映画の背景になっているような時代ではありませんし、私たちのおかれている環境もその苛烈さにおいては到底ああした異常な状況と比べものになりません。しかし今私が簡単に述べましたようなテーマは現代に生きる人々すべてに、多かれ少なかれ突きつけられている問題だと思います。ああいう文字通り毎日毎日が死に直面した抵抗運動でさえ、平凡な社会的義務の遂行であるならば、われわれがいろいろな現代の問題に対して、日々なしている決断や行動などは、その何万分の一にも当らないつまらないことです。しかもその何万分の一にも当らないつまらない社会的義務というものを、もし私たちがしないなら、その不作為の結果が積り積ったところでは、やはりあの映画に劣らないところの悲劇が生まれて来ないとは必ずしもいえないのじゃないかと思います。

たとえば最近の請願ということにしましても、一人一人の請願などということは、なんにもならない、そんなことではとても現代の大きな政治は動かないというようなことを耳にします。なるほど請願を一人がするという、そのこと自体の比重はきわめて軽いかもしれない。しかしそんなことをしてもつまらないと考えて結局みんながなんにもしなかったら、逆にそのなんにもしないという現実がどんどん積みかさなって、それ自体社会を一定の方向に押しすすめてゆきます。大きなこと、つまらないことといっても、私たち個人個人の行動などは、とてつもなく巨大な、国際的規模にわたった今日の政治的現実にたいしてはいずれにしても大した違いはありません。しかしどんな微細なつまらないと見える事でも、できるだけ多くの人がそれをするかしないかはやがては非常に大きな違いを生んで行きます。習慣の力というものはそうしたものです。

政治行動というものの考え方を、なにか普通人の手のとどかない雲の上の特殊なサークルで、風変りな人間によって行われる仕事と考えないで、または私たちの平凡な日常生活を断念してまったく別の世界にとびこむことのように考えないで、私たちのごく平凡な毎日毎日の仕事のなかにほんの一部であっても持続的に座を占める仕事として、ごく平凡な小さな社会的義務の履行の一部として考える習慣——それがどんな壮大なイデオロギー、どんな形式的に整備された制度にもまして、デモクラシーの本当の基礎です。ギリシアの都市国家の直接民主政の伝統といったものは、あるいは私たちの国に欠けているかもしれません。しかし私たちの思想的伝統には「在家仏教」という立派な考え方があります。これを翻案すればそのまま、非職業政治家の政治活動という考え方になります。政治行動というのは政治の世界に「出家」しなければできないものではありません。もし政治活動を政治家や議員のように直接政治を目的とする人間、あるいは政党のように直接政治を目的とする団体だけに限ったら、その瞬間からデモクラシーというものは死んでしまいます。ちょうど宗教が坊さんだけの事柄ということになったら、宗教の生命力が失われるのと同じです。デモクラシーの発展ということは、この観点から見ますならば、つまりそれは職業政治家によって構成されている特殊の世界、俗にいわれる政界によって政治が独占されている状態から、それがだんだん解放されてきた過程であります。ということは、デモクラシーというものは一つのパラドックスを含んでいるということです。つまり本来政治を職業としない、また政治を目的としない人間の政治活動によってこそデモクラシーはつねに生き生きとした生命を与えられるということであります。議会政治もまた決してその例外ではありません。議会政治とは決して議員政治という意味ではありませんし、いわんや国会の立派な建物が厳然とそびえ立っていることが議会政治の健在の証明でもありません。デモクラシーのなかった戦争中にも、国会のなかで翼賛議会は毎回開かれていました。

エドマンド・バークという思想家を御存知だと思いますが、これはイギリスにおける保守主義の典型的な思想家・政治家であります。私は間違えていっているのではありません。保守主義の哲学者であり、政治家であります。彼がこういっております。

「もしこれらの代議士たちが、何らかの目に余る悪名高い法令とか、重大な改革によって、法の柵を踏みにじり、勝手な権力を行使するように見えたときは、いつ何どきたりとも、人民という団体自体（**The body of the people itself**）が介入しなければならない。それ以外に代議士たちに、いつも公共の利益に対して、相応の考慮を払う態度を維持させる方法というものを、私は見出すことができない。こういう人民の直接介入ということは、じつはもっとも不愉快な救済策である。けれども、それ以外の方法では、憲法の真の原則を保持することができないようなことが明瞭であるような場合には、それは許されて然るべきことである。」

イギリスの議会政治の基礎づけをした、保守主義の思想家によってそういうことがいわれている。これがつまり議会政治のコンモンセンスであります。人民が「何どきたりとも」そういう行動をとるということは、突然できることでなく、人民が日々に、寸暇を割いても、自分たちの代表者の行動を監視しているという前提があってはじめてできることです。毎日毎日をとってみれば、きわめて小さな関心と行動がじつは大きな制度の生命を動かしているわけです。繰返し喩えていえばお葬式のときだけ思い出すような宗教は死んだ宗教であり、そういうお寺は民衆の日常生活と隔絶した特殊地帯にすぎません。

今日は憲法記念日であります。憲法擁護ということがいわれますけれども、憲法擁護ということは、書かれた憲法の文字を、崇拝するということではありません。憲法擁護ということが政治的イッシューになっているということはどういうことか。この状況のなかで、私たちはどういう態度決定というものを迫られているか。憲法擁護ということが、書かれた憲法というものをただありがたがることでなく、それを生きたものにするということであるとするならば、それを裏返しにしていえば、憲法改正ということ、——よく改悪といわれますが法律的には別に正ということはいいという意味ではないので正といっておきます——憲法改正ということは、政府が正式に憲法改正案を発表したり、あるいはそれを国会にかけるその日から始まるわけではありません。ちょうど日本国憲法が成立した瞬間に、その憲法が現実に動いているのではないと同じように、憲法改正もすでに日々始まっている過程であります。この日々すでに進行している過程のなかで、私たちが憲法によって規定されたわれわれの権利というものを、現実に生きたものにしていくために日々行動するかしないか、それがまさに憲法擁護のイッシューであります。

われわれはどちらにコミットすべきなのか、憲法の九七条には御承知のように「この憲法が日本国民に保障する基本的人権は、人類の多年にわたる自由獲得の努力の成果であつてこれらの権利は、過去幾多の試練に堪へ、現在及び将来の国民に対し、侵すことのできない永久の権利として信託されたものである」とあります。今日何でもないように見える憲法の規定の背後には、表面の歴史には登場して来ない無名の人々によって、無数の見えない場所で積み重ねられていった努力の跡が蜿蜒と遥かにつづいています。私たちはただこの途をこれからも真直ぐに堂々と歩んで行くだけです。短かい時間で意を尽しませんがこれで私の話を終ります。

（一九六〇年）

八　現代における人間と政治

1

チャップリンの映画『独裁者』のなかで、“What time is it?” というセリフが出て来る場面が二度あった。最初はシュルツという負傷した士官が砲兵のチャップリンに助けられて飛行機で脱出する途中でこうたずねる。この時飛行機は逆さに飛んでいるのだが、二人とも雲海の中にいてそのことが分らない。チャップリンが懐中から時計を出すと忽ち、時計は鎖からニョッキリと眼の前に聳え立って彼をおどろかす。二度目は、ゲットー（ユダヤ人街）で乱暴をはたらいた揚句、アンナにフライパンでのされた突撃隊員の一人が意識をとりもどして立ち上って、真っ先にいう言葉がやはりこれである。私は最初の時はただゲラゲラ笑っただけだったが、再度同じセリフが出て来たときには「オヤ」と思った。「いま何時だ」などという問いはもっとも日常的なありふれた言葉だから、同じ映画に二度でて来てもべつに不自然ではないともいえるが、それが使われた場景との関連を考え、さらには、床屋の時間感覚の喪失ということが、あの映画のギャグ全体を貫く筋金になっていることなどを思い合せると、どうもただのセリフではなさそうな気もする。その後、『独裁者』についてその道の専門家の批評も、二、三読んで見たが、とくにあのセリフを問題にしてはいなかったようである。してみると、私が「オヤ」と思ったこと自体が、インテリの意識過剰などといわれている症例をまた一つ示すだけのことかもしれない。けれどもここは映画『独裁者』についての責任ある紹介や論評をする場所ではないのだから、私は私なりに、この場合の「タイム」を何時何分ではなくてもっとはるかに大きな単位にまで勝手にふくらませて考えることも許されるだろう。つまりそこで問われているのは、『モダン・タイムス』や、さかのぼっては、『ゴールド・ラッシュ』に直接つらなっているような、そういう「時代《タイム》」なのではないかということである。

そういう目で見ると、チャップリンは、現代とはいかなる時代かを執拗に問いながら、くりかえし同じ規定を以て答えているように見える。それは「逆さの時代」だということである。何をもって「逆さの時代」というか。それは常態と顚倒した出来事があちこちに見られるとか、人々の認識や評価が時折狂いだすとかいうような個別的な事象をこえて、人間と社会の関係そのものが根本的に倒錯している時代、その意味で倒錯が社会関係のなかにいわば構造化されているような時代ということである。『モダン・タイムス』の冒頭の著名なシーン――囲いのなかに追い込まれる羊の群に、工場に吸い込まれる出勤時の労働者の群をかぶせたシーンがすでにそうした構造的倒錯の暗示であった。しかもチャップリンがそこで戯画化したのは、マルクスが百年も前に古典的定式を与えた、労働過程における機械と人間の倒錯だけではなくて、十九世紀における予言者たちの想像をもはるかに越えた規模と深さにおいて――たとえばテクノロジーによる深層心理の開発と操作の問題一つをとれば十分であろう――現代生活に浸透した「人間の自己疎外」のさまざまの局面なのである。食事という人間のもっとも原初的な「自然」な欲求さえも、能率のための能率の崇拝によって自由な選択を奪われる（『モダン・タイムス』）。いや、自由な選択を「奪われる」段階さえも通り越して、いまや商品の購買から指導者の選出まで、「自由な選択」それ自体が宣伝と広告によって造出されるのだ。かつてはともかく「再創造《リクリエーション》」という意味付けを与えられていた娯楽やスポーツまでが巨大な装置となって大衆を吸い込み、規格化する。「ヒンケル」の獅子吼の前に一斉に右手をあげる群集（『独裁者』）と、ワイドスクリーンの前に一斉に首を左右にふる観客（『ニューヨークの王様』）とはけっして別の種族ではない。性もまた倒錯し、男が女の声を出し、女が低音で応ずる（同上）。「プロデュース」とは現代では価値の生産ではなくて、なにより価値の演出なのである。

そうして神話と科学を満身にちりばめた二十世紀の独裁者こそは現代世界の最大の「演出」者であり、そこでの政治権力の自己目的化は、現代文明における手段と目的の転倒のクライマックスにほかならない。目には目を、演出には演出を。こうして庶民の床屋チャップリンは、整然と仕組まれたオーストリッチ進駐の政治的演出をそっくり逆用することによって独裁者に見事復讐する！

しかし“What time is it?”という問いのシンボリックな意味は、たんに現代が逆さの世界であるという事実命題の提示だけではない。とくにあの飛行機の場面での重要な暗示は、「逆さの世界」の住人にとっては、逆さの世界が逆さとして意識されないという点なのだ。倒錯した世界に知性と感覚を封じ込められ、逆さのイメージが日常化した人間にとっては、正常なイメージがかえって倒錯と映る。ここでは非常識が常識として通用し、正気は反対に狂気として扱われる。まさに時計は鎖から逆上し、水は水筒から噴出するのである。これが意識を喪失している間に世界が一変したことを知らずにわが家へ立ちかえって来た床屋を待ちもうけていた運命であった。彼は何事も知らないから、きわめて普通の常識にしたがって普通に行動する。ユダヤ人の店先のガラスに勝手に「ユダヤ人」とペンキでぬりたくるのは、以てのほかの非礼であるから彼はしごく平然と突撃隊員の目の前でそれを消す。なんの罪もない市民や婦女を集団的にいじめるのは街のギャングのすることだから、彼は義憤を感じて制止しようとする。かけつけた突撃隊員を彼は服装から警官と思って、乱暴者をとりしずめてくれと訴える。彼の判断や行動はどれもきわめて自然なのだが、それが一つ一つ、この世界ではとんでもない無鉄砲なことか、あるいは異常な勇気を要すること――いずれにしてもまさしく不自然なことなのだ。このチグハグが私達の滑稽感をさそう。この滑稽感はベルグソン流にいえば、床屋の世界――ゲットー――の出来事に私達が情緒と共感をもってではなく、われ関せず焉の見物人として、「純粋理知」をもって対していられるからである。日常性の倒錯は自然の流れにたいするこわばりを示すからこそ好んで喜劇の題材として扱われる。役割の交換も何が何ととりかわっているかが観客に自明であるからこそ狂言になる。だが『独裁者』における倒錯は一見するよりはるかに複雑である。あの時のあの世界における日常性を所与とすれば、床屋の行動はまさに転倒しているが、実はその日常性自体が「逆さの世界」における日常性だとするならば、転倒しているのはトメニヤ国の全体なのであり、真すぐに立っているのは、床屋とその周囲のほんの一にぎりの人間にすぎない。私達は一体どちらの日常性の側から、どちらの倒錯を笑っているのか。『独裁者』にしても『モダン・タイムス』にしても、そうした現代における日常感覚の分裂の問題をなまなましく提出しているからこそ、そこでの滑稽感はほとんど痛苦感と背中合せになって私達に迫って来るのである。

もっとも六〇年代の「ゆたかな社会《アフルーエント》」と余暇享受時代の実感から見ると、あのようなあからさまな正気と狂気の転倒はトメニア国――いやもうチャップリンから離れよう――枢軸ファシズム華やかなりし頃の一場の悪夢のようにも見える。われわれの住んでいる時代はもうあの時代とはちがっている、あらゆる出来事にたいする反応が、三〇年代の暗い連想と結びつく考え方からいい加減に訣別しようではないか——そういう声もあちこちに盛んである。日本だけでない。西欧の知識社会にはすでに数年前から「イデオロギーの終焉」という合唱がひびいている。そのことについてはまた後で触れよう。ともかく果してわれわれの六〇年代には政治的良識はそれほど自明さを取戻しているかどうか。良識の「家元」として通っているイギリスでさえも、正気と狂気のけじめはそれほど確固とした基盤を持っているか。すでに度々の新聞報道で知られているように、イギリスのCNDを中心とする核武装の一方的廃棄運動は今年の二月に至って、アメリカのポラリス潜水艦の基地貸与協定にたいする嘗てない規模の抗議集会にまで発展し、デモ隊は会場のトラファルガー広場から行進して国防省前に坐り込み、数百の逮捕者を出した。終始この運動の先頭に立っていたバートランド・ラッセルは、この時も八八歳の老軀をさげてつめたい舗道に坐り込むという「異常」な行動をとったが、この著名な哲学者の述べるところによると、「例えば日刊新聞のなかでいちばん公平だと考えられているある新聞の労働党関係の通信員は、一方的核廃棄論に対する反対こそが『正気の声』だ、と述べた記事を書いた。私はそれに答える手紙を書いて、むしろ逆に、正気は一方的核廃棄論者の側にあり、廃棄論反対者の側こそヒステリーにおちいっている、と論じたのであるが、この新聞はそれを印刷することを拒否したのである。ほかの一方的核廃棄論者たちも同様の経験をもっている」。つまり、言論の自由の祖国でも、一方的核廃棄論は、気狂い沙汰というイメージを通じてしか大多数の国民の耳目に入らず、また入ることを許されないというわけである。アメリカでも、広島の原爆投下に関係したクロード・イーザリーが、罪責感からはじめた核兵器反対のための行動が「その筋」によって狂人扱いされ、精神医学者の「証明」付でついに精神病院に入れられたが、これまたラッセル卿によれば、イーザリーが自分の動機を説明したいくつかの声明は、完全に正気であり、すくなくも、原爆投下の正当性をあくまで弁護する当の責任者トルーマンよりは、はるかに正気なのである。こうしてラッセルは沸々とした憤りをかれ独特のソフィスティケーションにまぶして投げつける――「今日のさかだちした世界では、人類全体に対して生殺与奪の権を握っている人たちは、名目上は出版や宣伝の自由を享受している国々のほとんどすべての住民に、誰れであれ人類の生活をまもることを価値ある事柄と考える人は狂人でなければならぬということを、説得するだけの力をもっているのである。私は私の晩年を精神病院で過ごすことになっても驚かないだろう――そこで私は人間としての感情をもつことのできるあらゆる人たちとの交際を楽しむことになるだろう」（*New Statesman*, Feb. 17, 1961.「世界」四月号訳載）。

こうした声にもかかわらず他方では相変らず「ＣＢＲ（ある種の大量殺人兵器）の大きな利点は住民をさぐりあてて殺してしまいながら、しかも同時に大都市や工業施設を破壊しないということである」（*Saturday Review*, July 23, 1960）といったことが大真面目で「現実的」な議論として「識者」の間に交わされている。床屋と士官をのせた逆さ飛行機はどうやら今日も延々として雲海の中をとびつづけているらしい。

2

私達はナチの「グライヒシャルトゥング」とよばれた徹底した権力統制、苛烈をきわめた弾圧と暴行、網の目のようにはりめぐらされた秘密警察網と息がつまるような市民相互の監視組織、さらには強制収容所におけるほとんど信じがたい残虐行為の数々について、すでにうんざりするほど知らされている。だが、それらすべてを書物や報告やフィルムやで見ききしたあとで、どうしても湧きおこる疑問は、ドイツ国民は――すくなくも熱狂的な党員以外の、多くの一般ドイツ国民はナチの一二年の支配をどういう気持ですごして来たのか、その下で次々とおこった度はずれた出来事をどう受けとめて来たのか、ということである。もっとも、たとえばアウシュヴィッツやベルゼンで何が現実に行われていたかということは全く知らなかった、戦後それをわれわれの同胞がやったということを知ったときの衝撃は測り知れなかった、という言葉はすでに多くのドイツ人から語られた。それは必ずしも彼等の遁辞や弁解だけではなかろう。事実、彼等に戦後はじめて知らされたナチ治下の出来事も少なくなかったにちがいない。ちょうど日本国民の多くが「皇軍」の占領地におけるふるまいを――すくなくもその程度と規模のあらましを――戦後はじめて知らされたように。けれどもそれと同時に、ほかならぬドイツ国内において普通のドイツ市民が街頭で目撃し、あるいは報道を通じて知っていた筈の出来事もまたあまりに多いのである。「グライヒシャルトゥング」の途上に立ちふさがる障害と抵抗の大きさは日本の翼賛体制の比ではなかった。政治・経済・教育・文化あらゆる領域におけるユダヤ人の占めていた地位と役割、マルクス主義的社会主義と労働運動の長い伝統と広汎な社会的基礎、キリスト教会とくに「文化闘争」の経験をもつカトリック教会勢力、根強いラントの割拠と地方的自主性の意識――それらの一つ一つを考えただけでも、ゲッベルスの「宣伝」組織とヒムラーやヘスの「暴力」組織が次々と直面した課題がどんなに巨大であったかは容易に想像される。それだけにこうした「組織」のスチーム・ローラーが全国いたるところに発するすさまじい騒音、そこから逃れようとする群の悲鳴と押しつぶされる人々の呻きがなんらかの機会に一般国民の耳に届かなかった筈はない。にもかかわらず彼等は黙ってすごした。恐怖の支配にうちひしがれていたのか。しかしどんな人間も、一カ月や二カ月ならともかく、十年以上もおののき続けの生活を持続できないだろう。宣伝の効果? むろんそれは大きい。しかし全生活を「政治化」しようというナチの要求がどんなに成功したところで、普通の仕事をもった普通の市民の生活と感覚が、制服を着たＳＳ隊員のそれと完全に同一化するということはありえない。たしかに彼等の一人一人がナチ党員と思想や性格が同じになったわけではなかった。ただ彼等の住む世界がナチになったのだ。しかも、その世界の変化にたいして彼等は、いわばとめどなく順応したのである。

ナチ「革命」の急激性を、他の国——たとえば日本だけでなく、「元祖」イタリーのファッショ化過程の漸進性と対比させることは私達の通念になっている。けれどもこの対比を強調するのあまり、ナチの世界がヒットラーの権力掌握後に一挙に完成したかのように考えるならば、それはナチズムの前提条件がワイマール時代にすでに熟していたことを理由として、一九三三年における事態の質的転換を否定するのと逆の意味で、やはり歴史を単純化することになろう。外側から見ておそろしくドラスティックな打撃の連続であったものは、内側の世界の主人にとっては意外に目だたない、歩一歩の光景の変化として受取られていたということを、たとえばミルトン・メイヤーの『彼等は自由だと思っていた』(Milton Mayer, *They Thought They Were Free*, 1955) は幾多の例証によって示している。何故ドイツ人はあの狂気の支配を黙って見すごしたのか、何故あれほど露骨に倒錯した世界の住人として「平気」でありえたのか、というさきほどの疑問を解く一つのいとぐちがここにあるように思われるので、メイヤーの面接したドイツ人のなかから、一人の言語学者の「告白」をえらんで、一部を紹介してみよう。

彼は当時においてナチ「革命」の全過程の意味を洞察するには、通常の仕事に追われる市民にとっては、ほとんど望みがたいほど高度の政治的自覚を必要としたということを綿々と語るのである——そういう言い方自体が聴き手のメイヤーには自己弁護としてひびくだけで、到底たやすく理解してもらえないだろうといういらだたしい感情をこめながら……。

「一つ一つの措置はきわめて小さく、きわめてうまく説明され、時折〝遺憾の意〟が表明されるという次第で、全体の過程を最初から離れて見ていないかぎりは――こうしたすべての〝小さな〟措置が原理的に何を意味するかということを理解しないかぎりは――人々が見ているものは、ちょうど農夫が自分の畠で作物がのびて行くのを見ているのと同じなのです。ある日気がついて見ると作物は頭より高くなっているのです。」

「どうか私を信じて下さい。これは本当の話なのです。何処に向って、どうして動いて行くのか見きわめられないのです。一つ一つの行為、一つ一つの事件はたしかにその前の行為や事件よりも悪くなっている。しかしそれはほんのちょっと悪くなっただけなのです。そこで次の機会を待つということになる。何か大きなショッキングな出来事がおこるだろう。そうしたら、ほかの人々も自分と一緒になって何とかして抵抗するだろうというわけです。」

ところが――

「戸外へ出ても、街でも、人々の集りでもみんな幸福そうに見える。何の抗議もきこえないし、何も見えない。……大学で、おそらく自分と同じような感じをもっていると思われる同僚たちに内々に話してみます。ところが彼等は何というでしょう。〝それほどひどい世の中じゃないよ〟あるいは、〝君はおどかし屋《アラーミスト》だ〟というんです。そうです。たしかにおどかし屋なんです。何故って、これこれのことは必ずやこれこれの結果を招来するといったって、証明することは出来ないんです。なるほどこれらはもののはじまりです。けれど終りが分らないのに、どうして確実に知っているといえますか。」

こうしておどかし屋だとか、トラブル・メーカーだとかいわれるのを避けるために、まあこの際はしばらく事態を静観しようということになる。

「けれども、何十人、何百人、何千人という人が自分と一緒に立ち上るというようなショッキングな事件は決して来ない。まさにそこが難点なんです。もしナチ全体の体制の最後の最悪の行為が、一番はじめの、一番小さな行為のすぐあとに続いたとしたならば――そうだ、そのときこそは何百万という人が我慢のならぬほどショックを受けたにちがいない。三三年に、ユダヤ人以外の店先に『ドイツの商店』という掲示がはられた直後に、四三年のユダヤ人にたいするガス殺人が続いたとしたならば……。しかしもちろん、事態はこんな風な起り方はしないのです。」

そうしてある日、あまりにも遅く、彼のいう「諸原理」が一度に自分の上に殺到する。

「気がついてみると、自分の住んでいる世界は――自分の国と自分の国民は――かつて自分が生れた世界とは似ても似つかぬものとなっている。いろいろな形はそっくりそのままあるんです。家々も、店も、仕事も、食事の時間も、訪問客も、音楽会も、映画も、休日も……。けれども、精神はすっかり変っている。にもかかわらず精神をかたちと同視する誤りを生涯ずっと続けて来ているから、それは気付かない。いまや自分の住んでいるのは憎悪と恐怖の世界だ。しかも憎悪し恐怖する国民は、自分では憎悪し恐怖していることとさえ知らないのです。誰も彼もが変って行く場合には誰も変っていないのです。」（傍点は丸山）

ナチの世界の内側から見た市民のイメージをこの言葉はかなり忠実に描き出しているように思われる。この言語学者の「原理的なるもの」にたいする「意識の低さ」が非難さるべきなのか、それとも現代政治におけるコンフォーミズムが市民のどのような実感の上に乗って進行して行くかという典型的な例証としてこれを受取るべきなのか。「おどかし屋」と世間から思われたくないと思って周囲に適応しているうちに、嘗てならば異和感を覚えた光景にもいつしか慣れ、気がついたときは最初立っていた地点から遠く離れてしまったというのは、ドイツだから起った事なのか、それとも問題はナチのようなドラスティックな過程でさえ、市民の実感にこのように映じたという点にあるのか。すくなくも聴き手のメイヤーは、この長い告白にたいして、「一言も発せず、いうべき言葉を思い付かなかった」ほどの衝撃を受けた。

3

ナチの「全体主義革命」はこれまでのべたような「時間」の問題、つまりその過程の急速性という点だけでなく、その市民生活への浸透度の徹底性――生活と文化の頂点から末端にいたる組織化――という点でもあまりに有名である。けれどもこの第二の問題でも、私達は、さらに立ち入って内側の住人の経験にきいて見る必要があるだろう。それは果して外国から、又は後の時代から往々臆測されるように、私生活の口腔に「政治」というささくれだった異物を押し込まれて柔かい粘膜をひっかきまわされるような感覚だったろうか。必ずしもそうでなかったようである。さきの言語学者の言葉からもこのことは暗示されるが、それを逆の観点から証示する例としてカール・シュミットの回想がある。

シュミットは人も知るナチ法学界の大立物であり、そのゆえに戦後直ちに連合国の裁判に付され、投獄されたが、その彼が出獄後の第一作 “Ex Captivitate Salus”（一九五〇年）で、ナチ支配下における知識層の態度や知的雰囲気についてのべているところは、彼の近況を知る上にも興味がある。要するにシュミットによれば、流石の「グライヒシャルトゥング」も結局最後までドイツの精神状況のいわば二重構造を打破できなかったというのである。表層には朝となく夕となく、ラジオ・新聞・街頭の拡声機から流れ出す「世界観」の洪水があり、雨と降る布告や法令の氾濫があり、そしてこれにおうむのような極り文句で呼応する人民の斉唱があった。しかしこのおそろしく単調で無味乾燥な騒音と規律の世界の下には、自らの伝統的な矜持と自らの不可譲の自由と、自らの「守護天使」さえ持った、教養と内面性の領域が頑強に保護されていた。本当に権力と歩調を合せて太鼓をたたいていたのは、少くも学者、芸術家、文筆家の中では三流、四流の人物であり、いくらかでもましなインテリはみな表向きと内面との二重生活をしていた。だからナチの一二年の支配は、まさにその恐るべきテロルと、巨大な技術的手段を駆使した完璧な組織的統制のゆえに「事実上いかなる自由な思想も、いかなる保留ももはや残されていないという程度にまで一国民全体の精神的生産性をわが手におさめることが、そもそも政治権力の把握者にとってどこまで可能なのか」という巨大な問いにたいするこよなき実験だったのであり、そのために、ドイツの知識層は外部から見ている者には到底推察できないような体験をくぐらねばならなかったが、結果としてはかえってここに精神的自由と創造性にたいする政治権力の本質的な限界が実証された、というのである。さきの言語学者の沈鬱な告白と反対に、ここに現われている態度は言ってみればふてぶてしい居直りである（もっともシュミットもナチ時代にSSの機関紙やヨリ御用的な学者から激しく攻撃された経験をもっており、海外で考えられていたほど彼の理論は終始ナチの正統的地位を占めていたわけではない）。が、そうした姿勢を別とすれば、シュミットによるドイツの精神状況の描写は、他の文献と照し合せてみても甚だしい歪曲とは考えられない。問題はむしろそこから如何なる意味と教訓をひき出すかにある。シュミットは、西ヨーロッパの合理主義の長い伝統に加うるにドイツ人の「抜きがたい」個人主義は十数年の暴圧によって滅ぼされるような生易しいものではないと揚言する。けれども、ドイツ知識層の日々の精神生活が表面の狂瀾怒濤の下で、静謐な自由を保持したということは、逆にいえば、現代においてはそうした「私的内面性」が、われわれの住んでいる世界を評価する機軸としてはいかに頼りないか、を物語っているわけである。だからシュミットも続けてこう言っている――

「ドイツ人が驚くほど組織され易いということは、実はドイツ人の驚くべき自我武装の表玄関にすぎない。その時々の合法的な政府によって命じられたことにすべて喜んで協力するという態度が最大限に発揮されたような場合にさえも、私的内面性への引退という昔から守られて来た静かな伝統はそのまま残っていた。……ほかのいかなる世界でも、ドイツほど内的なものと外的なものとの区別が徹底して押し進められ、ついには両者の無関係にまでたちいたるというようなところはなかった。こうした教養層の外面的なグライヒシャルトゥングが円滑単純に進行しただけに実は彼等を内面から完全に均一化することは困難だったのである。」(a. a. O., SS. 18-19)

つまり全体主義の「限界」といわれるものが、裏返せばそのまま、「内面的自由の世界」の「限界」なのであり、両者がいわば相互不可侵の事実上の承認の上に立って同じ社会で共存しうるという証明にすぎない。彼のいう「抜きがたい個人主義」は、内面性の名において「外部」を、つまり人間関係（社会）をトータルに政治の世界にあけ渡すことによって、外部の世界の選択を自己の責任から解除してしまった。それは「精神」の光栄なのか、それとも悲惨なのか。

一口に経験から学ぶといっても、学び方はさまざまである。たとえば著名なルッター教会牧師のマルチン・ニーメラーは同じくナチ時代に、自己の生活実感や私的内面性に依拠した経験の反省から、さきの言語学者より一層積極的な、そうしてカール・シュミットとはまさに逆の、教訓をひきだした。この場合、抵抗者としてのニーメラーと、(便乗者ではなくとも)同伴者としてのシュミットという二人の経歴を考えれば、この対比はあまりに当然すぎて不適切に見えるかも知れない。事実、ニーメラーがナチの強制収容所から漸く解放された時に、カール・シュミットの獄中生活がはじまっており、それほど両者は現実政治の次元では両極に立っていたのだから……。しかしながら、こうした結果からの遡及法は必ずしも事態を内側から照し出すことにはならない。すくなくもナチの初期の精神状況においてニーメラーとシュミットとの距離は、一九四五年において両者がお互いを見出した地点の遥けさからは想像しがたいほど意外に近かったのである(むろん職業と専門領域からして、二人の本来の関心対象が非常に離れていたことは、ここでは度外視している)。シュミットとニーメラーさえ然りとすれば、いわんやさきの一言語学者のような不作為の黙従者とニーメラーとの距離はほとんど一歩である。ニーメラーの次のような告白を見よ——

「ナチが共産主義者を襲ったとき、自分はやや不安になった。けれども結局自分は共産主義者でなかったので何もしなかった。それからナチは社会主義者を攻撃した。自分の不安はやや増大した。けれども依然として自分は社会主義者ではなかった。そこでやはり何もしなかった。それから学校が、新聞が、ユダヤ人が、というふうに次々と攻撃の手が加わり、そのたびに自分の不安は増したが、なおも何事も行わなかった。さてそれからナチは教会を攻撃した。そうして自分はまさに教会の人間であった。そこで自分は何事かをした。しかしそのときには

すでに手遅れであった。」(Mayer, op. cit., pp. 168-169)

こうした痛苦の体験からニーメラーは、「端初に抵抗せよ」(Principiis obsta)、而して「結末を考えよ」(Finem respice) という二つの原則をひき出したのである。彼の述べているようなヒットラーの攻撃順序は今日周知の事実だし、その二原則もカール・シュミットのイロニーを帯びた「限界」説とくらべると、言葉としてはすでに何度も聞かされたことで、いささか陳腐にひびく。けれどもここで問題なのは、あの果敢な抵抗者として知られたニーメラーさえ、直接自分の畑に火がつくまでは、やはり「内側の住人」であったということであり、しかもあの言語学者がのべたように、すべてが少しずつ変っているときには誰も変っていないとするならば、抵抗すべき「端初」の決断も、歴史的連鎖の「結末」の予想も、はじめから「外側」に身を置かないかぎり実は異常に困難だ、ということなのである。しかもはじめから外側にある者は、まさに外側にいることによって、内側の圧倒的多数の人間の実感とは異らざるをえないのだ。

4

ここで第三の問題、同じ世界のなかの異端者の問題が登場する。これまでは政治的同質化と画一化の進行する状況を、内側の住人――といっても指導者やその副官たちではなく、もっぱら一般の国民の日常感覚に視点を置いて述べてきたのであるが、もちろんナチの世界にあって、これを全体として「原理的」に批判していた人間、あるいはユダヤ人のようにはじめから権力によって法の保護の外におかれる蓋然性をもったグループ、さらにまたグライヒシャルトゥングの進行過程において、内側から外側にはじき出されて行った人間――要するにナチの迫害の直接目標になった人間にとっては、同じ世界はこれまで描かれて来たところとまったく異った光景として現われる。それは「みんな幸福そうに見える」どころか、いたるところ憎悪と恐怖に満ち、猜疑と不信の嵐がふきすさぶ荒涼とした世界である。一つ一つの「臨時措置」が大した変化でないどころか、彼等の仲間にはまさに微細な変化がたちまち巨大な波紋となってひろがり、ひとりひとりの全神経はある出来事、ある見聞、ある噂によって、そのたびごとに電流のような衝撃を受ける。日々の生活は緊張と不安のたえまない連続であり、隣人はいつなんどき密告者になり、友人は告発者となり、同志は裏切者に転ずるかも測り難い。ぎらつくような真昼の光の中で一寸先の視界も見失われるかと思えば、その反面どのような密室の壁を通してでも無気味に光る眼が自分の行動を、いや微細な心の動きまでも凝視しているかのようである。これが自主的にであると、他動的にであるとを問わず、自らを権力から狙われる立場においた人々に多少とも共通するイメージであり、そうして、ナチ・ドイツについて私達に常識化しているのはむしろこの方のイメージに近い。ナチ・ドイツだけでなく、スターリニズム下のロシアないし東欧のある国々、「暗い谷間」の日本帝国など、例はいくらでも思いうかべられるが、いわゆる「全体主義」の支配について外側の世界からの報告、もしくは後世の歴史の「客観的」観察が読者に与える印象はだいたいこうしたものである。それは、そうした観察の情報源がおおむね体制の被害者――亡命者や異端者――から出ていることと無関係ではないだろう。そうした被害者もしくは抵抗者にとってはまさに右のような光景が「真実」だったのである。さきに見たような体制の同調者と消極的な追随者にとってこれと甚だしく異った光景が「真実」だったように。……要するにナチ・ドイツには、このように真二つに分裂した二つの「真実」のイメージがあった。だから一方の「真実」から見れば、人間や事物のたたずまいは昨日も今日もそれなりの調和を保っているから、自分たちの社会について内外の「原理」的批判者の語ることは、いたずらに事を好む「おどかし屋《アラーミスト》」か、悪意ある誇大な虚構としか映じないし、他方の「真実」から見るならば、なぜこのような荒涼とした世界に平気で住んでいられるのかと、その道徳的不感症をいぶからずにはいられない。もしもこの二つの「真実」が人々のイメージのなかで交わる機会を持ったならば、ニーメラーのにがい経験を俟たずとも、「端初に抵抗」することは——すくなくも間に合ううちに行動を起すことは、もっと多くの人にとって可能であり、より容易でもあったであろう。事実はまさにその交わりが欠けていたし、ますますそれが不可能になって行ったのである。

グライヒシャルトゥングとは、正統の集中であると同時に異端の強制的集中を意味する（*Konzentrationslager* という収容所の名称は何と象徴的なことか）。それが成功する度合いにしたがって、右のような二つのイメージの交通は困難になる。この場合、初めからの正統の世界と初めからの異端の世界、つまり二つの世界の中心部ほど、それぞれのイメージの自己累積による固定化が甚だしく、逆に、二つの世界の接触する境界地域ほど状況は流動的である。そこで支配者にとっての問題は、いかにしてこの異なったイメージの交錯に曝された辺境地帯の住人を権力の経済の原則にしたがってふりわけて行き、両者の境界に物的にも精神的にも高く厚い壁を築き上げるかということにあり、グライヒシャルトゥングの成否はここにかかっているわけである。

こうして権力が一方で高壁を築いて異端を封じ込め、他方で境界に近い領域の住人を内側に「徐々に」移動させ、壁との距離を遠ざけるほど、二つの世界のコミュニケーションの可能性は遮断される。そうなれば、壁の外の側における出来事は、こちら側の世界にはほとんど衝撃として伝わらない。異端者はたとえ、文字通り強制収容所に集中されなくとも、「自ずから」社会の片隅に身をすりよせて凝集するようになり、それによってまた彼等の全体的な世界像だけでなく、日常的な生活様式や感受性に至るまで、大多数の国民とのひらきがますます大きくなり、孤立化が促進される。ナチ化とは直接的な「暴圧」の拡大というよりは、こうしたサイクルの拡大にほかならなかった。だからこそ異端者や亡命者の情報源に多く依存した外国からの対ナチ宣伝は、その前提になっているイメージ――暴圧のもとに喘いでいるドイツ国民というイメージそのものが当のドイツ国民の自己イメージとはおそろしく遊離し、そのためにしばしばかえって独裁者の宣伝を裏付ける効果さえ生んだのである。ファシスト治下のイタリーで地下運動の経験をもったイグナチオ・シローネがその小説の主人公につぎのような嘆声をあげさせているのも、基本的に共通した問題状況をものがたっている――

「外国の旅券をポケットに入れて、鎧扉ごしにのぞいている人間が、プロパガンダは作りものであり、……その栄光は単に不可抗な催眠力によって貧しい民衆の眼が眠らされていることに基づくのだ、と考えようとも、しかし貧しい民衆はそこまで登っていって鎧扉の蔭に隠れているのではなく、まさに下の街頭にいるのである。そして下の街頭では、事物は異った様相を呈していたのだ。もし一人が叫ぶならば、他の者もみな叫び出す。もし一人が手をあげてローマ式敬礼をするならば、彼の隣人は一歩彼を凌駕するために両手をあげるのだ。プロパガンダの網の中にいる各人は、おのれのために若干の安全性を求める。みなが推薦状を求め、ひいきを求める。そしてそれだけが問題なのだ。プロパガンダが呼号するところのものは単に副次的な意義をもつにすぎない。だからそれを反駁しても無益である。」（I・シローネ『パンと葡萄酒』山室・橋本訳、傍点は丸山）

ところでこのシローネの言葉は二重の意味で示唆的である。一つは、いまのべた正統の世界の住人のイメージと、異端もしくは精神的に「外側」にいる人々のイメージとの鋭い分裂、両者の言語不通という問題である。もう一つはさきほどのシュミットの引用に関係のあることだが、表層のプロパガンダの世界と、底層で「おのれの安全性のために」これに適応する民衆の生活次元とが、ここでも弁別されているということである。前者が全体主義下の精神状況の縦断面を示すとするならば、後者はいわばその横断図である。いまこの両面の関係を、ナチズムならナチズムというイデオロギーの分布としてみるならば、精神的「外側」からの見方ほどイデオロギー的意味での反ナチであり、また「内側」の中心部に近いほどイデオロギー的意味でのプロ・ナチである。また表層のプロパガンダの世界ほどイデオロギーの色彩が強烈であることはいうまでもない。つまりその意味では、異端者や外国からの批判は表層のプロパガンダの世界と同じ次元に属し、ただヴェクトルの方向が逆になっているわけである。シュミットが全体主義の日常生活への浸透の「限界」を見たところに、地下運動者は鉄扉の蔭からのアピールの「無力」を感じた。内側の住人の多数は「上」のプロパガンダに行動的に適応したが、それは必ずしもイデオロギー的にナチやファシストになったのではなくて、「おのれの安全性」のためにそうしたのであり、知識層が「私的内面性」にたてこもったと同様に、大衆は大衆なりの日々の生活と生活感覚を保持した。それが保持されているという実感があればこそ、異端者あるいは外部からの「イデオロギー」的批判が彼等の耳に届いたとしても、それは平地（！）に波瀾を起し、徒らに事を好むかのような異和感を生んだのである。イデオロギーとイメージの関係をこのように観察するならば、私達はナチにおける正統と異端の集中と隔離の問題にしても、またグライヒシャルトゥングの徹底の問題にしても、通念化している解釈がイデオロギーと宣伝の次元にあまりに比重をかけてその世界の様相を眺めていることに気付くであろう。そのためにひとは本当におそるべき問題を見落しながら、かえって現実には「限界」があるものを過大視して来たきらいなしとしない。それでは、ナチやファシズムの「全体主義」の問題性はむしろ特定の国の特殊な歴史的状況にだけ限定され、現代の人間にたいして投げかけている普遍的挑戦の意味が見失われてしまう。

したがって、さきに引用した『彼等は自由だと思っていた』の著者メイヤーが、

「ナチが幸福であったという事実と、反ナチが不幸であったという事実と、この二つの真実は相矛盾したものではなかった。(中略) 敢て異議を唱えない人々、または異論者《ディセンターズ》とつき合わない人々は、異論者たちにたいして大きな社会がいだいている不信と疑惑のほかには、べつに不信も猜疑も(あたりに)見なかったし、他方、異論者もしくは異論の権利を信じた人々は、そこに不信と猜疑のほかは何も見なかった。」(op. cit., p. 53)

という結論を多くの面接からひき出したとき、「ナチが」「反ナチが」という表現をもっぱら一定のイデオロギー的信奉の分布としてとらえるならば、むしろメイヤーの真意から離れるだろう。それにすぐ続けて「ちょうど一九五〇年のアメリカに二つのアメリカがあったと同じように、もっとはるかに鋭く区別された二つのドイツがあった」といっているように、このとき著者の脳裏には、あたかもマッカーシイ旋風がふきすさんでいた彼の祖国が二重うつしになっていたのである。右の文のヤマはむしろ「異論者たちにたいして大きな社会がいだいている不信と猜疑のほかには」という限定のなかにある。ドイツとアメリカ――それは文化的思想的背景からいっても、政治的伝統から見ても、ほとんど対極的とさえ思われる社会であり、三〇―四〇年代のドイツと、五〇年代のアメリカを比べても類似性を指摘するよりは相違性を指摘する方がはるかに容易であろう。そんなことはいわば百も承知の上で、メイヤーはひとしくそこに、同じ世の中についてのイメージが鋭く分裂し隔離する姿を見た。そうしてこの場合、おのれの社会における異端者としてのイメージを共有するためにひとは必ずしもマルクス主義や、共産主義のファ

シズム論に依拠する必要はなかった。チャップリンはこうしてアメリカを去ったし、ほかならぬナチの世界から逃れて来たトーマス・マンも戦後ふたたびスイスに移ったのである。そこで間もなく生涯を終えたマンの回想の一節は、さきほどからの問題のもう一つの例証とするにはあまりに痛ましくひびく。

「私は戻って来た。七十八歳でさらにもう一度私の生活の地盤をかえたわけである。これはこの年齢では決してささいな事ではない。それについて私は認めざるをえないのだ――ちょうど一九三三年と相似て、この決断には政治的なものが関与していたことを。不幸な世界情勢によって、あんなにもめぐまれた国、巨大な強国にのし上がった国の雰囲気にも、心をしめつけ、憂慮をかき立てるような変化が来た。忠誠と称するコンフォーミズムへの強制、良心にたいするスパイ、不信、悪罵への教育、立派ではあっても好ましくない学者にたいする旅券交付の拒否……、異端者を冷酷無残に経済的破滅につきおとすやり方――残念ながらこれらすべてが日常茶飯事になってしまった。要するに自由は擁護になやんでおり、少からぬ人が、自由の滅亡をおそれている。」(***Comprendre***, 1953)

けれども世の中の雰囲気に「心をしめつけ、憂慮をかき立てるような変化」を感じとったのは、ここでもやはり少数者であり、マンの警告も、チャップリンの諷刺も、多数の住人にはせいぜい「おどかし屋」の、もっと悪い場合には「アカ」の一味の中傷としてひびいたであろう。恐慌のなかから誕生したナチズムの支配でさえ、民衆の日常的な生活実感には昨日と今日の光景がそれほど変って見えなかったとすれば、繁栄の時代のマッカーシィ旋風はなおさらである。だからといってここでの顕在的潜在的異端者にとって、それがナチより住みよい世界だったとは一概にいえないし、彼等が憎悪と不信、恐怖と猜疑にとりまかれている程度がヨリ少なかったわけでもない。「自由だと思ってい」ると圧倒的多数の——したがって同調の自覚さえない同調者の——イメージの広く深いひろがりのなかで、異端者の孤立感はむしろヨリ大きいとさえいえるのである。

5

「いかなる国民共同体でも、外界の事象にたいする世論を形成するものは主として、少数のステレオタイプ化したイメージであ」ること、そうして、「ステレオタイプの体系が確固としている場合、われわれの注意はステレオタイプを支持するような事実の方に向き、それに矛盾するような事実からは離れる」傾向があるからして、ステレオタイプは事実によって証拠立てるというまさにその行為を通じてすでに「事実」に自分の刻印を押すものであることを、幾多の例証で分析し、今日の情報理論への途をきりひらいたのは、W・リップマンの『世論』（初版一九二二年）であった。この今日すでに古典となった第一次大戦直後の研究が、まさにコミュニケーション網が世界でもっとも発達し、社会的流動性が伝統的に高度であった国に現われたということはまことに現代の逆説を象徴している。内側の住人（正統の世界）と外側の世界とのそれぞれにおいて「世の中」のイメージについての自己累積作用がおこり、それによって両者の間の壁がますます厚くなるという悪循環も、結局こうした一般的傾向性のなかで発生した問題であり、ナチ権力も——もちろん驚くべき巧妙さを以てではあるが——それを利用したのであって、創設したのではない。現代の政治権力が巨大なマス・メディアを駆使して「民意」を画一化する傾向はすでにしばしば指摘されているが、権力のイデオロギー的宣伝はひとびとのイメージの積極的な形成力としては「限界」があるのであって、その意図も効果もむしろ対抗宣伝の封殺、あるいは好ましからざる方向からの通信、つまり「雑音」の遮断という点にある。「全体主義」のような政治権力がマス・メディアを直接に掌握する形態をとっていないところでも、結構「内側」と「外側」のイメージのふり分けが昂進しうることは上にも見たとおりである。しかもそういう場合の理由づけに度々挙げられるマス・メディアと支配層との利害同盟説、あるいは前者の「独自」権力説もステレオタイプの形成についてはすべてを語っているとはいえない。「世の中」イメージは、マス・コミも含めた意味での「上から」のいわば目的意識的な方向づけと、ひとびとの「自我」がいわば自主的につくり出す「擬似環境」（リップマン）との複雑な相互作用による化合物にほかならない。そうして周囲の「世の中」の変化について、それがかつてありし姿と倒錯するまでに至っても気付かないという悲劇または喜劇の進行には、そうした「自我」したがってまた「自己の利害《セルフ・インタレスト》」の現代的構造が無視できない役割を演じているのである。政治的イデオロギーの「虚構性」を衝いて、自我の実感や利害の明証性を疑わない者も、逆に、イデオロギーの「客観的」正当化によりかかって、内側の住人のイメージの「虚偽意識」を摘発する者も、右のようなステレオタイプ形成過程における自我の側からの関与を単純化している点において、奇妙な両極の一致を示している。

前者のグループの合唱はとくに戦後の繁栄の時代に西欧世界もしくは西欧的世界に高まった。その歌の主題は「イデオロギーの終末」であり、戦前の進歩派の「夢魔から醒めた」転向者がしばしばタクトをとり、これに戦後の消費文化を享受する「新しい」世代が和するという風景も国際的である。「イデオロギーの終末《エンド》」の合唱がはたしてC・W・ミルズのいうように「どん詰り《エンド》のイデオロギー」であるかどうかはしばらく措くとしても、こうした合唱において贖罪山羊《スケープゴーツ》となった「イデオロギー的知識人」にたいする批判や嘲笑の調子までがいかに国際的に類型化しているかを見ることは当面のテーマのために興味なしとしない。たとえば詩人K・エイミスの『社会主義と知識人』(K. Amis, *Socialism and the Intellectuals*, 1957)によれば、イデオロギー的知識人とは、「自分以外の、自分の外にある利害や大義名分に夢中になる非合理的な能力」の持主である。またイギリスの「新左翼」の最も注目すべき著作の一つであるレイモンド・ウィリアムズの『文化と社会』(*Culture and Society*, 1959)にたいするマンチェスター・ガーディアンの書評のなかには、「ウィリアムズ氏その他大ざっぱに言って、思想を職業とする人々は、なにより夜も寝ずに自分たちのこと、社会のこと、デモクラシーのことを心配するのをやめて、自分の仕事をもう少し精出してやった方がいい」という忠告があった(以上E. P. Thompson (ed.), *Out of Apathy*, 1960の引用による。傍点は丸山)。わが国における同類と同じように、ここでは、自我か「大義名分」か、「自分の仕事」かイデオロギーか、というあれかこれかの形で問題が問われ、告発が行われている。たしかに三〇―四〇年代の激しいイデオロギー的な対立は西欧世界に関するかぎり、しかもその「内側」に関するかぎり、福祉国家とレジャームードにとって代った。したがって「イデオロギーの終末」という「世の中」イメージがひろがる条件はそれなりに増大したわけである。しかしこの類の人々の考え方にとっては「イデオロギー」は虚構であっても、「イデオロギーの終末」のほうはあくまでイメージではなくて「現実」なのである。ちょうど彼等のいう自我や自分の利害が、自我や自利についてのイメージではなくて、「外」の環境と明確に領域的に区別された「内」なる実体として想定されているように……。まさにそれが当然とされて、問われないところに問題がある。

政治的事件に「いかれ」て熱狂する自我と、イデオロギーの「過剰」にうんざりして「自分の事柄」にたてこもる自我とは、果してそれほど性質と構造を異にするだろうか。カール・シュミットのいう「私的内面性への引退」がドイツの思想的伝統に属することは疑いない。が私達はそれを「縦から」だけでなく、同時に「横に」、つまり国際的に共通するある精神状況のドイツ的ヴァリエーションとして見る眼をもたなければならない。すでにアレクシス・ドゥ・トクヴィルが百年以上も前のアメリカ社会の観察からして「民主社会」(なお彼の場合の la société démocratique という範疇は、ふつうに「民主主義」の社会といわれているものより広いが、いまそれには立ち入らない) における平準化の進展が、一方における国家権力の集中と、他方における「狭い個人主義」の蔓延という二重進行の形態をとること、中間諸団体の城塞を失ってダイナミックな社会に放り出された個人は、かえって公事への関与の志向から離れて、日常身辺の営利活動や娯楽に自分の生活領域を局限する傾向があることを鋭く指摘した。このあまりにも早熟な洞察の意味は、人間関係と交通手段が彼の時代と比較にならぬ規模で拡大し複雑化した現代において、とくに第二次大戦後において漸く見直されようとしている。そうして、この「狭い個人主義」の個人は同時にリースマンのいう他者志向型の個人なのだ。だから現代においてひとは世間の出来事にひどく敏感であり、それに「気をとられ」ながら、同時にそれはどこまでも「よそ事」なのである。従ってそれは、熱狂したり、憤慨したり適当にバツを合わせたりする対象ではあっても、自分の責任において処理すべき対象とは見られない。ナチ治下における知識層の内面と外面の二重生活といわれているものも、一面でそうしたいわば「他者志向型のエゴイズム」が知識層にふさわしく合理化された形態ではなかったか。こうした自我の政治的「関心」は「自分の事柄」としての政治への関与ではなくて、しばしば「トピック」への関心である。しかしそれは必ずしも関心の熱度の低さを意味しない。むしろ現代の「政治的」熱狂はスポーツや演劇の観衆の「熱狂」と微妙に相通じているし、実際にも相互移行しうる性格をもっている。逆に無関心というのも、「自分の事柄」への集中でほかの事が「気にならない」ような——天体望遠鏡をのぞいていて日露戦争を知らなかったという「学者」の逸話に象徴されるような——無関心ではなくて、しばしば他者を意識した無関心のポーズであり、したがって表面の冷淡のかげには、焦躁と内憤を秘めている。現代型政治的関心が自我からの選択よりも自我の投射であるように、現代型「アパシー」もそれ自体政治への——というより自己の政治的イメージへの対応にすぎない。政治的関心かアパシーかが問題なのではなく、政治的関心の構造が問題なのである。

「イデオロギーの終末」の合唱は「全体主義」の経験から学ぶといいながら、実はせいぜいその半面しか学んでいないのは、グライヒシャルトゥングの進展を縦への浸透過程という点でも、「内側」の世界の横への拡大過程という点でも、もっぱら権力とイデオロギーの合作という観点から見るにとどまり、住民の日常的感覚の側からの問題に少なくも深くは立ち入らないからである。イデオロギーの宣伝戦はかつても今もけっして「万能」ではない。むしろそれは、イデオロギーの売込み合戦にたいする反撥——「販売抵抗の増大」といわれている傾向——をも民衆の側に惹きおこすという意味で両面性をもっており、「イデオロギーの終末」自体がその一方の面の発現形態である。けれどもたとえ私達が「外から」来るものとして意識するイデオロギーの洪水にうんざりし、不感症になったところで、それだけ私達が「虚構」への呪縛から脱して、自分自身をとりもどすわけではない。対立する諸々のイデオロギーが販売抵抗の増大に面して、宣伝効果を相殺されたとしても、その空間を埋めるものは私達の「擬似環境」としてすでに定着し、自我のわかち難い一部となっているようなイメージである。目新しい商品の誇大広告に反撥した購買者は購買一般をやめるのではなくて、慣れ親んだ商品に、ほとんど選択の意識さえなしに手をのばす。現代における選択は「虚構の」環境と「真実の」環境との間にあるのではない。さまざまの「虚構」、さまざまの「意匠」のなかにしか住めないのが、私達の宿命である。この宿命の自覚がなければ、私達は「虚構」のなかの選択力をみがきあげる途を失い、その結果はかえって「すべてが変化する世の中では誰も変化していない」というイメージの「法則」に流されて、自己の立地を知らぬ間に移動させてしまうか、さもなければ、自己の内部に住みついた制度・慣習・人間関係の奴隷になるか、どちらかの方向しか残されていないのである。

ここでもう一度グライヒシャルトゥングの完成期ではなくて、その成長期の課題を思い出して見よう。ナチの場合においてもイデオロギー的な分布は、同じ内側（正統）の世界でも中心部と周辺とで均等でなく、異端との（精神的）境界領域の状況はかなり流動的であった。いいかえれば、最初からの明確なイデオロギー的ナチ派はそれほど多くなかった。そうした中心部から遠いところほど、異ったイメージの交錯にさらされ、それだけイメージの自己累積作用ははばまれていたわけである。グライヒシャルトゥングの課題は、この境界に至るところ高壁を築いて異端を封じ込め、その近辺の住人を慎重かつ徐々に内側の中心部に近いところに移動させて、異端との交通を遮断することにあった。

ところでさきの言語学者も、ニーメラーも、その他多くの知識人は、正統・異端のそれぞれの中心部ではなくて、むしろ右のような境界――というよりかなり広い中間――領域の住人であった。どの社会でも知識人の多数はこうした領域に住んでいる。知識人が一般に「リベラル」な傾向をもつといわれる所以である。しかしリベラルであるということが、たんに自分の外の世界からのさまざまの異った通信（ここでいう通信とはマス・メディアだけでなく、広く外界の出来事が自分の感覚に到達するプロセスを指す）を受容する心構えをもち、その意味で「寛容」であるというだけなら、それはこの境界領域の多数住民のむしろ自然的な心理状態にすぎない。しかしひとたびこうした領域に住むことの意味を積極的に自覚し、イメージの交換をはばむ障壁の構築にたいして積極的に抗議するような「リベラル」は、上のような権力の意図からみれば、むしろ初めからの異端よりは危険な存在とみなされる。それはナチの場合だけではない。「自由主義的傾向」にたいしてあらゆる正統的世界の――自由主義を「正統化」する世界も含めて――いだく猜疑の源はここに発する。事実また、権力の、あるいは正統イデオローグたちのキャンペインの、主要方向がしばしばここに向けられるのである。そうして、リベラルであるということの「あいまい」な意味がこの時はじめて問われる。もし前の意味であらゆる通信に開放的であるだけにとどまるならば、もっとも強力な電波で送られる通信が彼のイメージの形成に決定的な影響を持つかも知れない。あるいはある種の通信が絶えたり、または一見多様な通信が実質的に画一化されても、その時々の通信にたいして開放的であるということからして、自分は依然リベラルであると思い、したがって彼の「世の中」のイメージも以前と変らないかも知れない。その際、さきほど述べたステレオタイプによって無意識的に自己に好ましい通信を選択していながら、自分は公平に判断していると信じているかも知れない。このようにして権力の弾圧の恐怖なしにでも彼は中心部に移動して行く。

中心部へ移動しても、中心部の「大義名分」に全面的にコミットしてもいいではないか、それが真理と正義を代表しているならば――という考え方は、とくにイデオロギーの客観的正当性に依拠してさまざまの「虚偽意識」を裁く立場から出て来るだろう。こういう立場からみれば、さきの「イデオロギーの終末」の合唱なども、反動陣営が意図的におこなう宣伝、またはせいぜい案出された「対抗イデオロギー」の問題として処理されてしまう。もちろん「イデオロギーの終末」論についていえば、その登場には第二次大戦後の西欧資本主義の内部変容だけでなく、文字通りの外側としてのソ連圏にたいする冷戦の半恒久化という背景があるからして、右のような側面は否定できない。けれども第一に、西欧世界の日常的な生活感覚のなかに、イデオロギー時代は終ったというイメージがひろがる社会的条件があるかぎり、一切を「対抗イデオロギー」とみる外側からの批判は、内側の多くの住人から激しい異和感をもって迎えられることは、さきの叙述から一層容易に推論される。それだけではない。そもそも正しいイデオロギーに立つ体制や組織においては、中心部と辺境の問題性それ自体が存在しないという考え方こそスターリニズムに見られたような自家中毒の一つの有力な培養菌ではないか。社会主義の体制や政党の内部における辺境の問題を立ち入って論ずるのは、もちろん本稿の範囲をこえるけれども、冒頭にのべたような「逆さの世界」の住人の問題の現代的普遍性を再確認する意味で以下の点だけ触れておこう。マルクスが疎外からの人間恢復の課題をプロレタリアートに託したとき、プロレタリアートは全体として資本主義社会の住人であるだけでなく、人間性の高貴と尊厳を代表するどころか、かえってそこでの非人間的様相を一身に集めた階級とされた。自己の階級的利益のための闘争が全人類を解放に導くという論理を、個人の悪徳は万人の福祉というブルジョアジーの「予定調和」的論理と区別するものは、ひとえに倒錯した生活形態と価値観によって骨の髄まで冒されているというプロレタリアートの自己意識であり、世界のトータルな変革のパトスはそこに根ざしていたのである。もし「逆さの世界」は敵階級だけの、その支配地域だけの問題とせられ、世界のトータルな変革とは、人間性の高貴と尊厳を――完全にではなくても――すでに代表している己れの世界が、他者としての「逆さの世界」をひたすら圧倒して行く一方的過程としてのみ捉えられるならば、それはマルクスの問題提起の根底にあった論理や世界像とはいちじるしく喰いちがうことはあきらかである。他者を変革する過程を通じて自らもまた変革されるし、されなければならないという痛いまでの自覚にかわって、そこにあるのは現実政治において昔ながらの通念になっている善玉悪玉の二分論と安易な自己正義感にすぎない。社会主義の思想と運動が今日のように発展したことを人類のために祝福する者は、まさにそれゆえに、資本主義世界の内部における運動として出発したものが、その外部に巨大な権力を築き上げたところから来る問題状況の複雑化について、どんなに鋭い注意と周到な観察を働かせても、しすぎることはないだろう。

境界に住むことの意味は、内側の住人と「実感」を頒ち合いながら、しかも不断に「外」との交通を保ち、内側のイメージの自己累積による固定化をたえず積極的につきくずすことにある。中心部と辺境地域の問題の現代的な普遍性を強調することは、思想や信条にたいする無差別的な懐疑論のすすめではけっしてない。もし懐疑というならば、それは現代における政治的判断を、当面する事柄にたいする私達の日々の新たな選択と決断の問題とするかわりに、イデオロギーの「大義名分」や自我の「常識」にあらかじめ一括してゆだねるような懶惰な思考にたいする懐疑である。もし信条というならば、それは「あらゆる体制、あらゆる組織は辺境から中心部への、反対通信によるフィードバックがなければ腐敗する」という信条である。そうして私達の住む世界が質的にも規模としても単一でなく多層的である以上、こうした懐疑と信条はさまざまのレヴェルで適用されるし、適用されねばならない。

「反主流」や「反体制」の集団もそれなりに中心部と辺境をもち、そこから発する問題をかかえている。その場合一般に、境界から発する言動は、中心部からは「無責任な批判」と見られ、完全に「外側」の住人からは、逆に内側にコミットしているという非難を浴びやすい。しかし批判が「無責任」かどうかは、何にたいする責任かを問うことなしには意味をなさない。中心部が批判にたいしていだくそうしたイメージにはしばしば内側の構造と勢力配置を基本的に維持しようという意識的、無意識的な欲求がひそんでいるからである。コミットについていえば、およそ壁の内側にとどまるかぎり、いかなる辺境においてもその活動は、なんらかの意味で内側のルールや諸関係にコミットすることを避けられない。それは前に示したように、外側からのイデオロギー的批判がたとえどんなに当っていても、まさに外側からの声であるゆえに、内側の住人の実感から遊離し、したがってそのイメージを変える力に乏しいという現代の経験から学ぶための代償である。しかも、自称異端も含めた現実のいかなる世界の住人も外側と内側の問題性から免れていないことも前述の通りである。いうまでもなくここにはディレンマがある。しかし知識人の困難な、しかし光栄ある現代的課題は、このディレンマを回避せず、まるごとのコミットとまるごとの「無責任」のはざまに立ちながら、内側を通じて内側をこえる展望をめざすところにしか存在しない。そうしてそれは「リベラリズム」という特定の歴史的イデオロギーの問題ではなくて、およそいかなる信条に立ち、そのためにたたかうにせよ、「知性」をもってそれに奉仕するということの意味である。なぜなら知性の機能とは、つまるところ他者をあくまで他者としながら、しかも他者をその他在において理解することをおいてはありえないからである。

（一九六一年）

追記および補註

第一部　追記および補註

「**超国家主義の論理と心理**」は昭和二一年、すなわち敗戦の翌年三月に執筆し、その年から発刊した雑誌「世界」の五月号に掲載された。本書に収録した論文中で時期的にもっとも早いものである。カナ遣いは今度新カナに改めたが、文章やスタイルがいかにも古めかしく、しかも極度に問題を圧縮して提示しているので、どう見てもあまり分りのいい論文ではない。にも拘らずこれが発表されるとすぐさま当時まだ半ピラの朝日新聞に批評が載り、それをきっかけに自分ながら呆れるほど広い反響を呼んだ。それは恐らく当時の緊張した精神的雰囲気や読者のいわば積極的な精神的姿勢と関連していることであろう。それと、もう一つは終戦直後に輩出した日本の天皇制国家構造の批判は殆どみなコンミュニズムか少くもマルクス主義の立場から行われたので、自から経済的基盤の問題に集中されるか、でなければ「政治的」な暴露に限られていた。それが汎濫して千篇一律の感を呈していたときであったために、こうした精神構造からのアプローチがひどく新鮮なものに映じたわけである。こういう角度で分析を試みるにあたって、私は「お手本」がなかったので（アメリカの社会心理学や政治学の象徴論やコミュニケーション論は当時の私にとって殆ど全く未知であった）いろいろ苦労してあまりスマートでない表現や範疇を「鋳造」せねばならなかった。そうした視角やまたここに挙げた資料は今日では一向珍らしくなくなったけれども、私個人にはやはりこの論文は懐しい記憶の種である。

むろんここに描かれた日本国家主義のイデオロギー構造は、太平洋戦争において極限にまで発現された形態に着目して、その諸契機を明治以後の国家体制のなかにできるだけ統一的に位置づけようという意図から生れた一個の歴史的抽象にすぎない。したがってそこでは日本の天皇制イデオロギーの発展段階の区分や、立憲主義的要素と絶対主義的要素との関連といった問題は、はじめから捨象されている。私の図式が恣意的な構想であるかどうかは読者の批判に俟つほかはないが、こうした「抽象」自体は、後の論文でのべる戦後の天皇制イデオロギーの細分化現象《アトマイゼーション》を測定する上にも決して無意味ではなかろう。

なお昭和八年に毎日新聞社が陸軍省と協力して製作した映画「非常時日本」全一二巻の中では、荒木陸相の演説を背景として次のような図で皇道の構造が示されるが、それが恰も本論の末尾にのべた「論理」と全く一致していることを後になって発見したので参考までに掲げておく。（極東国際軍事裁判公判記録、第四一号による）

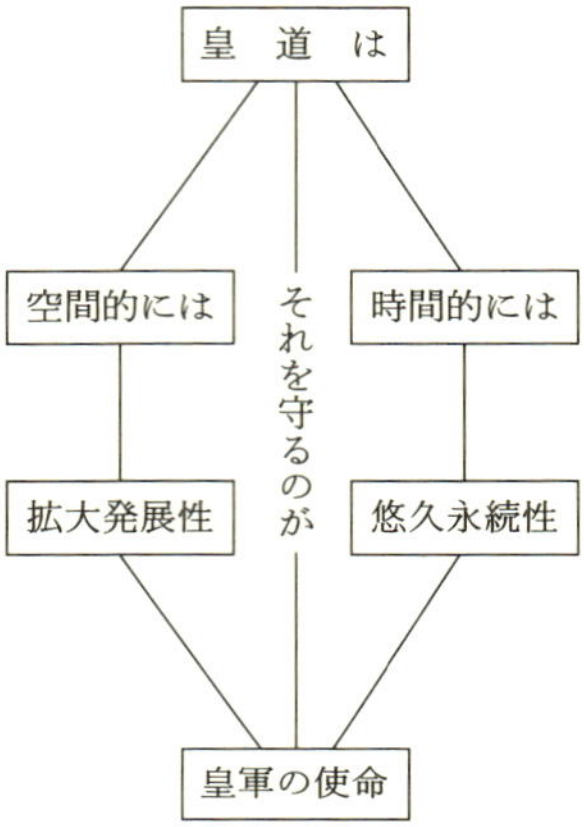

ただ、読者はどうかこの論文だけからして、私が明治以後の日本国家の発展、ないしはイデオロギーとしてのナショナリズム思想における進歩的なモメントや世界的共通性を無視し、「前近代性」と「特殊性」で一切をぬりつぶす論者だったと断定しないで戴きたい。昭和二一年一〇月に歴研の主催した講習会での私の「明治国家の思想」と題する講演（『日本社会の史的究明』岩波書店発行所収）や二二年二月号「中央公論」に載った「陸羯南——人と思想」では、不十分ながらそうした前向きの要素や積極面を述べておいた。

本論文の「抽象」が一面的だという批判は甘んじて受けるけれども、他方ここで挙げたような天皇制的精神構造の病理が「非常時」の狂乱のもたらした例外現象にすぎないという見解（たとえば津田左右吉博士によって典型的に主張されている）に対しては、私は当時も現在も到底賛成できない。この大きな問題に立入るかわりに、ここでは差当りヘーゲルの歴史哲学における次の言葉を掲げて私の答えに代えよう。

「こうした（中世教会の）腐敗堕落は偶然的なものと呼ぶわけには行かない。それは必然的なものであり、ある既存の原理の首尾一貫した発展にほかならない。ひとはたんに教会におけるいろいろな濫用を云々するが、これは正しくない。こうした言い現わし方によって、あたかも、それ自体としては善いものが主観的目的のために堕落しただけのことで、よき本質を救うためにはそうした主観的歪曲を排除しさえすればよいかのような考え方が喚び起されることになる。……（そういう考え方では）基礎は正しく、本質自体は欠陥がないのに、情念や主観的利害その他およそ人間の偶然的意志が、かの本来善きものを自分のための手段として用いたということが前提される。そうなると問題はこうした諸々の偶然性を隔離するだけのことになってしまう。けれどもある事物の濫用はつねに個々の現象としてだけ現われるものであるのに反し、教会においてはあらゆる脈絡を貫通する腐敗の原理が登場したのである。」（*Philosophie der Weltgeschichte*, Lasson Ausg., 2. Band, S. 871-2）

「**日本ファシズムの思想と運動**」は東洋文化研究所が主として飯塚浩二教授を中心に計画した連続講座の一つとして、昭和二二年六月に東大で行った講演が母体であって、これが、東洋文化講座第二巻『尊攘思想と絶対主義』のなかに収められたものである。のちに日本学術会議第二部が、日本の学者の業績を海外へ紹介する目的で発刊した *The Japan Annual of Law and Politics* の第一号に "The Ideology and Movement of Japanese Fascism" として抄訳された。日本ファシズムの研究は周知のようにその後一〇年間にめざましい発展をとげ、資料も著しく豊富になった。私自身についていえば、これと次の論文「軍国支配者の精神形態」でスタートして以後、日本ファシズムの解明は引続いてもっとも大きな研究関心の一つなのであるが、長く病床に伏す身となって、資料蒐集やヒヤリングなどのために最低限に必要な肉体的条件を欠いたために、その後見るべき業績を発表していないのは遺憾にたえない。この稿を再録するのは、前記東洋文化講座が絶版となったために、入手あるいは参照が甚だ困難であるという声をしばしば聞くので、ひとえにそうした研究上の便宜を考慮しただけのことである。それにしても、もともとが講演という形式に制約されたため、全体として冗漫を免れず、表現や引用も適切でないものが少くないので、本文に若干の削除修正を施し、著しく不十分な個所は補註で訂正・追加して、いくらかでも体裁をととのえようとしたが、原型を崩さぬ限り到底現在の私に満足なものにはならぬので、結局中途半端なものに終った。本来、未來社からの出版予定は日本ファシズム論を中心にすることになっていたので、右の点とくに読者の諒恕を請う次第である。

補註

（一）日本ファシズム文献については、雑誌「思想」一九五三年八月号及九月号における「邦語日本ファシズム文献目録」が現在のところ最も詳細である。

（二）昭和五年の参謀本部情勢判断に初めて、狭義の作戦だけでなく、国家改造の問題が加えられたことも注目していい。これは第二部にいた橋本欣五郎、根本博など桜会の有力メンバーの意向によるものであった（田中清少佐手記）。
なお、桜会より以前に、陸軍には西田税がつくった「天剣党」、海軍には藤井斉の指導下に「王師会」という秘密結社がそれぞれ組織され、その中から後年の革新将校が輩出している。

（三）ここでの時代区分は、ファシズム運動の形態を眼目においたために、二・二六を劃期としてその前後を区別したわけであるが、日本ファシズムの全体構造に着目すれば、なお詳細な段階づけを必要とする。とくに「上からのファシズム」においては、本書第二部のファシズム論でのべられているように、fascization の具体的進展を歩一歩追究して、何時ファシズムが体制的に制覇したかを確定しなければならないから、ここでいう第三期の微視的な観察が重要であり、とりわけ、四〇年七月の第二次近衛内閣成立前後における各政党及労働組合の解散と大政翼賛会（一〇月一二日）と大日本産業報国会（一一月二三日）の成立は、消極的には、体制への反対が発酵するルートの消滅という点で、積極的には翼賛体制への同質化という点で劃期的な意味をもっている。この過程は東条内閣成立後の言論・出版・結社臨時取締令公布（四一年一二月一九日）につづく翼賛選挙（四二年四月）で「完成」する。なお、第二次近衛内閣における日独伊軍事同盟の締結もそれまではともかく細々ながら存在し続けた対外国策の選択をめぐる論議に終止符を打ったことによって、国内のセメント化に果した役割は大きい。

（四）軍部や右翼の運動がこうした「国体」思想を文字通り錦の御旗にしえたことによって、あるかなきかのコンミュニスト以外のあらゆる勢力、あらゆる階層はこの運動に真正面から刃向う正統性の根拠を奪われた形になった。けれどもそのイデオロギーがまさに体制そのものに内在する論理であった（第一論文参照）ことが、皮肉にも日本の右翼運動の発展を一定の限度内に制約する重大な思想的原因ともなったわけである。「国体」の呪術は、イデオロギーとしてもまた組織原理としてもまさにその超政治的政治力たる点にあったので、こうした国体のいわば気体的性格を強いて固体化しようとしたところに右翼の悲喜劇があった。ファシズムの発展過程の観点から、このパラドックスを見れば、ちょうど「反共」を売物にして冷戦の雰囲気の下に猛烈な進出をした戦後アメリカのマッカーシィ的勢力が、反共が体制自身の論理として一般化するにつれて、固有の勢力としてはかえって凋落の方向を辿っている過程と比較されるかもしれない。

（五）権藤系の農民運動家やイデオローグによって行われた「権藤学説批判の批判」の座談会において、左翼の側からの批判に対して、「抑々《そもそも》あの連中が農村問題を地主と小作の問題に置くのが滑稽で、そりやマルクス時代の英国の地主と小作ならそれが当然だが、今日我が国の地主の位置と云ふものはまるで違ふんだからね。……今日の我が国では地主と云つてもホンの法文上の所有権の問題丈で、その実際の経済的位置はもう一般貧農と大して選ぶ所はないと云つてもいい位で、従つて矢鱈に階級闘争的運動で是を解決しようとしても農村問題はどうにもならないんだ。そこにはもつと根本的な大問題がある。それは全体としての農村と云ふもの丶問題だ」（傍点原文）といわれているのは、農村自救運動のイデオロギー的性格をよく示している。こうした見方の反面は当然に、「われわれは決して今日の都市のもつ文明を否定せんとするものではない。……しかしわれわれは今日のような支配階級の社会的存在のための機構でしかない……ような都市様式は絶対に否定排撃しなければならない。そしてわれわれはこの排撃運動に当つて、都市プロレタリア等がその経済的理由から支配階級に加担する要素を充分に持つていることを知つてゐる。これわれわれが単純に階級闘争主義によつてのみ都市プロレタリアと握手し得ない所以である」（伊福部隆輝「山川均氏の新農村運動に対する認識とその誤謬」——上掲座談会と共に、権藤成卿『君民共治論』附録所収）という対労働者観となって現われるわけである。

（六）この点、J・グルーが一九四一年二月頃の日本について「娯楽いや実際問題として人生のたのしみのすべてを極度に制限された結果、日本人が荒模様になってきたのだ。例のドイツのスローガンは日本では Kraft durch Unfreude（苦しみを通じての力）と変えねばならぬ」（『滞日十年』下巻）といっているのは必ずしも労働者についてだけの事ではないが、参考になろう。

（七）いわゆる近代日本の「勃興」とアジア・ナショナリズムとの関連、その特殊的な表現として玄洋社—黒竜会系統の大陸浪人と中国革命との関係、さらに「大東亜」戦争が東南アジア民族運動に与えた影響、といった問題はそれぞれが歴史的にもまた、今日の意味からいってもきわめて重大かつ興味あるテーマであることはいうまでもない。日本ファシズムのイデオロギーにおける第三の特徴をここで単に暗示するにとどめたのは、問題があまり巨大であるためでもあるが、一つには当時（昭和二二年）には、こうした問題については占領政策による著しい言論の制約があり、また事実、中途半端に論ずることは却って誤解を生むと考えたからである。とくに東南アジア民族運動における日本の役割については、具体的資料に基く分析が今後必要であろう。差当っては、たとえば **W. H. Elsbree, *Japan's Role in Southeast Asian Nationalist Movements, 1945-50* (Harvard Universiy Press, 1953)** などが比較的資料に富む。戦後日本の右翼運動はまさにこの伝統的なアジア連帯意識と、「反共」の要請から来る西欧依存との板ばさみにあって昏迷を続けている。

（八）むろん二・二六事件における反乱将校の行動の客観的意味は、まさに彼等の主観と反対に、武装兵力を背景にして「大権」を動かして日本の国内・国際政治の方向を彼等の希望する方向に「革新」しようとするにあったので、これをしも政治的変革でないというのは自己欺瞞も甚だしいわけであるが、少くも上述したような彼等の「論理」は事後からの正当化ではなかった。「皇軍の私兵化」をいきどおった彼等が自ら命を待たずに兵を動かすについては、陸軍の「作戦要務令」における「独断専行」の根拠づけがつねに彼等の念頭にあった。したがって彼等は自分らがその点で罰せられるなら、満州事変の際の本庄軍司令官の措置も大権干犯になるではないかと——主観的な首尾一貫性をもって——抗議しえたのである。

（九）以上インテリ層の果した役割についての叙述はファッショ運動に対する精神的姿勢に捉われすぎて、いわゆる「消極的抵抗」の過大評価に導きかねない。むしろ今日の課題としては、当時のインテリの行動様式がさまざまの類型をもちながら等しく体制への黙従に流れこんで行った過程をヨリ微視的に追究する事が必要であろう。ただナチ型のファシズムと対比する限りにおいては、本文の分析は必ずしも誤っていないと信ずる。二・二六事件の被告安田優の獄中手記に、日本の現状分析をのべた個所で、「中間階級の思想的退敗《ママ》を論ず」として、「知識階級は徒に卑屈なる功利主義にかくれ、進んで自己の信念を徹するの勇なく、しかも只是れマルクスの福音に終始し、又所謂プチブルは享楽的桃色的に終始す、国を誤るの大思ふべし」とあるのは、急進ファシズムに多かれ少かれ共通したインテリ観と見られる。昭和一八年に「東京都思想対策研究会」によって行われたアンケート「東京都ニ於ケル教員及ビ中等学生思想調査概況」によると、決戦下の学校教育体制に対して教員の態度は、大体において現状を肯定する態度と、現状に対して批判的な態度とに大別され、後者はまた、教育者の時局認識が不徹底であるとか、戦時教育体制をもっと積極的に押進めよ、といった考え方（該調査はこれを「急進的態度」と呼んでいる）と、他方逆に現在の訓練が統制過剰であるとか、形式主義に陥っているとか、雑務が多すぎて研究ができないといった、全体としての「行きすぎ」に反撥する態度（該調査はこれを「保守的態度」と呼んでいる）とに二分されるが、その際、一応現状肯定派つまり大勢順応派（調査人員の約半数）を除くと、批判的態度のうちの「急進派」が比較的に多いのは師範学校教師、しかもその若い層であり（五五％以上）、「保守派」は中学校教師、しかもやはり若い層に最も多く（三七％以上）、青年学校教師に最も少い。そうして調査の結果は一般的に、「急進派」は批判の事項を具体的に挙げることが少く、たとえば「自由主義を抹殺せよ」とか「決戦気風が不徹底である」とかいった観念的、一般的な事項を挙げているものが多く、これに対して「保守派」の批判は、経験的具体的な観察に基く行きすぎや欠陥を指摘しているものが比較的に多いのは注目されよう。これは大体において本文に指摘した第一と第二の中間層グループの行動様式にそれぞれ照応していると考えられる。同じ教師でも青年学校や師範学校教師は、急進ファシズムないし「翼壮」的イデオロギーへの収斂性が強く、旧制中学校教師はむしろインテリ・サラリーマン的な意識への収斂性が強いわけである。

（一〇）この事情は、戦前固有の「層」をなしたインテリの、戦後における変質と解体によって著しく変化し、すくなくも大新聞はこぞって、アメリカのような「均らされた」大衆社会におけるマス・コミュニケーションのあり方に著しく接近した。戦前の「朝日新聞」が他の大新聞に対してもっていた特異性の相対的減少はその端的な表示である。

（一一）この点も前註と関連して戦後著しく流動化し、両グループの文化的断層はかなり連続するようになった。というよりは、大学出身のサラリーマン層＝インテリという等式が破れ、一方サラリーマンが大衆化すると共に、他方学歴のない勤労者層から組合活動などを通じて実質的インテリが成長した。また戦前までの知識人ジャーナリストは「文化人」というヨリ広汎なカテゴリーに吸収され、一方「芸能人」の文化人への「昇格」と、他方文化人の芸能人化（マス・メディアへの依存性の増大）をもたらしている。「文芸春秋」の「国民雑誌」化や週刊誌の氾濫は、そうした新たな流動化傾向を象徴するものといえよう。しばしば大新聞の保守性に対比される綜合雑誌の進歩的色彩は、一見戦前からの伝統の継続現象のようであるが、――むろんそういう面もないとはいえない――が、その読者層の推移と関連させて見るときは、必ずしも社会的意味は同じでないと思われる。

（一二）軍部内の派閥ではこの二派の名称が最もポピュラーになったため、ややもするとすべての対立は皇道派と統制派（あるいは之に加えて清軍派）の図式に分類されるが、現実はもっと複雑でアイマイである。比較的にこの両者の対立が顕著になったのは、犬養内閣の陸相に荒木が就任してから、二・二六までであって、二・二六以後軍首脳部を形成した勢力は、必ずしもそれ以前の「統制派」の延長ではない（だから新統制派などといわれる）。ただ皇道派の方はどちらかといえば一貫したまとまりがあった。こうした留保の上で便宜上この言葉を二・二六以後の時期にも使用する。

（一三）統制派の智将といわれた永田鉄山は全陸軍を「無疵のまま」国家改造の推進力とさせるという事を屢々揚言していた。重臣や新官僚への接近はこうした彼の大きな構想から出ていた。皇道派イデオロギーはきわめて観念的であるが、その中でただ一つ具体的なものは対外政策に関する対ソ戦第一主義で、それは単に戦略上の選択ではなく、彼等の国体至上主義の

「論理的」反射でもあった。その点で二・二六の直前に決定された、蹶起後の陸相に対する要望事項の中に、「蘇国威圧の為、荒木大将を関東軍司令官たらしむること」とあるのは看過できない。「日蘇会戦《ママ》ノ場合果シテ勝算アリヤ、内外ニ敵ヲ受ケテ如何トス、右翼ヲ徹底的ニ清算セバ残ルハ中立（所謂無能力者）ト左翼トナラズヤ、残念千万ハタ又何ヲカ言ハンヤ」（中橋基明の遺書）という危機感は多かれ少かれ彼等に共通していた。したがって皇道派青年将校の手段における急進性もこうした対ソ戦の切迫性の意識を前提にしてはじめて理解されるのである。

その上、青年将校がいかに現実には社会組織の矛盾によって触発されたとしても、その根本の発想が「国体顕現」的なオプティミズムにある限り、「君側の奸」というパースナルな発想が体制や組織の問題をそれ自体として提起する考え方を執拗におしのけることになる。それが一歩を進めれば、天皇のイニシアティヴに出でないあらゆる体制改革の志向のなかに反国体性をかぎつけるからして（「幕僚ファッショ」に対する青年将校の攻撃の根拠はここにあった）、「承詔必謹」の論理は現実の政治過程のなかでは容易に絶対的保守主義として機能するのである。のちに柳川・小畑ら皇道派系の将軍が財界のヴェテランと声を合せて官僚統制経済のなかにいたるところ「赤の魔手」を見出し、「新体制」の骨抜き（いわゆる精動化）に貢献したのは、皇道派的イデオロギーの当然の帰結であり、その論理は青年将校の三月・一〇月事件および「幕僚ファッショ」に対する激しい攻撃のそれと全く共通している。こうした急進性と保守性の逆説的な結合を看過して、青年将校イデオロギーを「国体プラス社会主義」あるいは国家社会主義という規定でぬりつぶすことはできない。それはいわゆる主観と客観的役割との背反ということだけではなしに、イデオロギー自体のなかに（その急進性がせいぜい非合法的行動という形式性に限定されているために）、体制内容の問題を積極的具体的に提起しえない限界があったという点が重要なのである。

（一四）ファシズム進行過程における「上から」と「下から」の型を決定する要因はこれだけではない。第二部の「ファシズムの諸問題」参照。

（一五）いわゆる「赤化」問題が日本帝国にとって深刻な脅威として、支配層に意識されていたことは事実で、ただそのこととプロレタリア革命が日程に登る主体的＝客観的条件が存在したかどうかとは別問題である。「赤化」に対する過敏な反応は、第一にそれが隣邦ロシア勢力の浸潤という表象と結びついたからであり（その意味で「間接侵略」のシンボルをダレス国務長官にはるかに先んじて駆使した名誉は、日本支配層に帰する。青年将校があれほどの反財閥意識にもかかわらず、ヨリ根底的に反共であったのも、前述した国体観とともに、彼等の本能的職業意識からして、コンミュニズムの問題をロシアに対する軍事的戦略的観点から切り離して考えられなかったためである）、さらに第二には、「赤化」がまさに名士の子息や、インテリゲンチャ・学生など、本来日本帝国のエリートを構成する、あるいは将来構成すべき層を侵しつつあると判断されたことによる。右翼テロの誘因をのべた内務省警保局調書「諸事件概要」はいう、「ロシア革命の影響を受けて社会主義・共産主義思想の輸入を見るや、……関東大震災後に至りては、高等専門学校以上を卒業する所謂有識階層は最もこの赤化思想の洗礼を受け、遂に光輝ある我国体の変革をすら主張する日本共産党員の続出を見、皇軍内部に於てさへその事実を発見するに至れり」。労働者農民の組織化は殆ど問題にならないほどに低くて、「有識者層」が「赤化」するという事態はマルクス主義の定石からすれば完全な変態であるが、まさにこの変態こそ日本の支配層にとって怖るべき脅威と映じたことは皮肉である。有名な「近衛上奏文」が示すように、日本帝国の支配者たちを最後まで悪夢のようにおびえさせたのは、「下から」の革命よりも国家機構の内側からの自己崩壊であった。しかもいわゆる「有識階層」ないし「良家の子弟」の赤化なるものも、全体からみれば、決して騒がれたほどのものではなかった。とすれば問題は、進んでイデオロギー的異化現象にすぐさまアレルギー的反応をおこす日本帝国の精神と構造に行きつかねばならない。この点第一論文および補註（一六）参照。

（一六）ここの説明はいうまでもなく甚だ不十分で、服部之総氏によっていち早く批判されたように（同氏の「日本型ファシズムの特質の問題」後に著作集七に所収）あまりに経済主義的である。この問題の解明のためには天皇制政治構造の特質、その強烈な同質化＝非政治化作用による忠良なる帝国臣民の造出過程のメカニズムが明らかにされねばならない。最近の研究として例えば石田雄『近代日本政治構造の研究』参照。社会的底辺における非政治化（「醇風美俗」の本源地としての名望家秩序とそれを保証する地方自治制）、および頂点の超政治化（あらゆる政治的対立からの天皇及び天皇の官吏の超越）を体制的安定の支柱として来た日本帝国においては、およそ即自的な調和（和の精神）を破る政治的イデオロギー的分化自体が危険視される傾向が強い。この傾向は体制の危機意識の亢進と正比例する。その意味で「自由主義は共産主義の温床である」というファシストや国体主義者の口癖になっていた命題は、日本では特殊な妥当性をもっていた。ファシズムがつねにその時々の状況における限界的イデオロギーに攻撃を集中することはその一般法則であるが、通常ファシズム運動の第一の課題である革命前衛組織の破壊は、日本の場合はすでにあらかた政党内閣下で実行されていたので、日本の右翼運動や国体明徴運動はきわめて早期に、その主要な攻撃目標をコンミュニズムや社会主義自体からその「温床」としての自由主義へと移行させていたのである。この特異性は昭和七、八年代以後の日本の政治＝社会過程を辿る上にきわめて重要な意味をもっている。

「軍国支配者の精神形態」はさきに触れたように昭和二四年、雑誌「潮流」五月号に、同誌に連載された「日本ファシズム共同研究」の一つとして掲載された。同号は主として日本ファシズムの政治過程の解明に充てられ、中村哲教授が既成政党の崩壊過程を、辻清明教授が、官僚制を中心とする統治機構の問題を、私が支配層の人格構造ないし行動様式をそれぞれ担当した。この「共同研究」においては、一般的な問題についての共同討議やヒヤリングは重ねられたが、必ずしも視角や解釈についての統一的な見解は求められず、したがって実質的にはそれぞれの項目は各執筆者による単独論文であった。

補　註

（一）私がこの論文で軍国支配層の意識形態と行動様式の特質を抽出するにあたって、資料の多くを極東裁判の公判における供述書や陳述に仰いだことの妥当性については、おそらく今日少からぬ疑問が提起されるであろう。とくに二つの疑問が重要と考えられる。第一には極東軍事裁判そのものの政治的性格に対する検討をぬきにして、そこで提出された資料や、公判記録をどこまで信憑できるかという問題である。さらに第二には、死刑の可能性を多大に含む裁判における被告の供述や答弁はあまりに特殊な状況の下での言動であって、そこから被告の日常的な行動様式は抽出しがたい、という点である。一般的には、この二つの疑問はもっともである。しかしこの論文が書かれた当時において、極東軍事裁判記録は、一九三〇年以後の日本の政治経済および社会過程について、これまでわれわれの眼から遮断されていた厖大な資料を一挙に明るみに出した点で、劃期的な意味をもっていた（今日——一九五六年——でもこれほど包括的に集成されたものはない）ので、これを全面的に利用したい衝動は私にとってきわめて大きかった。その上に、記録の信憑性ということも、なるほど政治構造や経済過程の全般的把握のためとか、あるいはきわめて微細な事実を確証するためには、これに無批判的に頼ることは危険であるが、当面の私の問題視角である支配層の精神構造や行動様式を探るためには、この裁判の政治的性格から来る「証拠」の偏向がそれほど障害になるとは思われない。さらに第二の問題である被告の立場という特殊状況による制約も、この観点から見るならば必ずしも決定的なものとはいえまい。つまり問題は、私が抽出したような行動様式の特質が、もっぱら極東裁判の被告に立たされたために特殊な一回的現象として出て来たものかどうかという点にかかっている。私はむしろこの裁判の強烈なフラッシュを浴びて、平素はあまりに普遍化しているために注目を惹かない日常的な行動様式の政治的機能が浮彫のように照し出されたと解釈するのである。

（二）彼等がどういう方法で、どういうルートからどの程度の生活費を得ていたかは個人差もあり、具体的にはなかなかつきとめられないが、ある「浪人」が直接語った表現をかりれば、「右翼の言動は大部分食道に直結していた」ことは否定できない。二・二六事件の取調に対して三井の常務理事池田成彬が随時金銭を供与していた者として挙げたなかには、北一輝をはじめとして、中野正剛、松井空華、岩田富美夫、秋山定輔、赤松克麿、津久井竜雄、橋本徹馬などの名が見られる。陸軍機密費への寄生はいうまでもなく大きかったので、その「輸血」の増減と彼等の活動の昂揚沈滞とはほぼ正確に比例している。

（三）この点本書第一章一九頁以下参照。これは精神構造の一般的傾向性の比較であって、個々の人間をとって比べれば彼我で逆の場合もむろんある。日本でもいわゆる無法者型には比較的にこうしたシニカルなリアリズムが見られるし、とくに「裏話」では結構大義名分とちがったシニシズムが発揮される。陸軍省経理局にいたある大佐の話では、仏印進駐問題の際、参謀本部側の武力進駐論に対して軍務局は「平和」進駐を主張したが、その際、軍務局員は「強盗は刑が重いから一つ今度は詐欺犯で行こうじゃないか」といったという。しかしこうした「実のところは」という話は私的な会話に限られ、公式の会議や「外部」への説明では忽ち「ヨソユキの言葉」に一変する。

(四) といっても、そうした「下部」あるいは「出先」でつくられた既成事実が、上部の支配層の価値感情や利害、ないしは日本帝国主義発展の基本的方向と背反していたら、それは決して「国策」にまで上昇しないであろう。その意味で国内政治の「翼賛化」と対外的な戦争突入とを、独占資本のプロットの着々たる実現とみる見方が非歴史的であると同様に、「昭和の精神史」を軍部や右翼などの全体主義が重臣やブルジョアジーの「自由主義」を排除して行った過程とみることは裏返しの公式主義であり、むしろその「自由主義」なるものの内実と歴史的コンテクストが問題なのである。ここでその問題を詳論する暇はないが、一つの参考として、財界の重鎮で後に枢密顧問官となり、上層部の最も信頼に値する「リベラリスト」とされた深井英五が、「平生立国の原則として把持し来れる所」と自ら称する三カ条を挙げておこう。

(1)個人は其の属する国家を至上の存在として之に奉仕すべきこと。

(2)政治上、社会上の機構及び之に対する個人の心構へは時によりて変遷すべく、一定の形態を墨守すべきにあらざること。

(3)対外的には我が国運の伸張を目標として不断に画策し、機に乗じて勇往邁進すべく、場合により武力を以て我が主張を貫徹すべきこと(『枢密院重要議事覚書』一三頁)。

とくに(1)と(3)を見れば、その国家観が本来のリベラリズムの信条といかに遠く、他方国体主義者のそれとはいかに根本的なへだたりがないかが知られる。

(五) 同時に、木戸が三月事件後に近衛・原田・白鳥などと情報を交換した際、「昭和二年頃ヨリノ計画ニシテ、政党ヲ打破シ一種ノ『ディクテーターシップ』ニヨリ国政ヲ処理セムトノ計画ナルガ如ク実ニ容易ナラザル問題ナリ……兎モ角モ此計画モ出来得ルナラバ国ノ根幹ヲ害スルコトナク、且ツ余計ナ無駄ナキ様、善導スルノ要アリト思フ、真ニ困難ナリ」(木戸日記、傍点丸山)と誌しているのは、こうした軍部内の革新的動向に対する後の重臣層の対処の仕方をほぼ標準的に示している点で重要である。一方で、こうした急進ファシズムを既成の天皇制秩序のワクに「善導」するという方向と、他方での、第二論文で述べたような「急進性」の限界――つまり「善導」される素地――とが相俟って、木戸が予測したような「困難」な道程を経ながらも、漸次日本ファシズム体制の基本型が打ち出されて行ったのである。

(六) これも一例をあげれば、昭和一四年五月、日独伊防共協定強化問題について、小磯拓相は原田熊雄に「戦争を早く終局に導くためには、日独伊の同盟が出来なければ駄目だ。戦線の将士が英仏の蔣介石援助に非常な不満をもつてゐるので、少くとも独伊と一緒になつてやつたといふことで、多少その気持を緩和し、その後で英仏を使つて支那の問題を解決するならばよいだらうが、それでないと前線の将士がなかなかきかない」と語り、原田は「これは陸軍の常套語だ」と評釈している(『西園寺公と政局』第七巻、三六四―五頁、傍点丸山)。

(七) しかしグルーの祖国でも、戦後の国際的な冷戦の激化と、国内的な「赤狩り」・忠誠審査による恐怖の雰囲気の蔓延と共に、ルーズヴェルト時代のような強力なリーダーシップは減退していることを考慮すれば、この問題はヨリひろく大衆社会におけるリーダーシップの機能、さらには政治状況と政策決定過程との関連として追究されねばならない。しかし少くもここで対象としている時代においては、日米両国のこの点での対比はあまりに鮮かであったし、一般に大衆社会の進展と民主主義の発展との間の落差が大きいか、もしくは後者が形骸化しているところに、本文にいうような病理現象が生れ易いということはいえよう。

(八) 国務大臣と行政大臣の使い分けによる責任回避の典型として、昭和一四年八月の五相会議における板垣陸相の態度を挙げておこう。「原田日記」はつぎのように述べている。「結局陸軍の主張は、情勢の変化は(日独伊)攻守同盟を必要とする、しかし第一段として既定方針で行く、これができない場合は第二段で行く、即ち攻守同盟を結ぶといふことになるのである。総理（平沼）が陸軍大臣に対して、『一体陸軍大臣自身はどう思ふか』ときいたところ、陸軍大臣は『自分は一面において国務大臣であると同時に、他面においては陸軍大臣である。既定方針で行くことについては自分は国務大臣として無論賛成であるけれども、他面陸軍の総意を代表する意味において、第二段で行くことにも自分は賛成である』と答へた」（『西園寺公と政局』第八巻、四二―三頁）。

（九）岡田啓介は戦後の回想でこういっている。「それを（二・二六事件以後日本が一路戦争に突入したコースを指す―丸山）止めることができなかつたことは、重臣とかいわれていたわたしどもとして恥入る次第であるけれども、これは簡単には出来ないのです。……止めるのは力でもつてするほかはない。そうなれば内乱です。もし内乱となれば、国家の基礎少くとも維新以来の日本をつくり上げた根本のところにひびが入ることになる。わたしだけではなく、当時の責任の地位にある人たちが一番心配したのは恐らくこの点だつたと思います。……同じ敗戦にしても、日本が二つに割れることなしに、やはり一つの日本として、この不幸と艱苦を共にしえていることはせめてもの幸せではないかと考えられる。わたしはそれを思うと、やはり内乱に至らなかつた、又そうはさせなかつたことをよかつたと思うのです」（「二・二六のその日」「中央公論」昭和二四年二月、傍点丸山）。

たとい戦争による破滅を賭しても、「内乱」の危険（＝国体損傷の危険）だけは回避するということの考え方こそ、上述した既成事実への次々の追随を内面的に支えた有力なモラルであり、それは国体護持をポツダム宣言受諾のギリギリの条件として連合国に提出したその時まで、一本の赤い糸のように日本の支配層の道程を貫いている。

（一〇）たとえば井上日召と近衛、あるいは橋本徹馬（紫雲荘首領）や松井空華などと木戸との間の「奇妙な関係」のごとき。宮中某重大事件などで重臣を恐喝するのを常業としていた宅野田夫（政教社同人）が検挙されたとき、木戸日記は「足裏ニ飯粒ノツイタ様ナ存在」がとれた気がすると誌している（昭和八年三月三日）のは、下部の「無法者」に対する支配層の関係と感情とを見事に表現している。

（一一）上の三つの類型とその構造連関はそれぞれファシズム期だけでなく、日本帝国の政治的世界の分子式でもあった。したがってたとえば既成政党の内部構造についていえば、総裁は「神輿」的存在であり、総務や幹事長は党官僚として実権をにぎり、院外団が無法者の役割をつとめた。右翼運動は全体構造のなかでは無法者的地位を占めるが、その内部ではまたこの三者のヒエラルヒーがあり、たとえば頭山満などはいうまでもなく神輿的存在である。既成政党がこの三つの類型と別な独自の政治的人間像を打ち出しえなかったところにも、その民主主義的性格の稀薄さが窺われる。森恪などは党の地位は最高官僚であるが、その政治的足跡と機能の点ではむしろ無法者のそれに近いといえよう。彼が死の直前に「一生のうちで世界を二分することについて貢献し得たのは本懐だ」と語ったのは、無法者的な思考様式をよく示している（『森恪』八四六頁）。「無法者」は特定の社会の反逆者であると同時に寄生者であるという二重性格をもっており、一方ではその育った環境や文化のちがい――国民間のちがいだけでなく、一国のなかでも都市と農村、「上流」の子弟か下層の出身かというような相異――によって、その生活態度や行動様式にはそれぞれ異った特性があるけれども、他方ではまたそれを超えた著しい共通性が見られる。こうした無法者の「理念型」を定義することは甚だ困難であるが、一応次のようなメルクマールが挙げられよう。

(1)一定の職業に持続的に従事する意思と能力の欠如――つまり市民生活のルーティンに堪える力の著しい不足。

(2)もの（Sache）への没入よりも人的関係への関心。その意味で無法者は原則として専門家に向かない。向くとしても大抵はラスウェルのいわゆる「暴力のエキスパート」である。

(3)右の二点の裏側として、不断に非日常的な冒険、破天荒の「仕事」を追い求める。

(4)しかもその「仕事」の目的や意味よりも、その過程で惹起される紛争や波瀾それ自体に興奮と興味を感じる。

(5)私生活と公生活の区別がない。とくに公的な（あるいはザハリヒな）責任意識が欠け、その代りに（！）私的な、あるいは特定の人的な義務感（仁義）が異常に発達している。

(6)規則的な労働により定期的な収入をうることへの無関心もしくは軽蔑。その反面、生計を献金、たかり、ピンはねなど経済外的ルートからの不定期の収入、もしくは麻薬密輸などの正常でない経済取引、によって維持する習慣。

(7)非常もしくは最悪事態における思考様式やモラルが、ものごとを判断する日常的な規準になっている。ここから善悪正邪の瞬間的な断定や、「止めを刺す」表現法への嗜好が生れる。

(8)性生活の放縦。

むろんこれらの要素が化合する割合と程度には無限のニュアンスがあるので、現実の人間について絶対的な弁別は不可能であり、たかだかヨリ多い、またはヨリ少い無法者的性格を指摘しうるにとどまる。しかしこうした理念型の抽出の試みは、第二部で述べるようなファシズムの一般的なダイナミックスを、特定の国の特定の政治的状況に適用する際に有効である。たとえば共産党の党員構成において、ルンペン・プロレタリアートや各社会層の脱落分子の占める割合が、組織労働者や専門知識層に比して多くなればなるほど、一般に無法者的要素が濃くなり、その現実の政治的行動様式はファシストのそれと区別しがたくなる傾向がある。

以上の三論文はもっぱら戦争までの日本帝国の政治的イデオロギーと行動様式を分析の対象としているが、**四**以下は戦後の問題、あるいは戦前と戦後の関連を取扱っている。したがって**四**以下の論文は前半の論稿と視角の点では関連しながらも、当面の現実政治の問題を対象としているので、執筆当時の政治情勢や社会的雰囲気を前提にした状況的発言の要素が少くない。たとえば**四**の「**ある自由主義者への手紙**」（「世界」昭和二五年九月号）は、同年五月三〇日の皇居前広場における労働者と占領軍との衝突事件を契機とする六月二日の集会・デモ禁止命令、同三日の五・三〇事件に対する軍事裁判（重労働一〇年ないし五年）、六月六日の共産党中央委員二四名の追放など占領軍による一連の「左翼」への弾圧と、それに引続く朝鮮戦争の勃発（六月二五日）後の国内の政治的および思想的パニック（マッカーサー指令による七万五千人の警察予備隊の発足、共産党幹部への逮捕状、七月二八日新聞放送関係を皮切りとする官庁・民間産業・教育機関などへの大規模なレッド・パージ旋風の開始）という情勢を背景としており、それがこの論の調性を決定している。しかし自分としては、いわゆる時事論文というよりも、時事問題を通じて、現代日本政治にたいする、ヨリ広くは政治過程一般にたいする基本的なアプローチの問題を提示したつもりである。ただ残念なことは、これに対応して国際政治状況に対する基本的な考えの発表を第四論文の末尾に約束しながら果せなかったことである。これは恰も朝鮮事変勃発後の情勢に対処するため、私の所属する「平和問題談話会」がその年の後半に数次にわたる共同研究会をひらき、その成果を「三たび平和について」と題して「世界」一二月号に発表したが、その中の国際政治に関する部分の原案起草に当ったためにエネルギーをそちらに注いだこと、しかも間もなく翌二六年早々から私は肺患に冒されて長期の療養を余儀なくされたという事情に由る（関心を持たれる方は、右報告中の、第一章「平和問題に対するわれわれの基本的な考え方」及び第二章「いわゆる二つの世界の対立とその調整の問題」を参照されたい）。

五の「**日本におけるナショナリズム**」は、「中央公論」が昭和二六年新年号で、日本のナショナリズムに関する特輯を行った（なお、この特輯は戦後において代表的ジャーナリズムが比較的まとまった形でこの問題を取扱った、もっとも早い試みの一つではないかと思う）際に寄稿したものであるが、その由来は「太平洋問題調査会」（Institute of Pacific Relations）が一九五〇年にインドのラクノーで「アジアにおけるナショナリズム」をテーマとして催した国際会議に提出したペーパーに遡る。このペーパーはネルーやマクマホン・ボールその他の演説や報告と共に、『アジアにおける民族主義』（岩波書店刊行）の中に収録されているが、それは日本の調査会の研究会における数回の討議を経て私が執筆したもので、とくに戦後の部分に関しては、研究会の木下半治氏はじめ他の委員から提供された資料を基にした叙述が含まれている。そこで、そうした叙述的部分をきりすてて、全体を私の観点からする分析を中心にして書き直したのが本稿である。

六の「現実主義の陥穽」（「世界」昭和二七年五月号）については、病床での執筆であることを一言するにとどめる（なお、本書の旧版には、ほぼ同期の所論として「恐怖の時代」と「講和問題に寄せて」という小稿が第一部にあったが、増補版では本書の論文取捨の基準と全体のバランスとを考慮して省くことにした）。

これらの所論のうちでも、とくに「ある自由主義者への手紙」は発表直後に色々の反響を引起し、林健太郎氏が「非批判的批判」（同氏の言葉――「世界」同年一〇月号）を書かれたのをはじめ、松村一人氏は「自由主義者の態度」（「人間」昭和二五年一一月号）と題し、また高桑純夫氏は「片隅の自由は敗北に連なる」（「人間」同一二月号）と題して、それぞれ私と林氏の見解に対し、評価と批判を表明された。それらの批評にはそれぞれ貴重な教示が含まれており、はなはだ遅まきながら右諸氏に対して厚く感謝の意を表したい。ただ批判を蒙った諸点のなかには、私の表現の不足から来る誤解や、行動様式からのアプローチの意味が十分に理解されていないところから、（少くも私には）的外れと思われる解釈があったようである。といって今更ポレミークを蒸し返すのは、諸氏にとっても迷惑であろうし、またそうすると、私が今日抱いている見解を不当に当時の私の見解に帰属させる結果になりかねない。そこでポレミークという意味でなく、一つは読者が右の諸論文をできるだけ私が他の機会に表明した考え方と関連させて文脈的に理解される便宜のために、また一つには、第一部の戦後部分の量的な貧しさをいくぶんでも補うために、これらの所論に重要な関連をもついくつかの問題を、私が過去のほぼ同じ時期に参加した座談会での発言を摘記しながら補説することとする。

第一に、私が第四論文で、共産主義と（英米的）民主主義の対抗という図式をもって現代日本の政治状況を理解することの公式性を指摘し、行動様式と人間関係の民主化を押しすすめ、もしくはチェックする政治的ダイナミックスを分析の中心課題に据えたこと、とくに大衆的規模における自主的人間の確立が、西欧社会と比べて相対的に「左」の集団の推進力を通じて進行するというパラドックスを提示したことは多くの議論を呼んだ。ここで民主化というのは西欧的、市民的意味でいうのでソ連的なそれをさすのでないといったのは、どこまでも行動様式やモラル（人間関係）における共同体的（フィクションとしての家族主義的あるいは同族団的結合も含む）規制からの解放が課題であるという意味であって、民主主義の西欧的制度や機構を問題にしているのではないし、歴史的段階として西欧の近代をすべて経過しなければならぬというような主張をしているのではない。同年（昭和二五年）一一月号の「基督教文化」における「ニーバーの問題点と日本の現実」という座談会でも私はこう言っている。

「西欧的自由という一つのアイディアというものが西欧社会に体現されていて、それとまったく対立したアイディアがコンミュニズムの世界に体現されている。こういうふうに観念的に見ていいかどうか、……アジア社会、例えば中国においては非常に逆説的な言い方ですが、コンミュニズムというものが、歴史的にはブルジョアジーが西欧的自由を打立てていった、それと同じダイナミックスを東洋の現実の中で実現しているということもいえるのではないか。もちろん西欧的自由と同じものをつくっているとか、その段階を経過しなければ次の段階にいけないといった図式的なことを言っているのではない。僕はロシア型の共産主義が、モスコーから遠心的に世界的に普遍化していくということは決して信じません。しかしながら東洋のような、いわゆる後進地域ではウエスタン・デモクラシーそのままが植付けられるのではなくして、西欧的自由によって人格が解放されていったその歴史的過程というものが、ここではヨーロッパにおいてそれを担った力よりもはるかに、〝左〟の力によって行なわれているし、また行なわれざるをえないという歴史的状況にある。」

つまりアソシエーション（近代的結社）の力がコンミュニティ（伝統的共同体）への緊縛から解放された自主的な人格を創出するという過程は東西とも基本的に共通するが、アソシエーションの歴史的具体的内容やその階級的基盤は東洋と西洋とで全くちがうというのが私の考えなのである。むろん東洋といっても日本と中国は同日に論じられない。同じ座談会で私は、「中共が政権掌握に成功すると何んでもかんでも中共中共で、日本と中国の社会進化のちがいとか階級構成などの上で、中国の（革命の）型をどれだけ日本に類推できるかということについてはほとんど突込んだ反省が行なわれていない。」

「中国の場合は比較的簡単で、現実問題として中共以外に中国を近代化する主体的力はないし、また中共にはそれだけの実力があると思うのです。けれども日本は中国とも歴史的条件がちがいます。資本主義の発展にしても中国とはちがって、とにかく一応世界的水準まで達した独占資本を持ったし、技術的レヴェルもはるかに高度です。と同時に他方では農業のようにきわめてプリミティヴな生産様式が残っている。日本は中国とちがって、ほぼヨーロッパに似た封建制をもったという点、歴史的発展段階から見ても、もっとヨーロッパ社会に近い。それだけ問題が複雑です」。したがって「東洋社会ではコンミュニズムの力によって却って近代化が遂行されていると僕が言った意味は、コンミュニズムが、あるいは共産党が必ずヘゲモニーをとって、共産党独裁政権をしいて、それが主体となって近代化するといったような意味で必ずしも言っているのではなくて、つまり共産党というものが推進力になるという意味で言っているのです。その推進力の度合いがどの程度かということは、また東洋社会の各民族によって非常にちがう、中国と日本はまさにその点でちがうのじゃないか、中国とロシアとがちがったように。中国の場合だって現在の政治形態は連立政権ですね、かなり広範な社会的グループの参加を得なければ革命ができなかった。日本の場合なんか中国の場合よりももっとそういうことが言えるのではないかと思います。そういう意味で共産党が近代化のひとつのファクターになる、そのファクターとして欠くべからざるもので、日本などでそのファクターがなくなれば、たとえば労働運動にしろ、社会主義運動にしろ、まさにニーバーの言った意味での底の知れない機会主義と妥協とに陥っていくと思うのです。それを絶えず鞭撻し批判していく力としてコンミュニズムというのはやはり欠くべからざる力なのじゃないかというふうに思うわけです」と述べた。なお、中国革命が郷紳支配と宗族主義を覆したことによって、「原子核を破壊するように」数百年閉じこめられていた巨大な社会的エネルギーをはじめて解放したことについては、この頃ハーバート大学のジョン・フェアバンク教授から、また中国と日本の近代化のちがいについて竹内好氏から、それぞれ示唆されることが多かったことを誌しておく。

　この日本の特殊な世界的位置ということが「日本におけるナショナリズム」でも提起した日本の歴史的進化のパターンということにつながるわけである。やはり昭和二五年の八月に「展望」の「被占領心理」という座談会では、日本の歴史的位置づけについて、「政治的に言っても、アメリカという国は封建社会なしに、いきなり近代社会から出発した。ところがソ連はごく雑に言えば、西欧市民社会を経ないで封建社会から一足とびに社会主義社会になってしまった（封建社会というのはむろん厳密な社会構成体としていっているのではなく、市民社会的な政治慣行と文化様式をほとんど経験していないという意味である――雑誌後記）。そういう意味でアメリカではともすると近代社会を絶対化し永遠化する傾向があって、近代社会の持っている危機なり矛盾なりに対して盲目になりがちだ。それに対してソヴェートはおよそ市民社会的なものを、西欧的とかブルジョア的とかいって頭から退けてしまう傾向がある。だからこの両雄が真正面から対峙すれば、一種の思想的な絶対主義と絶対主義とのぶつかり合いになる危険が非常に多い。そこで、この二つの国の間に狭まれていて、近代化と現代化という問題を二つながら解決することを迫られている日本の立場というものは、世界史的に見れば非常に重要な意味を持っているのではないかと思う」と言っている。むろん右のような見解にもさまざまの疑問があろうし、またここまで問題をひろげると巨大すぎて、これだけでは少しも具体的な答えになっていない。しかし少なくも私が「前近代性」や「封建性」ということを日本社会解明の deus ex machina にしていたわけでないことは以上の発言からも理解されよう。第四論文でのべたような伝統型行動様式も、戦後の巨大なマス化の衝撃と地方政治構造の変貌によって、以前のような支配関係との対応性を失っており、その政治的機能もまた多様化している。その過程を追跡しないことは第四論文の欠点であるが、伝統型の分解が直ちに新たな型の行動様式への転化を意味しない（一見新たな自我意識と映ずるものも実は部落の共同体的行動様式の一側面をなしていたエゴイズムの肥大現象である場合が少なくない）ところに依然として大きな問題が残されているので、これを体制論や機構論の規定からくる近代か前近代か（あるいは、独占資本か封建遺制か）というような問いと混同してはならないであろう。

次の問題は「日本におけるナショナリズム」の末尾で論じた戦後ナショナリズムの問題、とくに、戦前のような構造と機能をもったナショナリズムが日本の支配層によって大規模に復活される条件および可能性がどれほどあるか、ということである。これについて私は昭和二八年一〇月の「世界」における「民主主義の名におけるファシズム」という討論で比較的詳しく私の見解と見透しを述べていた。

「ファシズムやファッショ化との関連において、いつも問題にされる今後のナショナリズムの動向についてですが、つまり、いま都留さんは国家社会主義というようなイデオロギーや力が、日本の対米従属性からいえば、その従属によって利益をうけない資本の要求や不満を反映して出てくるのではないかという問題を出された。日本全体の情勢として見ると、ナショナリズムが、しかも反動的ナショナリズムが、今後確かに抬頭してくると思う。しかしその構造は戦前とかなりちがうと私は判断します。第一は、――結論的に言うと――今後の反動的ナショナリズムはホーム・コンサンプション（国内消費）を第一目的とするものであって、戦前のような対外輸出面は後退するということです。その頂点は、どうしてもインターナショナルな力につながらざるを得ない。そういう意味ではかつての日本帝国主義とちがって、日本が独自の経済力や軍事力で、従ってそれに裏付けられたイデオロギーをふりかざして外に向って膨脹発展していくという地盤がないと思う。八紘一宇的なナショナリズムは頭打ちにならざるを得ない。それは対米従属という厳粛なる事実に規定されざるをえないからだ。さらに、アメリカが、その政策の必要から今後日本を反共防衛体制に組入れていく過程においては、ニュージランド、濠州、フィリピン、南鮮その他にまだ根強い、日本の戦前のナショナリズムや軍国主義の復活に対する恐怖と警戒心とのバランスを考えなければならない。その意味からいっても対外的なナショナリズムの復活には大きなわくが加えられると思う。従って今後の日本における反動的ナショナリズムの構造として、頂点はインターナショナルなもので、底辺がナショナリズムという形をとるのじゃないでしょうか。底辺のナショナリズムは、いうまでもなく近代的ナショナリズムではなく、家父長的あるいは長老的支配を国民的規模に拡大した戦前ナショナリズムの変形で、これによって、国民の漠然としたいまだ組織化されていないナショナルな感情を吸い上げていく。しかもそれが危険な反米という方向にいかないようにすることが必要である。そのためにはどういう手段が保守勢力によってとられるかというと、――これは予測の問題ですが――例えば現在ある程度現われている古いナショナリズムのいろいろなシンボルの中で、直接的積極的には政治的意味をもたないシンボルを大々的に復活させることです。たとえば村のお祭りとか、神社信仰の復活。その神社も国家神道という形であれば直接政治的になるが、そうでなく、ただ町村の神社やおみこしを再築するとか、祭礼や儀式を盛んにするとか、そういう形をとる。修身、道徳教育の復活もその一つだと思う。その際にも露骨な国体思想や神権思想はカットし、もっと日常的な徳目のような形で、日本古来の淳風美俗といわれる家族道徳や上下服従の倫理が鼓吹される。それから芸術娯楽面における復古調、たとえば生花、茶の湯からはじまって、歌舞伎、浪花節に至るまでいろいろあります。これらの現象はいずれも直接的には政治的意味をもたない。しかしながらこれらは、一定の状況の下では間接的消極的に非常な政治的効果を発揮する。いずれも戦前の日本にたいするノスタルジヤを起し、その反面、戦後の民主主義運動、大衆を政治的に下から組織化していく運動に対する鎮静剤、睡眠剤として、非常に大きく役立つということですね。いいかえると、大衆の関心を狭い私的なサークルのなかにとじこめ、非政治的にすることによって逆説的に政治的効果をもつ。その場合一つ一つをきり離してとりあげると、目に角をたてて問題にするというほど重大な問題ではないし、また皆が皆それ自体が本質的に反動的とはいえない。しかしもっと大きな文脈との関連では、その一歩一歩が民主化に対するチェックとして働く可能性をもっている。そこが又つけ目で、お祭りを盛んにしたって何が悪い、長上を敬えというのは立派な道徳じゃないかというふうに、全体や周囲の関連と切り離して、一つ一つ浸透させていく。結局お祭りの寄附という過程を通じて顔役の組織が固められ、祖先崇拝という形で、本家支配や、家長の統制が強化され、生花など『婦道』の習得という過程で紡績女工の組織化にブレーキがかけられる。ところでこういうふうに主として国内消費にあてられ、しかも直接的積極的に政治的意味をもたないシンボルとしてすれすれの限界点に立っているのが、皇太子のおひろめだと思います。皇太子だからいくらかついでも天皇崇拝にはならない。また一応すねに傷がないだけに対外的にもショッキングじゃない。天皇をもちあげる代りに皇太子をもちあげるというやり方は、政治性と非政治性の限界点に立っているだけにデリケートだけれども成功すれば最大限の効果がある。さらに国内消費用という限界内では、反米感情もある程度利用を辞さないでしょう。とくにこれは占領政策の行き過ぎを是正するという形をとる。アメリカが日本の風習に合わない制度文物を押しつけたということに対する非難も、国内消費用の限りでは大ぴらに許す。ただ問題は反ソ、反中共感情をあおるという点で、やはり今後の反動的ナショナリズムは対外輸出面を持つんじゃないかということです。その面はむろんあると思います。けれども、そうなるとどうしても国際的な諸問題を大衆に説明しなければならないし、ナショナリズム感情を国際的視野に拡げるという結果になる。そうなると、はたしてそれが支配層の希望するとおり、反ソ、反中共感情に止まっているかどうか。返すやいばで反米思想になる危険性が強いのじゃないか。そこで反ソ、反中共感情をあおることもむろんやるだろうけれども、むしろそれは直接に反ソ、反中国というより、やはり国内の反共、ないし反労働運動が第一の目標で、いわゆる間接侵略の『論理』を媒介にした間接的なものじゃないか。非常に直接的な露骨な形で反ソ、反中共感情をあおる行き方は、支配層にとって限界があると思う。米軍基地が国内に七百もあり、その周辺で御承知のようないろいろな問題が頻発している現状では、ナショナルな感情を国際的視野にひろげて、しかもそれを一方的に反ソ、反中共の方向にくぎ付けするということは非常に困難だと思うのです。つまり政治的支配勢力の国際的条件への依存性が戦前よりはるかに強くなったため、国内の政治経済の動向は、ちょっとした国際的事件によって敏感に衝撃を受けざるを得ない。朝鮮戦争が始まる前と後で、どんなに変ったか、休戦の報道の衝撃がどんなに大きかったかということを見ても明らかであります。それと日本の支配体制自体の戦後の変動のために、支配層ないし反動勢力の用いる政治的象徴は、以前のような全一《インテグリティー》性を喪失してしまった。戦前には、公的な天皇制のイデオロギーと、私的な家族制度のイデオロギーとが、万世一系と忠孝一致の神話において直結していた。さらに国内的なヒエラルヒー（階層秩序）を国際的に押しひろげるという形で、国内統治と世界政策とが直結していた。ナショナリズムの意識の面で最も根幹となる使命観を見ても、戦前では東洋の精神文明と西洋の物質文明とを日本の国体において綜合するという全体的な構造をもっていた。むろん断っておきますが、それは戦前の皇国イデオロギーが論理的統一性をもっていたということではないのですが、いわば情緒的な統一性があった。ところがこういう形のインテグリティーは戦後においては求むべくもない。そのため支配層やそのイデオローグの用いる政治的象徴が極度に断片化し、こま切れ化した。岡崎さんの外交はその都度外交といわれるけれども、そういう意味では、その都度シンボルであり、従ってその都度ナショナリズムにならざるを得ない。つまりある具体的な問題が起ると、それに対応するのに差当り必要なシンボルは、古いものでも新しいものでも無統一に動員してくる。だから相互の矛盾撞着が至るところに起る。『民主主義』も日本古来の淳風美俗も、英国の紳士道もアメリカの開拓者精神も、都合に応じてかつぎ出される。ちょうど武道の達人によって率いられる『新国軍のキソ』たる保安隊がGIとそっくりの服装と装備をもち、幹部がアメリカまで行って訓練をうけるという事態に象徴されるようなアイロニーがイデオロギー面でもあちこちと出ている。だから例えば家族制度の復活を大っぴらに説く保守代議士も『ただし個人の尊厳と男女の平等に矛盾しないように』と註釈を加えざるをえない。その意味で、さっき底辺が古いナショナリズムといったけれども、その底辺のナショナリズムも昔は昔なりにもっていた統一性がなくなって非常に奇妙な複雑な形をとっています。」

それでは次に「第一次大戦後のナチの運動のように、一応新しい形の、大衆を下から組織化するファシズムが出て来る可能性はどうか」という点については、「たとえば現在でも右翼運動のなかに反米、反ソの両面をもち、社会主義的なプログラムを掲げたナショナリズムの動向がありますね。さらに労働運動のなかにも反米、反ソの社会ファシズム的な動きもあります（いわゆる第三勢力論のなかには、両体制共存の立場に立つものと、両体制の衝突を前提として、それに対する第三勢力の結集を唱えるものとが混在している。ここでいうのは後者である）。しかし遠い将来はいざしらず、差当っての見透しとしては、こういう運動の成長には一定の限界があるし、ある程度大きくなると早晩分解するだろう。そして、国際的には対米依存的、国内的には反共一本やりで、現実的には労働戦線切崩しに立働く下請ファシズムになるか、あるいはもっとアジアのナショナリズムと共通したようなものになるか、それともハッキリ共産主義運動と合流するか、いずれにしても早晩分解する運命にある。反米、反ソという形のままで、新興の政治団体が急速に勃興しナチスの場合のように既存の政治力を覆えして権力を掌握するという条件は当分ないと思う。そういう意味では日本のファッショ化は、基本的には上から、自由党なり、改進党なり、既存の政治権力を主たる担い手として進行するという形をとるだろうという予測なんです。」

ここで上から煽られる反動的ナショナリズムが主として国内消費用であると規定したことは、この討論でも都留・辻両氏から問題や質疑が集中した。むろん国内消費用ということは、どこまでも反動ナショナリズムの用途と目的についての話であって、国際問題がその内容に入ってこないという意味ではない。日本をめぐる国際政治の状況を反動的ナショナリズムのスローガンに利用する場合にも、国内の教育政策や労働政策における「赤」の封殺や体制への統合自体がさしあたりの主目的になる（戦前まではどちらかといえば逆にそうした国内統合は対外侵略のための前提であった）わけである。

都留氏が提出された、戦争による失地回復のスローガンが反共と結びついて、ソ連ないし中共にとられた領土を奪回しようという動向となって出て来ないかという問題に対して、私は大略次のように答えた。「それはある程度あると思うのです。それを決して軽視するわけではないけれども先ほど申した通り、そういう明らかに国際政治的意味をもったナショナリズム運動の拾頭は、現実政治の上でも、イデオロギー面でも、頭打ちにならざるをえない。たとえば千島、樺太の問題を提出すれば、半面どうしたって沖縄の問題が出て来る。さらに遡って日清戦争は帝国主義戦争じゃなかったじゃないかということになれば、台湾の領土権問題だってあるいは出て来るかも知れない。そこはなかなかデリケートだと思うのです。第一、よその領土に眼を向ける前に、内地の無数の治外法権の地域はどうなんだといわれると、そういうスローガンだけでは説得力が弱いんじゃないか。かつてのような植民地を持つ巨大な帝国になればともかく、そうでない限り基本的には政治的経済的にアメリカに従属しているわけですから、対外的には一方だけにナショナリズムを適用して、他方に適用しないという形にならざるをえない。そういう形ではある程度発展するだろうけれども、それは不完全ナショナリズムだから、やはり不完全ナショナリズムとしての限界があると思います。……MSA問題でも、NHKの街頭録音で、改進党の代議士がいうのを聞くと、MSAを、アメリカの占領政策、さらに遡れば広島・長崎に対する原爆投下など日本の国民に対して犯したもろもろの罪科の賠償としてとればよいじゃないか、ということを言うのです。これがある程度うけるのです。MSA『援助』の使途が日本の自由になるものでもなければ、それで出来るそこばくの軍備にしても、基本的にアメリカの戦略目的に従属させられることは、都留さんなどのすでに指摘されている通りなのです。ところが国内宣伝用には、アメリカから大いに金をとって、日本が強大になればよいじゃないかというふうに宣伝するわけです。そういう意味では、やはり主として国内消費用です。国際的規模において考えれば、全然そういう自主性はあり得ない。李承晩ラインの問題にしても、韓国輩になめられるのも軍備がないからだという具合に、再軍備を煽るためにあちこち利用されているが、日韓関係がある程度を越えて緊張すれば、アメリカが出てきて調停せざるをえまい。だからどうしても対外的なナショナリズムやショーヴィニズムを発揚させる行き方は、ある程度で頭うちになる。」

　しかしイデオロギーとして又、運動としては頭打ちになっても、国内経済上の困難、人口問題の圧力などからして、日本がアメリカからいろいろの餌をぶらさげられて海外（主としてアジア大陸）に出動する危険性はどうかという現実的な問題は残るわけである。これに対して私が答えたことは、

「仮に今いったような事態が起っても、アメリカのひも付き出兵ということが誰の目にもハッキリしているから、ナショナリズムのロジックで国民の精神動員をやることはむずかしい。下請けナショナリズムというのは言葉の矛盾ですから。むしろ広く国民が反動体制のなかにまきこまれる可能性については、現実に日本経済の軍事的編成が進行して、ますます多くの国民が軍需生産なり、保安隊の物的人的需要なり、あるいは基地周辺のサーヴィスで生きていくという、のっぴきならない事態に陥ちこんでいくということが一番大事な点だと思いますね。つまり反動的ナショナリズムや軍国主義のイデオロギー面は、さきほど申しましたようないろいろの脆弱性があって、いかに教育やマス・コミュで注入しても、到底かつての日本帝国の教化のような成功は収められない。だから国民を自発的能動的な協力へ動員することは昔よりずっと困難だ。ただ、この前の経済学者の方々の座談会でも問題になっているように、始めは日本経済の危急に活を入れる手段として始められた兵器生産が段々既得権益になって、逆に国民経済が兵器に依存するようになる。保安隊が拡大すればそれだけ農村の相対的過剰人口のはけ口としての意味が重くなる。基地から落される金で喰いつないでいく人間もふえてくる、ということになれば、その既成事実の重みが結局多くの国民をひきずっていくことになる。その際、象徴やイデオロギーの浸透力は低下しているから、勇躍してついていくのではなくて、どうも現実にこれより仕方がないという気持でしょうね。だからそこには、どうしても虚無と頽廃が色濃くまつわることになる。」

　結局、戦後の日本政治の精神状況を支配層の体制把握力という点から見て、私がこの討論で出した一般的な図式は、「一方では権力が戦前のような多元性から統合化に進み、しかも他方ではイデオロギーは戦前のような統合性を失って、ますますこま切

れ化しつつある。権力と象徴がいわば一種のシェーレ（鋏状差）を描いている」という点にあった。そこからして、支配層の反動化の方向として当時私が指摘したことは、(イ)国民の日常的政治活動の封殺ないし選挙法の人為的改正による議会政治の形式化、(ロ)「民主的自由」の概念の再定義を通じての劃一化、(ハ)警察及び「軍隊」のニヒリスティックな暴力機構化ということである。すなわち(イ)については、とくに議会主義か暴力革命かという二者択一的問題提出が、現実の認識としても、また処方箋としても妥当でない点を次のように述べた。

「議会の軽視ということは非常に危険な考えです。と同時に、議会主義か暴力革命かといった問題の提出の仕方も観念的だと思う。議会政治は、民主的なプロセスを通ずる決定という原則が、社会的基盤として存在して、その上部構造としてはじめて意味がある。ただ制度としてだけの議会は、それ自身、実質的には民主的自由を抑圧する役割を果すことだってありうる。たとえば本来の意味からかけ離れた多数決主義、即ち多数決万能によって、議会、政党という制度の存在を前提としながら、実質的に画一化、翼賛化が進行していく可能性もある。『自由世界』の看板からいっても、何年間に一度の選挙の投票権利を剝奪するということは議会政治の建前上当然できないとすれば、反動勢力は正にルソーの有名な言葉を逆用して、国民の政治的権利の行使は投票日に行って投票する権利だけで、それ以外の政治行動は議会政治下においてはあるべからざる『暴力』だ――こういう考え方で、国民の日常的な政治活動を封殺していく。形式的な選挙のメカニズムというものは保存しながら、その結果を『国民の意思』に等置するというフィクションで、体制への黙従を推し進めるだろう。それにもかかわらず現在の体制に反対の政治勢力が強くなってきて、相当数議会に進出してくるという恐れのある場合、しかもそれがただ反対するだけでなく、現在の体制を変革する危険性があるときは、フランスやイタリーで既に行われたように、選挙法を人為的に操作するやり方をとるだろう。だから大事なことは、どうしたら議会ができるだけ国民のいろいろな要求や意見をすくい上げる機能を果すようになるか、また、それでも十分に議会に反映されないエネルギーをどうしたら合理的に組織化できるか、ということを真剣に考えることで、それが議会政治を国民から遊離させない途じゃないか。でないと、上っ面だけ見て、あたかも自由な討議と説得という原則が中央から末端までの現実の政治過程のなかで行われているような錯覚と幻想に陥る。国会はともかくとして、国民生活と密着した下部へ行けば行くほど、実際は、暴力と脅迫と詐欺による決定が、大衆の無関心と結合して、『合意による政治』のような体裁で通っているのが現状だ。これをどうつき崩して行き、大衆の下からの自発的行動と能動的批判のルートを塞がぬようにするかが問題なので、議会主義か否かというオールタナティヴ（二者択一）が現実に日本に存在しているようにいうのはおかしい。」

ここで予測した「選挙法の操作」はやがて数年を出ずして小選挙区制によるゲリマンダリングの試みとなって現実化した。

(ロ)の自由の再定義については、「支配層の今後の動向をトする上に、まだ一つ注意すべきことがあるように思います。一般大衆に対しては、私生活への封じ込めと、こま切れになった旧いシンボルで釣って行くが、ある程度以上の政治意識をもった層に対しては、やはり『民主主義』のシンボルで押さざるをえない。そこでこのシンボルを特定の意味に限定して行く方向がとられる。これは現在、アメリカで進行している過程ですけれども、日本でも今後ますます行われるでしょう。それは『民主主義的自由』という考え方を漸次限定して行って、国民の意識なり思想を規格化し、画一化して行くことです。元来英米流の民主主義は、そういう思想なり言論なりの面における多様性の尊重、多様性を通じての統一ということが前提になっている。ところが『民主主義』が自己を積極的に実現して行くという方向でなく、『民主主義』の名において『民主主義』の敵を排除するということが第一の主要な課題になって行く。異端の排除すなわち民主主義的自由と考えられてくるということです。異質的なものを排除するというプロセスを通じて——例えば左右独裁を排除するという名目の下に、実質的にはヴァラエティをなくして正統化された思想に画一化していくわけです。個々の政治家なり政党なりの批判は許しても、体制自身の批判はタブーになる。現在のレジームに対しては讃美の自由しかない『自由』、同質化された、同じ考えのものだけ言論の自由を許すという自由のタウトロギー化です。こういう風に自由を『再定義』して行く行き方は、マッカーシーイズムに最も露骨に現われていますが、あれほど露骨でなくとも、アメリカも日本も多少ともそういう方同に進んでいる。」つまり一方では自由を私生活へ封じ込めると同時に、他方、「政治的自由それ自身を正統化するという問題があるわけです。本来オーソドックスという考え方は自由主義の建て前に反する。ところが忠誠審査ということは、正統的なものを予めきめてかかる考え方の上に立っている。言論の自由、思想の自由というのは、いわゆる形式的自由で、何が正しいかは、言論・思想の市場での公平な自由競争を通じてきまって行くという考え方だ。ところが、たとえば自由の内容は『自由企業』だ、自由企業が民主主義の精髄だというふうに、自由の内容が限定されて来る。それに反対するものは自由一般に反対するものであるという形で、異端を排除して行く。そして大衆には非政治的な自由——非常に狭い私生活の享受ということに自由を限定するやり方です。」

なお一般的に現代自由主義の「正統主義化」という問題に関しては、四八年（昭和二三年）九月の雑誌「思想」に書いた「思想の言葉」で触れておいた。また、「私生活への封じ込め」が現代型のアパシーと照応する点については、本書「第三部」の「政治権力の諸問題」参照。

念のため附言するが、自由の私化（privatization）ということは、「超国家主義の論理と心理」で述べた、近代国家における私的自治（Privatautonomie）の原則と混同してはならない。思想・信仰・言論等々の自由が「私事」として、その不可侵が国家権力によって承認されたことは、近代国家における市民の公事（public affairs）参与の前提条件をなすものであり、公権力の具体的な行使が私的自治を伸長するか抑圧するかということが、市民の権力への監視の基本観点になっているのが、ノーマルな市民的デモクラシーのあり方なのである（その意味でそうした「私的」な関心を基盤としない滅私奉公的な政治「翼賛」はなんら本来の民主主義的な公事参与ではない）。これに対して、ここでいう自由の「私化」は、狭い日常生活、とくにその消費面への配慮と享受に市民の関心が集中し、そうした私生活の享受が、社会的政治的関心にまで高められない状態、またはそうした上昇をチェックしようとする動向を指すのである。市民のこうした「狭い個人主義」の傾向が政治権力の専制化と矛盾せず、むしろしばしば補完しあう関係に立つことはすでに、A・トクヴィルの古典的著作『アメリカ民主主義』および『アンシャン・レジームと革命』において鋭く指摘されている。

(ハ)の警察・軍事機構の「純粋暴力」化の傾向については、保安隊（現在の自衛隊の前身）の精神的支柱の問題に関連して、同じ討論のなかで私は次のように述べた。

「今後の戦争は一面高度の機械戦であるとともに、他面ますます心理戦の要素が強くなるので、必ずしもイデオロギーや象徴の役割が低下するとは思えない。朝鮮事変を見ても、ある程度そういうことがいえるのじゃないかと思います。純粋の機械力の限界、純粋の物質力の限界ということです。朝鮮事変を持って来るのは、地理的環境の関係で問題があるかもしれないけれども、軍隊にとってイデオロギーが重要な要素であることには変りがないと思う。それは附け焼刃ではだめです。アメリカにしても、現在どんなに変質したとこで、やはり多年の伝統を背景にした『民主主義』というイデオロギーがある。現在の保安隊はどうか。ある旧軍人の話では、どうも『民主主義』では弱いので、やはり『郷土を守る』という郷土愛に訴えているということです。ところが郷土愛ということになると、全国くまなくちりばめられた米軍基地の存在と直接ぶつかって、このシンボルは弱くなる。自国民の基地反対運動に鉄砲を向けなければならぬというディレンマに陥るわけです。このディレンマが極度になると、高度に機械化された機構の中にある、精神的支柱を喪った人間の集団ということになって、ニヒリスティックな暴力機構になる恐れがある。保安隊の問題だけでなく一般的にいって、今後のファシズムは、嘗てのように非合理的なりに統一されたシンボルさえもなくなるから、その脆弱性を補強するものとして、直接に暴力的な要素が以前より以上に強く出て来ると思う。それだけ被治者の内面的精神的要素に訴えて行くという要素が稀薄化する。国民の抵抗を弱めるためには、大衆を私生活のはかない享受に封じ込め、無関心と逃避に追いやるほかなくなる。だから、国民意識の非政治化と、直接的な弾圧の強化が、戦前と比較した場合、今後のファシズム化の一つの特徴になるのじゃないかというふうに考えます。表面は非常に強化されて行くが、その反面、内部的には非常に弱い。」

もちろん、右の議論はナショナリズムが反動化する場合、ないしは日本支配層がファッショ化して行く場合の政治的諸条件を、統合手段や象徴操作における戦前との相異という観点から一般的に問題にしたのであって、決して、日本の政治が一路そうした方向にバク進するといっているわけではない。なおナショナリズムの概念や「ファッショ化」(fascization)の意味については

第二部の**四**を参照されたい。

＊　＊　＊

本書の旧版を出した前後から私は日本の思想史関係の仕事にふたたび精力を集中するようになっていたので、第一部の続きになるような、最近の日本の政治状況を対象とした分析からは足が遠のいてしまった。その意味では、安保闘争の高潮期に時事的な問題について集中的に書いたり、しゃべったりしたことは、（第三部の追記でも触れるように）私の学問的な関心方面の「自然の発露」ではなくして、むしろ心理的にはそれにさからって――評判の悪い言葉をあえてつかうならば――一人の市民として止むなしと「観念」しての行動の一部であった（したがって、なにか私の政治学の理論を――そのようなものがあるかどうかは別として――いまこそ適用し「実践にうつす」好個の機会として「魚が水をえた如く」活躍したというようなイメージで当時の私の言動を批判されたり、おだてられたりしたときほど、オヤオヤという奇妙な感じがしたことはない）。そんなわけで、取扱われた素材という点でも、執筆時期という点でも、この現代日本を主対象とした第一部は本書のなかでもとりわけ「古めかしく」なってしまった。旧版の追記で試みたように、さらにその後の講演や座談会での発言などをここに織りこんでみたところで、その程度では、このめまぐるしい日本の気候の変化を叙述するにさえ到底間に合わない。ただ、現代日本の政治的カルチュアに関して旧版以後、私の考え方をのべたものを強いて示せといわれるならば、「敗戦十五年目を迎えて」（都留重人・加藤周一氏との座談会、「朝日ジャーナル」昭和三四年八月九日）および「非西欧世界の近代化」（開高健氏との対談、同誌、昭和三六年六月一一日）の二つを参考までに挙げておく。戦後の「第三の開国」を制約した諸条件、天下泰平の底流における精神的空虚感のひろがり、非武装国家の意味といった問題についてそこでのべた意見は今日まで変っていない。（増補版附記）

七の「**戦前における日本の右翼運動**」は増補版に加った稿の一つである。元来、Ivan Morris, *Nationalism and the Right Wing* *in Japan–A Study of Post-War Trends*（Oxford University Press, 1960）に、著者の依頼によって書いた序文であり、著者および出版社の諒解をえて、ここに転載した。ただし、英文では、冒頭に憲法問題研究会の発会の際のエピソードに触れた部分（本書一八七頁から一九〇頁六行目まで）は、字数制限のためカットされたが、今回日本語で発表するにあたってこの部分を復活した。モリス博士の著述がもっぱら戦後状況を対象としているので、読者の理解の便宜のため、戦前の右翼ナショナリズムについて短い概括を冒頭に附したいという著者および出版社からの希望があり、それに基いて執筆したこと、およびなにより西欧の読者を眼中においていること、という二つの事情が、本稿の記述や構成を制約している。したがってその内容、とくに事実の叙述については、日本の読者には当然な知識として省いてよい部分が含まれている。しかしテーマが第一部の前半の諸論文と密接に関連しており、しかも最近の若い世代にとっては体験や関心という点だけでなく、知識という点からも、ここに取扱われている時代と出来事は（西欧読者層なみにとまではいわないにしても！）ますます縁遠くなっていることを考慮すれば、このような概括もそこばくの意味があるかもしれない。むろん概括といっても、見られるように、分析視角や評価は前記諸論文と共通しており、したがってその責任もどこまでも私個人のものであり、必ずしも戦前派の見解の最大公約数というわけではない。

＊＊＊

最後に第一部全体について一言しておこう。第一部は「現代日本政治の精神状況」と題されているが、むろんこれはそこで主として取扱われている主題とアプローチの視角の共通性からして、他の部との区別の目安に一応付けた標題であって、網羅的でなく限定的な意味に理解して戴きたい。第一部の焦点はいわゆる「昭和の動乱期」に当てられており、この時期に漸強《クレシェンド》からクライマックスに達したあと、急速に分散音《アルペジオ》へと崩れて行く日本帝国的精神構造の跡づけが一貫した関心事になっている。日本政治の問題に対するこのような焦点の当て方と関心方向の集中が分析の結果を終始制約していることは誰よりも私自身が意識している。とくにそれに「現代」という形容詞を附することは、昨日の忌わしい記憶を永遠の忘却の中に閉じこめようとする旧世代の立場からだけでなく、めまぐるしく転変する今日の世界に生きる人びとの感覚からいっても、異議を免れないであろう。ただ私にとっては、よかれあしかれ、そのような焦点と視角は自由な選択というよりもむしろ、自分の育った時代とくぐって来た経験からして、殆んど生理的なまでの内的要求によって決定されたものであった。そうして、私の体内に重たく沈澱している感覚からいうならば、「現代日本」がこれだけではないことは確かであると同じ程度に、これがまさに現代日本の問題であって、決して歴史的過去でもなく、況んや一場の悪夢ではない。個々の論文についてはむろん不満だらけであり、当時自分では新しいと思った構想も今読み返すとウンザリするほど陳腐な感じがするが、基本的な方向と視角に関する限り、私はいわば私の業として今後引続きこの途を歩むほかないと思っている。

　さらに一般的に言って、「現代日本」という際の現代の幅も、政治・法制・経済・文化それぞれのジャンルによって異るであろうし、政治の領域に問題を限定しても、機構論的な接近と「精神」の次元での捕捉とでは必ずしも一致しないであろう。いな、精神構造や行動様式をとり上げてもその中に幾重の層があって、その最深部は殆ど全く下意識の領域に属し、人びとが「世界」に対していだく表象・認識・評価とそれに基く行動によって、いわば先験的な座標軸をなしている。したがってそこには最も強靱な歴史的惰性が作用し、環境や制度の変革の衝撃がそこに到達するのはきわめて遅い（ソ連における個人崇拝の問題も一つはここに関連している）。それに対してヨリ表面の政治意識は、転変する政治的状況を比較的敏感に反映し、それに適応しながら変容して行く。したがって戦後日本の意識や行動様式が変ったとか変らぬとか論じたところで、どの次元の、どの成層で問題にしているのかということを抜きにしては意味がないわけである。一例を挙げれば、最近「群像」に連載されている、きだ・みのる氏の「日本文化の根底に潜むもの」は、氏が永らく住んでいる東京都の一隅の部落を例証にとって、日本の伝統的行動様式を解明した力作であるが、そこでは部落共同体の精神構造がほとんど超歴史的なまでの強靱さを以て日本文化のあらゆる面に特殊な刻印を押しているさまが興味深い筆致で語られている。むろんきだ氏の論理の運び方なり帰結なりには、社会科学者からは種々な異論が提起されようが、ともかく、日本人の思考と行動様式を最深の層で（といっても必ずしもフロイド的な深層心理の意味ではない）捉えようという氏の方向には、日本政治の本当の動機を知ろうとする者にとっても見過すことのできない意味をもっている。このような深層から、不断に変化する政治意識の上層までをあまねく視野に入れて、成層間の相互作用を探ることによってはじめて、今日の時点における日本政治の精神状況は全面的＝立体的に解明されるであろう。第一部の時期的に限られた考察も、さきにのべた政治行動の座標軸に着目している限りにおいては、必ずしも現代性を失わないのではないかと思う。

むろんここで取扱われていない最近の日本と世界の社会的および政治的な状況変化は、今日の政治意識に種々な衝撃を及ぼしているし、また戦後の農地改革やさまざまの「法律革命」の影響が、一〇年の歳月の間に国民生活の底辺に漸次定着して行き、それがようやく今日に、国民の政治意識上の顕著な転換をもたらしている。これも一例をあげるならば、昨年（一九五五年）の衆議院選挙と今年の参議院選挙の結果が如実に示したように、「新憲法」は今日相当広い国民層において一種の保守感覚に転化しつつあり、この微妙な変化を見誤ってもっぱら「押しつけ憲法」というスローガンに依拠していたことに保守政党の致命的な錯誤があった。こうした変化は何といっても最近の現象である。つまり「既成事実」の積重ねはこれまで主として支配層の政治的手段であり、革新派はその名のごとく多かれ少かれ抽象的なシンボルに訴えていたのが、次第に事態は変って、憲法擁護の旗印が（広汎な婦人層や組織労働者はもとより「太陽族」に至るまでの）日常的な生活感覚ないしは受益感の上に根を下すようになった。これは種々の世論調査によっても裏づけられている。基地反対闘争の場合を見ても、いまや双方の側での既成事実を造り出す競争になろうとしている。さらに基地問題の場合特徴的なことは、土への愛着や共同体感情のようなかつてのナショナリズムの構造的底辺をなしているものが、頂点（天皇制）との対応関係を失って、もっぱら私的＝非政治的なインタレストとして底辺に固着し、しかも巨大な国際的政治力がこの私生活の最底辺まで下降するにおよんで、今後は、日常的なインタレストを基盤とする抵抗が逆に下から、原水爆反対というような国民的規模での象徴にまで昇華して行く傾向を示していることである。そうして郷土感情を保守的シンボルに多年動員して来た権力の側は、むしろ逆に一旦外国ときめたことだからという抽象的立場

（その抽象性は行政協定自体の白紙委任状的性格によって倍化される）以外に、なんら具体的な説得の論理を用いえぬところに追い込まれている。むろん他方において、革新陣営もナショナリズムの積極的なシンボルの創出に成功しているわけではない。ナショナル・インタレストの明確なイメージと、それから生まれるプログラムを保守・革新双方とも持ちあぐねている点に、現在の日本の政治的真空状態が象徴されている。そのことを端的に示すものとして、国際政治の水準と日本の「政界」の水準との落差が、今日ほど大映しに国民の眼に写し出されたことはない。しかも国際政治と国内政治がこんなにも切り離せなくなってきた今日に！　毎朝広げる新聞には、エジプト・近東・東欧諸国における、ほとんど第二次大戦にも匹敵するような世界史的な事件とそれをめぐる各国の指導的政治家の慌ただしい動向が報道されているその同じ紙面に、総裁後継者をめぐる保守党内の――当事者以外は殆ど理解できない複雑怪奇な――派閥間の抗争と取引が延々と「解説」されている。この紙面自体の表示するアイロニーにもまして現代日本の政治的状況を浮彫りにしているものはなかろう。しかもこうした落差は程度の差こそあれ革新政党にも共通している。社会党は依然として、逆ピラミッド型の組織形態（国会において最も優勢で国民の底辺に下降するにしたがって末細りになる）を脱していないし、共産党は――本来超近代政党である共産党が相対的に最も近代政党に近い組織形態を具えていたところがまた日本政治のパラドックスの一つなのであるが、――打続いた内部抗争と指導の錯誤によって、幹部と下部党員、さらに党と大衆団体とのギャップが甚しくなり、今日ではそれ自体一つの小さな「逆政界」を構成しているにとどまっている。政党が本来の政治的機能を果していないために、労働組合など元来経済闘争を建て前とする団体や新興宗教団体がその真空を埋め、さらに「子供を守る会」とか、留守家族の組織のような、社会の最底辺で組織された応急的な集団が圧力団体《プレッシャ・グループス》の役割を演ずるという風に、一段ずつ機能集団の役割がズレているのが現代日本の状況である。したがってふたたび新聞紙面を例にとれば、政党がこのように左右とも遊離し、とくに体制政党によって構成される「政界」の関心事が本質的に私的＝非政治的な事柄で占められる結果、――そうして日本の新聞社の「政治部」は正しくは「政界部」と呼ぶのがふさわしい伝統をもっているために、――真に政治的意義をもった出来事や問題は、外報面は当然としても、経済面や、学芸面、いやそれどころか、もともと三面記事と呼ばれ私事を扱ってきたところの社会面や家庭面の記事のなかに、むしろいわゆる政治面よりもヨリ多く見出されるという倒錯的現象がますます甚しくなってきている。こうした政治的真空状態は今後、国民の政治意識をどのように規定し、どのような方向に動かすであろうか。ともあれ、こうした状況を考えただけでも、日本政治の精神的気候を測定するためには、いわゆる「政界」及び「逆政界」のような常識的にきめられた政治の領域に視野を限定せず、また国民の目的意識的な政治的意見や行動だけに注目するのでもなく、むしろ非政治的な生活領域における思考＝行動様式をあまねく観察の対象とする必要が理解されるであろう。

第二部　追記

一と二はラスキ研究であると同時に、第五論文とも関連してソヴェート共産主義の問題を扱っている。「**西欧文化と共産主義の対決**」は昭和二一年八月に、同年創刊された「思想の科学」第二号にラスキ『信仰・理性及び文明』評として掲載されたもので、執筆時期の上では第一部の「超国家主義」に続く。当時は洋書の入手がきわめて困難な時代であったが、たまたま都留重人氏がこの書を所持されていて、快く貸与して下さった。また「**ラスキのロシア革命観とその推移**」は「世界の社会科学」(廃刊)の昭和二四年二月号に載った。『信仰・理性・文明』も『現代革命の考察』もその後それぞれ中野好夫氏と笠原美子氏によって訳出されたので、この二論文の原書紹介にあたる部分は今日ではあまり意味がなくなったが、問題が「スターリン批判」以後あらためて切実な意義をおびてきたことと、とくに第二論文は必ずしも紹介だけに尽きていないので再録したわけである(引用の頁数は一々訳文と照合する煩に堪えなかったので、原著の頁数になっていることをお断りしておく)。ハロルド・ラスキは私の学生時代に、政治学に対する興味を喚起するのに最も与って力のあった学者の一人であった。私の大学に入った頃には既にドイツではナチ政権が成立し、日本では天皇機関説問題、相沢中佐事件、二・二六事件などが相ついで、急激なファッショ化の嵐が東西から世界を席捲しようとしていた。あたかも政治学界では、一方でカール・シュミットが政治的多元論という本来リベラリズムの武器を逆用して、ワイマール共和国における政治的統一の崩解を論証しつつあったとき、ラスキはまさに多元論から階級国家論への発展のうちに、反ファシズム闘争の理論的課題を求めて行ったのである。マルクス主義からの転向が日本の思想界のモードとなっていた折も折、この骨の髄からの西欧民主主義者のマルクス主義への著しい接近は私に強烈な印象を植えつけずにはおかなかった。大学三年の夏休に、おそろしく蒸暑い研究室の学生閲覧室で *Democracy in Crisis* と *The State in Theory and Practice* を読んだ時の感銘を私は忘れることができない。戦争が終って復員後間もなく、研究室で同学の人と語らって読書会をはじめたとき、テクストに選んだのは、やはりラスキの *A Grammar of Politics* であった。

政治学の方法の上では私は今日それほどラスキに負うていると思えないが、それにも拘らず、省みてこの人ほど不思議な魅力で私をひきずって来た政治学者はなかった。本文でも触れたように、アカデミズムの一角では、ラスキの学問的傑作はもっぱら初期、あるいはせいぜい *Grammar*（一九二五年初版）までで、三〇年代以後は次第に啓蒙的な時論の色彩が強くなり、晩年に至るほど「煽動的」臭味が科学性を圧倒してしまった、というのが定評になっている。こういう定評はまったく間違っているとも思わないが、何かしら私には抵抗感をおこさせる。ラスキ自身、後期の作がそういう批評を蒙ること位は百も承知していたにちがいない。また三五年足らずの間に三〇の著作と、数百の論文をものしたほど多産的なラスキ――泉のようにほとばしる弁舌がそのまま本になったといわれるラスキに、駄作や冗漫な繰り返しがあるのはむしろ当然であろう。けれども私の正直な印象では、ラスキをユニークにしているのはむしろ「学問的」に評判が悪い後期なのである。多元的国家論としては、ラスキよりもたとえばM・P・フォレットの『新国家』などの方がはるかに鋭く独創性にも富んでいる。ラスキは法学的国家論を最初から批判の的にしたけれども、彼の制度論はフォレットなどに比べると未だ伝統的なアプローチを脱していない。それに反して『危機におけるデモクラシー』から、遺作『現代のディレンマ』までを貫く彼の問題提起――結論ではない――と思索態度は今日なおみずみずしい新鮮さを湛えている。事実、彼の著作や論説がイギリスだけでなく世界の若い世代に最も影響を与えたのが、まさに三〇年代から四〇年代はじめにかけての時代であった――マックス・ベロフはこれを「ラスキの時代」とさえ呼んでいる（"The Age of Laski," *Fortnightly Review*, June 1950）――のは、たんにラスキの絢爛たるレトリックのせいやイギリス労働党員としての八面六臂の活動のためばかりではない。ヨリ根本的な原因は、世界情勢の最も危機的な時期に当って、「危険」なテーマや政治的にデリケートな問題を避けて安全地帯で「厳密」な理論を構成する学者や、いつも既成の体制や党派の先天的な正当性によりかかって、所与の現実を注釈し合理化する学者の氾濫するなかで、ラスキこそは学問的追究と実践的課題、科学とイデオロギー、知的水準の保持と大衆説得といった二律背反――それがどうしてたやすく「止揚」されようか――に引き裂かれながらも、時代の根本問題にたじろぐことなく立ち向って行った数少い思想家の一人であった、ということである。

従って、たとえば最近のラスキ研究書 H. A. Deane, *The Political Ideas of H. J. Laski*, 1955 のように、自由とか政治権力とか、国家の本質とか議会政治とかについてラスキの定義を「抽出」して、その間の「論理的」矛盾や不明確さを指摘して行くようなやり方をすれば、ラスキを「批判」することはいとも容易であるが、同時にこうした扱い方をされるのにラスキほど不適当な学者はなかろう（この形式論理学の教科書のようなラスキ研究がコロンビア大学でなんとか賞を受けたこと自体が、現在のアメリカ政治学界の知的雰囲気を象徴しているように見える）。キングスレー・マーティンの書いた評伝（*Harold Laski, A Biographical Memoir*, 1953. 山田文雄氏邦訳あり）も突っ込みの点で物足りないが、ラスキの「精神」の全体的把握では流石に前者と比較にならない。

ラスキはたしかにいわゆる学者よりも思想家であった。だから彼のアカデミックな研究の中では、思想史関係のものが抜群にすぐれている。思想家としての彼を浅薄だという人もいる。なるほど神とか死とか実存とかを多く語らぬ思想家が浅薄なら、彼もその名に値しよう。しかしいわゆる「深遠」な思索には長じていても、第二次大戦の意味や自分の国の辿っている数年さきの運命の見当もつかないような「思想家」や「哲学者」に比べて、ラスキの思想性を低く格付けすることは困難である。ラスキが晩年に力説した「同意による革命」(revolution by consent) について私は『現代革命の考察』の書評を読売新聞（昭和二五年一〇月一八日）に寄せた折に、彼の思考態度に触れて次のようにのべた。

「この書でラスキは彼の根本理念をいろいろの言葉で表現している。……しかしそうした言葉なりその抽象的な定義自体はかくべつ新奇なものではない。……私はラスキの特色はむしろこの目標を単に教科書的に説いたり、天降り的に押しつけたりせず、つねに現代政治の動及び反動の生々しい力学のなかから、内在的に追求して行こうとした態度にあるのだと思う。この態度のゆえに彼の思考はつねに、いわば限界状況において展開されざるをえなかった。そこからして、彼の立場には何かしら不安定なものが感じられ、それがある人々にはきわめて冒険的なものに見え、他の人々にはむしろ日和見的なものに映ずるのである。

……こうしたラスキの『動揺』をひとは何と批判しようと勝手である。しかし問題は彼が『正統』自由主義者と『正統』共産主義者の両側からの非難を浴びながら、何故最後まで『危い橋』を渡ることを止めなかったかにある。私はそこに却って、現代文明の苦悩を全身で生き抜こうとするラスキの凄烈なまでの意欲を感ぜずにはいられない。

ラスキは宗教改革以後の近代世界が、今日すでに到底姑息な解決を許さぬほど深い病患に蝕まれているという現実を些かのためらいもなく認識した。しかも共産主義者の途を歩むには、彼の西欧民主主義の伝統に対する愛着はあまりに深かった。ロシア革命の世界史的意義を偏見なく承認しながらも、あの様な型の革命が払う犠牲の巨大さは到底その目的を償いえぬものと思われた。かくて本書にいう『同意による革命』がこのヂレンマからの唯一の活路として残されたのである。

従来の社会民主主義が現実に辿った様な『同意による改良』にとどまらず、さりとて『暴力による革命』の途を避け、革命という社会の巨大な質的転換をいかにして民主主義的方式を維持しつつ達成しうるか。その課題がいかに巨大な困難を包蔵するかを知りすぎるほど知りながら、ラスキは敢てその方向に懸命の模索をつづけたのである。

そこに賭せられているのは決して単に狭義の国内の社会体制の問題ではない。なぜならもし『同意による革命』が不可能なら、それに不可避的に代るものは全世界をまきこむ恐るべき大規模な殺戮闘争にほかならないからである。いやしくもこの巨大な二者択一の意味を真剣に考えるほどの者なら、西欧民主主義と共産主義との間を何とかして架橋しようとする晩年のラスキの懸命な努力に徒らに嘲笑を浴びせはしないであろう。」

ここでのべた西欧民主主義と共産主義の「架橋」ということは、往々誤解されるように、両者の安易な折衷でもなければ、両者を予め固定的なものと想定した上で、自ら「第三」の立場に立ってそれを調停しようとしたのでもない。むしろどこまでも西欧民主主義の自己批判を通じて共産主義を批判し、前者の転換を通じて後者をも転換させようとしたところに彼の本領があったのではあるまいか。その点で、ラスキと同じく西欧が自らの内部からファシズムを成熟させたことに衝撃を受けて、コンミュニズム陣営に移って行った三〇年代の知識人——たとえばクロスマンの編纂している *The God That Failed* に執筆しているジイド、シローネ、ケストラー、スペンダーといった人たち――と、ラスキの「転向」とは、一面で本文にのべたように主導動機の共通性があると同時に、他面劃然と区別されるものがあった。前者が内面的に経験したような西欧的価値に対する「絶望」や「恐ろしい孤独」(terrible loneliness――op. cit., p. 5)はおそらくラスキを捉えなかったであろう。したがってまた前者のような再転向も、「真の前共産主義者はふたたび全人格をとりもどすことはできない」(p. 11)といわれるような悲劇も、ラスキには起らなかった。むろんラスキの晩年の言論にはかなりペシミスティックな調子が流れている。彼は、他の方式による革命は革命目的そのものも裏切って独裁権力を恒久化する危険性が強いことと、国際戦争に転化する恐れが濃いことからして、「同意による革命」をば世界的破滅に対する唯一のオルターナティヴと確信していたけれども、同時に支配階級が進んで大規模な譲歩を行うことは、歴史的に見てもきわめて稀であることを十分知っていた。だからこそ、ラスキは対ファシズム戦争の生んだ緊張感によって変革を受け入れる精神的用意が社会全般にひろがっている時――アトリーの言葉をかりれば、「生命さえ徴用されねばならぬとしたら、財産の徴用位は当然だ」という気持が支配層をも把えている時こそ、平和的手段による社会主義への移行の無二のチャンスであり、この緊張感は「平時」への復帰と共に惰性と姑息の支配に席を譲って行くであろうと予言し警告したのである。戦争直後の労働党内閣の出現と一連の国有化政策――それはラスキにとっても社会主義ではなく、ただそれへの第一歩にすぎなかった――は果して停滞し、むしろソ連との対立の激化は国内にはねかえって、いろいろな面での反動化の兆しが現われて来た。しかしラスキは革命にも平和にも最後まで絶望しなかった。一九五〇年にバートランド・ラッセルが「クレムリンとの真の了解は信じられない」という論文を書いたとき、ラスキは直ちにロシアとの了解の具体的基礎について一文をものし、「ラッセル卿は絶望の上に彼の政策を樹てる。私は希望の上に私の政策を樹てる」とのべたが、それが発表されたとき、ラスキは既に世を去っていた。その意味で彼は「甘い」といわれることをあえて恐れなかった思想家といえよう。

ラスキがその眼で見とどけられなかった巨大な変化が二つその後の世界で起っている。一つはアジア・アラブ諸国の国際的発言権の著しい増大であり、他はスターリン批判にはじまる共産圏内部の動向である。それは大きな流れとして見れば、いずれも彼の「希望」の方向への変化であることは疑いない。彼の遺著 *Dilemma of Our Time* の最後の書きかけの頁には、「ハンガリーでライクは絞首刑に処せられたが、その際、彼の死は恐らくモスコーとベルグラードとの間の冷戦における戦術的動向の一表現だろうということを示唆する声はそこで一つもあがらなかった」というような言葉が見える。彼はここで共産圏における粛清の現実と、西欧世界、たとえばアメリカにおけるアルジャー・ヒス事件の処理の仕方とをひきくらべ、その不寛容を共に弾劾しながらも、前者における立憲的手続の無視をヨリきびしく批判しているのである。まことに象徴的な「未完」ではないか。

なお、アジア・アラブのナショナリズム運動の興起にたいしてラスキの学問と思想の及ぼした影響については、たとえばE・シルズ教授のつぎの言葉に聞こう。「(植民地地域において)ナショナリズムの感情を喚起するうえには、世界中のほかのいかなる教育機関にもまして、とくにロンドン政治経済学校(L・S・E)が果した貢献は大きい。この学校において故ハロルド・ラスキ教授は、植民地から来た学生を鼓舞し、西欧のリベラルな学界で大きな比重を占めているものが自分たちの政治的情熱を支持しているのだという感じをこれら学生にいだかせるうえに、ほかのどんな個人にもまして大きな役割りを演じた」(Edward Shils, "The Intellectuals in Political Development")。又H・J・ベンダ教授もいう、「もし、マルクス・エンゲルスの像が最初に建てられたのが(西欧でなく)ロシアの土の上であったことが象徴的であるとしたら、たとえばハロルド・ラスキの像がニュー・デリー、コロンボ、ラングーン、アックラ、いなバクダッドにおいてさえ大広場に光彩を与えているのもまさに同様にふさわしい光景である」(Harry J. Benda, "Non-Western Intelligentsias as Political Elites"——ともに、*Political Change in Underdeveloped Countries*, ed. by John H. Kautsky, 1962 所収)。西欧政治学界においてラスキがほとんど忘れられ、あるいは時代物のように片附けられようとしているまさに同じ時に、中近東から東南アジアに及ぶ非西欧世界のエリートたちの胸奥にこのように生きつづけていることには一片の皮肉以上の意味があるだろう。(この一節増補版に追加)

三の「**ファシズムの諸問題**」は「思想」の「ファシズム」特輯号(昭和二七年一一月)に寄稿したものである。「その政治的動学についての考察」という副題は新たに付した。この所論は特輯号の他の筆者との分業を顧慮して、いくつかの重要な側面を意識的に省略したので、四の中のファシズムの項と併せて読まれたい。といっても両論を通じて関心の中心になっているのは、ファシズムの経済的基礎とか、政治機構とか、社会心理とかいうことではなく、また特定の国におけるファシズムの歴史的発展でもない。そういう問題についてはすでに内外にすぐれた研究が出ている。むしろ私が意を注いだのは、戦前戦後を通じ、また洋の東西にわたってあらゆるヴァリエーションを帯びて現われている反動的政治現象のなかから、できるだけ一般的な形で「ファシズム的なもの」を抽出し、その政治的発展法則を究明しようということにあった。二十世紀の妖怪ともいうべきファシズムはむろん一つの文明現象としてさまざまな側面をもっているけれども、それがなにより政治の領域で集中的に発現することはいうまでもない。ところが、ファシズムの政治的ダイナミズムについての理論的考察は歴史的研究や個別的な機構研究に比べてはなはだ立ち遅れている。むろんナチズムやファシズムの歴史や機構の研究も大事ではあるが、政治的機動性に富み、しかも原理的な問題についてのオポチュニズムを特質とするファシズムに関しては、とくにその固定的な発現形態に眩惑される危険（およびその裏返しとして、保守や反動一般にファシズムのレッテルをはる傾向）を免れるためには、具体的な政治状況のなかでファシズム的なものを識別する標識は何かということについて、またファッショ化の進展度をどういう規準で測るかということについて、もっと積極的な検討と活発な発言がなされて然るべきではないか。西欧の政治学界では、ファシズムの理論的分析はおおむね、「全体主義」研究のなかに吸収されてしまう。全体主義という次元の設定はある範囲では有効であり、必ずしも宣伝用語には尽きないけれども、やはりそうしたアプローチでは「自由世界」におけるファッショ化の問題が見落される傾向があることは否めない。他方マルクス主義者の分析は、普遍的現象としてファシズムを捉えてはいるけれども、他の政治事象の場合と同じように、実体論的把握――独占資本とか支配機構とかいった――が中心となっているので、ファシズムの組織化の方法や段階、あるいは前ファシズム的なものからファシズムへ移行する力学の究明などは必ずしも十分とはいえなかった。問題はたんに歴史的に明確な形態をとって現われたファシズムについて正確な叙述や定義を与えることだけではなしに、混沌とした無定形な状況からしてファシズムが凝固して行く過程をできるだけ法則化することが大事である。そうでないと、折角の理論も今日の具体的な地点での状況判断の指針としては役立たないであろう。

むろんこうした方向での研究はきわめて困難であり、私の試みもまだほんの入口のところでとまっている。とくに第三論文でいうところの「強制的同質化」と「セメント化」の問題をヨリ立ち入って解明しなければならない。広く同学の士からの批判的検討を期待したい。なお第三論文の続篇というほど大げさなものではないが「福音と世界」（昭和二八年四月）に「ファシズムの現代的状況」という題で載せた講演速記は、現代アメリカを主たる素材として同質化の問題に若干具体的に触れておいた。

四「ナショナリズム・軍国主義・ファシズム」についいては本文のまえがきでのべたことに大体尽きている。私はこれらの考察にあたって、主として上部構造から出発し、しかも政治制度それ自体よりも精神傾向や運動に重点をおいた。その根拠はファシズムの場合には右に若干のべておいたが、たとえばミリタリズムのような概念を純粋なイデオロギーもしくは思考様式から特徴づけることは当然異論が予想される。むろん軍国主義をある社会の思考及び行動様式の特性と規定するのは、それが制度的表現をとらないとか、下部構造と関係しないということではなくて、ただ、下部構造と一義的な対応関係をもたないという意味である。一般に下部構造の歴史的諸段階は全面的にある段階に入ったのち、ふたたび先行段階に戻るというような可逆性は存しない。たとえば独占段階に入った資本主義が産業資本の自由競争段階に体制として復帰するということは考えられないであろう。そこでもし軍国主義が独占資本主義のある段階に必然的に照応する政治制度を意味するとすれば、そういう政治制度もまた可逆的でないことになる。ファシズムについても同じことがいえよう（事実嘗てはファシズムを一つの歴史的体制と見て、ブルジョア民主主義→ファシズムという移行は歴史的にヨリ高度の段階への移行であり、したがって、その後に来るものはプロレタリア革命以外にはないというような考え方が存在した）。現実にはファッショ化も軍国主義化も資本主義体制の基盤の上で十分可逆的でありうることは歴史によって証明されている。しかもファシズムよりも一層歴史的規定のあいまいな軍国主義を下部構造から規定しようとすれば、結局独占資本主義下における国民経済の軍事化を無差別に軍国主義の名の下に包括する結果になり易い。たとえば第二次大戦中における英米などの国防体制を軍国主義と規定することができようか。軍国主義は手段の目的化という本質からして軍事体制をノーマルな事態とみなすのが特徴であり、したがって、戦争による総動員体制をもってどこまでも臨時的なアブノーマルな状態とする意識が社会的に根強い場合にはどんなに軍部の発言権が増大し、どんなに国民生活の軍事化が行われても、それをミリタリズムと呼ぶことはできないというのが私の見解である。軍国主義というカテゴリー自体を否定するならば格別、もしそれを学問的な概念として生かそうと思うならば、類似の他の概念——たとえば帝国主義とか総動員体制とか——に容易におきかえられるような使い方をすることは極力避けるべきであろう。

五　「『スターリン批判』における政治の論理」は「世界」（昭和三一年一一月）に「『スターリン批判』の批判——政治の認識論をめぐる若干の問題」として掲載された論文が原型であるが、この論文は締切に迫られて論旨を十分に練る余裕がなかったので、今回収録に際してかなり大幅に手を入れ、全体の長さもほとんど倍近くふえた。しかしどこまでも執筆時期とその当時の意図を尊重するというこの書物全体の趣旨に従って、書き加えた部分はいずれも、当時の下書によっており、もとの論文の論旨をヨリ詳しく敷衍したものか、あるいはそこから内在的に演繹される論点に限定されている。したがって(1)「スターリン批判」を政治の認識方法の観点から再批判することがここでの一貫した問題意識であって、二〇回党大会をめぐって論議にのぼった社会主義への平和的移行の問題とか、多数中心体制とか、集団指導の制度論といった個々のテーマの検討には入らない。前の問題に関する限り今度の増補で一応論点は完結したと私は思っているが、もっぱら後のテーマに関心がある人にとっては、この論文は相変らず尻切れとんぼに見えるかもしれない。(2)「世界」の論文を執筆した直後にハンガリー動乱が起り、ソ連と東欧における「非スターリン化」は全く新たな局面を迎えるに至った。しかしこの新しい重大な事態によって、前の論文の基本的な観点や展望をべつだん修正はしなかった。むしろハンガリー事件とスエズ侵入問題が描いた国際的波紋とそれが共産圏の「自由化」に与えた、また与えるであろう反応についての一応の予測はこの論文のなかに暗示されていると思う。ハンガリー動乱をめぐって再燃した「スターリン批判」に関するチトー・プラウダ論争及びごく最近の人民日報の「再びプロレタリア独裁の歴史的経験について」などを資料に用いればこの第五論文の趣旨も一層具体的になったかもしれないが、上記のような趣旨から敢て引用を避けた。ここに示されている思考法の問題が、読者自ら「ハンガリー事件における政治の論理」を考察される際に、いくぶんでも示唆となれば幸甚である。

ただこの論文で留保した「自由化」の実質的な課題、とくにマルクス・レーニン主義の原理的な問題についての私の考え方をのべておくことはこの際著者としての最小限度の義務とも考えられるので、以下ごく基本的な展望を付け加えておこう。

ソ連及び人民民主主義諸国における「自由化」の発展を考察するには、それぞれの国内問題と国際関係とを一応区別する必要があるし、また政治と経済と文化といった領域別に応じて、その課題と進行のテンポもまた必ずしも同じではなかろう。たとえばソ連と他の人民民主主義国との関係とか、国際的な革命運動における分権化《デセントラリゼーション》――トリアッティのいわゆる多数中心体制《ポリセントリズム》――という問題は最も敏感に世界政治の状況を反映して頓挫または進捗することは本文にのべたところからも容易に理解される。ポーランドにおけるゴムルカ復活の際にいち早く之を支持激励し、大国主義を戒めた中国――「ニュー・ステイツマン・アンド・ネーション」誌一月一九日号によれば、あの最も危機的な時期にソ連の武力干渉に反対した毛沢東の電報のコピーが現在ワルシャワで秘密に回覧されているという――が、ハンガリー動乱に対して徹頭徹尾ソ連の立場を擁護し、ユーゴー共産党の見解を以て団結をみだすものとしてきびしく斥けていること、昨年末から今年にかけて周恩来のソ連東欧旅行に際してのメッセージや共同声明においても、ソ連を中心的指導力としての国際帝国主義に対する闘争という点にもっぱら力点がおかれていること、イタリー共産党も先頃の大会において多数中心体制の問題をすこしも積極的に展開しなかったこと――こうした微妙な変化は、ポーランド十月政変当時から今日までの世界情勢の推移と函数的に対応していることはいうまでもなかろう。「サンデー・タイムス」のワルシャワ特派員ニコラス・キャロルが一月一三日の通信に、「鉄のカーテンのこちら側（東欧側）でスエズ干渉と新しいアイゼンハワー・ドクトリンが与えた衝撃《インパクト》を見ると真に驚くべきものがある。あらゆる国の共産党中央委員会の内部におけるスターリン主義的反動派を力づけ最近の中国及びロシアの硬化路線をもたらした責はまさに二つの事件にあった」と書いているのは、右のような冷厳な国際政治の論理が現地にある西欧側記者によっても直截に認識されていることを示している。この次元における「自由化」は、現在のように共産圏内におけるあらゆる微細な動きを反共キャンペインに動員しようと西欧側が待ち構え、全神経をとぎすまして注視している間は、決して本格的に進展しないだろう。しかし逆に東欧諸国の動揺の程度と範囲がある程度可測的になり、「冷戦」のインパクトがふたたび退潮期に入るならば、社会主義国と革命政党が構造の点でも機能面でも多元化し独自化する傾向はいかなる力をもってしても押しとどめることはできない。戦後の東欧諸国における重工業の無理な建設が少からずソ連の国家理性《レーゾン・デタ》に基く要求から発しており、その主導力が各国の「ソ連以上の親ソ派」といわれるスターリニストにあったことは事実であるが、こうした工業化の生み出した（物的人的な）社会的変化をソ連が現在すでに完全にはコントロールしえないことはポーランドやハンガリーにおいて実証されている。ここにも歴史のアイロニーがある。

　さし当っては、とくにNATOが厳存する限り、東欧諸国の「自由化」は、(1)ワルシャワ条約に基くソ連との軍事同盟関係の維持、(2)現在の（対西欧及び東欧諸国相互間の）国境線の不変更、(3)共産党を主導力とする社会主義体制の保持というほぼ三つのワク内で進行するであろう。国際的な再緊張によって多数中心体制への発展が頓挫しても国内面での「新路線」はソ連を含めて現在でも着々押しすすめられている。それはこうした国内面での「自由化」への要求は社会主義建設の一定の段階から内在的に生れたもので、必ずしも「スターリン」批判から突然変異的に局面が変ったのでもなければ、いわんやある一時期の国際的なジェスチュアではないからである。たとえばソ連についていえば、二〇回党大会で強調された新路線の重要な面はほとんどすべてその「前史」をもっている。ソ連の歴史で最も暗い印象を与えて来た司法手続を例にとれば、すでに五一年七月に生産における怠業や遅延に関する刑罰は大部分廃止されたし、五二年のベリア事件以後M・V・Dに対する党の統制の強化が決定され、政治犯を通常の裁判手続なしに流刑に処する権限をもったM・V・D特別会議も廃止された。「いかなる刑事裁判においても裁判官の判決に対して命令を下す権限は何人にもない。政府の行政機関の官吏も司法省の職員も、社会のいかなる組織も個々のケースの決定に干渉してはならない。裁判所の判決に対する地方の党機関の干渉はソ連憲法で確立された裁判官の独立の原則を冒すものである」というようなことが五五年に「コンミュニスト」誌（第二号）で強調されている。こういう一連の過程が二〇回党大会以後における革命裁判的法規の大幅な廃止と、同盟司法権の一部の各共和国への委譲につらなっているわけである。マレンコフ時代における消費財生産の強調は彼の辞職により、「逆転」したように伝えられたが、具体的な率やテンポについては論争があったけれども、五一年以後軽工業と食糧工業の生産増加率は重工業のそれにほとんど追付くようになり、農民購買力もこの数年間に急激に向上したことは西欧側でも認められている。労働組合のヨリ積極的な任務という点についても、第二〇回大会以前から、「プロレタリアート独裁の下でも、行政機構による官僚主義的歪曲との闘争は必要だ」というレーニンの言葉が盛んに引用され、経営と労組との間には「時折盛んに喧嘩することが必要だ」（「コンミュニスト誌」五五年、一一号）というようなことが唱えられていた。その限りで二〇回党大会はスターリンの死の前後から徐々にまた断片的に進行して来た「雪どけ」を公式にまた体系的に宣言したにすぎず、したがってその基本的な方向は個々の指導者間の勢力関係の変動によって左右されるものでもなければ、一時的な国際情勢の悪化でたやすく「逆転」するような性質のものとは考えられない。著名なソ連研究家アイザック・ドイッチャーは「普通なら半世紀間に国民生活におこる変化よりもはるかに徹底的で深刻な変化がロシアの国民生活に最近十年毎におこっている」といっている（「ロシア――マレンコフ以後」邦訳、六四頁）が、たとえば過去五年間に都市人口が一千七百万も増加したほどの急激な都市化《アーバニゼーション》と「産業革命」の進行がどうして政治過程の中に反映しないでおられよう。ロシアでは「プロレタリア革命のあとにブルジョア革命が来るというアイロニー」が見られる、というアメリカの一評論家の言葉(Marshall Schulman, "The Meaning of 'Change'," *New Republic*, June 11, 1956) もあながち無稽の表現として片づけられない意味を含んでいる。つまり「スターリン批判」を下から支えている基因はまさにソヴェート体制の新たな受益者層でありかつ明日のエリットを生む基盤であるところの技術インテリゲンチャ・学生・熟練労働者・工場ないしコルホーズ指導者などによる国家機構と統治過程の合理性と可測性への要求であり、それはまさに歴史的には先進資本主義国における原蓄期を通過して生誕したミドル・クラス（産業資本と知識層）の要請に類比される性質のものだからである。そうしてソ連と同じく社会主義の課題と産業革命の課題とを同時に果さねばならぬ立場にある大多数の人民民主主義国家が、今後辿るコースも、いろいろ時期的なズレやまたジグザグの過程はあっても、基本的にはこれと変らぬであろう。

こう考えて来れば、これら諸国の政治・経済・文化の領域における「新路線」の具体的個別的な内容はともあれ、そこでの「自由」の発展と範囲は革命過程一般の政治的ダイナミズムによって規定されることもまず自ずと明らかになる。

いうまでもなく、あらゆる革命政権が権力を掌握してまず直面する政治的課題は旧体制の社会的支柱をなして来た、伝統的統合様式を破壊し、反革命の拠点となるような社会集団——共同体・地方組織・反動的結社——などを解体して社会的底辺に新たな国民的等質性を創出することである。それは同時に新たな価値体系とそれを積極的にになう典型的な人間像（たとえばフランス革命における「市民《シトワイアン》」、人民民主主義における「人民」）に対する社会的な合意《コンセント》をかちとる道程でもある。この過程がどの程度スムーズに行われるか、またどれほどの期間続くかということは、革命の歴史的社会的条件、国際関係、旧支配層の対応の仕方などによってさまざまであるが、ともかくこの段階では形式的民主主義のある程度の制限が少くも歴史的に避けられなかった（たとえば民主主義の前提条件をつくり出す過程を純粋な民主的手続の下で行うことが一定の社会的条件の下では事実上不可能なことは、戦後日本の農地改革をはじめとする一連の民主化措置が果して手放しの——つまり旧権力関係に対する前もっての超法的打撃なしに——自由選挙でどこまで行われたかという問題を考えてみればよい。これを革命の「外から」と「内から」という問題と混同してはならない）。民主主義的諸形式はこの国民的＝社会的等質性の基盤の上にはじめて円滑に機能し、後者の拡大と共に前者の拡大も可能となる。ルソーの社会契約説における原初契約が「全員一致」を条件とし、この基盤の上に多数決原則を正当化したことの意味はここにあり、それはまさに来るべきブルジョア革命の論理化であった。そうしてこの論理は中国の「百家争鳴」や諸政党の共存の前提にもそのまま継承されている。そこではまず「政治上においては敵味方をはっきり区別せねばならない」という原則が立てられ、複数政党の許容や百家争鳴は革命的等質性の内部においてのみ妥当する。「反革命は鎮圧し打倒すべきである」が「社会主義建設に反する有害な思想をもっている人もただ反動的政治行動さえなければ、単に生存の自由をもつだけでなく、討論の自由をも与えられる」（六・一五郭沫若報告）、そうして「われわれは人民政権の強化につれてこの種の自由を拡大することを主張する」（陸定一）。したがってここで敵味方を区別し異質的な「敵」に自由を否定するという際にも、「敵」は相対的であって、その具体的状況に応じての移行が前提されているわけである。こういう考え方が現実政治の場で硬直したり、あるいは逆に無規定的に氾濫するといかに恐るべき結果をもたらすかは、ソ連の「粛清」問題で試験済であるが、その基底にある論理はブルジョア民主主義の中にも内在しているダイナミックスであり、限界状況においてはつねに発動されることを看過してはならないだろう。アーネスト・バーカーもデモクラシー――むろん彼の意味するのは西欧民主主義である――の前提条件として、物的社会的条件における国民的同質性と、一定の「公理」の承認および遵守を挙げ、後者における「意見を異にする自由についての承認」は根本のイッシューに関する全員一致が基盤となるとし、「一致がまさに空気のように存在し、べつに反省するまでもなく当然と受取られているところでは、さまざまの相異が寛容され、さまざまの党派が出現し、嗜好や意見の個人的ヴァラィエティが承認され、期待されさえする」（***Reflexions on Government*, p. 63f.**）といっている。すでに西欧で長い歴史をもちその伝統と慣行が国民の中に広く根を下している西欧国家体制においてもこの法則が妥当するならば、社会主義的生活様式について「一致がまさに空気のように存在し、べつに反省するまでもなく当然と受取られている」段階を急速に期待しえないことは明らかである。そうした「一致」の社会的政治的基盤が拡大される段階と範囲に応じて「自由化」もまたその具体的な相貌を変ずるであろう。したがって、今日の形態における「自由化」の限界をもって本質的な限界として水をかけたり、あるいは逆にこれを悉く社会主義そのものに帰属させて合理化することは早計を免れない。プロレタリアート独裁というマルクス・レーニン主義の核心的な命題にしてからがすでに、今日の中国共産党の定義はレーニンやスターリンのそれから著しく拡張されている。「社会主義への多様な途」が現実の日程に登るにしたがって、逆にいえば「モスコー路線」の正統性の独占が弛緩するにしたがって、「プロレタリアート独裁」の具体的な政治形態も——もっとリアリスティックにいえば、プロレタリアートの独裁という概念に帰属される社会主義の政治形態も——また多様化せざるをえないであろう。同じことは、生産手段の社会的所有とは具体的にどんな形態かという問題についてもいいうる。嘗てベルンシュタインは、資本主義はマルクスが予想した以上に、現実に対する適応可能性（Anpassungsmöglichkeit）をもつ、と言って論議を呼び起した。いまやコンミュニズムが世界的規模でその適応可能性を実証せねばならぬ時代が訪れようとしている。

逆説的にひびくかもしれないが、共産圏における「自由化」の最も困難で、しかも核心的な問題は、経済や政治の領域よりもむしろ最上部構造の次元——イデオロギー面にあると私は思う。これは結局のところマルクス・レーニン主義という世界観からの自由と、社会主義からの自由をはっきり区別し、「社会主義はある特定の世界観に結びつくものではない。それは種々雑多な世界観からの同質的な結論である」（ラートブルフ『社会主義の文化理論』邦訳、一三二頁）ということを、そのことの意味を世界のコンミュニスト指導者たちが本格的に承認するようになるかどうかという問題である。「われわれはマルクスの理論を何か完成したもの、不可侵のものとは考えない」とレーニンは言った。同じことはレーニンの理論についても妥当する筈である。しかしながらマルクス・レーニン主義が国家権力によって正統化され、国家の公認信条となるや否や、それは事実上あらゆる学問と芸術の上に最高真理として君臨するようになる。マルクス主義が在野の反対科学（Oppositionswissenschaft）である間は、たとえマルクス主義の思想的影響がどんなに大きくても、それは原理的には多くの学派のなかの一つの学派という性格を保持し、したがって思想や学問の自由市場で他の立場と絶えずその真理性を競わねばならない。ところが権力の座についたマルクス主義は、もはや多くの方法のうちの一つの方法というようなものではない。少くもソ連でマルクス・レーニン主義者が権力の座にあるということの思想的意味は、ブルジョア国家で大統領や首相がたまたまカトリックであったり、ケインズ学者であったりするのとはまるでちがう。プロレタリアートの独裁がマルクス・レーニン主義に唯一の思想的根拠を求めている限り、それは思想史的にいえばプラトンの理想国家や中世におけるローマ「普遍」教会の政治的支配と内面的に類似した「真理の独裁」という性格を帯びるのである。そうして、たしかにこの二十世紀の大衆社会の段階における新しい「哲人政治」は——大衆の経済生活の保障の面は別として——文化面においても、「悪貨は良貨を駆逐する」とめどない低俗化への「自由競争」によって日々蝕まれている資本主義社会の大衆との顕著な対照において、勤労大衆の文化水準の質的な向上という問題に劃期的な解決の方向を示した。けれどもまさにその反面において、かつてヴィンデルバントがプラトン国家を批判して、どのように高い真理性をもった学説もそれが唯一最高の真理として政治的支配と癒着した場合には、実質的にドグマの支配に転化し、確定された「真理」への良心の強制をもたらすと警告した問題（Ders., *Platon*, S. 177）は原理的にコンミュニズム国家にも妥当するであろう。その危険性はロシア正教と国家権力との長い癒着の歴史をもつソ連において最も大きいと考えられる。という意味はこうした国家で非マルクス主義者が存在を許容されていないという事でもなければ、学者や芸術家が自由感をもたないというのでもない（その意味ではカール・ベッカーが「中世の大学はわれわれに顕著なパラドックスを示している。大学は不思議に拘束を受け、同時に奇妙に自由であったように思われる。中世の教会は異端を仮借なく弾圧したが、而も殆どすべての偉大な学者はアベラールからオッカムに至るまで、教会の後援した大学に関係していた。……この謎の鍵は、当時において一般の人も、既成の権威も学者仲間もすべてキリスト教の信仰……をあらゆる知識、あらゆる秩序ある高潔な生活の欠くべからざる基礎であると認めていたという事である」（『自由と責任』邦訳、八三頁）といっているのがやはり示唆的である）。むしろ問題はこうした最高真理の正統化が一定の思考の型《パターン》として、あらゆる学問や芸術の領域にちりばめられ、各々の領域でなんらか一つの理論や学説が「真理」の具象化として、あるいは一つの様式が「模範」として、権威づけられる（なぜなら真理は一つとされるから）傾向性のうちにあるのである。私はオイストラフやオボーリンを聴き、また映画でウラノーワの舞踊を見た折に、その間然するところのない技術と清潔でしかもヒューマンな精神性に打たれながらも、まさにその完璧性のうちにソ連文化の当面する最大の問題性を感じないわけには行かなかった。マルクス・レーニン主義という「最高の真理」の客観的具象化としてのソ連国家というイメージと、「模範」的な美の客観的様式化の傾向との間に果して内面的な関連はないだろうか。

まさにこの点で最も注目に値するのはさきに触れた中国共産党における「百家争鳴」の提唱である。共産主義指導者が政治的リアリストである限りにおいて、事実問題としては、イデオロギー面での自由化はすでにソ連でも「スターリン批判」以前からはじまっていた。また個別的領域――たとえば文学――では「雪どけ」の理論的根拠づけもなされた。しかし「百家争鳴」の場合のように最高指導部が公の席上であらゆるイデオロギー分野における「自由化」を理論的に定式化したことは未だ嘗てなかった。これが革命勢力の権力獲得後数年を経ない国で始められたというのはたしかに驚嘆に値する。百家争鳴の論理を詳細にのべることはこの場所ではないが、上のような問題との関連において最も注目すべきことは学芸上の批判と論争における一種の「独占禁止法」を指示したことである。すなわちこの領域では何人も特権的地位を持たず、少数は多数に服するという原則は妥当せず、自己批判発表の義務がないことを明確にした。また「中共中央は党史教科書を編纂する用意はない。ただ党の大きな事件の記録や文献類を引続き編輯して出版することしか考えていない。だから近代史の研究家は独自に近代史の諸問題を研究すべきである」（陸定一報告）といっているのは、ソ連におけるスターリン版党史の書きかえの教訓を学んだものであろうが、権威的正統的な歴史解釈という考え方の否定がここに内包されているとすれば、その意義は大きい。しかし政治の次元と文化の次元との機能的区別がこれほど公然と明確にされたことは共産主義国ではなかったとはいえ、上記の根本問題がすべて原則として解決されたとはいえない。たとえば、「芸術をはじめ学術・技術の性質に関する問題についても意見の相違が起りうるが、そうした相違はまったく容認されている」（同上）といわれるとき、それはマルクス主義の哲学や理論自体に対する批判にも適用されるだろうか。「人民の内部では唯心論を宣伝する自由もある」といっても、同じ政府当局者の口から「人民内部の遅れた唯心論に対する闘争」が説かれ「唯物論の思想が一歩一歩唯心論の思想を克服する」ことが期待されるとき、たとえそれが行政命令の方法でなく公開論争を通じてなすべきことが注意されても、両者の論争はハンディキャップなしの、自由論争とはいわれない。「すでに初めから結論が存在している場合には学問は発展しない」という陳伯達の言葉（小椋広勝氏との談話、「思想」五六年八月号）がもし原理的な意味でいわれているのなら、それはマルクス・レーニン主義の学問的正当性自体に対しても当てはまる筈である。

私は何も揚足取りをしているのでもなければ、今日の段階の中国指導者に事実上無理な要請をするつもりもない。ただ「百家争鳴」でもって権力による一定の世界観ないし学説の正統化という問題がめでたしめでたしになったわけではない、というだけのことである。それは前に述べた革命の「敵」に対する自由の否定というブルジョア民主主義にも共通した政治の論理を認めた上で、なお残る問題なのである。

マルクス・レーニン主義がプロレタリアートの国際的団結のシンボルとして政治的に機能している間は、その世界観的な相対化が直ちに社会主義体制への疑惑として受け取られ、正統性からの逸脱が資本主義ないし反革命への屈服として弾劾される傾向が消滅することは事実上容易に期待しがたい。世界観的基盤を同じくしない――いやおよそそういった単一の世界観的指導をもたないような社会主義の方向が国際的に否定できない有力な地歩を占めた暁において、そうした現実の重みによって、共産主義指導者もさきのラートブルフの言葉を心底から承認するようになるであろう。

けれどもその間にも共産圏における単一の世界観に基くイデオロギー的一枚岩からの分化現象は、政治的経済的安定性の増大という条件が与えられるならば徐々に進捗する。現代のコミュニケーションの諸条件の下では、一国民の周囲に思想的文化的な万里の長城を築くことは到底不可能である。すでに世界の古典文学だけでなく、グレアム・グリーンやヘミングウェイを愛読し、ガーシュウィンの「ポギーとベス」に熱狂するソ連の若い世代の教養財産は筋金入りの古いボルシェヴィキのそれとは著しくちがって来ている。大衆の知的水準の向上が――当初どのような目的から発し、どのような溝条《キャナライゼーション》化が試みられるにせよ――それ自体の弁証法をもって全政治＝社会過程にその波紋をひろげて行くことは到底避けられない。たとえばドストエフスキーが実質上「解禁」されたことは今日まだそれだけの単なる事実にとどまっている。しかしドストエフスキーが広く読まれるようになったとき、その「事実」のなかにある潜在的可能性を何人が今日予測しえようか。

共産圏諸国における文化諸領域が「自由化」される具体的様相やテンポはむろんそれぞれの国によって一様ではないが、その基本的な順序は大体次のような三つの指標で考えられる。第一は人格的内面性のなかに座を占めるジャンルほど、正統的世界観から相対的に早く解放される。その意味で、宗教は最も早く芸術がこれにつぎ学問は最後となる。マルクス主義はなにより社会体制についての科学であり、したがって内面性に近いジャンルほどイデオロギー的支配が事実上困難だからである。ソ連でも革命初期の反宗教運動は教会が旧体制との癒着から解かれると共に後景に退いた。東欧諸国でとくにカトリックとの関係が問題になるのも、無神論とキリスト教の世界観的対立よりもヨリ多く、カトリック教会の土地所有関係ないし政治的勢力に関連している。芸術の領域では社会主義リアリズムという方法が依然「正統」的地位を占めているが、もとより唯物弁証法から創作方法を一義的に規定することはできないので、社会主義リアリズムの具体的規制力は次第に弛緩し、実質的には人民に奉仕し、前進的な方向をとる文学というほどのワクが存するにすぎない。エレンブルグの『作家の仕事』が作家的内面性の解放を理論づけたことは周知のとおりである。中国では「社会主義リアリズムこそもっともよい創作方法と思う。しかしそれはただ一つの創作方法ではない。工、農、兵のために奉仕するという前提の下に、どの作家でも自分がもっともよいと思う方法によって創作することができるし、互に競争することもできる」(陸定一報告)として、リアリズムが「多くの方法のうちの一つ」にとどまることが公然と宣言された。しかしたとえば右の言葉の中の社会主義リアリズムを史的唯物論または弁証法的唯物論にかえ、創作方法を学問の方法論にかえたらどうだろう。どうもそこまでは原理的に認められてはいないようである。

第二に思想性あるいは政治的イデオロギー性が直接に現われない領域ほど早く自由化される。たとえば同じ芸術のジャンルでも文学の自由化が遅れたのはここに由来している。自然科学が社会科学よりも自由なのもむろん同じ理由である。こう見て来ると自ら第三の規準が出て来る。つまりマルクス主義体系のなかで既に権威的な理論や業績が存在している領域ほど、自由化は遅れる。その意味では、哲学と経済学と歴史学の領域で、マルクス主義以外の立場やアプローチが対等の市民権を認められるのはなかなか困難であろう。ここでも問題は単に研究発表の自由が許されているということでなしに、マルクス・レーニン主義との間に平等な条件に基いた、思想や方法の相互関係があるかどうかということなのである。

世界観的正統性からの解放ということは、マルクス主義の哲学なり科学なりにふくまれた真理性の否定ではむろんない。その意味では逆説的にひびくけれども、マルクス主義の右のような世界観的な自己限定がかえってまさにその中の真理をいよいよ確実にして行くのである。J・S・ミルが古典的に明らかにしたように、「真理」は「誤謬」を通じてはじめて真理になるのであって、「誤謬」はない方がいいものではなくて、真理の発見のために積極的な意義をもっている。多様性は政治の必要からは「止むをえざる悪」とされても、真理にとっては永遠の前提である。マルクス主義がいかに大きな真理性と歴史的意義をもっているにしても、それは人類の到達した最後の世界観ではない。やがてそれは思想史の一定の段階のなかにそれにふさわしい座を占めるようになる。そのとき、歴史的なマルクス主義のなかに混在していた、ドグマと真理とが判然とし、その不朽のイデー（人間の自己疎外からの恢復とそれを遂行する歴史的主体という課題の提示）ならびにその中の経験科学的真理とは沈澱して人類の共同遺産として受けつがれて行くであろう。ちょうどあらゆる古典的思想体系と同じように……。

（増補版附記）

旧版の出版以後、「スターリン批判」問題については周知のように、さまざまの反響が現われた。私は元来「非スターリン化」という事件にはコンミュニストと非共産主義者とがそれぞれとりくむべき共通の学問的問題（共通の解答ではない！）が含まれており、そのこと自体を多くの人々の意識に登せる必要を感じたからこそ、この論文を書いたわけである。したがって、私の問題提起のなかには、(1)非《ノン》マルクス主義者としての私の立場そのものから発する批判と、(2)従来の弁明や自己批判の仕方はマルクス主義の論理から見てもおかしいとか、あるいは、しかじかの側面についてのマルクス主義的方法に立った追求がドロップしているという批判——つまりかりに私の立場をマルクス主義においた場合に、そこから内在的に導き出される諸論点と、その両面が含まれている。こういう二つの次元でのアプローチを同じ論文で試みるということには無理があったかもしれない。しかしまさにその無理をおかさないではそもそもスターリン批判をもう一度批判するという意味が私にとってはなくなってしまうのである。私自身の「立場」の輸出ということにもっぱら関心があるならば、あるいは、近代政治学の「立場」にたてこもって、他の陣地を攻撃することが問題ならば、私はまったくちがった書き方をしたであろう。マルクス主義者でもない私が何もお節介に右の(2)の次元での問題を追求する必要も義理もない筈である。事実、マルクス主義者が自分のカテゴリーや命題の殻の中にとじこもって自給自足するかわりに、そうしたカテゴリーをヨリ広い学問の庭にひき出して吟味するという当然の仕事をしていたならば、(2)のお節介は不要であったと思われる。ところが私の論文に対する大方のマルクス主義者の側の反応を見ると、「よし分った、しかしお前も具体的な答を出していないじゃないか」という類のものが少くない（もちろん他方で少数のマルクス主義者は私の問題提起の仕方を正確に受けとめていたことも私は知っている）。私は(1)の次元では原理的な「答」を出す責任があるが、(2)の次元で、たとえばソ連の社会主義建設の、あるいは「国家死滅」への過程に即して「答」や「解決」を示せといわれても、それはまさにあなた方のやることではないか、としかいいようがないのである。いわんや、「スターリン主義」に内包された思考法の実践的な意味について、いま何時でもおこりうる客観的可能性を持った問題としてとり組むかわりに、簡単に「もう分った」といって「前進」されてはたまったものでないという気がする。

この論文の追記では主として(1)の次元、すなわち私自身の立場からの展望と批判をかなり詳しく展開したつもりであるが、そこでの諸論点、とくにマルクス主義が国家権力によって「正統化」され体制哲学（および科学）になったところにはらまれる問題について、マルクス主義者の側から立ち入った解明を試みたものにまだ接していない。しかし、この問題は、実は現在たけなわの中ソ論争のなかにも貫いている核心的な問題のように思われる。中ソ論争はいうまでもなく、本書の旧版の出版以後におこった「スターリン批判」に比すべき重大事件であり、第二部をアップ・ツウ・デートにするためには当然独立の稿を起さねばならないところであるが、前述したような私の現在の仕事の事情からしてその余裕を持てない。ただ、中ソ論争をこれまで扱った文献の多くは、国際政治のパワー・ポリティックスを中心に論じたものか、さもなければマルクス主義の解釈学として論じたものか、いずれかであって、中ソがマルクス・レーニン主義の正統性を争うこと自体に内包された思想的意味という視角はあまり注意にのぼっていないので、その点について一言するにとどめる。

宗教であろうと、無神論的教義であろうと、それが正統性の次元で争わされる瞬間から、そこにはたんにイデオロギー内容の正当性だけではなくて——当事者が意識すると否とを問わず——判定権と判定手続の問題が不可避的に提起される。誰が「正しい」解釈についての最終的な判定権をもつか、ある解釈が「異端」であることはどのような手続によって判定されるかという問題である。その場合、「歴史」が判定者だとか世界の勤労大衆が判定するというのは具体的な争点に対して何も答えないに等しい。中国共産党がソ連共産党によって長い間事実上独占されて来たマルクス・レーニン主義の原理的解釈権にたいして大胆な挑戦を敢てしたことは、この意味では、画期的な出来事であり、これはたんにソ連ないしソ連共産党の「権威主義」に屈しなかったとか、個々のコミンテルンの指令に反対したという過去の事例の延長線上で理解されるだけでは十分でない。そうしてこの中国の歴史的行動の意味は、中ソの主張内容——帝国主義、平和共存等々に関する見解——についての当否とは区別した次元で認識され評価されねばならない。したがってこれをキリスト教的真理の判定権をめぐっての、ローマ教皇にたいするルッテルの挑戦、あるいはさらに遡って、東方「正統」教会とローマ・カトリック教会の教義・聖典の解釈から発した「分離《シズム》」に比較する者があっても、それを単なる比喩だとか、ジャーナリスティックな思い付きとして片附けられないような問題の共通性がある。そうした歴史的事例について、個々の具体的な争点がやがて一般的原理的な正統性の争奪に上昇転化してゆくダイナミックスや、教義上の争点と現実政治上の利害（文化・伝統の相異もふくめて）とがもつれからまり合う関係などを考察することは、中ソ論争の組織論的効果を測定するうえに——あるいは、どういう条件が具われば「和解」へ向い、逆にどういう契機が組み合されば、「悪化」が亢進するかというデリケートな分岐点を見定めるうえに貴重な手がかりを与えるだろう。

　中ソ論争において当事者が最大級の激烈な形容や言辞を用いながら、ともに「最終的な一致」の見透しを語っているという一見奇妙な事態も、国際関係の現実政治上の配慮からでている——それが強く作用していることはいうまでもないが——というだけではすべての説明にはならない。そこには追記の旧稿でのべたような真理観と正統性の問題が深くからまっている。真理は一つであり、したがってその「正しい」解釈も一つであるという建て前がとられるかぎり、中ソのかかげる教義は一方が真理＝正統なら他方は必然に誤謬＝異端とならざるをえない。一つの正解をめぐる争は妥協の余地がないから、否応なく「絶対化」

するが、同時にまさに同じ根拠によって、その正解への「帰一」が双方の側で確信されることになる。もちろん私はこうした真理観と正統観が共産主義陣営のなかでいつまでも維持されるといっているわけではない。現実の重みによって、正統性の論理の弛緩と解釈の多様化はジグザグを経ながら事実上進展するだろう。しかしその事実の意味が「理論」と「世界観」のなかに安定した位置を見出すのは容易ではなかろうと思われる。なぜなら、解釈の多様化はどこまでもマルクス・レーニン主義という教説のワクのなかでの多様化でなければならず、しかも、具体的状況で、ある解釈がワクそのものを逸脱したかどうかを政治的に決定する必要が残るかぎり、ふたたび判定権ということに問題が戻されてくるからである。

＊　＊　＊

第二部の表題に関連して、イデオロギー論の問題を最後に一言しておこう。イデオロギーあるいは「イズム」についての考察は嘗ての政治学界では過剰なほど盛んであったが、今日では、一方で意識＝行動調査と、他方で政治過程論及びコミュニケーション理論に光彩を奪われて、前景から退いてしまった。イデオロギーの問題を正面からもち出すのは何か泥臭い仕事として、もしくは「十九世紀的」学問形態として敬遠する傾向さえ若い研究者の間には生れている。日本の知的社会のように、――実質的な左翼勢力の弱さと対蹠的に――イデオロギー的雰囲気がまるでこやしの臭のようにあたりかまわずたちこめ、しかもその実は単に行動の「たてまえ」や後からの合理化としてだけ思想や主義が通用して来たところで、実証性と科学性とを――しかもほかならぬ政治の科学として――確保しようとするものが、高級低級あらゆるイデオロギーの騒音に精神をかきみだされぬよう警戒の姿勢をとるのは十分理由のあることである。距離をおいて見ること（detachment）と傍観との区別が学問の世界でもコモン・センスになっておらず、酔っぱらった認識が「実践」的観点と取りちがえられ、党派性がたやすく感傷化する精神的風土の中では、イデオロギーの問題を政治学の対象とすることにどんなに慎重であってもありすぎることはなかろう。

しかしながら、政治学が、とくに日本の政治学がイデオロギーの問題を全く括弧に入れ、あるいはこれを実質的価値あるいは歴史的意味から捨象して、記号あるいは象徴にまで完全に相対化することは可能であろうか。可能としてもそれが学者の知的興味以上の意味をもちうるであろうか。私は疑なきをえない。「デモクラシー」や「西欧文明」の妥当性が国民感情として昔からほとんど重大な挑戦を蒙ったことのないアメリカでさえ、最近では、たとえばD・イーストンやE・フェーゲリンのように、それぞれ方向は異なりながら、近代政治学の実証的研究の前提となっている価値構造やイデオロギー的背景をえぐり出し、思想原理の歴史的評価と現実の経験的考察とを再結合する「新しい政治学」の樹立を提唱する声があがっている (cf. D. Easton, *The Political System*, 1953; E. Voegelin, *The New Science of Politics*, 1952)。早い話が、政治過程からイデオロギーの歴史的意味や実質的価値をすべて捨象し、政策に対する政治理念の指導性を全く否定したならば、革命の政治過程と反革命のそれとを識別することは困難であり、革命過程は「現状」の打倒という形式的な規定を出ることはできない。事実歴史の発展方向に対する不可知論に立ち、政治理念をすべて権力のまとう扮装ないしはシンボルに解消する「実証」的立場からはファシズムの行う強制的同質化と、革命権力が——とくに国際的国内的悪条件の下で急テンポに——行う同質化とは全く等視される。むろんそういう共通した次元の設定も上にのべたように一定の限度で学問的に有効だし、実践的にも意味がある。革命と反革命もいかにデリケートな相互移行関係にあるかは幾多の実例で証明される。目的や理念の正当性やイデオロギー的正統性にすべてを還元することの危険性という側面を私は本文でとくに力説した。だからといって、イデオロギーや政治理念は等価値なものでもなければ、またその相異が現実の政治過程に対して無関係《イレレヴァント》とはいえない。政治原理のもつ重要性は、D・リースマンのいわゆる内面指向性の人間類型が支配的であった時代に特殊的な現象ではない。かえって大衆社会における「原理」の「通信効率」への転化といわれるものこそ、現代の特殊的な歴史的断面の抽象であり、しかもそこに伏在する頽廃性はドグマの危険性に比べて必ずしもヨリ好ましいものではなかろう。とくに日本のように、組織や制度がイデオロギーぐるみ輸入されたところ、しかも政治体制の自明性がなく、その自動的な復元力が弱いところでは、政治の問題が思想の問題と関連して登場して来るいわば構造的な必然性があると考えられる。一方ではイデオロギー論が過剰のように見えながら、他方では「思想」の形をとらない思想が強靱に支配し、思想的不感症と政治的無関心とを同時に醱酵させているこの国で、イデオロギー問題を学問的考察から排除することは実際にはその意図する科学的な見方の方向には機能せず、むしろ「いずこも同じ秋の夕暮」という政治的諦観に合流するであろう。したがってわれわれは「価値から自由な」観察と、積極的な価値の選択の態度を、ともに学びとらねばならぬという困難な課題に直面している。その意味でイデオロギーが政治過程のなかに介入してこれを変容させて行く力と程度とについて過大評価にも過小評価にも陥らないで、正しく認識するためにも、また、真理性や倫理的正当性の見地からさまざまのイデオロギーを弁別するためにも、政治思想史と理論政治学の分野は——混同されてならないと同時に——全く他から離れて「独走」することはできない間柄にあるように思われる。これはむしろ第三部で触れるべき問題かもしれないが便宜上ここに付け加える。

第三部　追記

「**科学としての政治学――その回顧と展望**」は昭和二二年に、文部省人文科学委員会が編輯発行していた雑誌「人文」でわが国の人文科学の各分野の現況と動向とを概観した際、私が政治学の項を受け持たされて執筆したものである（同誌第二号）。殆ど一〇年を経て、この小論を読みかえして見ると、日本の政治学の貧困さと立ち遅れに対する私の当時のいらだたしい気持が、戦後の解放感――このほうはむろん私個人だけではなく、社会科学界の全般にみなぎっていた――と奇妙に絡まり合っており、そこから流れ出た一種のパセティックな調子は正直のところ今となると少々きまりの悪い思いがする。それにしても、ここで過去の日本政治学の方法とあり方に対して若気の至りで試みた「清算主義的」批判が先輩の政治学者を刺戟し、間もなく蠟山政道氏の『日本における近代政治学の発達』というすぐれた著作を生む一つの機縁となったのは、この論文のまったく意想外の「貢献」であった。

一〇年の歳月はこの学問の状況を大きく変貌させたことはいうまでもない。社会科学のなかでロクに満足な市民権も認められなかった政治学は今日ともかく隣接分野の研究者から、いな、マルクス主義政党のそうそうたる指導者から、「モダン・ポリティックスの限界」を警告されるまでに成長した。社会心理学や文化人類学のように日本に入って来てまだ日の浅い学問分野で、戦後研究者が増えたことはむしろ当然ともいえるが、ずっと由緒も古い政治学の分野での研究者の激増は戦前の状況を知るものにとってはまさに隔世の感がある。しかも若い優秀な才能をもった研究者がなお続々生れようとしており、各所でたくましいエネルギーとはげしい学問的情熱をもって広大な未開拓の分野に鍬を入れている。そのテーマや方向もはなはだ多岐に分れ、したがって自ずから専門的にも深まり、私のような日本思想史との「兼業者」は、今日では学界の尖端的な研究動向をフォロウするのが精一杯というところである。国際的な交流も盛んになってきた。

そういう意味ではこの論文がそこから論議を発した日本政治学界の地点は一つの「思い出」になろうとしている。けれども他方ではいまなお依然として継続している状況もあるし、またこの学問にとって新たな困難と問題性も発生している。たとえば政治学者の側では、すでに方法論のための方法論や定義のための定義に日を費す傾向は著しく凋落し、視角や立場はちがいながらも日本の現実の政治過程に真向からとりくみ、あるいは外国の制度なり一般理論にしても具体的な問題意識をもって研究する態度が嘗てよりは著しく進んだけれども、政治的現実との相互交通というような面では殆んど進展せず、むしろある面では戦争直後よりも、両者の隔離が甚だしくなっている。またこれは他の分野についてもいえようが、研究条件の地域差や職場差が甚だしく、研究者の分布状況も著しくかたよっているために、とくに地方の学徒はコミュニケーションのないままに孤立しているのに対して、中央大都市では研究発表・集団調査などで、共通の「了解事項」のようなものがどしどしできてしまう。ここに潜んでいる問題は、実はあらゆる領域における明治以来の日本近代化のパターンそのものであって、今日でも一向事態は改まっていない。政治学のようにまだ外国の研究成果を貪欲に吸収している、またしなければならぬ学問では、こうした不均衡的な発展は中央は中央なりの、地方は地方なりの病理現象を生み易いのである。

他の学問領域、とくに伝統をもつ隣接科学（法律学・経済学・歴史学など）との間の交流もまだほとんど行われていないどころか、むしろ政治学の学問的発展に伴って、かえってディスコミュニケーションが甚だしくなるという傾向が出て来た。これには色々な原因があるが、何といっても日本の社会科学の歴史的事情が大きく作用している。政治学の学問的独立はどこでもおおむね法学的アプローチからの自立、つまり国家学から政治学へという方向で行われるが、西欧では、法律学からの独立はむしろ他の社会科学分野との共通地盤の強化となってあらわれる。ところが、日本では経済学にしても歴史学にしてもマルクス主義か、さもなければやはり主としてドイツ系の学派が伝統的に有力なので、政治学が独自のアプローチを試みようとすると、どうも隣接科学から孤立しがちになる。それが最も鋭く表われるのは、政治学の術語である。ラスウェルの用語のように、地元のアメリカでさえ少からぬ当惑をもって迎えられたものは「別格」としても、欧米では一方に珍らしくない範疇や言葉でも、日本では社会科学の世界でまだなじみのうすい場合が少くない。そこでこうした術語をもちいて分析しようとする政治学者はしばしば隣接学者から難解な漢語をつかうとか、外国語をやたらにつかうという非難を浴びる結果になる（政治学の分野でも比較的に伝統のある領域、たとえば政治制度論はまだその程度が少いが、それもアプローチの仕方による）。むろん新らしいアプローチにとかく入りこみがちな衒学や知的虚栄を警戒する必要は、どんなに強調してもいい。また孤立化と言葉の「隠語」化が相互補強関係にあることも周知の社会的事実である。ただ同時に、今の日本でマルクス主義のかなり特殊な範疇や用語法が難かしい漢語訳で堂々（?）と通用し、通俗化しているという事情もあわせて考えてほしい。これは何も政治学の術語の強引な割り込みの主張でもなければ、マルクス主義の術語をひっこめろという意味でもなく、現在の政治学者の苦しい立場に対する寛容へのアピールである。やがては「時」が解決するであろうが、差しあたり政治学者としては、(1)「常識」的な概念を学問的に精錬して行くという「下から」の方法と、(2)アカデミックな術語については、具体的分析におけるその実効性をいつも問題としながら、実効性の比較的に高度なものは普及につとめる、という「上から」の方法とを併用して行くよりほかはない。（ついでに一言しておくが、隣接分野の学者とくにマルクス主義者が「モダン・ポリティックス」という言葉を用いる際には、しばしば近代経済学の政治版だという想定がなされている。むろん政治学のいろいろな流れの中には、意識して、近代経済学と同じような数量化を試みる方向もあるし、また近代経済学だけでなく、社会心理学や意味論まで含めて、それらに共通するある種の認識論的特色を抽出するならば、今日の有力な政治学を、マルクス主義社会科学との対比において、前者の流れに入れることもできよう。けれども私の考えでは、政治学という学問は歴史的に見ても、また方法論的にも近代経済学のようないわば自己完結性を具えたものではないし、他方、マルクス主義体系の中では、経済学と同じような意味で「マルクス主義政治学」なるものを語ることは、少くも今日ではできない。マルクス主義のように単一の方法的基盤に立つ綜合社会科学の観点から見て、政治学の多様なアプローチが一色に見えるのはある意味では当然ともいえるが、アメリカ政治学の中の一つの方法的傾向をもってすべてを推されては、私だけでなく、他の多くの「ブルジョワ」政治学者は迷惑するだろう。）

なお「科学としての政治学」の可能性、その方法の多様性の意義、隣接科学とのアプローチの仕方の相違及び関連、政治学の主要なジャンルといった問題を立ち入って論ずることは、政治学それ自体ではなく現代政治の問題を対象としている本書の性質からいっても適当でないので、ここでは触れない。政治学一般に対する私のあらましの考え方は、みすず書房発兌の『社会科学入門』（旧版昭和二四年、改稿新版昭和三一年）中の「政治学」の項でのべておいたし、またおよそ政治に対する思考法はどのようなものかということは、本書の各所で言及されている筈である。さらに本文のなかで私が強調した政治学における「政治主義」と「客観主義」の両傾向に対する批判がその当時及び現在においてどういう意味と役割をもつか、また果してその後の私自身がここでのべた線に沿った歩みをしているかどうか、発展したか、修正したか、退歩したかというような問題に至ってはこの書物全体を読まれた読者自らの検討と批判に委ねたい。

本書旧版以後、政治学一般について語ったものとして「政治学の研究案内」（『経済セミナー』昭和三五年五月号）があることを附記しておく。

二の「**人間と政治**」は本来、昭和二二年暮に当時京華学園にいた友人猪野謙二と田宮虎彦両氏のきもいりで開かれた文化講座の講演速記が基であって、それが翌二三年二月号の「朝日評論」（廃刊）に掲載された。第一部の**二**の場合とちがって一応文章体になってはいるが、やはり収録に際しては字句や表現を所々直していくらか論文としての体裁をととのえてみた。理論的には、ここでのべられている大衆デモクラシーにおける象徴の役割とか、マス・コミュの政治的＝思想的機能というようなことなど、現在ではほとんど常識にまで通俗化し、むしろある意味ではその逆の面を問題にしなければならぬくらいである。ただ**一**の論文が政治学の方法論的反省なのに対して、これは現代政治の諸問題を比較的広い範囲にわたってとりあげているので、両者相俟って、戦後間もなくの頃の私の「政治的なるもの」に対する考え方がよかれあしかれ忠実に反映している。私はこのころ一方で、前述した政治学を「現実科学」にする方向を考えると同時に、他方——一見矛盾するようだが——ケルゼンの純粋法学になぞらえて、「純粋政治学」といったものができないかということをしきりに模索していた。それは一つには前述した政治学の学問的自律性への要求と関連しているが、同時に、戦後の政治、いな本来の政治だけでなく、あらゆる文化領域に堰を切ったように浸潤したイデオロギー的分極化が、一つには――それ自体まさにあらゆる政治的緊張に随伴する傾向としての――激情化によって、また一つには特殊な日本的な（いわゆるウエットな）道徳主義化によって、政治的リアリズムの著しい喪失として現われ、それが日本の民主主義的勢力の発展にとって、いたるところマイナスに作用しているという私なりの現実的関心から出ていたのである。そこでむしろこの際は「政治的なるもの」に、党派的立場をこえ、また歴史的段階をこえて潜む傾向性をできるだけ特殊的条件を洗いおとして抽象化しておく方が、イデオロギーや党派性の感傷化を防止し、かえって真の争点をハッキリさせることになると思った。といってもむろんこの論がそうした「純粋政治学」の現代政治への適用であるという意味でない。そんなハッキリした目的意識はなかったし、第一そういう体系化が私の頭の中でできていたわけではない。ただこの所論の背景に右のような漠然たる志向があったというだけのことである。その後私はやはり政治学というものはどういう意味でも自己完結的に「純粋化」されない本質をもっているという考えに変って行ったが、右のような志向に関する限り、それ自体一貫して今日まで持続していることは、本書を通読されれば容易に看取されるだろう。それにしてもここに示されている「政治の論理」が決してそのすべてでなく、むしろ政治の論理としてもあまりに一面的かつ図式的であるが、これは私のパースナリティ論に対する知識の不足と、もう一つは、右のような精神的雰囲気のなかで「政治的なるもの」のある次元にとくにアクセントをおいたためである（果してこの小論は発表当時、「前衛」の論壇時評で、悪質な反動的論文として紹介された）。けれどもJ・P・メイヤーがいうように「今日われわれの間のうすっぺらで息の短い政治的思考は日々の合目的性のなかに己れを見失って、政治学の人間論的次元をとっくの昔に忘れ果てたように見えるけれども、あらゆる政治的思索の出発点は人間の本質への問いである」(J. P. Mayer, ***Alexis de Tocqueville, Prophet des Massenzeitalters,*** S. 136)。しかも人間それ自体のなかに長い歴史の星霜を経て持続する側面から、環境との相互作用で不断に変容する側面に至るまで、あらゆる可変性のニュアンスが複合している以上、政治学が人間行動を視察する際に、必要と状況に応じて長短さまざまの尺度《スケール》を用いることは殆どその宿命といえよう。その限りで人間をたんに歴史的社会的条件の束としてしか見ない考え方は、それをもっぱら「永遠の相の下に」把える立場と共に、政治的現実の認識から遠ざかるのである。

ここでのべられている諸点のうち、とくに政治責任が、結果責任だという点は、昨年「思想の言葉」（『思想』昭和三一年三月）でも戦争責任に関して触れて若干論議を呼んだので、この際、道徳責任との関連について一言しておく。結果責任という考え方は往々誤解されるように、「勝てば官軍」という思想と全く同じではない。たとえばここで指摘されている第一級戦犯の責任は必ずしも戦争に敗けたことに対する責任を言っているのではなく——むろんそういう政治責任を問題にすることも可能であるが——なにより彼等の政治的指導及び彼等の決定し遂行した政策の結果、平和が破壊され、ひいて厖大な民衆の生命財産の喪失、国土の荒廃、貴重な文化の毀損などを招いたことが問題なのである。むろん結果といってもどのような結果をヨリ重大と見るかはその時代なり国民なりの価値感ないしは世界観によって決定されるので、その意味でも政治的なるものと倫理的なるものとは広い全体状況において契合する。にも拘らず政治的評価を個人道徳的評価からハッキリ区別して特質づけなければならぬのは、前者が権力にかかわるからであり、権力は限界状況において人間の生命の集団的抹殺を含むからである。とくに政治的指導者に対して非情なまでの結果責任が追及されるのはひとえにこの点に関連する。「チェザーレ・ボルジアは残忍な男で通っていた。それにも拘らず、その残虐ぶりによってロマーニァを再建し統一し、再びこの地に平和と忠誠をよみがえらせた。この点を考えると、彼の慈悲心は、残虐の悪名を毛嫌いするのあまり、ピストイアが破壊されるのを傍観していたフィレンツェ人たちよりははるかに優っていたことが分る……前者の残虐行為によって危害を蒙るのは個々人であるが、なまじ後者の偽善によってすべての人が危害の淵に立つことになる」とマキアヴェリがいう（『君主論』第十七章）とき、彼はまさに政治の世界におけるモラリズムと感傷主義の罪悪を強調することによって逆説的に政治の倫理（virtù）を浮き出させたのである。

三**「肉体文学から肉体政治まで」**は昭和二四年一〇月号の雑誌「展望」（廃刊）に載った。これは内容的にいうと、日本の文化形態《カルチュア》（いわゆる文化ではない）の一断面をとって来て、政治の世界におけるその現われ方を論じたもので、むしろ第一部の問題に近いが、制度に対する人間の思考様式というやや一般的抽象的問題に触れているという意味でここに入れた。はじめに文学論めいたことがでて来るが、むろん文学論などという大それたものではないし、またいわゆる「政治と文学」の関係ということでもない。ただここで精神的次元の独立性というテーマが始終底流になっており、それが最後のところで知識人の団結という個所にちょっと顔を出したきりで終っているが、この点をつっこんで行けば、まさに政治と文化（この場合はふつういわれている狭い意味）という問題に行きあたるわけである。いまこういう大問題を真正面から論ずる余裕も能力もないが、私がこの最後のところで何をいおうとしていたかをいくぶんでも明らかにするために、ほとんど同じ頃、高見順氏とした対談「インテリゲンチャと歴史的立場」（「人間」昭和二四年一二月、廃刊）から若干引用しておこう。そこで私は学問と現実との関係という問題に触れてつぎのように言っている。

「象牙の塔とか、遊離した学問はいかんというようなことを言われますね。それはそれ自身いくら強調してもいいのですけれど、僕はやっぱり学問というものは生活とある緊張を保たなければいけない、そこには分離——遊離じゃなく——することによって最もよく生活に奉仕するという、いわば逆説的な関係があるんじゃないかと思うんです。この考えは非常に危険なのですよ。一歩誤ると孤高になり、自分のものぐさ乃至は安易な生活態度をジャスティファイする論拠になり易いのです。僕なんかとくにそういう傾向があるので言う資格がないかも知れないけれども僕の考えはそうなんです。そうじゃないと、ことに先程言いましたような、大衆文明の時代には日常的な現象に絶えず学問が引張られてしまって、時事の問題とかあるいは狭い意味の政治的要求に鼻面を引き摺りまわされて、結局学問自身の社会的使命を果せなくなる。学問じゃなくても果し得るもの、あるいは学問も果すかも知れないけれども学問以外のものでも果しうるような役割に学問が引張りまわされる事はやはり社会的な浪費です。学問にはやはりそれぞれの学問に固有の問題があります。社会の要求とか、あるいはその時、その時代時代の要求というものだけに直接答えて行くことだけじゃなくて、学問自身の一つの発展の系列があります。その系列を追及していくことが非常に大事な意味をもっていると思うんです。現在の日本ではそういったことの意味がどうも軽視される傾向があるのですね。ある意味で戦争中の考え方と同じように、現代のこういう変革期にそういう悠長な学問をやって何の役に立つかという外部からの心理的圧力が強い。やはり学問には一つの長い継続性、問題の連続性があって、ある人が一定の地点まで研究を進めれば、次の人はその先の地点から更に前進していくという関係を持っていますし、また同時代の、同じ問題のなかにも分業というものがある。日本の学界の、歴史なら歴史の状況を見ていますと、とくに若い人がそうですが、明治維新の革命性ということが問題になるのは現在として当然ですが、猫も杓子もそればかり、しかも同じ対象をやるんです。それも結構ですが、ほかの面でいくらも重要なブランクがあるのに、みな同じ問題に集中してワァワァ論じている。これを単純に『モーデ』といってはあまり酷ですが、何か俺はこれをやるんだという持ち場の自覚がまだ足りない気がするのです。もっともその反面、ただ無反省になんの問題意識もなく惰性的に勉強してそれを『持ち場』と思っているアカデミシャンも決して少くないんですが……。しかしやはり学問の内部から、自分の問題を追求する態度が非常に必要なのじゃないか。」

　つまり、学問内在的な要求や持ち場の自覚なしに研究者が政治的に結集したり、またそれを十分認識せずに結集させようとする傾向のうちに、「精神的次元の独立」の稀薄さが現われている。こういう傾向をなくす前提として私は「一列横隊的価値判断の打破」ということをのべた。

「芸術品とか学問とかの価値評価の場合に、よく進歩的とか反動的とかいいますね。進歩・反動というのは、いわば線として捉えることができるわけでしょう。進んだもの、遅れたもの、といった一つの線として、すべての価値というものが線の上に配列されてしまう。進歩・反動というのは、たしかに一つの価値規準にはちがいないけれども、それが他の規準をおしつぶしてしまう。例えば、プリミティヴな例ですけれど、芸術作品でも、あるいは学問上の業績を見ても、どっちかと云えば（政治的に）反動的な傾向を持った作品で傑れた作品はいくらもありますし、進歩的作品がすべて非常に芸術作品として傑れているかというとそうでないのです。学問においても同じことが言えるのです。」

「現在の日本の政治的な状況から見て、例えば思想の自由とか芸術の自由だとか……を護るために、出来るだけ広汎なインテリゲンツィアが結束してゆく、大衆運動というような大きな事はいわないでも、せめてインテリゲンツィアの相互の間でもっと結束して行って、昔のように野蛮な政治的な力によって各個撃破を受けないようにしてゆくことがこれから非常に大事なことじゃないか……むしろそのためにこそ、一列横隊的な考え方をぶっこわしてゆかなければいけない。なぜに今まで広い民主戦線の必要があれだけ叫ばれながら実際にうまくゆかないか、その一つの原因がここにある。彼奴はこの線だとか、いやもう少し遠いとか、全部そういう評価ですよ。結局自分の立っている場所あるいは自分の陣営からの距離ということが、人を見る場合、すべて評価の規準になってしまう。だから見られた側からいえば、なんらその人自身の個性においてつかまえられているんじゃなくて、ただこの線の中の一つの点としてとらえているだけです。……経験的に存在する何ものかからの距離の近さとか遠さで物事の価値が生まれるのでなくて——昔は天皇からの距離において価値がきまったとすれば、現在は司令部（G・H・Q）なり共産党なりからの距離において価値がきまるというものじゃなくて、真理なり美なりはどこまでも経験的に存在する人間や人間集団をこえた客観的価値だということ、そういう前提があってこそ、いかなる立場からの批判でも、その中に真理があればそれを認めて行くという態度が生れる。インテリジェンスというものは、立場に拘束されつつ、立場を超えたものをもっているところに積極的な意味がある。そういう知性の次元の独自の意味が認められてはじめて、共産主義をふくめた思想学問の自由を一致して守りぬくための知識人の結集が可能になる。何か政治的に利用されるんじゃないかという不安がいつまでも消えないのは、むろん知識人の方にも問題はありますが、やはり根本は政治的な次元が他の規準をおしつぶしてしまうような傾向にあると思うんです。」

　現在では進歩陣営におけるこういう傾向性は幸いに事実上反省されているので、こんなにクドクドいう必要はなくなった。願わくばそれが一時的な政治情勢の現象でなからんことを！　この論文や右の発言に現われた私の考え方にならえなどといっているのではなく、ここに伏在する問題の思想的意味をもっと掘りさげて討議することが必要だというのである。

四「権力と道徳」は昭和二五年三月の「思想」特輯号「権力の問題」への寄稿である。この論文は「まえがき」に書いた問題提示にいうところの権力と道徳のイデオロギー的関係についての歴史的見取図だけに終って、「問題の理論的な焦点」には殆んど触れていない。これは、がらにもなくこういう難かしいテーマを引き受けて四苦八苦した揚句、史的背景のところまでで息が切れてしまったためである。内容を誤解のないように限定するため、新たに副題を附けた。当初の構想はとてつもなく大きなもので思想史的な部分としても、この後に続いて、クリスト教世界における国家と教会の二元性の伝統に対する巨大な例外としてのロシア帝国の場合をドストエフスキーの思想を中心としてのべ、ついで儒教の有徳者君主思想とそこから帰結される易姓革命の思想を一つの世界史的類型として挙げた後に、日本のとくに明治以後における「国是」という観念をめぐるレーゾン・デタの思想をそれらと対比する予定であった。その初めの部分は当時書いた原稿が半ペラ三〇枚ほどあるので、本書のためにその後を書きつづけることも一応考慮したが、そうなるとあまりに思想史に偏したものとなって、本書の「後記」でのべたような収録の基準から大きく逸脱するので、むしろ一応まとまっている既発表分に限ったわけである。はなはだ身勝手な申し分であるが、これを思想史の論文としてでなく、むしろ第一部、第二部で論じられている日本のナショナリズムやナチズムとの問題的な連関性という観点から読んでいただきたいというのが私の希望である。

この問題に対する接近の仕方はいろいろ考えられる。本論のように、国家権力と「倫理的なるもの」との歴史的な関連から入って行く以外にも、たとえば最初から道徳を倫理性一般ということでなく、諸徳（virtues）にまで具体化＝個別化して、権力の維持の方向に動く徳（たとえば秩序の徳など）、権力の妨害になる徳（たとえばいわゆる宋襄の仁など）、既存権力を打破する徳（革命的モラルなど）というように分けて、その相互関連性を解明して行くことも可能であろう。いずれにせよ、このテーマをたんに歴史的もしくは政治哲学的考察にとどめずに、経験的な政治学の課題として処理するためには、どうしても権力と道徳という次元から権力の道徳という次元への視角転換が必要になってくる。権力と道徳という問題には本論中に暗示されているように永遠の二律背反が含まれており、そうしたアンチノミーの自覚が喪われれば、一方、道徳の内面性を保持する方向も、他方、権力の即自的な倫理化の危険を避ける方向も、ともに閉ざされてしまうことを避けられない。けれども、そのことはもとより権力と倫理が全く関連をもたないとか、具体的な権力のあり方がつねに反倫理的だという意味ではない。むしろ両者はさきの二の追記でものべたように、それぞれ固有の平面をもちながら、ともに人間にかかわることによって必然的に交差する。この両平面の交差する地点をハッキリ浮き立たせるためには、一旦徹底的に権力主体の視点に立って（つまり権力に対する外からの、あるいはヨリ上級の規範的制約をすべて括弧に入れた上で）、権力維持にとって有害な可能性をもつ諸徳を一つ一つとりのけて行くとよい。そうするといかなる権力もそれを保持することなしには必然的に権力そのものをも喪失するような徳に行き当る筈である。古代ローマやルネッサンス・イタリーの政治を素材としてこの操作を意識的にまた徹底的に行ったのがいうまでもなくマキアヴェリなのである。たとえばマキアヴェリが「人々は一つの禍害からまぬがれようと思えば、必ずそれと別のある禍害に陥るものだというのは事物の秩序である。しかるに賢明さとは、禍害の質をひきくらべ、ヨリ少い悪を善であるとして把握する点に存する」（『君主論』第二十一章）というとき、ここで「賢明さ」はまさに権力の立場から諸徳の選択を可能にする徳として提示されている。ショルツもいうように「賢明さこそは何百万という人間の運命を双肩になっている政治家にとっては単に知的な徳でなく、倫理的な徳」なのであり、あらゆる政治的指導者の基底徳（**Grundtugend**）にほかならない（***Politik und Moral*, S. 146**）。そうして、この権力と倫理のミニマムの媒体からして、マキアヴェリやE・バークなどが挙げているような慎重（**prudence**）とか、盲目的支配欲の抑制とか、自己陶酔や虚栄心の排除、あるいは、M・ウェーバーが「無暗にのぼせ上った素人政治家」から真の政治家を区別する指標としての「魂の制御」ないしは「ものと人との間にある距離をおいて見る精神」など（『職業としての政治』参照）、一連の徳が導き出されて来る。これらはいずれも個人倫理でありながら同時に、権力のリアリズムにとって必須の倫理である。「憎悪を煽り立てる者の顔には、憎悪がふきもどされて彼を焼く」とロマン・ロランがのべている（『戦いを超えて』）ことも政治過程に決して稀でないダイナミックスである。政治的リアリズムはいわゆる「現実政策《リアル・ポリティックス》」と同語ではなく、むしろ「現実政策」一点ばりの追求はしばしば結果的にリアルでない。こうした問題を歴史的過程によって実証しながら、権力の道徳を解明して行くことが、第二部の**五**でも触れた、道徳的感傷主義といわゆるマキアヴェリズムとの二者択一的思考を政治的観察と実践から排除する上に重要な課題になって来るのである。

五「**支配と服従**」は昭和二五年暮に、弘文堂が発行した「社会科学講座」のために執筆し、同講座の三巻に載った。やはり収録に際して僅少ではあるが、字句を改めたところがある。この論文にしても次の**六**にしても、見られるように、歴史的な複合体としての社会体制を直接対象として、そこでの実態分析を意図したものでなく、一種の範疇論であって、ただそれを歴史的対象に関係させて、一つの動向分析を試みたにとどまる。本書のあちこちで繰り返しいうように、こういう範疇論や定義論は、「政治過程の体系的考察と解釈のための道具として受けとらぬ限り、たんに不毛な言葉の穿鑿の風を助長する」(H. D. Lasswell, *Power and Society*, Intro. XIX) だけに終ってしまい、極端な場合には定義について一致しない間は、一歩も問題が先に進まないというような事態を招来する。C・H・タィタスという学者は「国家」についての学者の定義を一四五種類集めたという！ (cf. D. Easton, *The Political System*, p. 107) もしこうした定義を tentative なものと考えず、その中から唯一の定義を「真理」とし、あとをすべて「誤謬」としたらどういうことになるだろう。けれども他方において、日本の社会科学や歴史学では、権威とか権力とか支配とか指導とかいう概念がきわめてアイマイに使用されていることも事実で、それが無反省に対象分析に適用される結果、しばしば論議の混乱を招いているだけでなく、複雑な社会的諸関係のからみ合いをときほぐし、その相互移行性を捕捉することができない場合が少くない。結局こういう概念規定についても単なる教条主義と単なる経験主義を避け、これこれの視角から照明をあてると、対象のこれこれの側面が、あるいはこれこれの歴史的動向が照し出されるというような、範疇使用と対象との具体的な連関性をつねに問題にして行くよりほかはない。

六「**政治権力の諸問題**」の原型は昭和二八年に『政治学辞典』（平凡社、一九五四年）に書いた「政治権力」である。形式的構成は大体旧によったが、内容は思い切って手を入れ、量も倍以上に殖えたので、実質的には新稿に近くなった。ただ量が殖えたとはいうものの、テーマがテーマの上に、怱忙《そうぼう》の間に書き上げねばならなかったので論じのこした問題も少なくなく、また叙述を圧縮したために、一層抽象度が高くなったのは気がかりである。私としては、本書のあちこちに散在する考え方のしめくくりという意味もいくぶん籠めたつもりである。なお参考までに、このテーマに密接に関連するこれまでの私の論述としては、『政治の世界』（御茶の水書房）及び『政治学辞典』の中の「政治」「政治的無関心」「リーダーシップ」、同じく『社会学辞典』（有斐閣）の中の「政治」「政治的認識」などがあることを附言しておく。くれぐれも政治学の扱う政治権力の問題がここに網羅されているとか、これが権力の政治学の典型あるいは代表であるとかいうふうに受取らないでいただきたい。

七と**八**は、増補版に加えた稿であるが、いずれも既発表のものである。すなわち、「**現代における態度決定**」はもと、私の所属する「憲法問題研究会」が、昭和三五年五月三日に憲法記念講演会を開いたときの講演であって、加筆の上、他の講演とともに、同研究会編『憲法を生かすもの』（岩波新書、昭和三六年刊）に収められた。また「**現代における人間と政治**」は、「人間の研究」シリーズ（有斐閣）中の一冊として、私が編者となった『人間と政治』（昭和三六年刊）のために書いたものである。本書に収録するに際して僅少の字句を改めたが、転載を快く諒承された憲法問題研究会、岩波書店および有斐閣にたいして感謝したい。

ちょうどこの両稿を間にはさんで、かの安保闘争がクライマックスに達した時期が位している。右の「憲法記念講演会」が開かれた半月あとに岸内閣と与党によって、衆議院における新安保条約の審議の一方的な打ち切りと強行採決が一夜にして行なわれ、全国を騒然たる事態のなかにひきこんだ。安保改定問題については、これより前に私は種々な会合や研究会に参加し、また居住地域での集会で、苦が手のスピーチなども行なってはいたが、強行採決後は文字通り席のあたたまる暇のない日々が続いた。

むろん安保問題で終始熱心に動いていた人々と比較したら、私の多忙さなどは大したものではない。しかし、性来おっくうで無精者の上に、ほとんど片肺飛行にひとしい身体的なハンディキャップを負った私としては、今から考えても持ちこたえたのが奇蹟と思われるほどの激しい生活であった。この間、私の行動の場の大部分は、大小の報道機関で伝えられたような集会・デモ・雑誌での発言というようなところ以外にあったのであるが、そうした表面に現われた言動だけをとっても、直接時事的な問題について短期間にこれほど集中的にしゃべったり書いたりしたことはなかった。今度本書の増補版を出すにあたって、かなりの量にのぼるこれら安保闘争関係のものをどう処理するかに困ったが、結局、書物の厚さも考え、また本書の選択基準に照らして、「現代における態度決定」だけをとった。これはいわゆる五・一九以前の講演であり、そのうえ直接に安保闘争をテーマにしたものではない。しかしそれだけにかえって、あの渦中における私の行動動機を原則的に、しかも事後からの合理化という危険を冒さずに、示していると考えたわけである。

私は五・一九直後の激動のなかで「今後の大きな見通しとしては……支配層の中の、一種の危機を先取りした分解が起こって、それで事態が鎮静するというのが、現在もっともあり得る可能性だ。どうころんでもそうなると思う」「見通しからいうと、私は結局今度の事件もいつの間にかルーティンに落ち着きそうな気がする。ただそのルーティンがきたって、やはりこの大きな経験は経験です。これは必ず資産になりますよ、もとのもくあみでは決してない。しかし現実はやっぱり連続性の面を持っていて……むしろ『有頂天の革命的精神のあとには長い宿酔が来る』というマルクスの言葉が実感をもってひびくようになるでしょう」と語った（竹内好・開高健氏との五月二七日の討議、「中央公論」昭和三五年七月）。こういう見透しを持ちながら、この短期の激動からできるだけ私達にとって今後の「資産」となるものをひき出したいというのが、あの時期の私のさまざまな言動の底に流れていた願望であった。議会制についての「院内主義」批判、または「建物自然主義」の批判とか、「在家仏教」的政治活動の強調とかは、いずれもこうした長期資産への狙いから出た考え方であり、それをすこしでも多くできれば、たといあの時点での安保条約の「自然成立」を阻止できなくても、条約の効果をミニマムにし、ひいてはそれを廃棄する持続的なエネルギーになると思ったわけである。しかし「事態が鎮静」してみると、「有頂天の革命的精神」が乱舞しただけ、そのあとの宿酔のひどさは私の予想を上まわった。最小限の政治的リアリズムを具えていたら、あの時点においてどう転んでも「成功」する筈がないことが明瞭な筈の「革命」の幻影をえがいたり、「ヘゲモニー」への異常な関心が満たされなかったりしたことからの挫折感をあの闘争全体の客観的意義にまで投影して「敗北」をおうむのようにくりかえし、それが良識を看板にしている評論家——高揚する運動にとり残された内心の焦燥感を冷笑にまぎらわしていた人々——の見解と「一致」するというような奇異な光景がいたるところに見られた。その結果、世界中で安保闘争の評価がもっとも低いのが、わが日本のこういうグループであるという珍現象を呈している。私はあの闘争に一市民として参加したことにいまもって悔いるところはないが、右のような宿酔現象のひどさには少なからず失望した。と同時に、さまざまの誤解と中傷のなかで感情に流されず、目立たぬ場所で縁の下の力持ちのような役割を終始誠実につとめた人々の存在に心暖まる思いを経験したことも事実である。

この間の私の言動は——というより大小の「通信」を通じて私に帰属させられた「思想と行動」は、その後左右両翼からさまざまな批判を浴びた。ここでその一々について弁明をする意思はないし、そのあるものについては右の**七**、**八**の二論稿が実質的な答えになっていると思う。ただ本書の全体を通ずる政治にたいするアプローチとの関連で、一、二の問題について一般的な形で補足しておきたい（なお、『現代のイデオロギー』第一巻（三一書房発行）での佐藤昇氏との対談でも、このときの批判点に触れている）。

安保闘争時における私の状況的発言は、ある場合にはそれまでどのような意味でもまだ行動に移っていなかった特定の人々にたいする呼びかけという意味で、組織化の論理を基底にしたものもあれば、また、激動の渦中において、希望とはべつに、事態の経過と見透しを叙べたものもあれば、さらに事後からの事件の意味づけあるいは位置づけを試みたものもある。それらを通じて私個人の政治的評価または偏向が多少とも刻印されていることを私はすこしも否定しない。しかし政治的判断にはいくつものオーダーがあるものであって、たとえば特定の状況における特定の人々にたいする組織化の論理は、私の考え方と背反したものではもちろんないが、それをそのまま私の政治思想の吐露と考えられてはいささか迷惑である。たとえば一定の出来事が議会制民主主義の機能条件を満足させているかどうか、という問題は、認識の次元で、つまり議会制民主主義にたいする「究極」の価値判断を離れて、考察できる問題である。そうして否定的結論が導かれるならば、それは少なくもその出来事の主動者から議会主義という大義名分で自らを合理化する資格をはぎとるという実践的意味をもつ。そのことはまた一定の人々にたいする組織論的効果を伴なうだろう。その場合、そういう論理を駆使することと、議会制民主主義をもって、究極にして最良の政治形態とする立場をとることとはあきらかに別の事柄である。

私自身についていうならば、およそ政治制度や政治形態について、「究極」とか「最良」とかいう絶対的判断を下すことに反対である。（この点、本書の「ある自由主義者への手紙」参照。ただしそこでも「僕は少くも政治的判断の世界においては高度のプラグマティストでありたい」とわざわざ傍点までつけたのに、留保ぬきで丸山は自分をプラグマティストと規定していると速断する批評が間々ある。私は哲学的なプラグマティストでは必ずしもない。ついでにいうならば、何かというと「腹を割」ったり、「肝胆相照」らしたりするストリップ趣味と、でき合いのイズムに帰依することがすなわち「世界観」を持っていることのように考えられる精神的風土と、こういう二つの背景からして、「お前の究極の立場は何か」というような、万事につけて信仰告白を要求する傾向が「思想好み」の人々の間にある。こういう問いには、私はどんなに傲慢に思われようと、「私は丸山イズムです」と答えることにしている。人生の究極の問題にたいする信条は「私の思想は何々です」というような形で本当に表現できるものではない。ある人間の思想がどこまで論理的に一貫しているかどうかは、彼のあらゆる労作の綿密な吟味を通じてはじめて明らかになることであり、また彼の行動がその思想によってどこまで律せられているかは、究極には「棺を蔽うて定まる」問題である）。私は議会制民主主義を理想の政治形態とはけっして考えていない。しかしその反面、来たるべき制度、あるいは無制度のために、現在の議会制民主主義の抽象的な「否認」をとなえることには、政治的——議会政治的だけでなく——無能力者のタワゴト以上の意味を認めがたいのである。

およそ、議会制といわず、憲法といわず、現在の制度から提供されている機会を享受し、その可能性を最大限に活用する能力のない者にどうして将来の制度をにない動かす能力を期待できよう。現在の制度から自分にはどんな機会も提供されていないとこぼすものは、まさにその愚痴によって、自らの想像力のおそるべき貧困を告白しているにひとしい。いわんや、現実の生活では現在の組織や制度が与える機会を結構享受していながら、自らはそれを意識せず、「外」にいるつもりで「疎外」のマゾヒズムをふりまわす人々を見ると、どうしても電車のなかで大の字になって泣きわめいて親を困らせている子供を連想したくなる。どちらにも「反抗」の根底に「甘え」がひそんでいるからである。いうまでもなく民主主義は議会制民主主義につきるものではない。議会制民主主義は一定の歴史的状況における民主主義の制度的表現である。しかしおよそ民主主義を完全に体現したような制度というものは嘗ても将来もないのであって、ひとはたかだかヨリ多い、あるいはヨリ少ない民主主義を語りうるにすぎない。その意味で「永久革命」とはまさに民主主義にこそふさわしい名辞である。なぜなら、民主主義はそもそも「人民の支配」という逆説を本質的に内包した思想だからである。「多数が支配し少数が支配されるのは不自然である」(ルソー)からこそ、民主主義は現実には民主化のプロセスとしてのみ存在し、いかなる制度にも完全に吸収されず、逆にこれを制御する運動としてギリシャの古から発展して来たのである。しかもこの場合、「人民」は水平面においてもつねに個と多の緊張をはらんだ集合体であって、即自的な一体性をもつものではない。即自的な一体として表象された「人民」は歴史がしばしば示すように、容易に国家あるいは指導者と同一化されるであろう。民主主義をもっぱら権力と人民という縦の関係からとらえ、多にたいする個体という水平的次元を無視もしくは軽視する「全体主義的民主主義」の危険性はここに胚胎する。なにゆえに民主主義的な政治体の仮説が社会契約と統治契約という縦横二重の構造をもっているかという問いが現代においてあらためて問い直されねばならないのである。

こういう基本的骨格をもった民主主義は、したがって思想としても諸制度としても近代資本主義よりも古く、またいかなる社会主義よりも新らしい。それを特定の体制をこえた「永遠」な運動としてとらえてはじめて、それはまた現在の日々の政治的創造の課題となる。そうでなしに、民主主義をもっぱら歴史的体制のタームで語るものは、現実の特定の「体制」を民主主義の体現としてスタティックに美化するか、さもなければ、日々の過程の——すなわち民主的フィードバックの機能の不断の行使という課題を——一切合切、「疎外の回復」という将来の目標のなかにまつりあげ、「歴史的」見方に似て実は非歴史的な思考におちいりやすい。

同じように、「政治をなくすための政治」とか、「権力の死滅をめざす権力集中」といった一見弁証法的な考え方も、目標的思考、もしくは巨大な歴史段階論（階級社会の止揚→無階級社会というような）だけが前面に出て、日常的過程を刻々切断する論理が示されないかぎり、ヨリ悪しき害悪を具体的な状況の下に識別する規準としては機能しがたいであろう。

ひとが必要欠くべからざる制度と呼んでいるものは、しばしば単に習慣化した制度にすぎないこと、社会体制の領域では可能なものの範囲は、何らかの社会集団のなかに生活しているすべての人間が想像しうるよりもはるかに大きなものであること、を私は信ぜざるをえない。

――アレクシス・ド・トックヴィルの回想録より――

旧版への後記

本書は考え方によっては実に奇妙な本である。第一、自分の論文に自分でいちいち「解説」めいたものをつけるというのがあまり例がないし、いわんやそのテーマに関連した過去の座談会の発言などを適宜挿入して行くような編纂は、誰か他人あるいは故人のものをまとめる場合ならともかく、著者自らやるということは、ある意味ではこれほど僭越で傲慢な態度はなかろう。まるで教祖が信徒に自分の託宣を、一言一句の末まで有難くきかせるかのように……。なぜこういうことになったのかを一般に分っていただくために、この書物が世に出るに至った経過をあらまし誌しておきたい。一言にしていえば、この書物は、いろいろな動機と事情が絡まりながらかたちをなして行ったもので、必ずしも著者の一つの目的意識によって制御された産物ではないのである。

第一部の追記にも書いたように、本書はもともとは日本のファシズムあるいはナショナリズムの問題を中心として纏められる筈で、それは未來社の西谷能雄氏が社を創立した当時からの約束であった。ところがまさにその頃から私が病床に臥してしまい、その後小康をえてもこういう資料的な仕事はどうしても足で歩くことが必要なので、いつになったら一応なりともまとまるのか見透しがつかなくなってしまった。他方私は、東大出版会から『日本政治思想史研究』を刊行した際に、引続いて、政治学関係の論文集を出すことになっていたが、この方は読み返すと甚だ物足りないので一向気乗りせず、また療養によって学界や研究室との接触がうすれたため、いよいよ自信をなくしてやはりその儘になっていた。こういう手詰り状態にあったところへ、一昨年の暮から昨年のはじめにかけて、知識人と戦争責任という問題が論壇であらためて提起されはじめた。私は第一部の**七**（「増補版」では**六**）でも書いたように、知識人だけでなく、日本の政界やジャーナリズム、はては学界にひろく蔓延している自分の言動に対する無責任さ、昨日言ったことは今日翻して平然としている風景にかねてはなはだ物足りなく思っていたので、この問題はいたく私の関心を惹いたのである。しかも戦争責任の問題は私にとっては個人の思想的姿勢の問題だけでなく、まさに私の研究対象とも密接に関連していた。今ごろになって改めて戦争責任をむしかえすとは……という考え方には賛成できないが、同時に、今ごろ蒸し返さねばならなくなったこと自体に対して、すべての知識人が深い反省を要求されているのではないか、したがって、この意味で戦争責任問題は戦後責任問題ときりはなしては提起されないというのが、私の当初からの感じであった。昨年のいつ頃か、こうした問題をすぐ近くに住む畏友竹内好氏と話していたとき、氏が、この際われわれは恥かしいとか今となっては具合が悪いとかいう考慮を一切すてて、戦中戦後に書いたものを一括して社会の目にさらすことから出発すべきじゃないかといわれた言葉は瞬間に私の胸を深くつきさした。ところがものめぐり合せというのは妙なもので、ちょうど夏ごろから、未來社は何か事情があって私の約束の履行に対する攻勢をにわかに強め出したのである。こういうところから東大出版会に約束したいくつかの論文を、日本ファシズムについての既発表の研究に加えて一本にまとめることになったわけである（この点東大出版会の好意に深く感謝する）。けれどもそこからの途はまた直線ではなかった。自分のなかのちっぽけな学問的羞恥感からは解放されて気が軽くなったけれども、べつの難点が次々と出て来た。私は元来筆不精であるが、それでもこれまで雑誌や大学新聞・読書新聞などに時折、小論や書評を書いている。ところがはなはだ心掛けが悪くて、そういうものを一々保存していない。その上、座談会には病気前にかなり引張り出されたが、まさかそれを全部収めるわけにも行かない。終戦までに書いた未発表のものも若干あるが、殆んど日本思想史関係かまたは海外政治学界の動向や外国書紹介で大したものはない。全体の量のことも考えなければならないし、いかに自分の気が済むといっても、書物としての統一性があまり欠けているものはやはり出したくない。それやこれやで漸く次のような大体の規準を立てた。(1)一応戦後の論文に限定する。(2)現代政治の問題に比較的関連の深い論文を中心とする(1)と(2)で日本やヨーロッパの思想史プロパーのものは除かれた)。(3)あまり短いものあるいは入門的なものは入れない。(4)現代政治の問題で一、二篇新稿を加え、また追記で補って、なるべくアップ・トゥ・デイトなものにする。

こうして、戦後の私の思想なり立場なりの大体の歩みがなるべく文脈的に明らかになるように配慮しながら、同時に、現代政治の諸問題に対する政治学的なアプローチとはどのようなものかというあらましのところを広い読者に紹介し、第三部の追記でのべたような日本における政治学の「内」と「外」との交通の甚だしい隔離をいくぶんでも架橋しようという大変に欲ばった意図が編纂のなかに交錯することになったわけである。結果はかなりアカデミックなものと、非常にジャーナル的なものとが並び、本文のテーマと関連ある座談会の発言を編みこむことも、追記の書き加えが増えたために必ずしもうまく行かなかったりして、二兎——あるいは数兎——を追う失敗を実証したようなことになったが、ここまで乗りかかった以上は目をつぶって、大方の峻厳な批判を俟つことにした。それにしても本書の背景になっている私の思想の道程、迷いや遍歴を本当に世にさらすためにはむしろ戦争までの歩みをのべなければならないが、それをここに誌す余裕は到底ないので他日を期することにする。

この論文集をまとめるにいたって、戦前戦後にわたって私の学問なり考え方にいろいろ貴重な示唆を与えてくれた多くの先輩や友人の顔がつぎつぎと浮んで来る。学問的方法や政治的立場の異る人々からも私は限りなく教えられて来た。一々名をしるさないが、こういう多面的な分野にある人々からの示唆がなかったならば、「すべてについて何事かを知り、何事かについてはすべてを知る」（J・S・ミル）という恐ろしく困難な努力を宿命的に課せられている政治学の途をともかく今日まで歩みつづけることは到底できなかったであろう。

おわりに本書が陽の目を見るまで丸六年も辛抱強く待ってくれた、出版社長というより友人の西谷能雄氏と、最後の急ピッチの仕上げに大変迷惑をかけた松本昌次氏はじめ未來社の人々の尽力に感謝してペンをおく。

一九五七年三月　本郷にて

丸山眞男

増補版への後記

上下二巻にわかれていた旧版を合本にして出したいという希望はもう何年も前に出版社から出されていた。それが私の外国行や何かでのびのびになり、ようやくいま陽の目を見たわけである。したがって増補版といっても、旧版を全面的に改訂し、あらためて世に問うというような意図は私にははじめからなかった。ただせっかく新組みにするなら、この機会に技術的な訂正をするとともに、旧版以後に書かれたもののなかから本書の趣旨にふさわしいものを二、三追加したいと思ったまでである。しかし「追記」のなかでものべたような私の主要な仕事領域の移動――というより復帰からして、論文の追加にはほとんど選択するというほどの余地がなく、結局見られるように、第一部に一つ、第三部に二つを加え、追記のあちこちに若干の書き足しをした程度である。本来、私の希望によったもので、出版社側ではあまり気のすすまなかった旧版の軽装の表紙が今度は合本によって否応なくクロースに改まったことが、あるいはいちばん「変った」点かもしれない。

「現代政治の思想と行動」という本書の表題にはもともと特別な意味があったわけではなく、いよいよ書物にするときいわば苦しまぎれに附けただけのことであるが、どういうわけか現代何とかの思想と行動といった類似のコトバや表題をその後ちょいちょい見かけるようになり、最近は自分の書物の題名にややうんざりする思いである。それは表現が陳腐になったためでは必ずしもない。昨年のいつ頃か、ある学生新聞に「およそ現代の政治または思想を考察するために云々」というような文句があるのが目にとまったことがある。「政治または思想」とはどういうことなのか。政治は政治、思想は思想である。政治の思想を語ることはできても、それは政治という複合体の一つの側面にすぎない。また思想の政治的性格とか政治的役割とかを論じることもできる。いかなる思想も政治の場で一定の色彩を帯び、一定の役割を演ずるからである。だからといって、思想の意味がそうした政治的役割のなかに解消されるとか、解消してよいということにはならない。私は一記事の揚げ足とりをしているのではなく、政治と思想とを「または」という表現で簡単につなげ、等置するところに象徴されているような、ある種のムードを問題にしているのである。その調子でゆくと、さきほどの題名からテニオハはすべて脱落して、現代イコール政治、政治イコール思想、思想イコール行動ということになってしまう。事実ちかごろはこれらが一緒くたに団子のようにまるめられ、そこに「言霊」がやどって「荒ぶる」現象を思想的ラディカリズムと錯覚しているむきもあるようである。私が本書の題名にいささか憂鬱になるのはそのためである。

しかし題名などは本来どうでもよい。学問的「研究」としてはその後、世に出された政治学・社会学・歴史学の分野におけるすぐれた労作によっていよいよ古色蒼然たるものになってしまった本書を、今日の時点で旧版の部分にも殆ど手を加えずに増補するについては、私なりのささやかな喜びと同時に「意地」のようなものがないわけではない。見られるように、本書に収録された論文の大半は、専門の研究者のための学術雑誌に寄稿したものでなくて、むしろ学者以外の読者を予想して書かれたものである。しかし私自身の心構えとしては、それらの論文をジャーナリズムむきの「啓蒙的」な読みものとして執筆したことは一度もなかった。「学術的論文」と「啓蒙的論文」

との使い分けというような器用さはもともと持ち合せてはいないが、それ以上に、私は本書の諸論文に関しては意識的にそうした使い分けを避けて来た。したがって、それらの論文のスタイルが学界的常識からはあまりにジャーナリスティックに見え、ジャーナリズムの世界からはあまりに「専門的」もしくは「難解」だという非難を浴びるのは覚悟の前だったのである。したがって本書が予想外に広い読者に読まれ、とくに学界にも「論壇」にも無縁な、さまざまの階層の熱心な読者を持ったことにもまして私の心を励ましてくれたものはなかった。著者にとってはまさにそれは「本懐」であった。私は本書の中で、市民の日常的な政治的関心と行動の意味を「在家仏教」主義にたとえたが、同じ比喩を学問、とくに社会科学についても日頃考えている。私を含めて学問を職業とする学者・研究者はいわゆる学問の世界の「坊主」である。学問を高度に発達させるために、坊主はいよいよ坊主としての修業をつまなければならない。しかし、宗教と同じように、一国の学問をになう力は——学問に活力を賦与するものは、むしろ学問を職業としない「俗人」の学問活動ではないだろうか。私が乏しいながらも、本書の論文で意図したことは往々誤解されるように学界とジャーナリズムの「架橋」ではなくて、学問的思考を「坊主」の専売から少しでも解放することにあったのである。その意味で、私としては今後ともとくに学問を愛する非職業学者からの鞭撻と率直な批判を期待しお願いする次第である。

こういったからといって、私は同業の学者あるいは評論家を「相手にしない」というのではもちろんない。本書の旧版にたいしては政治学界からだけでなく、広く社会科学者あるいは評論家の間から懇切な評価と批判を受け、教えられるところも少なくなかった。今度それらの批判点のなかでとくに重要と思われるものについて一々追記の中で答えるということも考慮したけれども、いざ着手してみると、そういう真正面からの批評は概ね、本書以外の他の労作にも及んで、私の思想や学問的立場一般を問うているので、本書の諸論文の範囲内で答えることは困難なことがわかった。そのうえ、昨年秋に出された本書の英語版*にたいして、海外ですでに四、五の書評が出ており、今後まだ出る見込みがあるので、そういう海外の反響も国内での批評と合わせて適当な機会を見てあらためてとりあげようという気になった。そのため、書き加えた追記のなかには反批判めいた事柄も部分的に含まれているが、全体の方針としては、この書物の原型を戦後史の一つの資料として読者に提供するという意図の方が強く出ている。こういう形で再版したからといって著者がこれまで出された批評を無視したり、学ぶに値しないと思っているわけでないことをくれぐれも断っておきたい。

研究者や批評家には、この書物を「研究」としてよりはむしろ戦後日本の政治学史の、ひろくは戦後思想史の一資料としてあらためて提供したい、という意味は、旧版の後記に「戦後の私の思想なり立場なりの大体の歩みがなるべく文脈的に明らかになるように配慮」するとのべた、本書の編纂意図の一つと関連している。とくに最近の論議で私に気になるのは、意識的歪曲からと無智からとを問わず、戦後歴史過程の複雑な屈折や、個々の人々の多岐な歩み方を、粗雑な段階区分や「動向」の名でぬりつぶすたぐいの「戦後思想」論からして、いつの間にか、戦後についての、十分な吟味を欠いたイメージが沈澱し、新たな「戦後神話」が生れていることである。政界・財界・官界から論壇に至るまで、のどもと過ぎて熱さを忘れた人々、もしくは忘れることに利益をもつ人々によって放送されるこうした神話（たとえば戦後民主主義を「占領民主主義」の名において一括して「虚妄」とする言説）は、戦争と戦争直後の精神的空気を直接に経験しない世代の増加とともに、存外無批判的に受容される可能性がある。こうした過去の忘却の上に生い立つ、戦後思想史の神話化を防ぐ一つの方法は、戦後にさまざまの領域で発言した知識人ができるだけ多く、自らの過去の言説を、資料として社会の眼にさらすことであろう。それは旧版の後記にのべた戦後責任という道義的問題だけでなしに、ヨリ綿密な実証的吟味を経た戦後史を作るという私達の学問的課題のためである。この書がそうした意味での資料の一つとして役立つことができれば幸いである。

もちろん戦後民主主義を「虚妄」と見るかどうかということは、結局のところは、経験的に検証される問題ではなく、論者の価値観にかかわって来る。そうして政治についてのどのような科学的認識も検証不能の「公理」を基底においている限り、そうした「虚妄」観の上にも学問的労作が花咲く可能性があることを私は否定しない。私が神話化というのは、そうした観点からの歴史的抽象が抽象性と一面性の意識なしに、そのまま現実の歴史として通用することをいうのである。私自身の選択についていうならば、大日本帝国の「実在」よりも戦後民主主義の「虚妄」の方に賭ける。本書の諸論文の執筆時期は戦後一六年にわたってちらばっており、その間、概念用具には変化があるが、右の賭けが公理もしくは偏向として基底に流れていることには変りはない。私はひきつづきこの偏向を大事にして行くだろう。増補版を出すにあたっての私の「意地」といったのはこのことである。

おわりに、校正の労をとられた未來社の松本昌次・小箕俊介・田口英治の諸氏の労に感謝する。

＊ *Thought and Behaviour in Modern Japanese Politics* (ed. by Ivan Morris with Author's Introduction to the English Edition), Oxford University Press, 1963. 但しこれは旧版のなかの九つの論文を全訳したものである。

一九六四年五月　初旬

著　者

著者略歴

丸山眞男（まるやま・まさお）
1914年　3月22日大阪に生まれる。
1937年　東京大学法学部卒業。
1974年　東京大学法学部名誉教授。
1996年　8月15日逝去。
著　書『政治の世界』（御茶の水書房、1952年）『日本政治思想史研究』（東京大学出版会、1952年、新装版・1983年）『現代政治の思想と行動』（未來社、上巻・1956年、下巻・1957年）『日本の思想』（岩波新書、1961年）『戦中と戦後の間』（みすず書房、1976年）『後衛の位置から――『現代政治の思想と行動』追補』（未來社、1982年）『「文明論之概略」を読む』（上・中・下、岩波新書、1986年）『忠誠と反逆――転形期日本の精神史的位相』（筑摩書房、1992年、ちくま学芸文庫版・1998年）『丸山眞男集』（全16巻・別巻1、岩波書店、1995―1997年）『丸山眞男戦中備忘録』（日本図書センター、1997年）『自己内対話――3冊のノートから』（みすず書房、1998年）『丸山眞男講義録』（全7冊、東京大学出版会、1998年―2000年）『丸山眞男座談』（全9冊、岩波書店、1998年）『福沢諭吉の哲学　他6篇』（岩波文庫、2001年）『丸山眞男書簡集』（全5巻、みすず書房、2003―2004年）ほか。

〔新装版〕現代政治の思想と行動

発行――一九六四年　五　月三〇日　増補版第　一　刷発行
　　　　二〇〇六年　八　月一五日　新装版第　一　刷発行
　　　　二〇一七年一一月一〇日　新装版第一〇刷発行

定価――（本体三八〇〇円＋税）

著　者――丸山眞男
発行者――西谷能英
発行所――株式会社　未來社
〒112-0002　東京都文京区小石川三―七―二
電話・代表　〇三―三八一四―五五二一
http://www.miraisha.co.jp
Email: info@miraisha.co.jp
振替　〇〇一七〇―三―八七三八五

印刷――萩原印刷

ISBN 978-4-624-30103-3 C0031

（消費税別）

国民国家と経済政策
ウェーバー著／田中真晴訳
歴史学派・史的唯物論批判の視角からウェーバーの方法論的自立が確立された名著。東エルベ農業問題研究を踏まえ、ドイツの危機と経済学者の在り方に鋭い問題提起をおこなう。二〇〇〇円

理解社会学のカテゴリー
ウェーバー著／海老原明夫・中野敏男訳
ウェーバーの古典の一つである本書は、ウェーバー自身の広大な学問体系のまさに核心に触れるものであり、近年ドイツで進展したウェーバー研究の最新成果を踏えた新訳である。二二〇〇円

ロッシャーとクニース
ウェーバー著／松井秀親訳
ドイツ歴史学派の創始者ロッシャーとクニースの歴史的方法と国民経済学の連関を、怜悧な科学的精神で批判した、神経症克服後の最初の重要な業績。二八〇〇円

東エルベ・ドイツにおける農業労働者の状態
ウェーバー著／肥前栄一訳
初期ウェーバーの農業経済研究の古典。農業労働制度の変化と農業における資本主義の発展傾向を分析。エンゲルスの『イギリスにおける労働者階級の状態』とも並び称される名著。二八〇〇円

政治的なものの概念
カール・シュミット著／田中浩・原田武雄訳
「政治の本質は、友と敵の区別にある」。政治的なものの根拠を求めるシュミットの原理的思考の到達点「友・敵理論」は政治理論であり、そして戦争論でもある。必携の基本文献。一三〇〇円

政治神学
カール・シュミット著／田中浩・原田武雄訳
「主権者とは、例外状況にかんして決定をくだす者をいう」。国家と法と主権の問題を踏査するコアな思考の展開。カール・レヴィットによる決定的なシュミット批判なども併録。一八〇〇円

政治的ロマン主義
カール・シュミット著／橋川文三訳
第一次大戦直後の一九一九年に刊行された初版の完訳。ドイツ・ロマン派の徹底批判の書であるのみならず、ヨーロッパ精神史の一断面を鮮明に切りとった、すぐれた洞察に満ちた文献。二〇〇〇円